Be a Master of
Reading

펴낸이   김기훈 l 김진희
펴낸곳   (주)쎄듀 l 서울특별시 강남구 논현로 305 (역삼동)
발행일   2024년 10월 7일 초판 1쇄
내용문의   www.cedubook.com
구입문의   콘텐츠 마케팅 사업본부
            Tel. 02-6241-2007
            Fax. 02-2058-0209
등록번호   제 22-2472호
ISBN   978-89-6806-433-3
            978-89-6806-432-6 (세트)

천일문 독해

저자

김기훈

現 ㈜쎄듀 대표이사
現 메가스터디 영어영역 대표강사
前 서울특별시 교육청 외국어 교육정책자문위원회 위원
저서　천일문 / 천일문 Training Book / 천일문 독해 / 천일문 GRAMMAR
　　　쎄듀 본영어 / 문법의 골든룰 101 / 독해가 된다 / RANK 서술형 시리즈
　　　ASAP VOCA / 어휘끝 / 어법끝 / 첫단추 / 쎈쓰업 / 파워업 / 독해비
　　　수능영어 절대유형 / 빈순삽함 / 기출프리미엄 / 수능실감 등

쎄듀 영어교육연구센터

쎄듀 영어교육센터는 영어 콘텐츠에 대한 전문지식과 경험을 바탕으로
최고의 교육 콘텐츠를 만들고자 최선의 노력을 다하는 전문가 집단입니다.

오혜정 센터장　　　　**한예희** 책임연구원　　　**장정문** 책임연구원　　　**구민지** 선임연구원
정예영 전임연구원　　**이누리** 연구원　　　　**변효진** 연구원　　　　**박정원** 연구원

검토에 도움을 주신 분들

구대만 선생님(대치잇올스파르타)　　　권영진 선생님(경동고)　　　　　　　길성윤 선생님(길선생 영어학원)
김정은 선생님(조이력 영어학원)　　　　김지연 선생님(송도탑영어학원)　　　박수진 선생님(서울 송파 이은재영어학원)
이선재 선생님(경기 용인 E-Clinic)　　　이헌승 선생님(아잉카아카데미)　　　한재혁 선생님(현수학영어학원)

마케팅　　　　　콘텐츠 마케팅 사업본부
제작　　　　　　정승호
영업　　　　　　문병구
인디자인 편집　올댓에디팅
디자인　　　　　윤혜영
일러스트　　　　제니곽, 박하영
영문교열　　　　James Clayton Sharp

FOREWORD

이 책을 쓰며

천일문 독해 시리즈는 천일문 시리즈를 근간으로 하는 지문 독해 학습서입니다. 천일문 시리즈는 개별 문장의 정확한 해석을 학습 목표로 하며, 천일문 독해 시리즈는 **지문 독해 학습**을 목표로 새롭게 선보이는 것입니다.

이 시리즈를 준비하면서, 독해 학습 효과를 극대화한 **진정한 독해 교재**를 만들기 위해 깊이 고민하고 연구했습니다. 연구 결과를 책으로 구현하기까지, 알고 있던 독해 이론들을 다시 정리하고, 효과적인 독해 학습 방법에 대한 최신 논문들도 하나하나 검토했습니다. 또한, 킬러 문항 배제 정책 이후의 미묘한 출제 변화와 그것이 학생들의 오답률에 미친 영향을 꼼꼼히 분석하였습니다. 이러한 연구 활동은 학생들이 실제로 겪고 있는 어려움과 고민을 헤아리는 탄탄한 기반이 되었습니다.

학습 대상이 되어야 할 좋은 글은 무엇인지에 대해서도 생각해 보았습니다. 글쓰기의 궁극적 목적과 방향은 주제 및 요지를 정확하고 알기 쉽게 전달하는 것입니다. 대부분의 평범한 글은 이를 충실히 수행하므로 읽는 사람이 어렵지 않게 파악할 수 있습니다. 그러나 시험에 출제되는 일부 글은 그렇지 않습니다. 마치 어떻게 하면 이해가 어려울지를 고민하면서 쓴 것처럼 느껴집니다.

따라서 쉽게 읽히는 글이나 단순히 정보만 나열된 글은 고등학생들의 학습 대상이 아닙니다. 이러한 글은 아무리 읽어도 독해 실력이 잘 늘지 않습니다. 어휘의 표면적 의미(문자 그대로의 의미)만 알면 누구나 쉽게 이해할 수 있기 때문입니다. 집중적으로 학습해야 할 글은 **이해를 방해하는 요소가 있는 글, 논리 사고력을 키워주는 글**입니다. 이런 특성을 가진 240개의 지문을 엄선하였고, 이를 다시 수준에 맞게 다듬고, 길이 조정과 검수를 거쳐 각 30개씩 총 여덟 권에 나눠 실었습니다.

또한 일선에 계신 선생님들을 만나 뵙고 내부 구성과 요소들에 대한 조언을 반영했습니다. 그 조언들에 따라 연구원들과 함께 수정을 거듭하고 아이디어를 모았습니다. 방향이 정해진 뒤에는 원고 작업과 개선에 매진하여 선택지 하나에도 그 몇 배의 고민과 지난 집필 경험을 담았습니다.

힘든 과정이었지만, 한 지문, 한 지문 원고를 완성하면서 느끼는 만족감과 즐거움도 그만큼 커졌습니다. 어느새 출간을 앞두고 보니, 어서 빨리 학생들과 함께 나누고 싶은 마음 또한 커집니다. **진정한 독해력이 그 어느 때보다 중요한 시기**입니다. 이 시리즈가 학생 여러분의 독해 고민을 해결해 드릴 수 있으리라 믿습니다. 이 의미 있는 여정의 결과를 함께할 모든 학생 여러분에게 진심을 담아 응원을 전합니다!

저자

SERIES *COMPOSITION* 시리즈 구성에 대하여

좋아하는 장르의 드라마나 영화를 계속 시청하다 보면 전개가 익숙하게 느껴지고 결말, 때로는 반전까지 예측할 수 있게 됩니다. 그 이유는 로맨스, 코미디, 스릴러, 모험, 액션, SF, 판타지 등 장르마다 대중을 사로잡는 고유한 플롯(plot: 구성)이 있기 때문입니다. 예를 들어, 모험(Adventure) 장르는 주인공이 어떤 이유로 집을 떠나 다양한 고난의 여정을 거치며 성장을 이루고 돌아오는 이야기를 주로 담고 있습니다. 이 플롯을 알면 전개되는 내용을 더 잘 이해할 수 있고, 요약해서 전달하거나 기억하기도 쉽습니다.

학생들이 가장 많이 접하고 훈련해야 하는 글의 플롯은 아래 두 가지 유형입니다. 목표로 하는 시험에 가장 높은 비율로 등장하며, 교육적으로도 상당히 유용합니다.

 **Argument Passages: 주장글**
글쓴이의 주장(argument)을 담고 있습니다.

 **Explanation Passages: 설명글**
사실(facts) · 정보(information)를 설명합니다.

(좀 더 상세한 설명은 p. 12~13 Understanding ARGUMENT and EXPLANATION Passages 참고)

이 두 가지 유형의 전개에 익숙해지면 독해력이 탄탄하게 올라갑니다. 주제문과 세부 사항에 대한 이해력이 향상되어 자신감이 길러지고, 읽는 동안 생각이 이리저리 흩어지지 않고 핵심에 집중할 수 있게 해줍니다.

이를 위해, 일정 기간 한 가지 유형에만 집중하는 것이 필요합니다. 마치 좋아하는 장르를 계속해서 시청하면 플롯을 꿰뚫게 되는 것과 같은 이치입니다. 천일문 독해 시리즈는 한 권에서 한 가지 유형만 온전히 다루는 방식으로 하여 레벨 당 두 권으로 구성했습니다. 각 레벨의 두 권을 모두 학습한 뒤에는 다양한 글이 섞여 나오는 기존의 학습서를 어느 것이든 선택하여 학습을 이어가시면 됩니다. 지문의 평균 길이가 150~180단어이므로, 본인이 모르는 단어가 10개 이하인 것을 선택하는 것이 바람직합니다.

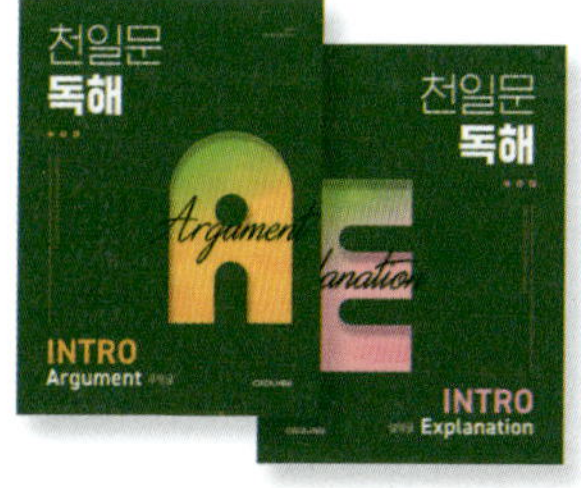 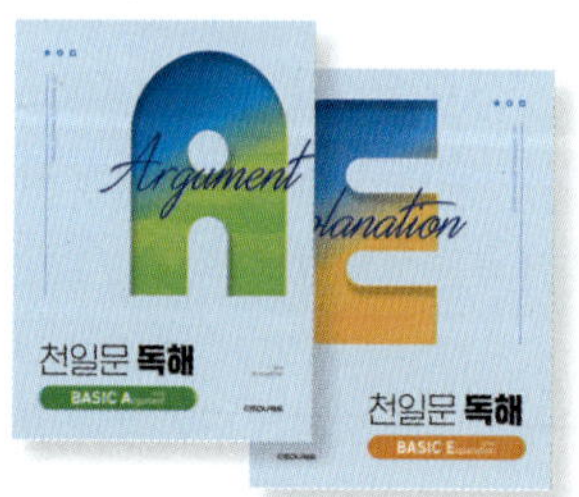 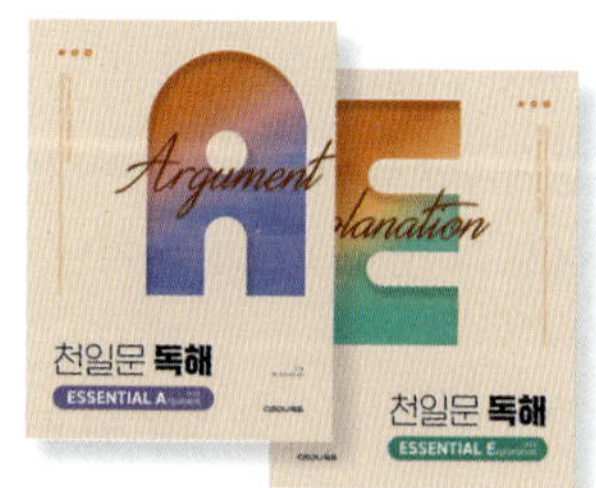 

시리즈		난이도	병행학습 권장 교재
INTRO A	INTRO E	예비고	천일문 입문(INTRO)편
BASIC A	BASIC E	고1 (2, 3등급)	천일문 기본(BASIC)편
ESSENTIAL A	ESSENTIAL E	고2 (2, 3등급)	천일문 핵심(ESSENTIAL)편
MASTER A	MASTER E	고3 (2, 3등급)	천일문 완성(MASTER)편

BOOK *COMPOSITION*

1. 본책

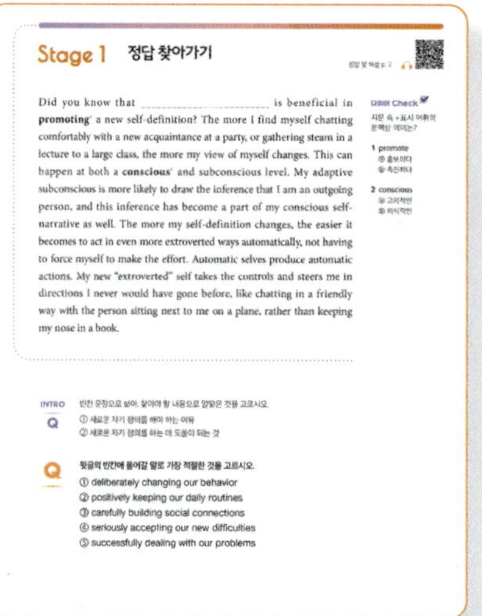

기출 간접 연계 지문을 수록했습니다. 소재는 유사하지만 내용이 다르므로 시험과 근접한 느낌으로 학습할 수 있습니다.

학평, 모평, 수능의 소재는 반복하여 출제되는 경향이 있습니다. 예를 들어, Richard Dawkins의 <이기적 유전자(The Selfish Gene)>는 2011~12년에 자주 출제되었고 2021학년도에 다시 등장했습니다. 최근에는 AI가 계속해서 출제되고 있습니다.

이 책을 가이드 삼아, 문제 푸는 것에서 한 발짝 더 나아가 소재에 대한 배경지식과 관련 어휘를 정리해 보세요. 실전에서 발휘할 수 있는 소중한 자산이 될 것입니다.

(좀 더 상세한 설명은 p. 6 Key Aspects & Applications (주요 부분과 활용법) 참고)

2. 함께 풀면 좋은 기출문제

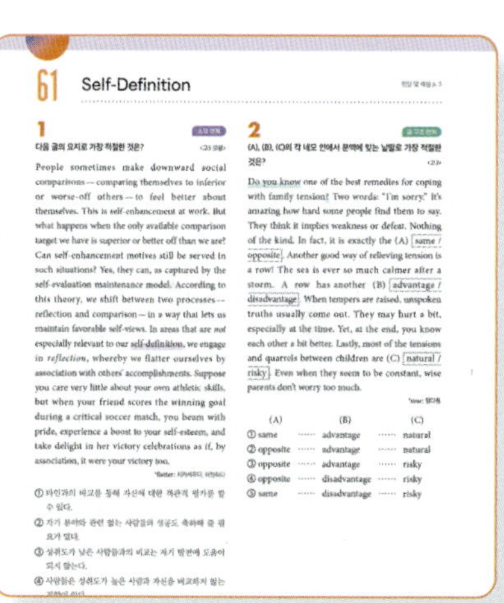

본책의 지문마다 연계되는 기출문제를 두 개씩 실었습니다. 지문 소재나 글 구조가 기출에서 어떻게 출제되었는지 알 수 있으며, 독해 학습법 중 하나인 narrow reading 으로 활용할 수 있습니다.

*narrow reading: 하나의 소재 또는 같은 작가의 글을 집중해서 읽는 학습법. 특히 어휘력 습득과 배경지식 증진에 도움이 됩니다.

3. 정답과 해설

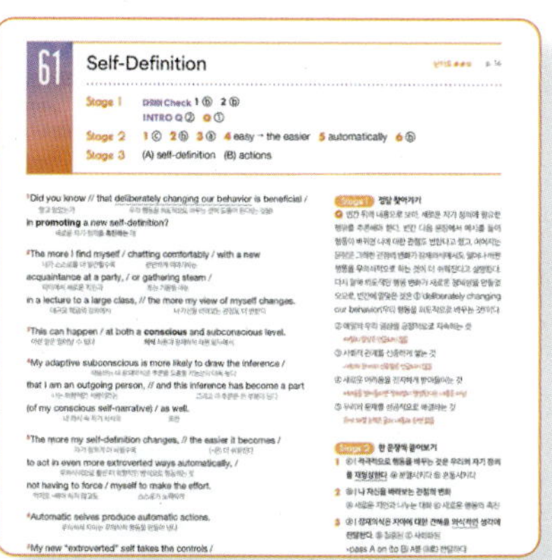

직독직해와 각 문제에 대한 친절하고도 자세한 해설을 실었습니다. 맞은 문제라도 해설을 참고하여 자신의 추론이나 사고 과정이 올바른지 꼼꼼히 확인해 보세요.

일러두기 /, // 의미 단위 표시 ( ) 형용사구 [ ] 형용사절
- 일반적인 어구의 끊어 읽기는 /로 표시하였고, 절과 절의 구별은 //로 표시하였습니다.
  다만, 더 큰 절 내의 부속절은 /로 표시하였습니다.

KEY ASPECTS & APPLICATIONS

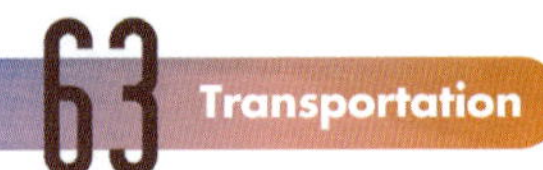

1. 핵심 소재 소개

지문의 소재와 배경지식을 간단히 정리했습니다. 소재와 관련된 핵심 기출 어휘도 함께 살펴볼 수 있습니다.

*지문을 읽고 문제를 푼 뒤에 살펴보는 방법도 있습니다.

Words & PHRASES

✦ 표시되어 있는 지문 속 어휘를 다의어 Check✔ 에서 고르세요

☐ developed country	선진국	*cf.* developing country 개발도상국
☐ public transport	대중교통(= public transportation)	• public 대중을 위한, 공공의; 공개적인
☐ sustainable	(환경 파괴 없이) 지속 가능한; 오랫동안 지속할 수 있는	• transport 운송[수송]하다; 운송 (수단)
		• sustain 지탱하다, 뒷받침하다; 유지[지속]하다
☐ urban	도시의(↔ rural 시골의, 지방의)	
☐ mobility	이동성; 유동성	• mobile 이동하는; 유동적인
☐ by all means	무슨 수를 써서라도, 반드시	
☐ radical✦	급진적인, 과격한; 근본적인(= fundamental)	• radically 급진적으로, 과격하게; 근본적으로
☐ access	접근 (방법); 입구, 통로; 접근하다	• accessible 접근하기 쉬운
☐ health-care	의료의; 건강 관리의	
☐ fitness	신체 단련; 건강, 체력; 적합함	
☐ strain✦	부담, 압박; (근육의) 긴장, 삠; (동식물의) 유형; (근육에) 무리를 주다	
☐ fund	기금, 자금; 자금을 대다	
☐ side effect	부작용	
☐ traffic congestion	교통 혼잡, 교통 체증	
☐ enhance	향상시키다, 높이다(= improve)	
☐ vulnerable	취약한, 연약한; ~하기[받기] 쉬운	• vulnerability 취약성; ~하기[받기] 쉬움
☐ degree✦	정도; 도 (각도, 온도의 단위); 학위	▶ by degrees 서서히, 점차
☐ as a whole	전체로서, 전체적으로	
☐ resident	거주자, 주민; 거주하는	• reside 거주하다, 살다

2. 어휘 주석 *Words & PHRASES*

지문에 나오는 어휘의 의미, 유반의어, 관련어구 등을 미리 학습할 수 있습니다.

✦ 표시는 다의어를 뜻하며, 여러 뜻 중 지문에서 사용된 의미를 문맥에 따라 추론하는 문제가 각 지문의 오른쪽에 마련되어 있습니다.

*지문에서 모르는 어휘가 평균 5개 미만인 경우, 어휘를 미리 학습하지 말고 바로 문제 풀기에 도전하는 것이 더 좋습니다. 모르는 어휘가 보이면 문맥으로 추론해 읽어보고 나중에 확인하는 방식으로 학습해 보세요.

Stage 1 정답 찾아가기

정답 및 해설 p. 6

A developed country is not a place where the poor people have cars but it is where the rich people use public transport. Development of sustainable urban mobility and public transport networks leads by all means to **radical** improvement of citizens' quality of life. ① It improves access to markets and job opportunities, to education, to health-care services, to leisure, and to the things citizens need in everyday life. ② Citizens that use public transport walk more, and this increases fitness levels, leading to healthier citizens and less **strain** on the health-care systems. ③ Under this system, the cost of medical services is provided by the government and funded by taxes. ④ While sustainable urban transport systems should better handle side effects (traffic congestion, air pollution, accidents, etc.), at the same time, they should provide enhanced mobility for the poor and vulnerable groups. ⑤ The system's effectiveness is determined by the **degree** to which the city as a whole is accessible to all its residents.

다의어 Check
지문 속 ✦표시 어휘의 문맥상 의미는?

1 radical
ⓐ 과격한
ⓑ 근본적인

2 strain
ⓐ 부담
ⓑ 유형

3 degree
ⓐ 정도
ⓑ 각도

INTRO Q 첫 두 문장으로 보아, 앞으로 전개될 내용으로 가장 적절한 것을 고르시오.
① benefits of public transportation
② results of traffic congestion

Q 윗글에서 전체 흐름과 관계 없는 문장을 고르시오.
①　　　　②　　　　③　　　　④　　　　⑤

OUTRO Q 위 문제에서 선택한 정답 문장의 내용을 고르시오.
① 대중교통을 이용하는 시민은 더 많이 걷고 체력이 좋아진다.
② 의료비는 정부에 의해 제공되고 세금으로 조달된다.

---

3. Stage 1 정답 찾아가기

대의(주장, 요지, 주제, 제목), 함의 추론, 빈칸, 무관 문장, 순서, 문장 넣기 유형으로 구성했습니다.

- 지문을 읽고 ✦ 표시된 굵은 글씨 어휘의 문맥상 의미를 **다의어 Check**에서 확인하세요.

- QR코드를 이용하여 음성 녹음파일을 들어볼 수 있습니다. 복습할 때 활용하세요.

문제 유형마다 정답을 찾아가는 올바른 과정이 있습니다. 체계적인 문제 풀이를 습관화할 수 있도록 본 문제에 대한 사전, 사후 문제를 두었습니다.

INTRO Q　　본 문제를 풀기 위한 사전 문제
OUTRO Q　　정답을 검증하기 위한 사후 문제

유형별 INTRO, OUTRO 문제 모음

❶ 주장, 요지, 주제, 제목	INTRO Q	윗글의 중심 소재는 무엇인지 고르시오.
❷ 함의 추론	INTRO Q	밑줄 친 어구의 ○○가 의미하는 것을 고르시오.
❸ 빈칸	INTRO Q	빈칸 문장으로 보아, 찾아야 할 내용으로 알맞은 것을 고르시오.
❹ 무관 문장	INTRO Q	첫 문장으로 보아, 앞으로 전개될 내용으로 가장 적절한 것을 고르시오.
	OUTRO Q	위 문제에서 선택한 정답 문장의 내용을 고르시오.
❺ 순서	INTRO Q1	네모 안에 주어진 글의 핵심 내용으로 적절한 것을 고르시오.
	INTRO Q2	(A)~(C)의 내용으로 알맞은 것끼리 짝지으시오.
❻ 문장 넣기	INTRO Q	네모 안에 주어진 문장으로 보아, 앞 내용으로 가장 적절한 것을 고르시오.
	OUTRO Q	위에서 고른 정답 뒤에 바로 이어지는 내용으로 가장 적절한 것을 고르시오.

◈ 주어진 질문에 답하시오.

¹**Did you know** that deliberately changing our behavior is beneficial in promoting a new self-definition?

> **TIP⁺ 도입부 질문의 숨은 의미**
> 단순히 답변을 구하는 질문이 아니라 아래와 같은 의미를 지닌다.
> 1. 읽는 이의 흥미를 이끈다.
> 2. 질문 그대로의 내용을 강조한다.
>   의문문의 형식을 빌려 강조하는 효과를 준다.
> 3. 질문과 반대 내용을 주장한다.(= 수사의문문)
>   질문을 부정하는 내용이 이어진 다음, 대안을 제시하고 이를 뒷받침하는 내용이 전개된다.

²**The more** I find myself chatting comfortably with a new acquaintance at a party, or gathering steam in a lecture to a large class, **the more** my view of myself changes.

> the+비교급 ~, the+비교급 ...
> (~하면 할수록 더욱더 ~하다)

1 문장 1~2를 한 문장으로 표현할 때 빈칸에 알맞은 것은?
→ Actively changing behavior can __________ our self-definition.
ⓐ split   ⓑ confuse   ⓒ reshape

³This can happen at both a conscious and subconscious level.

2 밑줄 친 This가 지칭하는 내용으로 알맞은 것은?
ⓐ chatting with new acquaintances
ⓑ changing my view of myself
ⓒ promoting new behaviors

⁴My adaptive subconscious is more likely to draw the inference that I am an outgoing person, and this inference has become a part of my conscious self-narrative as well.

3 문장 3~4를 한 문장으로 표현할 때 빈칸에 알맞은 것은?
→ The subconscious passes the ideas of the self on to the __________ mind.
ⓐ conscious   ⓑ concentrated   ⓒ socialized

⁵The more my self-definition changes, easy it becomes to act in even more extroverted ways automatically, not having to force myself to make the effort.

4 문장 5에서 어법상 틀린 단어 하나를 찾아 바르게 고치시오
고치기 전:
→ 고친 후:

⁶Automatic selves produce automatic actions.

5 문장 5~6을 한 문장으로 표현할 때 빈칸에 알맞은 것을 문장 5에서 찾아 쓰시오. (한 단어)
→ My new self-definition leads to more extroverted behavior __________.

⁷My new "extroverted" self takes the controls and steers me in directions I never **would have gone** before, like chatting in a friendly way with the person sitting next to me on a plane, rather than keeping my nose in a book.

> would have p.p.의
> 두 가지 의미
> 1. 과거 사실의 추측
>   (~ 했을 것이다)
> 2. 가정법 과거완료
>   (~했을 텐데)
>   (과거 사실에 대한 후회
>   나 유감. 문맥상 명확한
>   경우 if절 생략 가능)

6 밑줄 친 never would have gone before의 해석으로 알맞은 것은?
ⓐ 전에 가봤어야 하는
ⓑ 전에는 결코 가보지 않았을
ⓒ 전에 가지 않았어야 하는

---

4. *Stage* 2 한 문장씩 뜯어보기

독해력은 하루아침에 향상되는 것이 아닙니다. '문제를 많이 풀면 언젠가는 되겠지'와 같은 막연한 기대는 하지 않는 것이 좋습니다. 수능 유형 문제만 풀고 넘어가지 말고, 지금 학습하는 책의 내용 하나하나를 충실하게 습득하는 것이 무엇보다 중요합니다.

- **문장별 또는 소문단별 핵심 요약:** 글을 문장별로 또는 두세 문장의 작은 의미 덩어리로 나눠 다른 말로 요약해 보는 훈련입니다. 정확한 흐름 파악과 말바꿈(paraphrasing), 유반의어 습득에 도움이 됩니다. 고학년으로 올라갈수록 단어 하나하나의 세세한 이해보다는 요약하여 흐름을 이해하는 능력이 중요하므로 이에 대한 탄탄한 기본기를 다질 수 있습니다.

- **지칭어/대용어 파악:** 영어는 반복을 피하려는 특성이 있어서 같은 대상이라도 계속해서 다른 말로 표현합니다. 지칭어나 유의어뿐만 아니라 그 문맥에서만 의미가 통하는 다른 말도 사용합니다. 앞서 나온 어구를 달리 표현한 어구를 제대로 간파하면서 읽어 내려가는 능력을 길러야 합니다.

- **내용 예측:** 예측은 독해에서 아주 중요한 역할을 합니다. 예측한 대로 내용이 흘러가면 독해 속도가 빨라지고, 예측이 맞지 않으면 맞지 않는 대로 독해 몰입도가 올라갑니다. 마치 영화에 반전이 있을 때 더 몰입되는 것과 같습니다. 따라서 예측하고 틀리는 것을 겁내지 말고 습관화해야 합니다.

  *학자들은 독해를 'psychological guessing game'이라고 정의 내리기도 합니다. 독해란 앞으로 전개될 내용을 예측하고 맞는지 확인하는 과정의 연속이라는 의미입니다.

- **기타 문제:** 어법, 어휘, 문장 전환, 직독직해 등 다양한 문제로 구성하였습니다.

- **TIP:** 해당 문장을 정확하게 해석하는 데 필요한 구문 지식을 정리하였습니다.

- **문장 오른쪽 설명부:** 글의 흐름 판단에 도움이 되는 내용, 어법 및 구문 설명, 독해 시 주의 사항 등을 정리했습니다.

Stage 3 요약하기

* 글의 내용을 아래와 같이 요약할 때, 빈칸 (A), (B)에 들어갈 가장 적절한 말을 <조건>에 맞게 쓰시오.

Deliberately changing behavior promotes a new (A) ____________, and conseq makes your (B) ____________ more automatic. This can open up new opportunit you've never experienced before.

조건 <보기>의 단어 중에서 골라 그대로 쓸 것
보기 self-control / acquaintance / actions / intentions / self-definition

---

5. *Stage 3* 요약하기

글쓴이가 말하고자 하는 핵심과 그에 대한 주요 세부 사항을 담고 있습니다. Stage 2에서 내용을 세세하게 살펴보았다면, Stage 3에서는 글의 큰 흐름을 간략히 정리해 보는 것으로 마무리합니다.

---

61 Self-Definition

정답 및 해설 p. 3

1

소재 연계

다음 글의 요지로 가장 적절한 것은?   <고3 모평>

People sometimes make downward social comparisons — comparing themselves to inferior or worse-off others — to feel better about themselves. This is self-enhancement at work. But what happens when the only available comparison target we have is superior or better off than we are? Can self-enhancement motives still be served in such situations? Yes, they can, as captured by the self-evaluation maintenance model. According to this theory, we shift between two processes — reflection and comparison — in a way that lets us maintain favorable self-views. In areas that are *not* especially relevant to our self-definition, we engage in *reflection*, whereby we flatter ourselves by association with others' accomplishments. Suppose you care very little about your own athletic skills, but when your friend scores the winning goal during a critical soccer match, you beam with pride, experience a boost to your self-esteem, and take delight in her victory celebrations as if, by association, it were your victory too.

*flatter: 치켜세우다, 아첨하다

① 타인과의 비교를 통해 자신에 대한 객관적 평가를 할 수 있다.
② 자기 분야와 관련 없는 사람들의 성공도 축하해 줄 필요가 있다.
③ 성취도가 낮은 사람들과의 비교는 자기 발전에 도움이 되지 않는다.
④ 사람들은 성취도가 높은 사람과 자신을 비교하지 않는 경향이 있다.
⑤ 타인의 성취를 자신과 연결하여 긍정적인 자아상을 유지할 수 있다.

2

글 구조 연계

(A), (B), (C)의 각 네모 안에서 문맥에 맞는 낱말로 가장 적절한 것은?   <고2>

Do you know one of the best remedies for coping with family tension? Two words: "I'm sorry." It's amazing how hard some people find them to say. They think it implies weakness or defeat. Nothing of the kind. In fact, it is exactly the (A) | same / opposite |. Another good way of relieving tension is a row! The sea is ever so much calmer after a storm. A row has another (B) | advantage / disadvantage |. When tempers are raised, unspoken truths usually come out. They may hurt a bit, especially at the time. Yet, at the end, you know each other a bit better. Lastly, most of the tensions and quarrels between children are (C) | natural / risky |. Even when they seem to be constant, wise parents don't worry too much.

*row: 말다툼

	(A)	(B)	(C)
①	same	advantage	natural
②	opposite	advantage	natural
③	opposite	advantage	risky
④	opposite	disadvantage	risky
⑤	same	disadvantage	risky

---

6. 함께 풀면 좋은 기출문제

본책의 지문과 소재가 같은 기출문제는 <소재 연계>, 구조가 같은 글은 <글 구조 연계>로 제시하였습니다.

연계되는 어휘, 어구, 표현, 구문을 형광펜으로 표시하였으므로 쉽게 확인할 수 있습니다.

CONTENTS

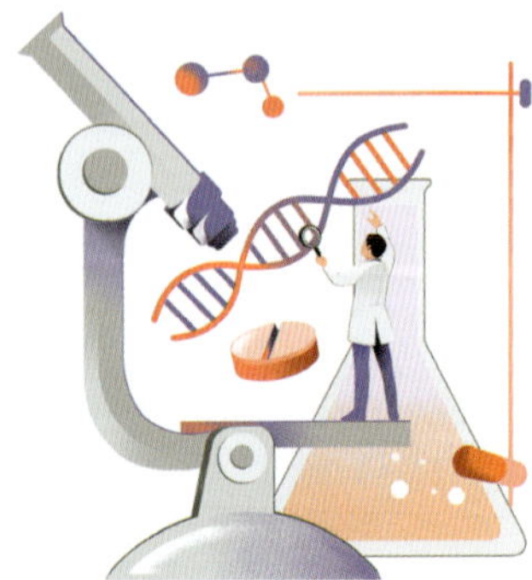

ESSENTIAL E

UNDERSTANDING
ARGUMENT and EXPLANATION Passages

앞서 살펴본 바와 같이, 글의 두 가지 유형별 특색을 잘 알아두어 구별하는 것은 독해력 향상에 도움이 됩니다.
두 가지 유형의 특징은 아래와 같습니다.

 ## 주장글 (ARGUMENT PASSAGES)

주요 목적은 읽는 이가 글쓴이의 주장, 특정 관점을 받아들이도록 설득하는 것입니다. (persuasive passages라고도 합니다.)
즉, 읽는 이의 생각이나 행동에 영향을 미치고자 합니다. 신문 사설, 정치 연설, 광고 등이 이에 속합니다.

1. 주제문
소재나 주제에 대한 글쓴이의 주관적 관점을 명확히 서술합니다.
e.g. A는 훌륭한[가장 좋은, 바람직한 등] ~이다 / ~해야 한다 / ~하면 안 된다 / ~하라 / ~하지 마라 등

2. 주요 세부 사항
주로, 설득력이 강한 객관적 사실, 통계, 전문가 의견 등을 내세워 글쓴이의 주관적 관점을 타당성 있게 뒷받침합니다.

[1]Face-to-face interaction is a uniquely powerful — and sometimes the only — way to share many kinds of knowledge, from the simplest to the most complex. [2]It is one of the best ways to stimulate new thinking and ideas, too. [3]Most of us would have had difficulty learning how to tie a shoelace only from pictures, or how to do arithmetic from a book. [4]Psychologist Mihàly Csikszentmihàlyi found, while studying high achievers, that a large number of Nobel Prize winners were the students of previous winners: they had access to the same literature as everyone else, but personal contact made a crucial difference to their creativity. ~ *arithmetic: 계산 **literature: (연구) 문헌	**문장 1~2(주제문)** 대면 상호작용의 중요성과 우월성 (← 1 대면 상호작용(소재)은 다양한 지식을 공유하는 데 매우 강력하며, 2 새로운 생각과 아이디어를 자극하는 최고의 방법 중 하나이다.) **문장 3~4(주요 세부 사항)** 근거1: 3 사람들은 그림만으로 신발 끈 묶는 법을 배우거나 책으로 계산을 배우는 데 어려움을 겪는다. (→ 대면 상호작용이 중요함을 객관적 사실로 뒷받침) 근거2: 4 심리학자 미하이 칙센트미하이는 많은 노벨상 수상자들이 (대면 상호작용이 가능한) 이전 수상자들의 제자였음을 발견했다. (→ 전문가의 말로 뒷받침)

또는 이야기 방식으로 전달하기도 합니다. 이야기의 문제 해결, 등장인물의 행동 등이 주제문을 뒷받침합니다.

[1]Rewarding business success doesn't always have to be done in a material way. [2]A software company I once worked for had a great way of recognizing sales success. [3]The sales director kept an air horn outside his office and would come out and blow the horn every time a salesperson settled a deal. ~ [7]You should have seen the way the rest of the sales team wanted the air horn blown for them.	**문장 1(주제문)** 성공 보상은 물질적이지 않은 방식으로도 가능하다. (← 1 사업 성공에 대한 보상이 언제나 물질적 방식이어야 하는 것은 아니다.) **문장 2~7(주요 세부 사항)** 영업 계약이 성사될 때마다 영업 이사가 에어 혼(공기로 작동하는 경적)을 불어 큰 소리를 내었다. ~ 결국 모두가 자신에게 그 에어 혼이 불리기를 원했다. (→ 즉, 비물질적 보상인 에어 혼으로도 충분한 업무 동기가 된다.)

설명글(EXPLANATION PASSAGES)

주요 목적은 읽는 이에게 소재[주제]를 알리고, 설명하고, 묘사하는 것입니다. (expository passages라고도 합니다.)
교육적으로 유용하고 흥미로운 사실과 정보를 담고 있습니다. 교과서 본문, 단계별 지침을 담은 안내서, 백과사전 내용 등
이 이에 속합니다.

1. 주제문

설명하고자 하는 소재[주제]를 다양한 표현으로 소개합니다. 주제문을 명시하지 않는 경우가 더 많습니다.
e.g. ~의 이점[원인, 결과, 역할, 방법 등]에는 몇 가지가 있다 등

2. 주요 세부 사항

소재에 대해 상세한 객관적·사실적 정보와 설명을 제공합니다. 용어나 개념을 자세히 소개하여 이해를 돕기도 합니다.
읽는 이에게 어떤 주관적 관점을 설득하려 하지 않습니다.

*주장글과 설명글 모두 객관적·사실적 정보가 등장할 수 있습니다. 하지만 주장글의 사실들은 읽는 이가 특정 관점을 받아들이도록 설득하
거나 특정 행동을 유도하기 위해 사용합니다.

[1]Vegetarian eating is moving into the mainstream as more and more young adults say no to meat, poultry, and fish. [2]According to the American Dietetic Association, "approximately planned vegetarian diets are healthful, are nutritionally adequate, and provide health benefits in the prevention and treatment of certain diseases." [3]But health concerns are not the only reason that young adults give for changing their diets. [4]Some make the choice out of concern for animal rights. ~ [6]Others turn to vegetarianism to support the environment. ~	**문장 1(도입문)** 점점 더 많은 젊은이들이 육식 대신 채식을 하고 있다. **문장 3(주제문)** 젊은이들이 식단을 바꾼 여러 이유가 있다. (← **3** 젊은이들이 식단을 바꾼 이유는 건강에 대한 염려 때문만은 아니다.) **문장 2, 4, 6 등(주요 세부 사항)** 이유1 **2** 건강에 좋아서 이유2 **4** 동물의 권리를 위해 이유3 **6** 환경을 위해

즉 위에서 등장하는 전문가의 말, 사실 등은 '채식주의가 바람직하다'는 견해를 갖거나 '채식'을 하도록 읽는 이를 설득하기
위한 것이 아니고, '채식 선호가 증대되는 현상의 이유'를 나열하여 설명하는 것입니다.

* 주제문이 없는 글

주장글, 설명글에서 세부 사항만으로도 주제를 충분히 알 수 있는 경우, 주제문을 명시적으로 나타내지 않기도 합니다. 따라서 세부
사항이 견해나 주장을 뒷받침하는 근거 또는 증거에 해당하는지, 아니면 어떤 것을 구체적으로 설명하여 이해시키려는 것인지에
따라 글의 주제를 판단하면 됩니다.

Argument

Be logical about personal viewpoints
and supporting evidence!

61

90

Self-Definition 자기 정의

self-는 '자기, 스스로'란 의미이기 때문에 self-definition은 자신을 스스로 정의하는 것입니다.
자기 정의는 정체성(identity) 확립과 관계가 깊습니다.

"자신을 한마디로 표현해 보세요."
면접에서 들을 것 같은 이 질문은 사실 답하기 쉽지 않습니다.
다른 사람을 통해 들었던 말로 답할 수는 있겠지만,
내가 느끼는 진짜 나의 모습과 다르기 때문에 뭔가 아쉽죠.

심리학은 자아(self)가 상황에 따라 변하기도 하고,
역동적이며 다양한 면이 있다고 주장합니다.
어느 한 면만 보고는 자신을 정의할 수 없다는 것입니다.

지금 거울에 비친 나를 정의할 수 있는 건 나 자신뿐이 아닐까요?

Words & PHRASES

✦표시 다의어는
지문 속 의미를
다의어 Check✔
에서 고르세요.

☐ beneficial	유익한, 도움이 되는(= advantageous)	• benefit 이익을 얻다[주다]; 이익
☐ promote✦	촉진하다; 홍보하다; 승진시키다	
☐ acquaintance	지인, 아는 사람	
☐ steam	(수)증기; 《구어》 기운, 활력; (음식을) 찌다	▶ gather[pick up] steam 기운을 내다
☐ conscious✦	의식하는; 의식적인; 고의적인 (↔ unconscious 의식이 없는; 무의식적인; 의식하지 못하는)	
☐ subconscious	잠재의식(의)	
☐ adaptive	적응하는, 조정의	• adaptation 적응; 각색
☐ draw	그리다; 끌어당기다; (생각 등을) 도출하다	
☐ inference	추론, 추측	• infer 추론하다, 추측하다 ▶ draw[make] an inference 추론하다, 추론을 내리다
☐ outgoing	외향적인, 사교적인(= sociable)	
☐ narrative	묘사; 서술; 이야기(체)의; 서사의	
☐ extroverted	외향적인(↔ introverted 내향적인)	
☐ automatically	자동으로; 무의식적으로	• automatic 자동의; 무의식적인
☐ steer	(탈것을) 조종하다; 나아가다; 이끌다	
[선택지]		
☐ deliberately	고의로, 의도적으로(= on purpose); 신중하게	• deliberate 고의의, 의도적인; 신중한

Did you know that _______________________ is beneficial in **promoting**[+] a new self-definition? The more I find myself chatting comfortably with a new acquaintance at a party, or gathering steam in a lecture to a large class, the more my view of myself changes. This can happen at both a **conscious**[+] and subconscious level. My adaptive subconscious is more likely to draw the inference that I am an outgoing person, and this inference has become a part of my conscious self-narrative as well. The more my self-definition changes, the easier it becomes to act in even more extroverted ways automatically, not having to force myself to make the effort. Automatic selves produce automatic actions. My new "extroverted" self takes the controls and steers me in directions I never would have gone before, like chatting in a friendly way with the person sitting next to me on a plane, rather than keeping my nose in a book.

다의어 Check ✔

지문 속 ✦표시 어휘의 문맥상 의미는?

1 promote
  ⓐ 홍보하다
  ⓑ 촉진하다

2 conscious
  ⓐ 고의적인
  ⓑ 의식적인

INTRO

 빈칸 문장으로 보아, 찾아야 할 내용으로 알맞은 것을 고르시오.

① 새로운 자기 정의를 해야 하는 이유
② 새로운 자기 정의를 하는 데 도움이 되는 것

 윗글의 빈칸에 들어갈 말로 가장 적절한 것을 고르시오.

① deliberately changing our behavior
② positively keeping our daily routines
③ carefully building social connections
④ seriously accepting our new difficulties
⑤ successfully dealing with our problems

Stage 2 한 문장씩 뜯어보기

◆ 주어진 질문에 답하시오.

¹**Did you know** that deliberately changing our behavior is beneficial in promoting a new self-definition**?**

> **TIP★** **도입부 질문의 숨은 의미**
>
> 단순히 답변을 구하는 질문이 아니라 아래와 같은 의미를 지닌다.
>
> 1. 읽는 이의 흥미를 이끈다.
> 2. 질문 그대로의 내용을 강조한다.
>   의문문의 형식을 빌려 강조하는 효과를 준다.
> 3. 질문과 반대 내용을 주장한다.(= 수사의문문)
>   질문을 부정하는 내용이 이어진 다음, 대안을 제시하고 이를 뒷받침하는 내용이 전개된다.

²**The more** I find myself chatting comfortably with a new acquaintance at a party, or gathering steam in a lecture to a large class, **the more** my view of myself changes.

the+비교급 ~,
the+비교급 …
(~하면 할수록 더욱더
…하다)

1 문장 1~2를 한 문장으로 표현할 때 빈칸에 알맞은 것은?

→ Actively changing behavior can ____________ our self-definition.

ⓐ split　　　　　　　ⓑ confuse　　　　　　　ⓒ reshape

³This can happen at both a conscious and subconscious level.

2 밑줄 친 This가 지칭하는 내용으로 알맞은 것은?
　ⓐ chatting with new acquaintances
　ⓑ changing my view of myself
　ⓒ promoting new behaviors

⁴My adaptive subconscious is more likely to draw the inference that I am an outgoing person, and this inference has become a part of my conscious self-narrative as well.

3 문장 3~4를 한 문장으로 표현할 때 빈칸에 알맞은 것은?

→ The subconscious passes the ideas of the self on to the ____________ mind.

ⓐ conscious　　　　　ⓑ concentrated　　　　　ⓒ socialized

5 The more my self-definition changes, easy it becomes to act in even more extroverted ways automatically, not having to force myself to make the effort.

4 문장 5에서 어법상 **틀린** 단어 하나를 찾아 바르게 고치시오

고치기 전:

→ 고친 후:

6 Automatic selves produce automatic actions.

5 문장 5~6을 한 문장으로 표현할 때 빈칸에 알맞은 것을 문장 5에서 찾아 쓰시오. (한 단어)

→ My new self-definition leads to more extroverted behavior _______________.

7 My new "extroverted" self takes the controls and steers me in directions I never **would have gone** before, like chatting in a friendly way with the person sitting next to me on a plane, rather than keeping my nose in a book.

would have p.p.의
두 가지 의미

1. 과거 사실의 추측
   (~ 했을 것이다)
2. 가정법 과거완료
   (~했을 텐데)
   《과거 사실에 대한 후회
   나 유감. 문맥상 명확한
   경우 if절 생략 가능》

6 밑줄 친 never would have gone before의 해석으로 알맞은 것은?

ⓐ 전에 가봤어야 하는

ⓑ 전에는 결코 가보지 않았을

ⓒ 전에 가지 않았어야 하는

Stage 3 요약하기

◆ 글의 내용을 아래와 같이 요약할 때, 빈칸 (A), (B)에 들어갈 가장 적절한 말을 <조건>에 맞게 쓰시오.

Deliberately changing behavior promotes a new (A) _____________, and consequently makes your (B) _____________ more automatic. This can open up new opportunities that you've never experienced before.

조건 <보기>의 단어 중에서 골라 그대로 쓸 것
보기 self-control / acquaintance / actions / intentions / self-definition

Evolution Study 진화 연구

'진화'는 생물이 살아가면서 환경에 적응하고 발전해 가는 과정을 말합니다.
진화 연구를 통해 인간을 포함한 생명체의 기원을 알 수 있습니다.

화석(fossils)은 수십억 년 전부터 지금까지
생물의 형태 변화를 알려주는 진화의 증거입니다.

고생대에는 해양 생물과 식물의 화석,
중생대에는 공룡처럼 웅장한 생명체의 화석,
신생대부터는 포유류와 조류의 화석이 주를 이룹니다.

Words & PHRASES

✦표시 다의어는
지문 속 의미를
다의어 Check✔
에서 고르세요.

☐ additionally	게다가(= in addition, furthermore)	
☐ genome	게놈 《생명 현상 유지에 필요한 한 생물체나 세포의 유전자 총량》	
☐ gene	유전자	• genetic 유전(학)의; 유전자의
☐ generation	발생; 세대	• generate 발생시키다
☐ insight	통찰력; 이해	
☐ precisely	정확히(= accurately)	• precise 정확한
☐ reconstruct	복원하다, 재건하다; 재구성하다, 재현하다	• reconstruction 재건, 복원; 재구성, 재현
☐ evolutionary	진화의; 점진적인	• evolve 진화하다; 발전하다 • evolution 진화; 발전
☐ transition	(다른 상태로의) 변화; 과도기	*cf.* transit 운송; 통행
☐ examine✦	조사하다; 검토하다; 진찰하다	• examination 조사, 검사; 진찰; 시험
☐ ideal	이상적인; 이상	
☐ organism	유기체, (작은) 생물	
☐ bacterium	박테리아	《복》 bacteria
☐ cultivate✦	(땅을) 경작하다; 재배하다; 기르다; (세균을) 배양하다	• cultivation 경작; 재배; (기술) 함양; 배양
☐ laboratory	실험실	
☐ reproduce	재생하다, 재현하다; 복제하다; 번식하다	• reproduction 재생; 복제(품); 번식
☐ spawn	알을 낳다; (결과, 상황을) 생기게 하다[낳다]	
☐ leverage	지렛대 작용; 영향(력); ~을 이용[활용]하다 (= take advantage of, utilize)	
☐ manipulate	(기계 등을) 조작하다; (교묘하게) 조종하다	• manipulation 조작; 조종
☐ mechanism	기계 장치; 방법, 메커니즘	

정답 및 해설 p. 4

> Additionally, it has a small genome, making it much easier and cheaper to study the actual changes in genes that occur in each generation.

While fossils provide valuable insights into past life forms, the gaps in the fossil record make it difficult to precisely reconstruct evolutionary transitions. (①) It would be easier to study evolution directly by **examining**⁺ all of the genetic changes that happen in each generation. (②) To do this, researchers must first find an ideal organism to study. (③) Bacteria are an obvious choice, because they are easy to **cultivate**⁺ in the laboratory and they reproduce quickly. (④) If we wanted to do an evolutionary experiment with humans, we would need to wait, on average, 26 years to have a new generation, while E. coli, a widely studied bacterium, spawns a new generation in 20 minutes. (⑤) By leveraging these characteristics, researchers can directly observe and manipulate evolutionary processes, providing valuable insights into the mechanisms of evolution.

*E. coli: 대장균

다의어 Check

지문 속 ✦표시 어휘의 문맥상 의미는?

1 examine
ⓐ 진찰하다
ⓑ 조사하다

2 cultivate
ⓐ 배양하다
ⓑ 경작하다

INTRO

Q 네모 안에 주어진 문장으로 보아, 앞 내용으로 가장 적절한 것을 고르시오.
① 그것(it)의 진화 연구에 적합한 대상과 특성
② 그것(it)의 유전자에 남아있는 점진적 진화의 증거

Q 글의 흐름으로 보아, 주어진 문장이 들어가기에 가장 적절한 곳을 고르시오.
①　　②　　③　　④　　⑤

Stage 2 한 문장씩 뜯어보기

◆ **주어진 질문에 답하시오.**

1 While fossils provide valuable insights into past life forms, the gaps in the fossil record **make it difficult to** precisely **reconstruct** evolutionary transitions.

> 첫 문장에서 문제 (problem)를 제시한다. (~하는 것이 어렵다 (difficult))

1 문장 1을 간단히 표현할 때 빈칸에 알맞은 것은?

→ Fossil gaps ______________ evolutionary reconstruction.

ⓐ limit
ⓑ transform
ⓒ overcome

TIP★ **가목적어 it** (S+V+it+C+O(to-v[that] ~))
SVOC문형에서 to-v구나 명사절 목적어 뒤에 짧은 목적격보어가 오면, 문장 이해를 돕기 위해 목적어를 간단히 it(가목적어)으로 표시하고 진짜 목적어(진목적어)는 문장 뒤로 보낸다.
주로 동사가 make, find, think, believe, keep, consider 등일 때 쓰인다.

1 ~, the gaps in the fossil record make **it** difficult **to** precisely **reconstruct** evolutionary
　　　　　　　　　　　　S　　　　　　　V 가목적어 C　　　　　　　　　진목적어
transitions.

2 It would be easier to study evolution directly by examining all of the genetic changes that happen in each generation.

> 첫 문장에서 제시한 문제의 해결책(solution)이자, 글쓴이의 주장에 해당한다.

2 밑줄 친 부분을 우리말로 해석하시오.

3 To do this, researchers must first find an ideal organism to study.

3 위 내용으로 보아, 앞으로 전개될 내용으로 가장 적절한 것은?

ⓐ 유기체 내에서 발생하는 유전자 변이
ⓑ 유기체를 통한 진화 연구의 어려움
ⓒ 진화 연구에 이상적인 생명체의 예

4 Bacteria are an obvious choice, because they are easy to cultivate in the laboratory and they reproduce quickly.

⁵If we wanted to do an evolutionary experiment with humans, we would need to wait, on average, 26 years to have a new generation, **while** E. coli, a widely studied bacterium, spawns a new generation in 20 minutes.

⁶**Additionally**, it has a small genome, making much easier and cheaper to study the actual changes in genes **that** occur in each generation.

4 문장 6에서 어법상 <u>틀린</u> 부분을 찾아 바르게 고치시오.

고치기 전:

→ 고친 후:

⁷By leveraging <u>these characteristics</u>, researchers can directly observe and manipulate evolutionary processes, providing valuable insights into the mechanisms of evolution.

5 밑줄 친 <u>these characteristics</u>에 해당하지 <u>않는</u> 것은?

ⓐ 각 세대가 성장하는 데 긴 시간이 걸린다.
ⓑ 유전자 변화 연구에 비용이 적게 든다.
ⓒ 실험실에서 배양하기 쉽다.

Stage 3 요약하기

◆ 글의 내용을 아래와 같이 요약할 때, 빈칸 (A)~(C)에 들어갈 가장 적절한 말을 <조건>에 맞게 쓰시오.

Studying genetic changes in bacteria, which (A) ____________ rapidly and have a small genome, offers a more (B) ____________ way to observe and manipulate evolutionary processes compared to relying on (C) ____________ or humans for understanding evolutionary transition.

조건   <보기>의 단어 중에서 골라 그대로 쓸 것
보기   efficient / organisms / time-consuming / reproduce / fossils / examine

Public Transport 대중교통

이동성(mobility)은 사람들의 이동을 용이하게 하는 특성을 말하며,
교통수단 또는 서비스 자체를 의미하기도 합니다.

차량의 증가는 교통 혼잡(traffic congestion)과
환경오염 등의 여러 문제를 가져옵니다.
대중교통을 이용하면 이동(travel, trip, journey) 비용과
에너지 소비를 줄일 수 있어 경제적 효과가 있습니다.

대중교통은 개인의 편리함을 넘어 사회 전체의 삶을 향상시키므로
지속 가능한(sustainable) 도시(urban) 생활의 핵심 요소입니다.

Words & PHRASES

✦표시 다의어는
지문 속 의미를
다의어 Check✔
에서 고르세요.

☐ developed country	선진국	**cf.** developing country 개발도상국
☐ public transport	대중교통(= public transportation)	• public 대중을 위한, 공공의; 공개적인 • transport 운송[수송]하다; 운송 (수단)
☐ sustainable	(환경 파괴 없이) 지속 가능한; 오랫동안 지속할 수 있는	• sustain 지탱하다, 뒷받침하다; 유지[지속]하다
☐ urban	도시의(↔ rural 시골의, 지방의)	
☐ mobility	이동성; 유동성	• mobile 이동하는; 유동적인
☐ by all means	무슨 수를 써서라도, 반드시	
☐ radical✦	급진적인, 과격한; 근본적인(= fundamental)	• radically 급진적으로, 과격하게; 근본적으로
☐ access	접근 (방법); 입구, 통로; 접근하다	• accessible 접근하기 쉬운
☐ health-care	의료의; 건강 관리의	
☐ fitness	신체 단련; 건강, 체력; 적합함	
☐ strain✦	부담, 압박; (근육의) 긴장, 삠; (동식물의) 유형; (근육에) 무리를 주다	
☐ fund	기금, 자금; 자금을 대다	
☐ side effect	부작용	
☐ traffic congestion	교통 혼잡, 교통 체증	
☐ enhance	향상시키다, 높이다(= improve)	
☐ vulnerable	취약한, 연약한; ~하기[받기] 쉬운	• vulnerability 취약성; ~하기[받기] 쉬움
☐ degree✦	정도; 도 《각도, 온도의 단위》; 학위	▶ by degrees 서서히, 점차
☐ as a whole	전체로서, 전체적으로	
☐ resident	거주자, 주민; 거주하는	• reside 거주하다, 살다

Stage 1   정답 찾아가기

A developed country is not a place where the poor people have cars but it is where the rich people use public transport. Development of sustainable urban mobility and public transport networks leads by all means to **radical** improvement of citizens' quality of life. ① It improves access to markets and job opportunities, to education, to health-care services, to leisure, and to the things citizens need in everyday life. ② Citizens that use public transport walk more, and this increases fitness levels, leading to healthier citizens and less **strain** on the health-care systems. ③ Under this system, the cost of medical services is provided by the government and funded by taxes. ④ While sustainable urban transport systems should better handle side effects (traffic congestion, air pollution, accidents, etc.), at the same time, they should provide enhanced mobility for the poor and vulnerable groups. ⑤ The system's effectiveness is determined by the **degree** to which the city as a whole is accessible to all its residents.

다의어 Check

지문 속 ✦표시 어휘의
문맥상 의미는?

1 radical
  ⓐ 과격한
  ⓑ 근본적인

2 strain
  ⓐ 부담
  ⓑ 유형

3 degree
  ⓐ 정도
  ⓑ 각도

INTRO

Q 첫 두 문장으로 보아, 앞으로 전개될 내용으로 가장 적절한 것을 고르시오.
① benefits of public transportation
② results of traffic congestion

Q 윗글에서 전체 흐름과 관계 <u>없는</u> 문장을 고르시오.
①   ②   ③   ④   ⑤

OUTRO

Q 위 문제에서 선택한 정답 문장의 내용을 고르시오.
① 대중교통을 이용하는 시민은 더 많이 걷고 체력이 좋아진다.
② 의료비는 정부에 의해 제공되고 세금으로 조달된다.

◆ 주어진 질문에 답하시오.

1 A developed country is **not** a place where the poor people have cars **but** it is **where** the rich people use public transport.

첫 문장에서 글의 주장과 핵심 소재를 언급한다.

not A but B (A가 아니라 B) 구문에서는 B의 내용이 중요하다.

TIP ★ **관계부사의 선행사 생략**

관계부사의 선행사가 the time, the place, the reason 등 일반적인 시간, 장소, 이유일 때 선행사나 관계부사를 생략하는 경우가 많다.

Early morning is **the time** the city is most peaceful.
　　　　　　　　　　(= when[the time when])

이른 아침은 도시가 가장 평화로운 때다.

2 Development of sustainable urban mobility and public transport networks leads by all means to **radical improvement** of citizens' quality of life.

3 It improves access to markets and job opportunities, to education, to health-care services, to leisure, and to the things citizens need in everyday life.

논거 1: 대중교통의 장점 1

radical improvement의 구체적인 예시가 이어진다.

1 밑줄 친 It이 가리키는 것을 문장 2에서 찾아 밑줄을 그으시오.

4 Citizens that use public transport walk more, and this increases fitness levels, leading to healthier citizens and less strain on the health-care systems.

논거 2: 대중교통의 장점 2

2 밑줄 친 this가 의미하는 것을 우리말로 쓰시오.

5 Under this system, the cost of medical services is provided by the government and funded by taxes.

논거 3: 대중교통의 장점 3

6 While sustainable urban transport systems **should** better handle side effects(traffic congestion, air pollution, accidents, etc.), at the same time, they **should** provide enhanced mobility for the poor and vulnerable groups.

should는 주장(~해야 한다)이라기보다는 글쓴 이의 예상과 기대를 나타 낸다.

3 문장 6에 언급된 것이 <u>아닌</u> 것은?
ⓐ 도시 교통망의 부작용 해결
ⓑ 취약 계층에게 지원금 제공
ⓒ 대중교통이 만들어 낸 접근성

7 The system's effectiveness is determined by the degree to which the city as a whole is accessible to ___________________.

4 문맥상 빈칸에 들어갈 말로 가장 적절한 것은?
ⓐ rich people
ⓑ specific age groups
ⓒ all its residents

Stage 3 요약하기

◆ 글의 내용을 아래와 같이 요약할 때, 빈칸 (A), (B)에 들어갈 가장 적절한 말을 <조건>에 맞게 쓰시오.

Developed countries have (A) a_____________ public transport, and it improves quality of life, including health and access to services. Effective systems manage negative impacts and enhance (B) m_____________ for all citizens.

조건 1. 본문에서 찾아 그대로 쓸 것
2. 각각 한 단어로 작성할 것

Managing Emotions 감정 관리

부정적 감정으로 인식하는 슬픔, 두려움, 걱정, 분노, 질투는
모두 자연스러운 감정이지만 너무 오래 지속되지는 않아야 합니다.

감성 지능(EI: Emotional Intelligence)은 다른 사람의 감정을
이해하고 자신의 감정을 조절하는 능력입니다.

감성 지능이 높은 사람은 슬픔이나 분노 같은 부정적 감정을
빠르게 알아차리고, 충동적으로 반응하지 않으며,
잠시 심호흡을 하면서 차분하게 대처할 수 있어요.

Words & PHRASES

✦표시 다의어는
지문 속 의미를
다의어 Check✔
에서 고르세요.

□ perspective✦	관점, 시각(= viewpoint); 전망, 경치; 원근법	
□ in the heat of	~이 한창일 때	• heat 열기; 흥분; 최고조; 뜨겁게 하다
□ thrill	전율, 흥분; 열광시키다	
□ recapture	탈환하다; 다시 붙잡다[체포하다]; (과거의 느낌 등을) 되찾다	• capture 붙잡다; (관심을) 사로잡다
□ step back	(~에서) 한 걸음 물러나다	
□ objectivity	객관성	• objective 목적, 목표; 객관적인
□ clarity	명료성	• clarify 명확[명료]하게 하다; 분명히 말하다
□ in the light of	~에 비추어; ~의 관점에서, ~을 고려[감안]하여	
□ maturity	성숙; 완전한 발달	• mature 성숙한; (과일 등이) 익은
□ examine	검토[조사]하다; 확인하다, 살펴보다	
□ tragedy	비극(적인 사건); 비극 작품	• tragic 비극적인, 비극의
□ carry around	가지고 다니다, 들고 다니다	
□ a bunch of	한 다발[묶음]의; 많은	
□ baggage	수하물, 짐; (마음의) 앙금	
□ stand up to A	A에 저항하다[맞서다]	
□ integrity	정직, 진실함; 완전한 상태, 온전함	
□ dedicate	전념하다; 헌신하다; 바치다	
□ traumatic	대단히 충격적인; 정신적 외상의	• trauma 트라우마; 충격적인 경험
□ at all costs	무슨 수를 써서라도, 어떤 대가를 치러도	
□ knot	매듭; 매듭을 묶다	
□ reflective	반사하는; 반영하는; 반성[숙고]하는, 성찰하는	• reflect 반사하다; 반영하다; 반성[숙고]하다
□ distance oneself from	~으로부터 거리를 두다	• distance 거리, 간격; 관여하지 않다; ~을 떼어놓다
□ intense	강렬한, 격렬한	• intensify 강화하다; 격렬해지다

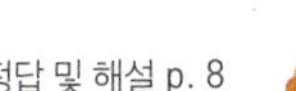

Stage 1 정답 찾아가기

> Few people have a good **perspective**[+] in the heat of an emotional moment. Most individuals who enjoy the thrill of an experience try to go back and recapture it without first trying to evaluate it.

다의어 Check ✔

지문 속 ✦표시 어휘의 문맥상 의미는?

1 perspective
ⓐ a visible scene
ⓑ a way of judging

(A) It involves stepping back from the immediate influence of emotions to analyze past events or situations with objectivity and clarity. You can see the thrills of the past in the light of emotional maturity and examine tragedies in the light of truth and logic.

(B) That process can help a person to stop carrying around a bunch of negative emotional baggage. Any feeling that can stand up to the light of truth and can be sustained over time has emotional integrity and is therefore worth dedicating your heart and mind to.

(C) In contrast, those who survive a traumatic experience usually avoid similar situations at all costs, which sometimes ties them into emotional knots. At those times, reflective thinking enables you to distance yourself from the intense emotions of particularly good or bad experiences and see them with fresh eyes.

INTRO Q

1. 네모 안에 주어진 글의 핵심 내용으로 적절한 것을 고르시오.
① 감정 조절이 어려운 이유
② 감정의 전율을 느끼려는 모습

2. (A)~(C)의 내용으로 알맞은 것끼리 짝지으시오.
(1) 감정의 영향에서 벗어나는 방법과 그 효과 •　　　• (A)
(2) 주어진 글과 대조되는 반응 및 해결책 •　　　• (B)
(3) 감정적으로 온전한 태도의 중요성 •　　　• (C)

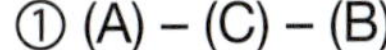

Q 주어진 글 다음에 이어질 글의 순서로 가장 적절한 것을 고르시오.

① (A) – (C) – (B)　　② (B) – (A) – (C)
③ (B) – (C) – (A)　　④ (C) – (A) – (B)
⑤ (C) – (B) – (A)

Stage 2 한 문장씩 뜯어보기

◆ 주어진 질문에 답하시오.

¹Few people have a good perspective in the heat of an emotional moment.

> 첫 문장에서 문제점 (problem)이 서술되었다.

1 밑줄 친 부분과 바꿔 쓸 수 있는 것은?
ⓐ think clearly　　　ⓑ listen closely　　　ⓒ say good things

²Most individuals who enjoy the thrill of an experience try to go back and recapture it without first trying to evaluate it.

> 문장 2~3은 첫 문장에서 언급한 문제점의 내용을 구체적으로 서술한다.

2 문장 2를 간단히 표현할 때 빈칸에 알맞은 것은?
→ People often seek to ___________ thrilling experiences without evaluating them first.
ⓐ provide　　　ⓑ repeat　　　ⓒ ignore

³**In contrast**, those who survive a traumatic experience usually avoid similar situations at all costs, which sometimes ties them into emotional knots.

> In contrast
> 앞뒤로 등장하는 대상이나 개념, 사실을 대조한다. 주제문을 이끌 때도 있지만 단순히 세부 사항의 대조 문장을 이끌기도 하므로 주의해야 한다.

3 밑줄 친 부분의 의미로 알맞은 것은?
ⓐ makes them feel joyful and relaxed
ⓑ helps them to become emotionally stronger
ⓒ causes them to feel emotional struggle

⁴At those times, reflective thinking **enables you to distance** yourself from the intense emotions of particularly good or bad experiences **and see** them with fresh eyes.

> enables+일반인(you, us, people)+to-v (~가 v할 수 있게 하다)
> 문제에 대한 해결책 (reflective thinking)을 제시하는 표현이다.
>
> enables의 목적격보어인 to distance와 (to) see가 접속사 and로 병렬 연결 되었다.

4 밑줄 친 At those times가 함축하는 의미를 아래와 같이 표현할 때 빈칸에 알맞은 것은?
→ At the moments when individuals are either chasing or avoiding _______________
ⓐ grief periods
ⓑ keeping calm
ⓒ emotional experiences

⁵It involves stepping back from the immediate influence of emotions to analyze past events or situations with objectivity and clarity.

5 문장 5의 밑줄 친 <u>It</u>이 지칭하는 것은?

ⓐ the intense emotions

ⓑ reflective thinking

ⓒ good or bad experiences

---

6 You can see (a) <u>the thrills of the past</u> in the light of emotional maturity and examine (b) <u>tragedies</u> in the light of truth and logic.

6 밑줄 친 (a), (b)가 각각 설명된 문장의 번호를 하나씩 찾아 쓰시오.

(a):   (b):

---

7 That process can **help a person to stop** <u>carrying around a bunch of negative emotional baggage.</u>

help는 목적격보어로 to-v와 v 모두 사용할 수 있다.
(= ~ help a person stop ~)

7 밑줄 친 부분의 의미로 알맞은 것은?

ⓐ being negatively affected by emotions from past

ⓑ avoiding dealing with difficult emotions entirely

ⓒ forgetting all negative experiences quickly

---

8 <u>Any feeling</u> that can stand up to the light of truth and can be sustained over time has emotional integrity and is therefore worth dedicating your heart and mind to.

8 밑줄 친 주어 <u>Any feeling</u>의 동사 두 개를 각각 찾아 쓰시오.

Stage 3   요약하기

◆ 글의 내용을 아래와 같이 요약할 때, 빈칸 (A)~(C)에 들어갈 가장 적절한 말을 <조건>에 맞게 쓰시오.

Whether they be positive or negative, we are (A) ___________ by our emotions. Reflective thinking helps by (B) ___________ analyzing past events until we discover the (C) ___________ emotions that deserve to be valued.

조건 1. <보기>의 단어 중에서 골라 쓸 것
2. 필요하면 문맥과 어법에 맞게 변형할 것
3. 각각 한 단어로 작성할 것

보기 lasting / objective / influence / relieve / discard

Learning
Strategy 학습 전략

학습 과정에서 사용하는 사고 전략(thinking strategy) 혹은 인지 전략(cognitive strategy)을 말합니다.

모든 학생은 어떻게 공부하면 좋을지 고민해 본 경험이 있을 거예요.
자신의 학습 과정을 스스로 주도하는 것이
학업 성취도와 학습 효율을 높이는 데 도움이 됩니다.

공부한 보람을 느끼지 못하고 시험과 과제 때문에 힘겨워하고 있나요?
이런 고민이 있을수록 나에게 알맞은 학습 전략을 만들고 실천해 보세요.
배움의 즐거움을 알게 될 거예요.

Words & PHRASES

✦표시 다의어는
지문 속 의미를
다의어 Check
에서 고르세요.

☐ come to mind	(갑자기) 생각나다, (생각이) 떠오르다	
☐ utterly	완전히(= completely, totally); 전혀	
☐ incapable	~하지 못하는(↔ capable ~할 수 있는)	
☐ obsession	강박관념; 집착	• obsess (생각 등이 마음을) 사로잡다, 집착하게 하다 • obsessive 강박적인
☐ object✦	물체; 대상; 목적; 반대하다	• objective 목적, 목표; 객관적인
☐ qualify	자격을 얻다[주다]; 평가하다	
☐ integrate	통합하다, 합치다	• integration 통합
☐ throughout	~ 내내, ~ 동안 죽; 곳곳에	
☐ grading	등급[성적] 매기기	• grade 등급(을 나누다); 성적(을 매기다)
☐ convene	(회의 등을) 소집하다[모으다]	
☐ session	(특정 활동을 위한) 시간; 회의; 수업 (시간)	
☐ deem	(~로) 여기다, 생각하다(= consider)	
☐ acknowledge✦	인정하다; 감사를 표하다	• acknowledg(e)ment 인정; 감사; 승인, 시인
☐ act upon	~에 따라 행동[실행]하다	
☐ context	문맥; 상황; 환경	
☐ flourish	번창하다; 성공하다; (동식물이) 잘 자라다	
☐ have to do with	~와 관련이 있다	
☐ primarily	주로(= mainly)	• primary 주된, 주요한; 초기의, 최초의

Have you ever known someone who, no matter what the question is, always has an answer? The mailman, Cliff Clavin of the sitcom *Cheers*, comes to mind here. On the show, Cliff appeared to be utterly incapable of saying "I don't know." For Cliff and for the rest of us in real life, this obsession with providing answers is connected to difficulty in learning, as we have, in our society, whole systems for the **object**[+] of qualifying answers. These systems are integrated throughout our entire educational process as grading. What if, on the other hand, we had a system of qualifying the best questions? What if we had teachers and leaders who convened sessions in which questions would be listened to and those deemed "best" would be **acknowledged**[+] and acted upon? Would this lead to a new opening for learning, to a context in which learning would flourish? I say it would. But we'll never move in that direction as long as we think learning and knowing have to do primarily with "having the answers."

다의어 Check

지문 속 ✦표시 어휘의 문맥상 의미는?

1 object
  ⓐ 물체
  ⓑ 목적

2 acknowledge
  ⓐ 인정하다
  ⓑ 감사를 표하다

INTRO Q 윗글의 중심 소재는 무엇인지 고르시오.
  ① 학습의 동기
  ② 학습의 환경

Q 윗글에서 필자가 주장하는 바로 가장 적절한 것을 고르시오.
  ① 교사는 학생들에게 호기심을 자극하는 질문을 해야 한다.
  ② 교사는 정답 외에도 학생들의 다양한 대답을 존중해야 한다.
  ③ 학생들이 말하는 정답보다 수준 높은 질문에 중점을 두어야 한다.
  ④ 학생들이 서로 협동해서 답을 찾아내는 학습 환경을 조성해야 한다.
  ⑤ 학생들의 자신감을 키워줄 수 있는 긍정적인 피드백을 제공해야 한다.

Stage 2 한 문장씩 뜯어보기

◆ 주어진 질문에 답하시오.

[1]**Have you ever** known someone who, **no matter what** the question **is,** always has an answer**?**

> 의문문(Have you ever ~?)으로 글을 시작하며 읽는 이의 흥미를 끌고 핵심 소재(question and answer)를 제시한다.

> no matter what+명사+be (어떤[무슨] ~이든)

[2]The mailman, Cliff Clavin of the sitcom *Cheers*, comes to mind here.

[3]On the show, Cliff appeared to be utterly <u>incapable of saying "I don't know."</u>

1 밑줄 친 부분의 의미로 알맞은 것은?

ⓐ 모든 질문에 대답하는 것   ⓑ 모르는 것을 질문하는 것   ⓒ 아는 것이 거의 없는 것

[4]For Cliff and for the rest of us in real life, this obsession with providing answers is connected to difficulty in learning, as we have, in our society, whole systems for the object of qualifying answers.

> 문장 2~3에서 예시를 먼저 들고, 이어서 일반화하여 설명한다.

[5]These systems are integrated throughout our entire educational process as grading.

2 문장 4~5의 의미를 간단히 표현할 때 알맞은 것은?

ⓐ a tendency to seek answers in education
ⓑ obsessive habits that have dual effects on learning
ⓒ the importance of persistence to find answers

[6]**What if**, on the other hand, we **had** a system of qualifying the best questions**?**

> 질문과 답변을 통해 글쓴이의 주장을 나타내고 있다.

> **TIP★** **What if ~?** (~라면 어떨까?)
>
> if절에서 동사가 과거형으로 쓰여, 현재 사실과 반대되는 상황을 가정하고 상상한다.
>
> [6]← We don't have a system of qualifying the best questions.

[7]**What if** we **had** teachers and leaders **who** convened sessions **in which** questions would be listened to and <u>**those**</u> deemed "best" would be acknowledged and acted upon**?**

> 앞에 나온 어구나 내용을 대명사로 받는 경우가 많다. 문장 7~9에서 those, this, it이 의미하는 것을 문맥을 통해 파악해야 한다.

3 문장 7의 밑줄 친 those가 지칭하는 것을 본문에서 찾아 쓰시오. (한 단어)

TIP★ **명사+관계사절+관계사절**
한 문장에 두 개 이상의 관계사절이 사용될 수 있다. 각 관계사절의 선행사가 무엇인지 정확하게 파악해야
올바르게 해석할 수 있다. 문장 7에서 두 번째 관계사(in which)의 선행사가 바로 앞의 명사(sessions)인지,
첫 번째 관계사(who)의 선행사(teachers and leaders)와 동일한지를 파악해야 한다.

7 ~ *teachers and leaders* [**who** convened *sessions* [**in which** questions would be
listened to ⌈and⌋ those deemed "best" would be acknowledged and acted upon]]?

8Would this lead to a new opening for learning, to a context in which
learning would flourish**?**

9I say **it would.**

4 문장 9에서 뒤에 생략된 부분이 함축하는 의미로 알맞은 것은?
ⓐ 학습에서 교사와 지도자의 역할이 가장 중요하다.
ⓑ 새로운 학습 기회를 제공하는 환경을 만들어야 한다.
ⓒ 정답보다 질문을 중시하면 학습에 도움이 될 것이다.

10But we'll never move in that direction **as long as** we think learning and
knowing have to do primarily with "having the answers."

● 맺음말에 역접(but) 연결어
가 있으면, 앞 문장에 대한
역접인지 주제문을 이끄
는지를 파악해야 한다.

● as[so] long as 《조건》
(~하는 한, ~하기만 하면)
= if

5 문장 8~10을 한 문장으로 표현할 때 빈칸에 알맞은 것은?
→ _____________ the best questions instead of the need for answers enhances
learning.
ⓐ Answering　　　　ⓑ Prioritizing　　　　ⓒ Overlooking

Stage 3　요약하기

◆ 글의 내용을 아래와 같이 요약할 때, 빈칸 (A)~(C)에 들어갈 가장 적절한 말을 <조건>에 맞게 쓰시오.

Our obsession with always having answers (A) ___________ learning. To help learning
thrive, we should (B) ___________ the best questions and not (C) ___________
learning with merely having the right answers.

(조건) 1. <보기>의 단어 중에서 골라 쓸 것
2. 필요하면 문맥과 어법에 맞게 변형할 것
3. 각각 한 단어로 작성할 것
(보기) object / equate / mistrust / recognize / limit

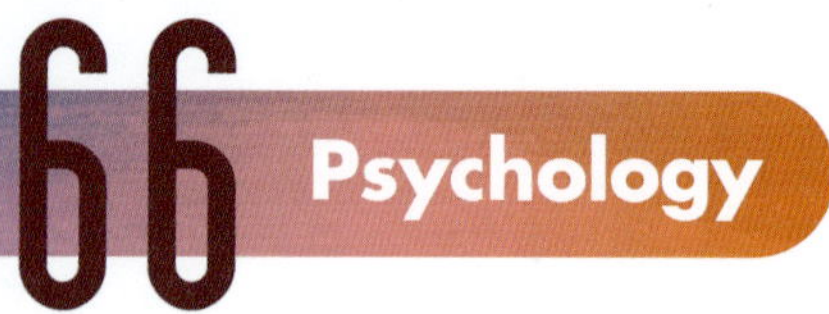

Gaming and Addiction 게임과 중독

중독이 되면 습관(habits)처럼 계속해서 특정 대상을 찾거나 행위를 중단하지 못합니다.

니코틴, 알코올, 카페인, 약품 등 특정 물질뿐만 아니라
특정 행동에도 중독이 일어날 수 있습니다.

인터넷 중독, 쇼핑 중독, 게임 중독이 그 예시입니다.
과도한 중독 증상은 건강을 해치게 됩니다.

Words & PHRASES

✦표시 다의어는
지문 속 의미를
다의어 Check✔
에서 고르세요.

☐ addictive	중독성의	• addiction 중독 • addict 중독자 ▶ get addicted to A A에 중독되다
☐ pull	당기다; 끌기; (마음을) 끌어당김, 매력(= attraction)	
☐ realism	현실감; 사실주의	
☐ availability	이용 가능성; 입수 가능성; 유용성	• available 이용할 수 있는; 구할 수 있는; (만날) 시간이 있는
☐ mobile device	모바일 기기 《휴대 가능한 전자 기기》	• device 기기, 장치
☐ undoubtedly	의심할 여지 없이, 확실히	• doubt 의심(하다)
☐ distinguished	유명한, 저명한; 뛰어난	
☐ state	상태; 국가; 주립의; 말하다; 명시하다	• statement 성명(서), 진술(서)
☐ resist	저항하다; 참다, 견디다	
☐ temptation	유혹	• tempt (좋지 않은 일을 하도록) 유혹하다
☐ ubiquitous	어디에나 있는, 흔한	
☐ compulsive	(행동이) 강박적인; (사람이 자기 행동을) 통제하지 못하는	• compel 강요하다, (억지로) 하게 하다 • compulsion 강요; 충동
☐ transform A into B	A를 B로 변형[변화]시키다	
☐ presence✦	존재(함); 존재하는 것[사람]; 참석(↔ absence 부재; 결석)	• present 현재(의); 참석[출석]한; 주다
☐ reserve✦	예약하다; 남겨두다; 비축(물), 보유; 보호구역	• reservation 예약
☐ enthusiastic	열렬한, 열광적인; 열정적인	• enthusiast 열심인 사람, ~광[팬]
☐ entertainment	오락; 대접	• entertain 즐겁게 해주다; (손님을) 대접하다
☐ mainstream	(사상 등의) 주류, 대세; 주류의; 주류에 편입시키다	
☐ executive	(기업의) 경영[운영]진, 임원; 경영[운영]의	

The addictive pull of gaming has only been strengthened by improvements in games' graphics, audio quality, realism, speedier downloads, and all-the-time-everywhere availability through mobile devices. Undoubtedly, availability is a key factor in all forms of addiction, according to Douglas Gentile, a distinguished professor of psychology at Iowa State University. ① "If there isn't a game available on your device, you're not going to get addicted to it," he stated in an interview. ② Likewise, no matter how far you are from games, resisting the temptation is never easy. ③ With games "more available and ubiquitous on every screen that we have around us," he says, compulsive playing is likely to continue to grow. ④ Indeed, transforming gaming into a ubiquitous **presence**⁺, an obsession and "addiction" for everyone, has been the gaming industry's stated goal for the last decade. ⑤ The idea has been to expand markets beyond small **reserves**⁺ of enthusiastic gamers into the entertainment mainstream — to "sell to more people rather than sell more and more to less people," as Nintendo executive Cammie Dunaway has described it.

다의어 Check

지문 속 ✦표시 어휘의 문맥상 의미는?

1 presence
 ⓐ 참석
 ⓑ 존재하는 것[사람]

2 reserve
 ⓐ 보유
 ⓑ 보호구역

INTRO

Q 첫 두 문장으로 보아, 앞으로 전개될 내용으로 가장 적절한 것을 고르시오.
 ① the role of availability in fostering game addiction
 ② the comparison between gaming and other forms of addiction

Q 윗글에서 전체 흐름과 관계 <u>없는</u> 문장을 고르시오.
 ①   ②   ③   ④   ⑤

OUTRO

Q 위 문제에서 선택한 정답 문장의 내용을 고르시오.
 ① 어디를 가든 게임이 보이면 충동적으로 하기 쉽다.
 ② 게임과 떨어져 있어도 유혹을 이겨내기는 어렵다.

Stage 2 한 문장씩 뜯어보기

◆ 주어진 질문에 답하시오.

> ¹The addictive pull of gaming has only been strengthened by improvements in games' graphics, audio quality, realism, speedier downloads, and **all-the-time-everywhere** availability through mobile devices.

하이픈(-)으로 연결된 단어들이 뒤에 오는 명사를 수식한다.

1 밑줄 친 all-the-time-everywhere의 의미로 알맞은 것은?
   ⓐ completely up to date
   ⓑ popular at a given time
   ⓒ constant and ubiquitous

> ²**Undoubtedly**, availability is a key factor in all forms of addiction, **according to** Douglas Gentile, **a distinguished professor** of psychology at Iowa State University.

> ³"If there isn't a game available on your device, you're not going to get addicted to it," he stated in an interview.

undoubtedly
(의심할 여지 없이, 확실히)
확신 있게 주장함으로써 내용을 강조하고 동시에 전문가의 말을 인용하므로, 나머지 문장이 논거에 해당하면 문장 2가 주제문이다.

2 문장 2~3을 한 문장으로 표현할 때 빈칸에 알맞은 것은?
   → You are more likely to become addicted to gaming if it is ＿＿＿＿＿＿ accessible.
   ⓐ temporarily
   ⓑ rarely
   ⓒ easily

> ⁴Likewise, **no matter how** far you are from games, resisting the temptation is never easy.

no matter how
(아무리 ~하더라도)
cf. no matter when [where]
(언제[어디서] ~하더라도)

> ⁵**With games "more available and ubiquitous** on every screen that we have around us," he says, compulsive playing is likely to continue to grow.

TIP★ **with + O′+ 형용사/부사/전명구**
<with + O′ + v-ing/p.p. ~> (O′가 ~하면서[되면서]) 구문에서 v-ing/p.p. 대신 형용사, 부사, 전명구 등이 쓰이는 경우다. O′ 뒤의 분사 being이 생략된 것으로 이해하면 된다.

With the lights off in the room, it was hard to see.
방에 불이 꺼져 있어서 보기가 어려웠다.
With the food in the fridge, we didn't need to go shopping.
냉장고 안에 음식이 있어서 우리는 쇼핑할 필요가 없었다.

[6] **Indeed**, transforming gaming into a ubiquitous presence, an obsession and "addiction" for everyone, <u>has been</u> the gaming industry's stated goal for the last decade.

3 밑줄 친 <u>has been</u>이 어법상 옳으면 ◯, 틀리면 ✕로 표시하고 바르게 고치시오.

[7] The idea has been to expand markets beyond small reserves of enthusiastic gamers into the entertainment mainstream — to "sell to more people rather than sell more and more to <u>less people</u>," as Nintendo executive Cammie Dunaway has described it.

4 밑줄 친 <u>less people</u>의 의미로 알맞은 것은?
ⓐ more general public
ⓑ more dedicated group
ⓒ more diverse audience

5 문장 7을 간단히 표현할 때 빈칸에 알맞은 것은?
→ Nintendo aims to expand its market by appealing to a _______________ audience.
ⓐ broader
ⓑ targeted
ⓒ mature

Stage 3 요약하기

◆ 글의 내용을 아래와 같이 요약할 때, 빈칸 (A)~(C)에 들어갈 가장 적절한 말을 <조건>에 맞게 쓰시오.

Gaming addiction has grown due to technological advancements and constant (A) _____________, leading to more (B) _____________ play, which is a deliberate strategy by the gaming industry to expand its market to (C) _____________ entertainment.

조건 1. <보기>의 단어 중에서 골라 쓸 것
2. 필요하면 문맥과 어법에 맞게 변형할 것
3. 각각 한 단어로 작성할 것
보기 accessible / device / mainstream / compulsive / limited

Mathematics and Technology 수학과 기술

우리는 수학을 수업 시간에 풀어야 하는 복잡한 숫자들의 공식으로 느끼지만,
수학은 현대 사회의 다양한 기술의 뿌리입니다.

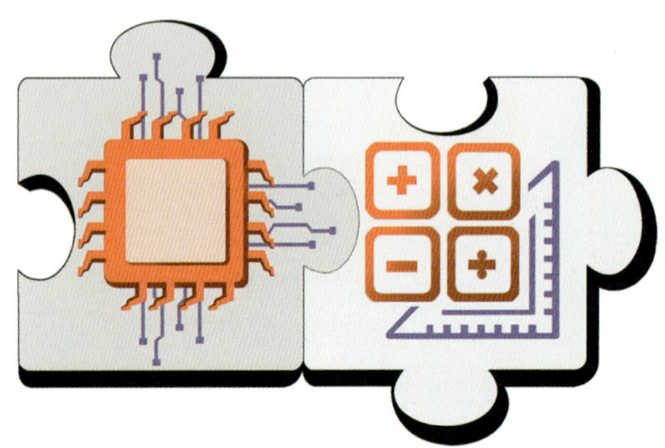

수학과 기술은 현대 사회의 거의 모든 측면에서
긴밀하게 얽혀 있습니다.

수학은 기술의 기초가 되고, 기술은 수학적 개념을
실생활에 적용할 수 있게 해주죠.

스마트폰, 인터넷, 인공지능 등 대부분의 현대 기술은
수학의 정교한 원리와 계산에 의해 탄생했습니다.

Words & PHRASES

✦ 표시 다의어는
지문 속 의미를
다의어 Check♥
에서 고르세요.

□ heavenly body	《천문학》 천체	
□ astronomer	천문학자	• astronomy 천문학 • astronomical 천문학의
□ lunar eclipse	월식	*cf.* solar eclipse 일식
□ comet	혜성	
□ asteroid	소행성	
□ observational	관찰의; 관측의; 감시의	• observation 관찰; 관측; 감시 • observer 관찰자
□ range	(범위가) ~에 이르다; 다양하다; 범위, 범주	▶ range from A to B A에서 B에 이르다[A에서 B까지 다양하다]
□ boiler	보일러	• boil 끓다, 끓이다
□ sophisticated✦	교양 있는; 세련된; 복잡한, 정교한	• sophistication 교양; 세련됨; 정교함
□ brick	벽돌	
□ inherent	내재하는, 타고난(= innate, intrinsic)	
□ instability	불안정(성)(↔ stability 안정(성))	
□ ambitious	야망 있는; 열망하는; 의욕적인	• ambition 야망, 포부; 의욕
□ infancy	유아기; 초기	• infant 유아; 초심자; 초기의
□ about	주위에; 여기저기	
[선택지]		
□ theoretical	이론적인, 이론(상)의	• theory 이론
□ mere	단순한; 단지 ~에 불과한	

One function of mathematics is prediction. By understanding the motion of heavenly bodies, astronomers could predict lunar and solar eclipses, the return of comets, and the location of asteroids that had passed behind the Sun, out of observational contact. However, the role of mathematics ___________________________. Once you understand how a system works, you don't have to remain a passive observer. You can attempt to control the system, to make it do what you want. Examples of control systems range from the thermostat on a boiler, which keeps it at a fixed temperature, to traffic light control systems. The use of electronic pacemakers to help people with heart disease is another example of control. Without a **sophisticated**[+] mathematical control system, the space shuttle would fly like a brick, for no human pilot can respond quickly enough to correct its inherent instabilities. It's best not to be too ambitious, though: weather control, for example, is in its infancy — we can't make rain with any great success, even when there are rain clouds about.

*thermostat: 온도 조절 장치 **pacemaker: 심장 박동 조율기

다외어 Check

지문 속 ✚표시 어휘의 문맥상 의미는?

1 sophisticated
ⓐ 교양 있는
ⓑ 정교한

**INTRO**

**Q**

첫 문장과 빈칸 문장으로 보아, 찾아야 할 내용으로 알맞은 것을 고르시오.

① 수학적 사고가 어려운 이유
② 수학이 도움이 되는 다른 역할

Q

윗글의 빈칸에 들어갈 말로 가장 적절한 것을 고르시오.

① appears to lack ambition
② is not clear in everyday life
③ is limited to theoretical concepts
④ focuses on controlling the risks
⑤ goes beyond mere prediction

Stage 2 한 문장씩 뜯어보기

◆ 주어진 질문에 답하시오.

---

¹One function of mathematics is prediction.

---

²By understanding the motion of heavenly bodies, astronomers could predict lunar and solar eclipses, the return of comets, and the location of asteroids that had passed behind the Sun, out of observational contact.

---

1 문장 1~2를 한 문장으로 표현할 때 빈칸에 알맞은 것은?

→ Mathematics enables astronomers to _______________ astronomical events.

ⓐ learn
ⓑ reproduce
ⓒ forecast

---

³However, the role of mathematics goes beyond mere prediction.

---

⁴Once you understand how a system works, you don't have to remain a passive observer.

---

⁵You can attempt to control the system, to make it do what you want.

---

2 문장 3~5를 한 문장으로 표현할 때 빈칸에 알맞은 것은?

→ Mathematics can also be used to _______________ a system to achieve our desired outcomes.

ⓐ actively control
ⓑ passively observe
ⓒ invariably maintain

---

⁶Examples of control systems **range from** the thermostat on a boiler, which keeps it at a fixed temperature, **to** traffic light control systems.

---

⁷**The use** of electronic pacemakers to help people with heart disease **is** another example of control.

❮ range from A to B
((범위가) A에서 B에
이르다)

A와 B의 범위 파악에
유의한다.

❮ 수식을 받아 길어진 주어는
수식어구의 범위를 파악
하고 동사를 찾는다.

8 (a) **Without** a sophisticated mathematical control system, the space shuttle would fly like a brick, (b) for no human pilot can respond quickly enough to correct its inherent instabilities.

3 밑줄 친 (a)를 아래와 같이 바꿔 쓸 때, 괄호 안의 어구를 모두 활용하여 빈칸을 영작하시오.

(for / not / it / if / were)

→ ___________________________ a sophisticated mathematical control system

4 밑줄 친 (b)를 우리말로 해석하시오.

5 문장 6~8을 간단히 표현할 때 빈칸에 알맞은 것은?

→ _______________ of mathematical control systems

ⓐ unexplored fields
ⓑ real-world applications
ⓒ the limitations

9 It's best not to be too ambitious, **though**: weather control, for example, is in its infancy — we can't make rain with any great success, even when there are rain clouds about.

6 밑줄 친 부분의 의미로 알맞은 것은?

ⓐ We should avoid trusting control systems completely.
ⓑ We should embrace high levels of mathematics systems.
ⓒ We need to focus solely on ambitious outcomes.

Stage 3   요약하기

◆ 글의 내용을 아래와 같이 요약할 때, 빈칸 (A), (B)에 들어갈 가장 적절한 말을 <조건>에 맞게 쓰시오.

Mathematics assists not only with (A) p___________ of celestial events, but also (B) c___________ of complex systems, allowing us to influence and manage various processes effectively.

(조건) 1. 본문에서 찾아 그대로 쓸 것
2. 각각 한 단어로 작성할 것

Mindset Shift 사고방식의 전환

사고방식(mindset, mentality)은 생각하는 방식이나 태도를 의미합니다.
개인의 경험, 가치관, 신념에 따라 달라질 수 있습니다.

어느 심리학자에 따르면 사고방식은 크게 두 가지로 나뉩니다.

- 고정 사고방식(Fixed Mindset): 지능이나 재능은 고정된 특성이며
  변하지 않는다는 이론
- 성장 사고방식(Growth Mindset): 지능과 재능이 노력과 학습을 통해
  성장할 수 있다는 이론

사고방식의 전환은 우리의 삶과 목표를 새롭게 생각하는 것을 의미합니다.
생각하는 방식을 바꾸면 개인이 성장하고 발전하는 데 도움이 됩니다.

Words & PHRASES

✦ 표시 다의어는
지문 속 의미를
다의어 Check✔
에서 고르세요.

□ suffering	고통, 괴로움	• suffer 고통받다; (질병, 슬픔을) 겪다
□ adversity	역경; 불행한 사건[경험]	
□ conventional	관습적인; 평범한; 전통적인	• convention 회의; (대규모) 집회; 관습
□ confront	(문제에) 직면하다, 맞서다	• confrontation 대치, 대립
□ malfunction	오작동, 고장; 제대로 작동하지 않다	• function 기능(하다); (기계가) 작동하다
□ attachment ✦	부착(물), 부속품; 첨부 파일; 애착, 애정(= affection); 집착	• attach 붙이다; 첨부하다; (중요성을) 부여하다 *cf.* obsession 강박관념, 집착
□ denial	부인, 부정; 거부, 거절(= refusal)	• deny 부인[부정]하다; 거부[거절]하다
□ interchangeable	교체[교환]할 수 있는	• interchange 교환(하다); (고속도로의) 분기점
□ perceive	인지하다, 지각하다; 여기다	• perception 인지, 지각
□ miraculously	기적적으로	
□ present	현재(의); 참석[출석]한; (~에) 존재하는[있는]; 수여하다	• presence 존재(함); 현존; 참석
□ conscious	의식[자각]하는; 의식이 있는; 의식적인 (↔ unconscious 의식이 없는; 무의식적인)	▶ be conscious of ~을 의식[자각]하다
□ helplessness	무력함, 어떻게도 할 수 없음	• helpless 무력한; (감정을) 억누를 수 없는
□ circumstance	상황	
□ fundamental	근본적인; 핵심적인, 필수적인(= essential)	• fundamentally 근본적으로; 완전히
□ source	원천; 근원, 원인; 출처	
[선택지]		
□ (-)bound	(~에) 묶인[얽매인]; (~할) 의무가 있는	
□ inevitable	불가피한, 필연적인	
□ passage of time	시간의 흐름[경과]	

Stage 1 정답 찾아가기

You may find it hard to accept that time is the cause of your suffering or adversity. You believe they are caused by specific situations in your life, and seen from a conventional viewpoint, this is true. But until you have confronted the basic problem-making malfunction of the mind — its **attachment**[+] to past and future and denial of the Now — adversities are actually interchangeable. Even if all your problems or perceived causes of suffering or unhappiness were miraculously removed for you today, if you had not become more present or more conscious, you would soon discover yourself with a similar set of problems or causes of suffering, like a dark cloud that follows you wherever you go. Ultimately, there is only one problem, and it lies at the core of our mental processes: ____________________________. There is no answer in time. You cannot be free in the future. Presence is the key to freedom, so you can only be free now. It is natural to believe that suffering is caused by helplessness in certain circumstances, but in reality, the fundamental source of unhappiness is a failure to live in the present.

다의어 Check

지문 속 ✦표시 어휘의 문맥상 의미는?

1 attachment
ⓐ 부속품
ⓑ 집착

INTRO

Q 빈칸 문장으로 보아, 찾아야 할 내용으로 알맞은 것을 고르시오.
① 정신 작용의 문제점
② 문제 해결의 결과

Q 윗글의 빈칸에 들어갈 말로 가장 적절한 것을 고르시오.
① the present situation
② the fear of the unknown
③ the time-bound mind itself
④ the attachment to outcomes
⑤ the inevitable passage of time

Stage 2 한 문장씩 뜯어보기

◆ 주어진 질문에 답하시오.

[1] You may **find it** boxed:hardly / hard **to accept** that time is the cause of your suffering or adversity.

> find+가목적어 it+
> 목적격보어+
> 진목적어 to-v ~

1 네모 안에 들어갈 말로 어법상 알맞은 것은?

[2] **You believe** they are caused by specific situations in your life, and seen from **a conventional viewpoint**, this is true.

> 통념(myth), 일반적인
> 의견 표현
> • You believe (that) ~
> • a conventional
>   viewpoint

2 문장 1~2의 내용으로 보아, 앞으로 전개될 내용을 표현할 때 빈칸 (a), (b)에 알맞은 것을 본문에서 각각 찾아 그대로 쓰시오. (한 단어)
   → Our suffering actually comes from _________(a)_________ , not from ________(b)________ .
   (a):
   (b):

[3] **But** until you have confronted (a) the basic problem-making malfunction of the mind — its attachment to past and future and denial of the **Now** — (b) adversities are actually interchangeable.

> 통념 이후 But 등의 역접
> 연결사가 나오면 통념을
> 바로잡는 사실(truth)이
> 이어진다.

> Now에서 N을 대문자로
> 표기한 것은 강조하는
> 내용이기 때문이다.

3 밑줄 친 (a)의 의미를 풀어 설명한 부분을 문장 3에서 찾아 우리말로 쓰시오.

4 밑줄 친 (b)의 의미로 알맞은 것은?
   ⓐ Problems last for a long time.
   ⓑ Problems are solved by themselves.
   ⓒ Problems can be replaced by other ones.

5 문장 3을 간단히 표현할 때 빈칸에 알맞은 것은?
   → Don't ______________ the past or future.
   ⓐ confront   ⓑ dwell on   ⓒ let go of

[4] **Even if** all your problems or perceived causes of suffering or unhappiness **were** miraculously removed for you today, if you **had not become** more present or more conscious, you **would** soon **discover** yourself with a similar set of problems or causes of suffering, like a dark cloud that follows you **wherever** you go.

> even if+가정법
> (비록 ~할지라도)

> wherever + S′ + V′
> (어디서 S′가 V′하더라도)

6 문장 4가 주장하는 내용을 간단히 표현할 때 가장 알맞은 것은?

ⓐ 현재에 집중하는 것이 중요하다.

ⓑ 과거에 발생한 문제는 고칠 수 없다.

ⓒ 미래에 발생할 문제를 예방해야 한다.

TIP★ **혼합가정법**

가정법 문장에서 if절과 주절이 가리키는 때가 서로 다른 경우다.

가정하는 if절은 가정법 과거완료(과거 사실의 가정 또는 불가능한 일), 주절은 가정법 과거(현재[미래]의 가정 또는 불가능한 일)로 자주 쓰인다.

If S′ **had p.p. ~** , S **would/could/might + 동사원형 ...**: (과거에) 만약 ~했더라면
　　　가정법 과거완료　　　　　　　　가정법 과거　　　　　　(지금) …할 텐데

---

⁵Ultimately, there is only one problem, and it lies at the core of our mental processes: the time-bound mind itself.

Ultimately(결국, 궁극적으로) 이후 말하고자 하는 핵심 내용이 정리된다.

---

⁶There is no answer in time. **⁷**You cannot be free in the future.

---

⁸Presence is the key to freedom, so you can only be free now.

---

⁹It is natural to believe that suffering is caused by helplessness in certain circumstances, but in reality, the fundamental source of unhappiness is a _____________ to live in the present.

7 문맥상 빈칸에 들어갈 말로 가장 적절한 것은?

ⓐ desire　　　　　　ⓑ failure　　　　　　ⓒ success

Stage 3　요약하기

◆ 글의 내용을 아래와 같이 요약할 때, 빈칸 (A)~(C)에 들어갈 가장 적절한 말을 <조건>에 맞게 쓰시오.

(A) _____________ seems to stem from life situations, but it's actually due to our mind's (B) _____________ with the past and future. True freedom and happiness come from living fully in the (C) _____________.

조건　<보기>의 단어 중에서 골라 그대로 쓸 것

보기　absence / suffering / ease / present / obsession

Meaning Transformation 의미 변화

언어는 문화, 사회, 역사적 요인에 의해 의미의 범위가 확장, 축소되거나 본래 의미가 변하기도 합니다.

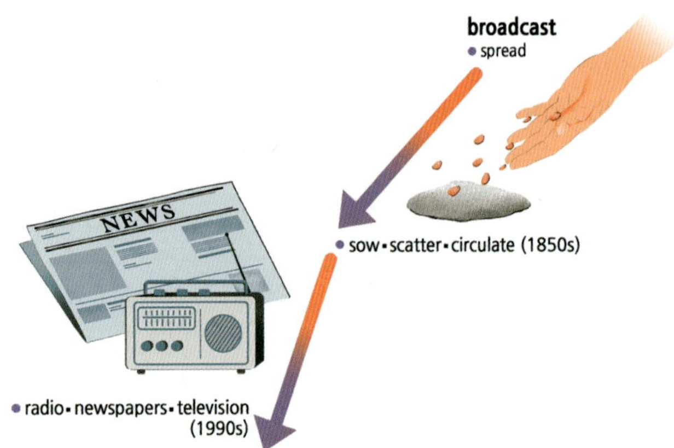

holiday는 원래 '종교의 축일'만을 뜻했고,
meat는 '음식'이라는 넓은 의미의 단어에서 유래했습니다.

또한 silly가 원래는 '행복한, 운 좋은'이라는 뜻이었던 것처럼 좋은 의미의 단어가 나쁜 의미로 바뀌기도 합니다.

기술이 발전하고 사회가 변화하면서 의미가 추가되는 단어도 있습니다. '씨를 뿌리다'라는 뜻이었던 broadcast는 신문, 라디오, TV가 등장하면서 '널리 알리다, 방송하다'라는 뜻으로도 쓰게 되었습니다.

Words & PHRASES

✦ 표시 다의어는 지문 속 의미를 **다의어 Check✔** 에서 고르세요.

☐ revolution	혁명; 회전; 《천문》 공전	• revolutionary 혁명의, 혁명적인 • revolutionist 혁명가, 혁명론자
☐ circle	원(형); (특히 공중에서) 빙빙 돌다; 동그라미를 그리다	
☐ aspiration	열망, 포부	• aspire 열망하다, 바라다
☐ radical	급진적인, 과격한; 근본적인(= fundamental)	• radically 급진적으로, 과격하게; 근본적으로
☐ cyclical	순환하는; 주기적인(= cyclic)	• cycle 자전거(를 타다); 순환(기), 주기
☐ celestial	하늘의, 천상의; 천체의	
☐ agent	대리인; 중개인; 행위자	• agency 대행사; 중개(소); (정부) 기관
☐ definite	분명한, 확실한(↔ indefinite 불분명한); 확신하는	• definitive 확정적인, 최종적인; 최고의
☐ order ✦	순서; 질서, 정돈(하다); 명령(하다); 주문(하다)	▶ out of order 고장 난; 정리가 안 된; 규칙에 어긋나는
☐ bring about	~을 초래[유발]하다, ~을 가져오다(= cause)	
☐ be subject to A	A를 당하기 쉽다; A의 대상이다; A의 영향 아래 있다	
☐ signify	의미하다, 나타내다(= mean); 중요하다(= matter)	• significant 중요한; 의미심장한
☐ transformative	변화시키는, 변혁[혁신]적인	• transform 변화시키다, 변형시키다 • transformation 변화, 변형(= transition)
☐ overthrow	(정부, 제도 등을) 뒤엎다, 전복시키다; 전복, 타도	(overthrew-overthrown)
☐ reinterpretation	재해석	• interpret 해석하다; 이해하다; 통역하다 • interpretation 해석
☐ highlight	강조하다(= emphasize); (사건, 이야기 등의) 주요 부분	
☐ irony	아이러니, 역설(적 상황); 반어(법), 비꼼	• ironic 역설적인; 반어적인, 비꼬는

> Originally, "revolution" was used to describe the regular movement of objects in space like the Earth circling the Sun. But when people started talking about revolutions in society, like political revolutions, the meaning changed.

다의어 Check

지문 속 ✦표시 어휘의 문맥상 의미는?

1 order
ⓐ 질서
ⓑ 순서

(A) Despite the revolutionary aspirations for radical change, the cyclical nature of societal development suggests that historical processes may indeed follow repeated patterns, much like the celestial revolutions observed in the heavens.

(B) Thus, while revolutionists may perceive themselves as agents in a process which signals the definite end of an old **order**✦ and brings about the birth of a new world, their actions may ultimately be subject to the same cyclical patterns that govern the motions of the stars.

(C) Instead of just describing predictable cycles of stars, it came to signify radical and transformative change by violence and the overthrow of existing systems. This reinterpretation of "revolution" highlights a certain irony.

INTRO

Q

1. 네모 안에 주어진 글의 핵심 내용으로 적절한 것을 고르시오.

① revolution의 어원 분석
② revolution의 의미 변화

2. (A)~(C)의 내용으로 알맞은 것끼리 짝지으시오.

(1) 혁명가의 역설에 대한 서술　　　•　　　• (A)
(2) 의미 변화의 부가 설명　　　•　　　• (B)
(3) 혁명이 순환하는 역설의 상세 설명　•　　　• (C)

 주어진 글 다음에 이어질 글의 순서로 가장 적절한 것을 고르시오.

① (A) – (C) – (B)　　　② (B) – (A) – (C)
③ (B) – (C) – (A)　　　④ (C) – (A) – (B)
⑤ (C) – (B) – (A)

Stage 2 한 문장씩 뜯어보기

◆ 주어진 질문에 답하시오.

> [1] Originally, "revolution" **was used to describe** the regular movement of objects in space like the Earth (circle) the Sun.

• be used to-v
(v하는 데 사용되다)
• be used to v-ing[A]
(v하는데[A에] 익숙하다)
• used to-v
(v하곤 했다;
예전에는 v했다
《과거의 습관/상태》)

1 괄호 안의 단어를 어법상 알맞은 형태로 쓰시오. (한 단어)

> [2] But when people started talking about revolutions in society, like political revolutions, the meaning changed.

> [3] Instead of just describing predictable cycles of stars, it **came to signify** radical and transformative change by violence and the overthrow of existing systems.

come to-v (v하게 되다)

2 문장 2~3을 한 문장으로 표현할 때 빈칸에 알맞은 것은?
→ The meaning of revolution evolved to the ______________ of systems.
ⓐ protection   ⓑ transition   ⓒ violence

> [4] This reinterpretation of "revolution" highlights a certain irony.

> [5] Despite the revolutionary aspirations for radical change, the cyclical nature of societal development **suggests that** historical processes may indeed follow repeated patterns, much like the celestial revolutions observing / observed in the heavens.

3 네모 안에 들어갈 말로 어법상 알맞은 것은?

TIP★ should의 특별한 용법과 주의해야 할 점
요구, 제안, 주장, 필요, 명령 등을 나타내는 단어 뒤의 that절이 '당위성(~해야 한다)'을 나타내는 경우
<(should+)동사원형>을 쓴다. should가 생략되면 동사원형만 남는다.
그러나 that절이 '당위성'을 의미하지 않고 사실을 말하면 that절의 동사를 주어의 인칭과 수, 시제에 맞게
쓴다. 둘 중 어떤 의미인지 문맥에 따라 해석해야 한다.

The teacher **suggests that** the student **(should) study** harder to improve his grades.
선생님은 학생이 성적을 올리기 위해 더 열심히 공부해야 한다고 제안한다.

The teacher **suggests that** the student's improvement in scores **is** due to extra tutoring. (suggest가 '제안하다'의 의미가 아니라 '시사하다, 암시하다'의 의미)
선생님은 학생의 점수 향상이 과외 때문임을 시사한다.

⁶Thus, **while** revolutionists may perceive themselves as agents in <u>a process</u> which signals the definite end of an old order and brings about the birth of a new world, their actions may ultimately be subject to the same cyclical patterns that govern the motions of the stars.

4 밑줄 친 <u>a process</u>를 수식하는 관계대명사절 범위가 끝나는 마지막 한 단어를 쓰시오.

5 문장 4~6의 내용으로 보아, 문장 4의 밑줄 친 <u>a certain irony</u>의 의미로 알맞은 것은?

ⓐ 천체의 공전과 사회의 변화는 공통점이 없다.
ⓑ 단어의 기존 의미가 시간이 흘러 크게 변화했다.
ⓒ 혁명에 의한 변화는 장기적으로 보면 순환한다.

Stage 3 요약하기

◆ 글의 내용을 아래와 같이 요약할 때, 빈칸 (A)~(C)에 들어갈 가장 적절한 말을 <조건>에 맞게 쓰시오.

The term "revolution" now signifies (A) ___________ societal changes, yet these transformations might still (B) ___________ cyclical patterns, reflecting its (C) ___________ meaning related to regular celestial movements.

> 조건 <보기>의 단어 중에서 골라 그대로 쓸 것
> 보기 original / progressive / abandon / exhibit / indefinite

기출에 등장한 **Revolution**

정치적 의미뿐만 아니라 혁신적 변화를 묘사하기 위해서도 사용되었다.

- Industrial **Revolution**(산업 혁명): 수공업에서 기계를 이용한 대량 생산으로의 전환
- Neolithic **Revolution**(신석기 혁명): 사냥과 채집 생활에서 농사를 짓는 정착 생활로의 전환
- The Copernican **Revolution**(코페르니쿠스 혁명): 코페르니쿠스가 주장한 지동설이 우주를 이해하는 데 불러온 큰 변화
- The American **Revolution**(미국 독립 혁명): 미국 13주(州) 식민지가 영국으로부터 달성한 독립
- Green **Revolution**(녹색 혁명): 품종 개량 등을 통해 수확량을 늘리는 농업의 획기적 발전

Algorithm 알고리즘

컴퓨터가 따라 할 수 있도록 문제 해결 절차나 방법을 순서대로 나열한 것을 말합니다.
정보를 입력한 후 처리하고 데이터를 표시하는 방법을 나타내는 순서도라 할 수 있습니다.

웹사이트, 소셜 미디어, 영상 스트리밍 사이트에서
우리 취향에 맞는 영상, 쇼핑 품목 등을 추천해 주는 것을 알고리즘이라 합니다.

자동화된 알고리즘의 추천 프로세스와 이유를 매번 정확히 알 수는 없지만
자신도 모르게 클릭하여 영상을 시청하거나 물건을 구매한 경험이 있을 것입니다.

이렇게 영향력이 커진 알고리즘에 의존하는 방식이 과연 바람직한지에 대해
다양한 논의가 이루어지고 있습니다.

Words & PHRASES

✦표시 다의어는
지문 속 의미를
다의어 Check✔
에서 고르세요.

□ algorithmic	알고리즘의	• algorithm 연산(법), 알고리즘
□ replicate	복제하다(= duplicate)	• replication 복제
□ bias	편견, 편향, 선입견; 편견[선입견]을 갖게 하다	• biased 편견을 가진; 치우친
□ serve (to-v)	(음식을) 제공하다; (어떤 일에) 기여하다, (특정한) 결과[v하는 것]를 낳다	
□ reinforce	강화하다, 보강하다(= strengthen)	• reinforcement 강화, 보강
□ disadvantage	불리한 점, 약점; 불이익(↔ advantage 유리한 점, 장점; 이익)	
□ infamous	악명 높은(= notorious)	
□ recruitment	채용, 신규 모집	• recruit 모집하다, 뽑다; 신입사원; 신병
□ automate	자동화하다	• automatic 자동의; 반사적인 • automation 자동화
□ optimal	최선의, 최적의(= optimum)	cf. suboptimal 최적이 아닌, 차선의
□ candidate	지원자; 입후보자(= applicant)	
□ reportedly	전해진 바에 따르면, 소문에 의하면	
□ proportion✦	비율; 균형; 크기, 규모	
□ assume	가정[추정]하다; (역할 등을) 맡다; (~인) 척하다	• assumption 가정
□ adequately	적절하게, 충분히	• adequate 적절한, 충분한
□ resolve✦	해결하다; 다짐하다, 결심하다	• resolution 해결; 다짐, 결심; 결의안
□ ultimately	궁극적으로, 결국	• ultimate 궁극적인, 최종의; 최고[최상/최악]의
□ abandon	버리다; 포기하다, 그만두다(= give up)	
□ regardless of	~에 상관없이(= irrespective of)	
□ critical✦	비판적인, 비난하는; 대단히 중요한; 위태로운	
□ thoroughly	대단히, 완전히; 철저히, 완벽하게	• thorough 철저한
□ be fit for	(목적에) 맞다[적합하다]	

Algorithmic decision-making can replicate biases, serving to further reinforce disadvantages. Perhaps the most infamous case of algorithmic bias in the recruitment process involved Amazon. Between 2014 and 2017, the company attempted to build an automated system to identify optimal candidates. The algorithm, trained on a decade of Amazon's hiring data, reportedly developed a bias against female applicants due to the high **proportion**[+] of men in the tech industry, leading it to assume males were the desirable employees. Despite efforts by the company's engineers, the problem could not be adequately **resolved**[+], and the project was ultimately abandoned. Companies are generally responsible for their hiring decisions, regardless of how and by whom (or what) they are made. As a result, it is **critical**[+] that any algorithms developed, as well as the data they are trained upon, are thoroughly tested to ensure that they are fit for purpose.

다의어 Check

지문 속 ✦표시 어휘의 문맥상 의미는?

1 proportion
ⓐ 비율
ⓑ 균형

2 resolve
ⓐ 결심하다
ⓑ 해결하다

3 critical
ⓐ 비판적인
ⓑ 대단히 중요한

INTRO

윗글의 중심 소재는 무엇인지 고르시오.
① 알고리즘의 편향
② 알고리즘의 잠재력

윗글의 요지로 가장 적절한 것을 고르시오.
① 알고리즘의 채용 심사에 대해 체계적으로 이의를 제기해야 한다.
② 알고리즘이 사용 목적에 알맞은지에 대한 철저한 검증이 필요하다.
③ 알고리즘을 채용의 도구로 사용하는 것은 차별 개선에 도움이 된다.
④ 알고리즘이 인간의 편견을 학습하지 않도록 방지하는 것은 불가능하다.
⑤ 알고리즘은 사용자의 편향성을 강화해 사회 양극화를 심화시킬 수 있다.

Stage 2 한 문장씩 뜯어보기

◆ **주어진 질문에 답하시오.**

¹Algorithmic decision-making can replicate biases, serving to further reinforce disadvantages.

> 도입부에서 중심 소재 (Algorithmic decision-making)가 언급되었다.

1 문장 1을 간단히 표현할 때 빈칸에 알맞은 것은?

→ a ______________ effect of algorithmic decision-making

ⓐ positive　　　　　ⓑ productive　　　　　ⓒ harmful

²Perhaps the most infamous case of algorithmic bias in the recruitment process involved Amazon.

> 문장 2의 표현(infamous case)을 통해 부정적 예시가 이어질 것을 알 수 있다.

³Between 2014 and 2017, the company attempted to build an <u>automated</u> system to identify optimal candidates.

2 밑줄 친 <u>automated</u>와 바꿔 쓸 수 있는 한 단어를 문장 1~2에서 찾아 쓰시오.

⁴<u>The algorithm</u>, trained on a decade of Amazon's hiring data, reportedly developed a bias against female applicants due to the high proportion of men in the tech industry, leading it to assume males were the desirable employees.

3 밑줄 친 주어 <u>The algorithm</u>의 동사를 찾아 쓰시오.

⁵Despite efforts by the company's engineers, the problem could not be adequately resolved, and <u>the project</u> was ultimately abandoned.

4 문장 4~5를 한 문장으로 표현할 때 빈칸에 알맞은 것은?

→ Amazon's hiring algorithm strongly ______________ male applicants over female.

ⓐ favored　　　　　ⓑ undervalued　　　　　ⓒ penalized

5 밑줄 친 <u>the project</u>의 내용이자 목적에 해당하는 것을 본문에서 찾아 쓰시오.

[6]Companies are generally responsible for their hiring decisions, regardless of how and by whom (or what) they are made.

6 문장 6을 간단히 표현할 때 빈칸에 알맞은 것은?

→ Companies cannot ______________ responsibility for biased outcomes.

ⓐ accept　　　　　ⓑ escape　　　　　ⓒ fulfill

[7]As a result, **it is critical** that any algorithms developed, as well as the data they are trained upon, are thoroughly tested <u>to ensure that they are fit for purpose</u>.

글쓴이의 주관적 견해가 마지막에 등장한다.
(it is critical ~)

7 밑줄 친 부분을 우리말로 해석하시오.

Stage 3　요약하기

◆ 글의 내용을 아래와 같이 요약할 때, 빈칸 (A)~(C)에 들어갈 가장 적절한 말을 <조건>에 맞게 쓰시오.

We should (A) ______________ algorithms before use, which is revealed in the case where Amazon's attempt to build a(n) (B) ______________ recruitment system showed (C) ______________ against female candidates.

조건   <보기>의 단어 중에서 골라 그대로 쓸 것
보기   automated / trust / incomplete / bias / evaluate / fairness

Filter Bubble   필터 버블(정보 여과 현상) 극복하기

'필터 버블'은 이용자가 알고리즘이 제공하는 특정 콘텐츠만 편식하는 현상이다.
필터 버블에 갇히면 자신의 신념과 일치하는 정보만 받아들이고
그렇지 않은 정보는 무시하는 확증 편향(confirmation bias)을 갖게 된다.

이를 피하려면 다른 입장에 있는 사람들의 의견을 일부러라도 찾아보아야 한다.
시청 기록이나 검색 기록을 삭제하여 알고리즘을 자주 초기화하는 것도 좋은 방법이다.

Literacy 문해력, 활용 능력

basic literacy는 '기본적으로 글을 읽고 쓰는 능력'을 의미합니다.
literacy의 의미가 확장되어 '~을 할 수 있는 능력, ~을 이해하는 기술'이라는
뜻으로도 씁니다.

인터넷과 스마트 기기를 이해하고 활용하는 능력인
디지털 문해력(digital literacy)은 현대 사회를 살아가는 데 필수입니다.

기출에는 technological literacy(기술 이해[활용] 능력)와
media literacy(미디어 정보 해독력)가 소개되었습니다.

Words & PHRASES

✦표시 다의어는
지문 속 의미를
다의어 Check
에서 고르세요.

☐ literacy	읽고 쓸 줄 아는 능력(↔ illiteracy 읽고 쓰지 못함); (특정 분야에 관한) 지식, 기술	
☐ risk	위험(성); 모험; 위험을 무릅쓰다; 위태롭게 하다	▶ take the risk of ~하는 위험을 무릅쓰다
☐ reorganize[-ise]	재조직[재구성]하다	• organize[-ise] 정리하다; 조직하다
☐ comforting	위로가 되는; 안정적인	• comfort 안락, 편안; 위로(하다)
☐ authority ✦	권한; 권위(자); 당국, 기관; 허가, 승인	• authorize 권한을 부여하다; 허가하다
☐ illusion	환상; 착각; 잘못된 생각	• illusory (실제가 아니라) 환상에 불과한; 속이는, 허황된
☐ certainty	확실한 것; 확실성(↔ uncertainty 불확실성)	
☐ expertise	전문적인 지식[기술]; 전문가의 의견	• expert 전문가; 전문적인; 숙련된
☐ dare	(~할) 용기가 있다; 감히 ~하다	
☐ well-informed	아는 게 많은, 잘 아는(↔ ill-informed 잘 모르는)	*cf.* informed 정보에 기반한; (특정 주제를) 잘 아는
☐ consultation	상담, 상의	• consult 상담[상의]하다
☐ blindly	앞이 안 보이는 채; 맹목적으로	
☐ jeopardize[-ise]	위태롭게 하다(= endanger)	
☐ fortune ✦	행운; 재산	*cf.* fortune-teller 점쟁이
☐ cling to A	A에 집착하다(= stick[adhere] to A), A에 매달리다	
☐ renowned	유명한, 명성 있는(= celebrated, noted)	
☐ forecast	예보, 예측(= prediction); 예보하다, 예측하다	(forecast/forecasted -forecast/forecasted)
☐ outlook	관점, 견해; 전망(= prospect)	
☐ annually	일 년에 한 번, 매년(= yearly)	
☐ erroneous	잘못된, 틀린	• error 오류; 잘못, 실수
[선택지]		
☐ equip	(장비를) 갖추다; (지식 등을 가르쳐) 준비를 갖춰 주다	• equipment 장비, 장치; 설비

Unlike basic literacy, risk literacy requires emotional reorganizing — rejecting comforting **authority**[+] and illusions of certainty and learning to take responsibility and to live with uncertainty. However, there is still a long way to go. Studies indicate that most patients want to believe in their doctor's expertise and don't dare to ask for supporting evidence, yet still feel well-informed after consultations. Similarly, even after the banking crisis, many customers continue to blindly trust their financial advisors, jeopardizing their **fortunes**[+] in a consultation that takes less time than they would spend watching a football game. Many people cling to the belief that others can predict the future and pay fortune-tellers for illusory certainty. Every fall, renowned financial institutions forecast the outlook for the next year, and we spend $200 billion annually on a forecasting industry that mostly delivers erroneous predictions. Therefore, educators and politicians alike should realize that risk literacy is a vital topic for the twenty-first century. Rather than being pushed into doing what experts believe is right, people should be

____.

다의어 Check

지문 속 ✦표시 어휘의 문맥상 의미는?

1 authority
ⓐ 권위(자)
ⓑ 허가

2 fortune
ⓐ 행운
ⓑ 재산

INTRO

Q 빈칸 문장으로 보아, 찾아야 할 내용으로 알맞은 것을 고르시오.

① 전문가에게 자문할 때 주의해야 할 것
② 전문가의 생각에 의존하는 대신 갖춰야 할 것

Q 윗글의 빈칸에 들어갈 말로 가장 적절한 것을 고르시오.

① well-informed by some forecasting experts
② equipped to make informed decisions for themselves
③ driven to distinguish economic certainty from uncertainty
④ aware that risks and responsibilities are things to be avoided
⑤ encouraged to be open-minded in their relationship with the experts

Stage 2 한 문장씩 뜯어보기

◆ 주어진 질문에 답하시오.

[1] Unlike basic literacy, **risk literacy** requires emotional reorganizing — rejecting comforting authority and illusions of certainty and learning to take responsibility and to live with uncertainty.

글의 핵심 소재는 risk literacy임을 알 수 있다.

1 밑줄 친 risk literacy의 의미로 가장 알맞은 것은?

ⓐ 위험을 줄이려는 노력
ⓑ 위험을 대비하는 능력
ⓒ 위험을 외면하는 능력

[2] However, there is still a long way to go.

2 문장 2가 함축하는 의미로 알맞은 것은?

ⓐ risk literacy의 향상에는 더 큰 노력이 필요하다.
ⓑ risk literacy는 사람들이 보편적으로 갖추고 있다.

[3] **Studies** indicate that most patients want to believe in their doctor's expertise and don't dare to ask for supporting evidence, yet still feel well-informed after consultations.

문장 2를 뒷받침하는 연구 결과를 구체적으로 제시한다.

[4] **Similarly**, even after the banking crisis, many customers continue to blindly trust their financial advisors, **jeopardizing** their fortunes in a consultation that takes less time than they **would** spend watching a football game.

Similarly가 이끄는 내용 역시 문장 2를 뒷받침한다.

jeopardizing ~
= and jeopardize ~
(연속동작[결과]의 분사구문)

would (~일[할] 것이다)
《추측, 가능성》

3 밑줄 친 부분을 우리말로 해석하시오.

[5] Many people cling to **the belief that** others can predict the future and pay fortune-tellers for illusory certainty.

동격의 that절
(the belief = others ~ future)

[6] Every fall, renowned financial institutions forecast the outlook for the next year, and we spend $200 billion annually on a forecasting industry that mostly delivers erroneous predictions.

4 문장 6을 간단히 표현할 때 빈칸에 알맞은 것은?

→ We ______________ $200 billion yearly on inaccurate forecasts.

ⓐ waste

ⓑ make

ⓒ need

5 문장 3~6을 한 문장으로 표현할 때 빈칸에 알맞은 것은?

→ People often trust experts without ______________.

ⓐ comfort

ⓑ consultation

ⓒ question

7 Therefore, educators and politicians alike **should** realize that risk literacy is a vital topic for the twenty-first century.

8 Rather than being pushed into doing what **experts believe** is right, people **should** be equipped to make informed decisions for themselves.

TIP★ 삽입구문

관계대명사와 동사 사이에 다음과 같은 절이 자주 삽입된다.

I think[believe], people say, they feel[say], it seems (to me), I'm sure[certain] 등

8 ~ what (**experts believe**) is right, ~

Stage 3　요약하기

◆ 글의 내용을 아래와 같이 요약할 때, 빈칸 (A)~(C)에 들어갈 가장 적절한 말을 <조건>에 맞게 쓰시오.

Risk literacy is necessary for managing (A) ______________, so it should be taught to (B) ______________ overreliance on experts and empower personal (C) ______________.

조건　<보기>의 단어 중에서 골라 그대로 쓸 것

보기　certainty / responsibility / pursue / uncertainty / challenge

Scientific Breakthroughs 과학의 획기적 발전

일상생활은 셀 수 없이 많은 과학 발견의 결과물로 이루어져 있습니다.
과학은 지금도 보이지 않는 곳에서 끊임없이 우리 삶을 향상시키고 있습니다.

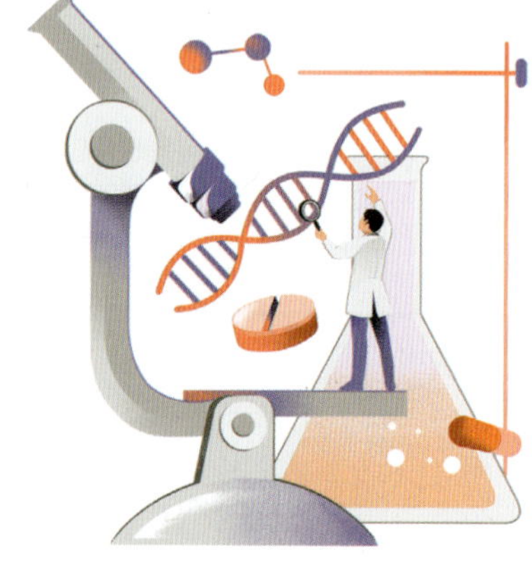

"유레카"를 외치는 순간적 깨달음이나 예상하지 못한 발견을 통해
과학이 획기적으로 발전한 흥미로운 이야기를 찾을 수 있어요.

하지만 역사를 돌아보면 대부분의 과학적 발견은
단순한 우연이 아닐 때가 많았습니다.
진정한 발전을 이루는 힘이 무엇일지에 대해 다양한 의견이 오갑니다.

Words & PHRASES

✦표시 다의어는
지문 속 의미를
다의어 Check✔
에서 고르세요.

☐ conversion	전환, 개조; 개종	• convert (형태 등을) 전환[개조]하다
☐ vibration	진동, 떨림	• vibrate 진동하다, 떨리다
☐ string	줄, 끈; (현악기의) 현; 일련; 《복》 조건, 단서	▶ a string of 한 줄의 ~; 일련의, 연이은 ▶ no strings attached 아무런 조건 없이
☐ radio wave(s)	무선 전파, (무선 전파수를 갖는) 라디오파	
☐ commercial	상업의; 상업적인; 광고	• commerce 상업; 무역
☐ application✦	지원(서), 신청(서); 적용, 응용; (약 등을) 바름	• apply 지원하다; 적용하다; 바르다
☐ (-)driven	~ 주도[중심]의	• drive (특정 행동으로) 이끌다; 욕구 • driver 운전자; 원동력
☐ -oriented	~을 지향하는; ~ 위주의	
☐ yield✦	(수익, 결과 등을) 가져오다, 산출하다; 항복하다; 양보하다; 산출량	
☐ immediate	즉각적인; 직접적인	• immediately 즉시, 당장; 직접적으로
☐ pursuit	추구, (원하는 것을) 좇음; 뒤쫓음, 추적	• pursue 추구하다; 뒤쫓다, 추적하다
☐ impoverish	빈곤[가난]하게 하다; 품질을 저하시키다	
☐ breakthrough	획기적인 발견[발전]; 돌파구	
☐ see A coming	A가 있을 것을 알다, A를 예상하다	
[선택지]		
☐ gradual	점진적인, 서서히 일어나는(↔ sudden 갑작스러운)	
☐ groundbreaking	획기적인	
☐ novel	(장편) 소설; 새로운, 신기한	
☐ dollars-and-cents	금전의, 금전만을 고려한	
☐ payoff	(급여, 빚 따위의) 지불(일); 이득, 보상	

정답 및 해설 p. 24

We should not expect new mathematical and scientific ideas __________ ______________________________. The conversion of a mathematical idea into something that can be made in a factory or used in a home generally takes time — lots of time; a century is not unusual. Seventeenth-century interest in the vibrations of a violin string led, three hundred years later, to the discovery of radio waves and the invention of radio, radar, and television, which have commercial value. It might have been done quicker, but not that much quicker. If you think — as many people in our culture do — that the process of scientific discovery can be sped up by focusing on the **application**[+] as a goal and ignoring "curiosity-driven" research, then you are wrong. Goal-oriented research can only **yield**[+] predictable and immediate results, avoiding risks, but anything you can see, your competitors can see too. The pursuit of safe research will impoverish us all. The really important breakthroughs are always unpredictable, and it is their very unpredictability that makes them important: they change our world in ways we didn't see coming.

다의어 Check

지문 속 ✦표시 어휘의 문맥상 의미는?

1 application
  ⓐ 신청
  ⓑ 적용

2 yield
  ⓐ 산출하다
  ⓑ 양보하다

INTRO

Q 빈칸 문장으로 보아, 찾아야 할 내용으로 알맞은 것을 고르시오.
① 새로운 수학과 과학 개념의 발전으로 기대되는 것
② 새로운 수학과 과학 개념에 기대하지 말아야 할 것

Q 윗글의 빈칸에 들어갈 말로 가장 적절한 것을 고르시오.
① to bring gradual changes to our lives
② to cause groundbreaking discoveries
③ to find a novel solution to the problems
④ to fill the gap between theory and practice
⑤ to give an immediate dollars-and-cents payoff

Stage 2 한 문장씩 뜯어보기

◆ 주어진 질문에 답하시오.

[1]We **should not** expect new mathematical and scientific ideas to give an immediate <u>dollars-and-cents payoff</u>.

> 첫 문장에서 주장을 표현하는 should not(~해서는 안 된다)이 등장했다. 이에 대한 구체적 논거가 이어지는지 확인해 본다.

1 밑줄 친 <u>dollars-and-cents payoff</u>의 의미로 가장 알맞은 것은?
ⓐ an economic success
ⓑ a smaller reward
ⓒ a pay increase

[2]<u>The conversion</u> of a mathematical idea into something that can be made in a factory or used in a home generally takes time — lots of time; a century is **not unusual**.

> 논거 1: 수학적 개념을 실생활에서 활용하기까지는 매우 오랜 시간이 걸림

2 밑줄 친 주어 <u>The conversion</u>의 동사를 찾아 쓰시오.

TIP★ **이중부정 (부정+부정=긍정)**
하나의 문장에 부정어가 두 개 있으면 보통 강한 긍정을 나타낸다.

cf. 부정어 A without B (A하면 반드시 B한다, B해야만 A한다)
You **cannot** improve your skills **without** practicing.
연습을 해야만 기술을 향상시킬 수 있다.

[3]Seventeenth-century interest in the vibrations of a violin string led, three hundred years later, to the discovery of radio waves and the invention of radio, radar, and television, which have commercial value.

> 논거 1의 구체적 예시

[4]It **might have been done** quicker, but not that much quicker.

> might have p.p.
> (어쩌면 ~했을지도 모른다)
> <과거의 약한 추측>

3 문장 2~4를 한 문장으로 표현할 때 빈칸에 알맞은 것을 문장 3에서 찾아 쓰시오. (두 단어)
→ New discoveries often take a long time to translate into applications with
_______________________.

[5]If you think — as many people in our culture do — that the process of scientific discovery can be sped up by focusing on the application as a goal and ignoring "<u>curiosity-driven</u>" research, then you are wrong.

> 논거 2: application에 집중한다고 발견 과정이 빨라지지 않으며, curiosity-driven research가 필요함

4 문장 5의 밑줄 친 <u>curiosity</u>를 대체할 수 있는 단어를 문장 3에서 찾아 쓰시오. (한 단어)

문장 6~8: 논거 2를 뒷받침하는 구체적 설명

6 Goal-oriented research can only yield predictable and immediate results, avoiding risks, but anything you can see, <u>your competitors can see too.</u>

5 밑줄 친 부분이 내포하는 의미를 표현할 때 빈칸에 알맞은 것은?

→ Predictable results can be easily ______________ by competitors.

ⓐ bought　　　　　　ⓑ opposed　　　　　　ⓒ discovered

7 The pursuit of safe research will impoverish us all.

8 The really important breakthroughs are always unpredictable, and **it is** their very unpredictability **that** makes them important: they change our world in ways we didn't see coming.

6 문장 8을 간단히 표현할 때 빈칸에 알맞은 것은?

→ Important improvements occur that we cannot ______________.

ⓐ anticipate　　　　　　ⓑ investigate　　　　　　ⓒ neglect

TIP★ 강조구문 <It is[was] A that ~> (~하는 것은 바로 A이다[였다])
It is[was]와 that 사이에 강조하는 대상이 오며, 강조하는 내용이 중요하므로 주제와 관련이 있는지 살펴봐야 한다.

Stage 3 　요약하기

◆ 글의 내용을 아래와 같이 요약할 때, 빈칸 (A)~(C)에 들어갈 가장 적절한 말을 <조건>에 맞게 쓰시오.

We shouldn't focus on goal-oriented research (A) ______________ predictable results. Important breakthroughs are (B) ______________ and take time, but they significantly (C) ______________ our world.

조건　1. <보기>의 단어 중에서 골라 쓸 것
　　　2. 필요하면 문맥과 어법에 맞게 변형할 것
　　　3. 각각 한 단어로 작성할 것
보기　immediate / impact / common / distract / unpredictable / yield

Comfort Zone 안전지대

원래는 편안한 온도와 습도를 가진 구역을 뜻했지만
이제는 의미가 확장되어 스트레스가 없고 심리적으로 안정되는 영역을 말합니다.

일상을 벗어나거나 나와 생각이 다른 사람을 만나는 것
모두 안전지대 바깥에 있는 활동입니다.

우리는 변화 자체에서 불안을 느끼기 때문에
자신의 안전지대에 머무르려고 합니다.

Words & PHRASES

✦표시 다의어는
지문 속 의미를
다의어 Check✔
에서 고르세요.

☐ soothing	위로하는, 달래는; 완화하는	• soothe (고통 등을) 완화하다; (사람을) 달래다
☐ how dare	감히 ~하다니	
☐ abandon	버리다(= desert); (하다가) 포기하다(= give up)	
☐ in favo(u)r of	~에 찬성하여	• favo(u)r 호의(를 보이다); 찬성(하다) ▶ in one's favo(u)r ~에게 유리하게
☐ break out✦	발생하다; 탈출하다, 벗어나다	*cf.* outbreak (전쟁, 사고, 질병 등의) 발생 *cf.* breakout (보통 집단적인) 탈옥
☐ comfort zone	익숙한 곳, 안전지대; 요령을 피움	• comfort 안락; 위로; 위로하다
☐ confront	(위험 등에) 직면하다, 맞서다(= face)	• confrontation 대립, 대결
☐ functional	기능상의; 실용적인, 편리한	• function 기능(하다); (기계가) 작동하다
☐ tolerable	웬만큼 괜찮은; 참을 수 있는(↔ intolerable 참을 수 없는)	• tolerate 참다, 견디다; 용인하다
☐ neutral	중립; 중립의; 중간의	• neutralize 중립화하다; 무효로 하다
☐ take A in stride	A에 침착하게 대처하다, A를 수월하게 받아들이다	• stride (성큼성큼 걷는) (발)걸음
☐ yet	아직; 그럼에도 불구하고, 그런데도(= nevertheless)	
☐ point	뾰족한 끝; 가장 중요한 것, 요점; 가리키다	
☐ leave	떠나다; 그만두다(= quit); 남기다; (어떤 상태에) 있게 만들다	▶ leave out 빼다, 배제하다
☐ still✦	아직; 그런데; 가만히 있는, 정지한(= motionless); 훨씬	▶ stand still 가만히 있다; 현상을 유지하다
☐ accelerate	가속하다; 빨라지다	• acceleration 가속(도)
☐ hold back	저지[제지]하다(= restrain); 방해[저해]하다(= hinder, deter)	
☐ conflict	갈등, 충돌; 상충하다	
☐ back down	(주장 등을) 굽히다; 패배를 인정하다	
☐ amount to A	(합계가) A에 이르다[달하다]; A와 마찬가지이다	
☐ give up on	~을 포기[단념]하다	
☐ fall behind	뒤처지다, 뒤떨어지다	

Stage 1　정답 찾아가기

정답 및 해설 p. 26

> Familiar patterns are so soothing in our stressful world; how dare anyone suggest abandoning them in favor of risking more stress?

(A) The good news is that **breaking out**[+] of these comfort zones will likely lead to new opportunities, fewer problems you would fear confronting in the first place, and maybe even a functional and tolerable "neutral zone" that you can take in stride.

(B) And yet, this is exactly the point, because repeating those familiar patterns leaves you motionless, and standing **still**[+] in an accelerating world has the effect of pushing you backwards. Must you abandon all your comfortable tendencies and habits? Of course not — only the ones that hold you back.

(C) These include putting off unpleasant tasks (telling your teacher you need a few more days to complete an assignment), avoiding conflict (backing down when you feel strongly about something amounts to giving up on yourself), and avoiding change (the learning environment is constantly changing — you either adapt or fall behind).

다의어 Check ✅

지문 속 ✦표시 어휘의 문맥상 의미는?

1 break out
　ⓐ 벗어나다
　ⓑ 발생하다

2 still
　ⓐ 훨씬
　ⓑ 가만히 있는

INTRO

1. 네모 안에 주어진 글의 핵심 내용으로 적절한 것을 고르시오.
　① 익숙함을 따르는 것의 위험성
　② 익숙함을 버리는 것의 어려움

2. (A)~(C)의 내용으로 알맞은 것끼리 짝지으시오.
　(1) 버려야 할 행동의 예　　　　　　　•　　•　(A)
　(2) 그럼에도 버려야 할 익숙함과 그 이유　•　　•　(B)
　(3) 안전지대를 벗어나는 것의 결과　　•　　•　(C)

주어진 글 다음에 이어질 글의 순서로 가장 적절한 것을 고르시오.
　① (A) – (C) – (B)　　　　　② (B) – (A) – (C)
　③ (B) – (C) – (A)　　　　　④ (C) – (A) – (B)
　⑤ (C) – (B) – (A)

Stage 2 한 문장씩 뜯어보기

◆ 주어진 질문에 답하시오.

[1] Familiar patterns are so soothing in our stressful world; **how dare** anyone **suggest** abandoning them in favor of risking more stress**?**

> 수사의문문은 강한 긍정을 나타낸다.

> dare (to-)v (감히 v하다, v할 용기가 있다)

1 문장 1을 간단히 표현할 때 빈칸에 알맞은 것은?

→ We ______________ familiar patterns that are not stressful.

ⓐ risk
ⓑ prefer
ⓒ abandon

[2] And yet, **this is** exactly **the point**, because repeating those familiar patterns leaves you motionless, **and** stand still in an accelerating world has the effect of pushing you backwards.

> this is the point ~
> 글쓴이가 말하고자 하는 핵심 내용을 알리는 힌트 가 된다.

2 밑줄 친 this가 지칭하는 것으로 알맞은 것은?

ⓐ soothing ourselves in a stressful world
ⓑ a daring suggestion to reject stress
ⓒ abandoning familiar patterns

3 문장 2를 간단히 표현할 때 빈칸에 알맞은 것은?

→ Repeating familiar patterns hinders ______________.

ⓐ risks
ⓑ progress
ⓒ motivation

4 문장 2에서 어법상 **틀린** 단어를 하나를 찾아 바르게 고치시오. (한 단어로 고칠 것)

고치기 전:
→ 고친 후:

TIP★ **병렬구조**
등위접속사 and, but, or가 이루는 병렬구조에서는 접속사가 무엇과 무엇을 연결하는 것인지를 정확히 파악해야 올바르게 해석할 수 있다. 접속사 앞뒤로 같은 형태를 찾아 문맥과 전체 문장구조를 확인한다.

[3] **Must** you abandon all your comfortable tendencies and habits**?**

> must를 포함한 질문과 답변으로 글쓴이의 주장을 나타낸다.

[4] **Of course not** — only **the ones** that hold you back.

> the ones =
> comfortable ~
> tendencies and habits
> (문장 3)

[5]**These** include **putting off** unpleasant tasks (telling your teacher you need a few more days to complete an assignment), **avoiding** conflict (backing down when you feel strongly about something amounts to giving up on yourself), **and avoiding** change (the learning environment is constantly changing — you either adapt or fall behind).

These = the ones that hold you back (문장 4)

동사 include의 목적어 자리에 동명사구(putting off ~, avoiding ~, and avoiding ~)가 병렬 연결되었다.

5 문장 3~5를 한 문장으로 표현할 때 빈칸에 알맞은 것은?

→ ________________ habits like delaying tasks, avoiding conflict, and resisting change.

ⓐ Abandon
ⓑ Describe
ⓒ Seek

[6]The good news is that breaking out of these comfort zones will likely lead to **new opportunities**, **fewer problems** you would fear confronting in the first place, **and** maybe even a functional and tolerable "**neutral zone**" that you can take in stride.

전치사 to의 목적어 자리에 명사구(new opportunities, fewer problems, and ~ neutral zone)가 병렬 연결되었다.

6 문장 6을 간단히 표현할 때 빈칸에 알맞은 것은?

→ Leaving comfort zones brings ________________.

ⓐ significant tolerance
ⓑ further potential
ⓒ the need to confront fear

Stage 3 요약하기

◆ 글의 내용을 아래와 같이 요약할 때, 빈칸 (A)~(C)에 들어갈 가장 적절한 말을 <조건>에 맞게 쓰시오.

Familiar patterns (A) ________________ progress, so (B) ________________ from your comfort zones can lead to new opportunities that support continuous (C) ________________.

(조건) 1. <보기>의 단어 중에서 골라 쓸 것
2. 필요하면 문맥과 어법에 맞게 변형할 것
3. 각각 한 단어로 작성할 것
(보기) soothing / escape / improvement / stress / prevent

Business Ethics 기업 윤리

기업이 이익만을 추구하지 않고 사회적 책임을 실천하는 개념입니다.
단순히 법을 지키는 것을 넘어서 올바르게 행동하고
윤리적으로 결정하는 것이 중요합니다.

이제는 소비자도 윤리적 소비(ethical consumption)에 관심이 많아져서
환경을 보호하고 노동자와 소비자를 존중하는 기업의 상품과 서비스를
구매하려고 합니다. 함께 윤리적인 소비를 실천해 볼까요?

Words & PHRASES

✦ 표시 다의어는
지문 속 의미를
다의어 Check♥
에서 고르세요.

☐ ethic(s)	윤리, 도덕	• ethical 윤리적인 　(↔ unethical 비윤리적인)
☐ indispensable	필수적인(= essential), 없어서는 안 될 (↔ dispensable 없어도 되는, 불필요한)	
☐ mainstream	(강, 하천의) 주류; (사상 등의) 주류(의), 대세(의)	
☐ contradiction	반박; 모순	• contradict 반박[부정]하다; 모순되다 • contradictory 모순되는(= conflicting)
☐ term	용어; 말; 학기; 기간	▶ in terms of ~의 측면에서
☐ be concerned with	~와 관련이 있다	
☐ maximize	극대화하다(↔ minimize 최소화하다)	• maximum 최대(의), 최고(의) • maximization 극대화
☐ profit	수익, 이익(= benefit)	
☐ purely	순전히, 전적으로	• pure 순수한; 완전한
☐ sense✦	감각; 의미, 뜻; 느끼다	
☐ corporate	기업(의)	• corporation (큰 규모의) 기업, 회사
☐ responsibility	책임	• responsible 책임이 있는
☐ associate	연상하다, 관련짓다; 어울리다	▶ associate A with B A를 B와 연상하다
☐ refer to A	A를 나타내다[말하다]; A를 참고하다; A를 언급하다	
☐ practice	연습(하다); 실행(하다); 관행	
☐ exaggerate	과장하다	
☐ tactic(s)	전술; 전략	
☐ in relation to A	A에 관하여; A와 비교하여	
☐ rashly	성급하게(= hastily)	• rash 성급한; 경솔한
☐ dismiss✦	해고하다; 해산시키다; 묵살[일축]하다; (생각, 느낌을) 떨쳐 버리다	▶ dismiss A as B 　A를 B라고 묵살[일축]하다
☐ commitment	약속; 헌신	• commit 약속하다; 헌신하다
☐ propaganda	선전 《주장이나 가치를 널리 알리는 것》	

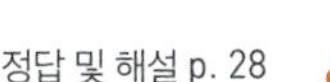

> Nowadays, business ethics is seen as an almost indispensable marketing tool that increases sales.

Not too many decades ago a course like "Business Ethics" did not exist at universities. The mainstream understanding was that business and ethics were a contradiction in terms. (①) Business was concerned with maximizing profits, while ethics was about helping others in a purely philanthropic **sense**[+]. (②) All major companies have one or more Corporate Social Responsibility (CSR) campaigns. (③) Greenwashing and whitewashing are two terms often associated with these campaigns. (④) The former refers to the practice of companies making exaggerated claims about the environmental benefits of their products or practices, while the latter refers to similar tactics in relation to social or ethical issues. (⑤) However, one should be careful not to rashly **dismiss**[+] the socio-ethical commitment of companies as greenwashing and propaganda, especially since the Internet and social media make it easier for critical consumers to expose greenwashing attempts by companies.

*philanthropic: 자선의; 박애주의의 《인류의 평등한 사랑을 중시하는 주의의》

다의어 Check ✔

지문 속 ✦표시 어휘의 문맥상 의미는?

1 sense
　ⓐ 감각
　ⓑ 의미

2 dismiss
　ⓐ 묵살[일축]하다
　ⓑ (생각, 느낌을) 떨쳐 버리다

INTRO

Q　네모 안에 주어진 문장으로 보아, 앞 내용으로 가장 적절한 것을 고르시오.
　① 기업 윤리가 필요하지 않은 이유
　② 기업 윤리에 대한 과거의 관점

Q　**글의 흐름으로 보아, 주어진 문장이 들어가기에 가장 적절한 곳을 고르시오.**
　①　　　②　　　③　　　④　　　⑤

OUTRO

Q　위에서 고른 정답 뒤에 바로 이어지는 내용으로 가장 적절한 것을 고르시오.
　① 기업의 윤리 마케팅에 대한 추가 설명
　② 기업 윤리가 마케팅에 중요한 이유

Stage 2 한 문장씩 뜯어보기

◆ 주어진 질문에 답하시오.

[1] Not too many decades ago a course like "Business Ethics" did not exist at universities.

[2] The mainstream understanding was that business and ethics were a contradiction in terms.

[3] Business was concerned with maximizing profits, **while** ethics was about helping others in a purely philanthropic sense.

> while
> 1. ~하는 동안
> 2. ~인 반면 《대조》
>   (= whereas)
> 문장 3에서는 '~인 반면' 으로 해석하는 것이 자연스럽다.

1 문장 1~3을 한 문장으로 표현할 때 빈칸에 알맞은 것은?
  → Profit maximization and ethics were once thought to be ______________.
  ⓐ compatible   ⓑ coincidental   ⓒ contradictory

[4] **Nowadays**, business ethics **is seen as** an almost indispensable marketing tool that increases sales.

> 현재(Nowadays)의 변화가 앞에서 언급된 과거 (Not too many decades ago)와 대조된다.

[5] All major companies have one or more Corporate Social Responsibility (CSR) campaigns.

> see A as B
> (A를 B로 여기다[간주하다])
> 수동태 <A be seen as B (A가 B로 여겨지다)>로 사용되었다.

2 다음 중 밑줄 친 부분과 관련되지 <u>않은</u> 것은?
  ⓐ marketing tool   ⓑ business ethics   ⓒ a contradiction in terms

[6] Greenwashing and whitewashing are two terms often associated with these campaigns.

[7] **The former** refers to the practice of companies making exaggerated claims about the environmental benefits of their products or practices, while **the latter** refers to similar tactics in relation to social or ethical issues.

3 밑줄 친 similar tactics의 의미로 알맞은 것은?
  ⓐ 회사가 제품 생산에 대해 과장된 주장을 하는 것
  ⓑ 제품을 생산할 때 윤리를 고려하지 않는 것
  ⓒ 화이트워싱의 윤리 문제를 제기하는 것

[7]The former = Greenwashing, the latter = whitewashing

[8]However, one **should** be careful (a) <u>not to rashly dismiss the socio-ethical commitment of companies as greenwashing and propaganda</u>, especially **since** the Internet and social media make (b) <u>it</u> easier for critical consumers to expose greenwashing attempts by companies.

should는 필자의 주장을 나타내는 대표적 표현이다.

since
① ~ 이래로 《기간》
② ~ 때문에 《이유》
   (= because)
여기서는 주장에 대한 논거를 나타내는 ② '~ 때문에'로 해석한다.

4 밑줄 친 (a)를 우리말로 해석하시오.

5 밑줄 친 (b) <u>it</u>의 진목적어가 시작되는 부분의 두 단어를 쓰시오. (의미상 주어를 제외할 것)

6 문장 8을 간단히 표현할 때 빈칸에 알맞은 것은?

→ We should not hastily ______________ real ethical practices as greenwashing.

ⓐ implement   ⓑ label   ⓒ promote

Stage 3 요약하기

◆ 글의 내용을 아래와 같이 요약할 때, 빈칸 (A), (B)에 들어갈 가장 적절한 말을 <조건>에 맞게 쓰시오.

Business ethics has become (A) ______________ in modern business compared to past decades, but we need to (B) ______________ genuine efforts of companies from greenwashing and whitewashing tactics.

조건 <보기>의 단어 중에서 골라 그대로 쓸 것
보기 ignored / contradictory / distinguish / discourage / valued

Stereotype 고정관념

잘못된 편견과 고정관념은 차별(differentiation, discrimination)로 이어질 수 있어요.

편견(bias, prejudice)이 있으면 특정 집단에 대해
고정된 생각(stereotype, fixed idea)이 생길 수 있어요.

그러면 우리는 다름(difference)을 인정하지 못하고
나쁘게 생각해서 거부하는 태도를 갖게 돼요.

열린 마음으로 다양한 관점을 받아들이는 것이 중요합니다!

Words & PHRASES

✦표시 다의어는
지문 속 의미를
다의어 Check
에서 고르세요.

□ preschool	미취학의; 유치원	
□ racial	인종의, 민족의	• race✦ 경주(하다); 경쟁(하다); 인종 • racism 인종차별(주의)
□ ethnic	민족의, 인종의; 민족 전통의	• ethnicity 민족성
□ make sense of	(이해하기 어려운) ~을 이해하다	
□ beyond	~ 저편에[너머]; ~ 이상; (능력, 한계 등을) 넘어서는	
□ current	현재의, 지금의; 흐름; 조류; 경향	• currently 현재는, 지금은
□ comprehension	이해(력)	• comprehend 이해하다
□ experienced	능숙한, 경험이 있는(↔ inexperienced 서투른, 경험이 없는)	• experience 경험하다, 겪다; 경험
□ available	이용할 수 있는; 시간[여유]이 있는	
□ incorrect	부정확한, 잘못된(↔ correct 정확한)	
□ stereotype	고정관념; 고정관념을 형성하다; 틀에 박히게 하다	
□ prejudice	편견, 선입견; 편견[선입견]을 갖게 하다(= bias)	
□ comment	의견; 비판; 의견을 말하다	
□ dramatically	급격하게; 크게; 극적으로	• dramatic 급격한; 극적인; 연극의
□ perception	인지, 지각	• perceive 인지하다, 지각하다
□ anti-	반대하는; 좋아하지 않는	
□ framework	(건물 등의) 뼈대; (판단 등을 위한) 틀; 체제, 체계	
□ calmly	침착하게, 차분하게	• calm 침착한, 차분한; 진정시키다
□ respect✦	존경, 존중; 측면; 존경[존중]하다	• respectable 존경할 만한, 존중하는

Stage 1 정답 찾아가기

정답 및 해설 p. 30

Caryn Park, a researcher in education, suggests that preschool children are noticing racial and ethnic differences and forming opinions about what they see with the information they have in social contexts. Her analysis suggested that children will help each other make sense of things, like **race**[+] and ethnicity, that are beyond their current comprehension, especially when there is no older or more experienced person available to help. ① Children leading children in understanding racial and ethnic differences can lead to incorrect ideas, she said, and it is the role of the teacher to carefully guide children's understanding about human differences. ② Becoming friends with children from different backgrounds may help children reject negative stereotypes. ③ We agree that people are not born with prejudices, but as they grow, children more and more learn about stereotypes from the adults and media around them. ④ As teachers of young children, the language we use and the comments we make can dramatically influence children's perceptions of human differences. ⑤ It is important to use an anti-bias framework to speak accurately, calmly, and with **respect**[+] when talking about differences.

다의어 Check

지문 속 ✦표시 어휘의 문맥상 의미는?

1 race
ⓐ 경쟁
ⓑ 인종

2 respect
ⓐ 존중
ⓑ 측면

INTRO

Q 첫 두 문장으로 보아, 앞으로 전개될 내용으로 가장 적절한 것을 고르시오.

① 아이들이 다양한 인종에 대해 이해할 때 필요한 역할
② 다문화 사회에서 성인들이 편견을 형성하는 과정

Q 윗글에서 전체 흐름과 관계 <u>없는</u> 문장을 고르시오.

①　　②　　③　　④　　⑤

OUTRO

Q 위 문제에서 선택한 정답 문장의 내용을 고르시오.

① 다양한 배경의 아이들과 친구가 되면 고정관념을 받아들이지 않게 된다.
② 아이들은 자라면서 주변 환경으로부터 고정관념을 빠르게 배운다.

◆ 주어진 질문에 답하시오.

> [1]Caryn Park, a researcher in education, suggests that preschool children are noticing racial and ethnic differences and forming opinions about what they see with **the information they have** in social contexts.

> (대)명사 뒤에 <S′ + V′ ~>가 바로 이어지면 목적격 관계대명사가 생략된 것으로 보고 구조를 파악한다. (= ~ *the information* which[that] they have in social context)

1 밑줄 친 are가 어법상 옳으면 ◯, 틀리면 ×로 표시하고 바르게 고치시오.

> [2]Her analysis suggested that children will help each other make sense of things, like race and ethnicity, (a) **that** (b) are beyond their current comprehension, especially when there is no older or more experienced person available to help.

2 밑줄 친 (a) that의 선행사를 찾아 쓰시오. (한 단어)

TIP★ 선행사와 떨어진 관계사절
관계사절은 선행사 바로 뒤에 오는 것이 원칙이지만, 수식어구나 삽입어구가 있으면 선행사와 관계사가 떨어져 있을 수 있다.

The book (on the table), **which** I borrowed from the library, is a fascinating read.
식탁 위의 책은 내가 도서관에서 빌려온 것으로 흥미로운 읽을거리다.

3 밑줄 친 (b)의 의미를 아래와 같이 표현할 때 빈칸에 알맞은 것은?
→ are _______________ for young children to fully understand on their own

ⓐ common   ⓑ challenging   ⓒ important

> [3]Children leading children in understanding racial and ethnic differences can lead to incorrect ideas, **she said**, and **it** is the role of the teacher **to** carefully **guide** children's understanding about human differences.

> 전문가의 말을 빌려 글쓴이의 주장을 나타낸다.

> <가주어 it-진주어 to-v> 구문

4 밑줄 친 부분을 우리말로 해석하시오.

5 문장 3의 의미로 알맞은 것은?
ⓐ 아이들은 인종이나 민족의 차이를 인식하지 못한다.
ⓑ 아이들이 인종 차이를 이해하는 데 교사의 지도가 필요하다.
ⓒ 아이들은 서로를 이해하기 위해 협동하는 경향이 있다.

⁴Becoming friends with children from different backgrounds may help children reject negative stereotypes.

⁵We agree that people are not born with prejudices, but as they grow, children more and more learn about stereotypes from the adults and media around them.

⁶As teachers of young children, the language we use and the comments we make can dramatically influence children's perceptions of human differences.

6 문장 6에서 목적격 관계대명사가 생략된 두 곳을 찾아, 바로 앞에 위치한 한 단어를 각각 쓰시오.

⁷**It** is important **to use** an anti-bias framework to speak accurately, calmly, and with respect when talking about differences.

7 밑줄 친 an anti-bias framework의 의미로 가장 알맞은 것은?
ⓐ judging without bias
ⓑ investigating the reason for bias
ⓒ measuring information from bias

Stage 3 요약하기

◆ 글의 내용을 아래와 같이 요약할 때, 빈칸 (A)~(C)에 들어갈 가장 적절한 말을 <조건>에 맞게 쓰시오.

Children can form (A) ______________ about racial or ethnic characteristics from their social environment, so they need (B) ______________ from teachers to develop accurate and respectful perceptions of human (C) ______________.

조건　<보기>의 단어를 한 번씩만 사용할 것
보기　differences / guidance / prejudice

Public Relations (PR) 홍보

직역하면 '대중과의 관계'지만, 주로 기업의 홍보 활동, 선전 활동을 의미합니다.
대중이 기업에 긍정적 이미지를 가지게 하는 기업의 의사소통 활동이라 할 수 있습니다.

새로운 제품이 계속 쏟아져 나오는 시장에서
소비자의 선택을 받으려면 광고 이상의 전략이 필요합니다.

PR은 제품을 알리는 것을 넘어 대중과의 신뢰를 쌓는 활동이므로
무한 경쟁에서 살아남기 위해 중요한 마케팅 전략입니다.

Words & PHRASES

✦표시 다의어는
지문 속 의미를
다의어 Check ✔
에서 고르세요.

☐ illustrate	(예를 들어) 설명하다, 보여주다; 삽화를 넣다	• illustration 예시; 설명; 삽화
☐ seize	잡다, 붙들다(= grab); 장악하다, 점령하다	
☐ opportunity	기회	
☐ unlikely	~할[일] 것 같지 않은; 예상 밖의(↔ likely ~할[일] 것 같은)	
☐ advantage	유리한 점, 장점(↔ disadvantage 불리한 점)	▶ to one's advantage ~에게 유리하게
☐ backing	지원(= support); 뒤판, 안감	
☐ superpower	막강한 힘; 초강대국	
☐ frame	틀[액자]; 뼈대; 틀에 넣다; 표현하다	
☐ bully	괴롭히다, 따돌리다; 괴롭히는 사람	• bullying 괴롭히기, 집단 따돌림
☐ cruel	잔인한, 잔혹한	• cruelty 잔인함; 잔인한 행위
☐ corporate	기업(의); 공동의	
☐ feature story	특집 기사, 인기 기사	**cf.** feature 특징(으로 삼다); (TV 등의) 특집
☐ settle ✦	정착하다; 해결하다, 끝내다; 결정하다	• settlement 정착(지); 해결, 합의
☐ public relations	홍보, 선전	
☐ boost	신장시키다, 북돋우다; 상승, 격려, 부양책	
☐ reap	거두다, 수확하다(= harvest)	
☐ wonder ✦	궁금해하다; (크게) 놀라다; 감탄하다; 감탄	
☐ restrain	억제하다, 억누르다; 저지하다	• restraint 억제; 저지
☐ entrepreneurship	기업가 정신	• entrepreneur 기업가, 사업가
[선택지]		
☐ ingredient	재료, 성분; 구성 요소	
☐ manage to-v	(간신히) v해내다	

정답 및 해설 p. 32 

The war between Ben & Jerry's and Häagen-Dazs illustrates that you can seize opportunities in unlikely places, and use them to your advantage. Instead of being threatened by the fact that Häagen-Dazs had the backing of Pillsbury, a superpower in the food industry, Ben & Jerry's framed the legal battle as a David and Goliath story, in which two small-business owners were being bullied by a cruel corporate giant. It didn't take long for feature stories to appear in major media. By 1987, the war between Häagen-Dazs and Ben & Jerry's had **settled**†. However, more important than the legal victory was the significant public relations boost that Ben & Jerry's reaped. Hundreds of thousands of people who had never heard of Ben & Jerry's were **wondering**† why Pillsbury was trying to restrain the company's ice cream. For them, Häagen Dazs's actions were perceived as an attack on entrepreneurship, family values, and American tradition. So, Ben & Jerry's made lemonade from lemons.

*David and Goliath: 다윗과 골리앗 《약자가 강자를 이기려고 드는 상황을 묘사하는 표현》

다의어 Check

지문 속 ✦표시 어휘의 문맥상 의미는?

1 settle
ⓐ resolve
ⓑ inhabit

2 wonder
ⓐ surprise
ⓑ question

 **INTRO**

 **Q**

밑줄 친 어구의 lemonade와 lemons의 속성으로 알맞은 것끼리 짝지으시오.

(A) lemonade •   • ① sour and unpleasant

(B) lemons •   • ② sweet and positive

Q 밑줄 친 made lemonade from lemons가 윗글에서 의미하는 바로 가장 적절한 것을 고르시오.

① used lemons as a new ingredient in their ice cream
② ignored the difficulties and continued with business
③ started a public campaign against corporate bullying
④ strengthened their values to compete with Häagen-Dazs
⑤ managed to turn challenging circumstances into benefits

Stage 2 한 문장씩 뜯어보기

◆ 주어진 질문에 답하시오.

[1]The war between Ben & Jerry's and Häagen-Dazs illustrates that you can seize opportunities in unlikely places, and use them to your advantage.

첫 문장에서 주장하는 내용에 대한 구체적인 설명이 뒤에 이어질 것을 예측할 수 있다.

[2]Instead of (a) <u>threaten</u> by **the fact that** Häagen-Dazs had the backing of **Pillsbury, a superpower in the food industry**, Ben & Jerry's framed the legal battle as a David and Goliath story, in which (b) <u>two small-business owners</u> were being bullied by a cruel corporate giant.

1 밑줄 친 (a) <u>threaten</u>을 어법상 알맞은 형태로 바꿔 쓰시오.

2 밑줄 친 (b) <u>two small-business owners</u>가 지칭하는 것은?
ⓐ Häagen-Dazs
ⓑ David and Goliath
ⓒ Ben and Jerry

TIP★ 동격구문
명사 뒤에 의미를 보충하는 어구가 덧붙는 것이며, 아래와 같은 구조를 이룬다.
• 명사 that절   • 명사, 명사   • 명사 of ~
문장 2의 the fact는 이어지는 that절과, Pillsbury는 콤마로 삽입된 명사구와 동격 관계다.

[3]**It didn't take** long **for** feature stories **to appear** in major media.

it takes+시간+for ~ +to-v
(~가 v하는 데 …의 시간이 걸리다)
not과 함께 쓰였으므로 '시간이 걸리지 않았다'는 의미다.

[4]By 1987, the war between Häagen-Dazs and Ben & Jerry's had settled.

[5]However, **more important** than the legal victory **was the significant public relations boost** that Ben & Jerry's reaped.

3 문장 5의 의미로 알맞은 것은?
ⓐ Ben & Jerry's는 법정에서 승소했다.
ⓑ Ben & Jerry's는 홍보 효과를 거두었다.
ⓒ Ben & Jerry's에게는 법적 절차가 중요했다.

TIP★ 형용사 보어 도치(CVS)
형용사 보어를 강조하기 위해 문장 맨 앞에 두고 <주어-동사>를 도치시킨다.
([5]= ~ the significant public-relations boost ~ was more important ~)

Impressive were her achievements, considering the obstacles she faced.
　　C　　　V　　　S
그녀가 직면한 장애물을 고려할 때, 그녀의 업적은 인상적이었다.

⁶Hundreds of thousands of people who had never heard of Ben & Jerry's were wondering why Pillsbury was trying to restrain the company's ice cream.

4 문장 6을 간단히 표현할 때 빈칸에 알맞은 것은?

→ People were beginning to _______________ Ben & Jerry's.

ⓐ notice
ⓑ hinder
ⓒ encourage

⁷For them, Häagen-Dazs's actions **were perceived as** an attack on entrepreneurship, family values, and American tradition.

<perceive A as B (A를 B로 인지하다)>가 수동태로 쓰여 A가 주어로 이동했다.
(A가 B로 인식되다)

⁸So, Ben & Jerry's made lemonade from lemons.

Stage 3 요약하기

◆ 글의 내용을 아래와 같이 요약할 때, 빈칸 (A), (B)에 들어갈 가장 적절한 말을 <조건>에 맞게 쓰시오.

Ben & Jerry's (A) _____________ their legal battle with Häagen-Dazs as a small business vs. corporate giant story, gaining media attention and enhancing their brand (B) _____________.

조건
1. <보기>의 단어 중에서 골라 쓸 것
2. 필요하면 문맥과 어법에 맞게 변형할 것
3. 각각 한 단어로 작성할 것
보기 recognition / restrain / tradition / frame

Proverbs: When Life Gives You Lemons, Make Lemonade.

인생이 레몬을 주면 레모네이드를 만들어라. (인생이 시련을 주면 기회로 삼아라.)

• Every cloud has a silver lining.
모든 구름의 뒤편은 은빛으로 빛난다.
(괴로움 뒤에는 기쁨이 있다.)

• April showers bring May flowers.
4월의 소나기는 5월의 꽃을 가져온다.
(고생 끝에 낙이 온다.)

• Make hay while the Sun shines.
해가 비칠 때 건초를 말려라.
(기회가 올 때 놓치지 말고 이용하라.)

• When one door closes, another opens.
하나의 문이 닫히면 다른 문이 열린다.
(기회를 놓쳐도 다른 기회가 올 것이다.)

Intuitive Judgement 직관적 판단

논리보다 직관을 우선하여 판단하는 것을 의미합니다. 우리는 일상에서 다수의 결정을 직관으로 처리합니다.

직관(intuition)과 논리(logic)는 대조되는 개념입니다.

예를 들어 우리는 때로 느낌이 좋다는 이유로
직감(instinct, gut feeling) 또는 육감(sixth sense)에 따라
새로운 장소에 가기로 즉시(immediately) 결정합니다.

반면 투자는 신중하게(deliberately) 결정해야 하므로
추론(reasoning)과 분석(analysis)에 기초합니다.

Words & PHRASES

✦표시 다의어는
지문 속 의미를
다의어 Check 에서 고르세요.

☐ intuition	직관(력); 직감(= instinct)	• intuitive 직관적인, 직감에 의한 (↔ counterintuitive 직관에 반대되는)
☐ encounter	우연히 만나다(= come[run] across); (위험 등에) 부딪히다[직면하다](= face); (우연한) 만남	
☐ deliberate	숙고하다, 신중히 생각하다; 의도적인; 신중한	• deliberately 의도적으로; 신중하게 • deliberation 숙고; 신중함
☐ alternative	대체의, 대안의; 대안(= option)	• alternate 교대로 일어나다, 번갈아 (나오게) 하다; 번갈아 나오는
☐ shortcut	지름길; 손쉬운 방법	▶ take a shortcut 지름길로 가다, 지름길을 택하다
☐ plunge into	~에 벌컥 뛰어들다; ~에 정신없이 빠져들다	
☐ storehouse	창고, 저장고(= warehouse); (지식 등의) 보고	
☐ analogy	비유; 유추; 유사점	
☐ work	일하다; (원하는) 효과가 있다; (특정한) 작용을 하다	
☐ chance✦	운; 기회; 가능성; 확률	
☐ likely	~할 것 같은; 가능성 있는(↔ unlikely ~할 것 같지 않은)	▶ be likely to-v v할 것 같다
☐ roll of a di(c)e	주사위 던지기	• di(c)e 주사위 ▶ roll a di(c)e 주사위를 굴리다[던지다]
☐ probability	있을 법함; 개연성(= likelihood); 《수학》 확률	• probably 아마
☐ principle	원칙, 원리	▶ in principle 원칙적으로
☐ proportionality	비례(의 원칙)	• proportion 비율, 비례; 균형; 크기, 규모
☐ apply✦	지원[신청]하다; 적용하다; 적용되다; 응용하다; (연고 등을) 바르다	• application 지원[신청](서); 적용, 응용; (연고 등을) 바르기
[선택지]		
☐ equally	동일[동등]하게; 균등하게; 마찬가지로	• equal 같은, 동등한
☐ put aside	따로 떼어 두다; 보류하다; 무시하다	

We often rely on our intuition, such as when we encounter a new problem and don't know how to handle it, or when we simply don't have enough time. Instead of analyzing the problem and deliberating between alternative solutions, intuition takes a shortcut. It plunges into the storehouse of our experience and looks for a familiar, similar-looking problem. This problem serves as a kind of analogy or model for the new problem, which is then "solved" in the same way. For practical purposes, this shortcut works most of the time, except in situations where **chance**[+] is involved. Suppose someone asks you, "What is more likely, throwing at least one six in six rolls of a die, or throwing at least two sixes in twelve rolls of a die?" Your intuition will probably tell you that both outcomes have the same probability, but in reality, the probability of the second scenario is lower. This counterintuitive result challenges our intuitive understanding because we are familiar with many situations where the principle of proportionality does **apply**[+], but in cases involving probability, ________________________________.

다의어 Check ✔

지문 속 ✦표시 어휘의 문맥상 의미는?

1 chance
ⓐ 확률
ⓑ 기회

2 apply
ⓐ 지원하다
ⓑ 적용되다

INTRO

Q 빈칸 문장으로 보아, 찾아야 할 내용으로 알맞은 것을 고르시오.

① 직관으로 확률을 이해할 때의 결과
② 직관이 확률을 이해하는 데 주는 도움

Q 윗글의 빈칸에 들어갈 말로 가장 적절한 것을 고르시오.

① both scenarios are equally likely
② it is safe to rely on our experience
③ analysis can be put aside for a while
④ there is no need to question our instincts
⑤ this intuition can lead to incorrect conclusions

Stage 2 한 문장씩 뜯어보기

◆ 주어진 질문에 답하시오.

[1] We often rely on our intuition, **such as** when we encounter a new problem and don't know how to handle it, or when we simply don't have enough time.

such as (예시)
구체적인 예를 들어 앞 내용을 보충 설명한다.

[2] Instead of analyzing the problem and deliberating between alternative solutions, intuition takes a shortcut.

[3] It plunges into the storehouse of our experience and looks for a familiar, similar-looking problem.

[4] This problem serves as a kind of analogy or model for the new problem, which is then "solved" in the same way.

1 문장 4의 밑줄 친 in the same way 뒤에 의미상 생략된 어구로 가장 적절한 것은?

ⓐ as the familiar, similar-looking problem
ⓑ as the storehouse of our experience
ⓒ as the kind of analogy or model

2 문장 1~4를 한 문장으로 표현할 때 빈칸에 알맞은 것은?

→ Intuition helps us quickly solve problems by utilizing our ________________.

ⓐ concentration
ⓑ capacity to foresee
ⓒ past experiences

[5] For practical purposes, this shortcut works most of the time, **except** in situations where chance is involved.

except (~을 제외하고)
예외적인 상황을 언급하며 초점을 이동한다.

[6] **Suppose** someone asks you, "What is more likely, throwing at least one six in six rolls of a die, or throwing at least two sixes in twelve rolls of a die?"

Suppose[Imagine, Say]
(~라고 가정해 보자)

3 밑줄 친 부분을 우리말로 해석하시오.

⁷Your intuition will probably tell you that both outcomes have the same probability, but in reality, the probability of the second scenario is lower.

4 문장 5~7을 한 문장으로 표현할 때 알맞은 것은?

ⓐ Intuition even works with probabilities.
ⓑ Intuition is sometimes accurate with numbers.
ⓒ Intuition often fails when it comes to chances.

⁸This (a) <u>counterintuitive</u> result challenges our intuitive understanding because we are familiar with **many situations where** (b) <u>the principle of proportionality **does apply**</u>, but in cases involving probability, this intuition can lead to incorrect conclusions.

5 밑줄 친 (a) <u>counterintuitive</u>가 함축하는 의미로 알맞은 것은?

ⓐ exactly following your intuition
ⓑ different from what you would expect
ⓒ forming insights in the long run

6 밑줄 친 (b)의 문맥상 의미로 가장 알맞은 것은?

ⓐ The more workers you have, the less time it takes.
ⓑ Starting small is important to achieve larger goals.
ⓒ Doubling the effort should double the result.

TIP★ 관계부사 where의 선행사

point(점), case(경우), circumstance(상황, 사정), condition(상태), situation(상황) 등의 추상적인 공간이 관계부사 where의 선행사가 될 수도 있다.

We found ourselves in *a circumstance* [**where** immediate action was necessary].
우리는 즉각적인 조치가 필요한 상황에 처해 있음을 알게 되었다.

Stage 3 요약하기

◆ 글의 내용을 아래와 같이 요약할 때, 빈칸 (A)~(C)에 들어갈 가장 적절한 말을 <조건>에 맞게 쓰시오.

Intuition guides us efficiently when we are confronted with (A) ___________ scenarios, but it can (B) ___________ us in situations involving probability, causing (C) ___________ conclusions.

조건 <보기>의 단어 중에서 골라 그대로 쓸 것
보기 routine / mislead / support / erroneous / unfamiliar

Complex Systems 복잡계

다양한 요소들이 상호 연결된 시스템을 의미합니다.
개별 구성 요소만을 분석해서는 예측할 수 없는 새로운 행동과 패턴을 만들어 냅니다.

복잡계는 자연과학, 사회과학, 수학과 같은 여러 영역에서 연구되고 있습니다.
복잡계를 이해하면 우리의 일상, 경제, 환경 등을 최대한 예측하여
유연하게 대응하고 문제를 효율적으로 해결할 수 있습니다.

복잡계 활용의 대표적인 예시로는 지구의 기후 변화, 생명 현상, 생물의 진화,
사람들의 집단행동, 주식시장 변동 등이 있습니다.

Words & PHRASES

✦표시 다의어는
지문 속 의미를
다의어 Check♥
에서 고르세요.

단어	뜻	파생어/관련어
□ interconnection	상호 연관성	• connection 연결; 접속; 관련성, 연관성
□ organization✦	조직, 구성; 단체	• organize 정리하다; (단체를) 조직하다
□ solely	오로지; 단독으로	• sole 유일한; 단독의
□ atomic	원자의; 원자력의	• atom 원자
□ insufficient	충분하지 않은, 부족한(↔ sufficient 충분한)	
□ wander	(이리저리) 떠돌아다니다, 헤매다	• wanderer 방랑자
□ regard A as B	A를 B로 간주하다[여기다](= consider A as B)	
□ sequencing	배열 순서	• sequence (일련의) 연속; 순서
□ genome	게놈 《한 생물이 가진 모든 유전 정보》	*cf.* post-genomic 포스트 게놈의 《인간 게놈 지도 완성 이후의》
□ string	줄, 끈; 연속, 일련; (복) 조건, 단서	▶ a string of 일련의
□ molecule	분자	• molecular 분자의
□ genetic	유전(학)의, 유전자의	• gene 유전자
□ inheritance	상속(받은 재산), 유산; 유전(적 성질)	• inherit (재산 등을) 상속받다; (유전적으로) 물려받다
□ prelude	(음악이나 다른 중요한 일의) 서곡, 서막	
□ trigger	계기; 방아쇠; 촉발시키다, 유발하다(= bring about)	
□ assembly✦	집회; 조립 (작업); 조합; 의회(= council)	• assemble 집합시키다, 모이다; 조립하다
□ express	표현하다; 《생물》 (형질을) 발현시키다	• expression 표현(법); 표정
[선택지]		
□ awareness	인식, 의식; 관심	
□ particle	입자, 조각	

Problems in chemistry, biology, the environment, and human sciences remain unsolved because scientists haven't uncovered the patterns, structures, and interconnections at higher levels of **organization** — not because we don't understand subatomic physics well enough. Focusing solely on atomic or subatomic levels of analysis is insufficient for comprehending how water waves break, and how insects behave. An albatross may return predictably to its nest after wandering thousands of miles in the Southern Ocean. But its behavior couldn't be predicted, even in principle, by regarding it as a group of atoms. Finding the sequencing of the human genome — discovering the string of molecules that uncover our genetic inheritance — is one of the greatest achievements of the last decade. But it is just the prelude to the far greater challenge of post-genomic science: understanding how the genetic information triggers the **assembly** of proteins, and expresses itself in a developing embryo.

*subatomic: 아원자의 ((원자보다 작은 원자핵과 입자의))

**embryo: 배아 ((수정 후 첫 8주까지의 태아))

다의어 Check

지문 속 ✦표시 어휘의 문맥상 의미는?

1 organization
ⓐ system
ⓑ institution

2 assembly
ⓐ council
ⓑ formation

INTRO

Q 윗글의 중심 소재는 무엇인지 고르시오.

① insufficient scientific understanding
② the greatest scientific advancement
③ discovery of the human genome

 윗글의 주제로 가장 적절한 것을 고르시오.

① efforts to increase scientific awareness of natural phenomena
② ways of expanding scientific understanding beyond atomic levels
③ great challenges in understanding the sequence of the human genome
④ importance of atomic particles in understanding higher levels of organization
⑤ necessity of uncovering higher-level patterns to understand complex systems

Stage 2 한 문장씩 뜯어보기

◆ **주어진 질문에 답하시오.**

> **¹**Problems in chemistry, biology, the environment, and human sciences remain unsolved **because** scientists haven't uncovered the patterns, structures, and interconnections at higher levels of organization — not because we don't understand subatomic physics well enough.

1 문장 1을 간단히 표현할 때 빈칸에 알맞은 것은?

→ We have sufficient knowledge of the subatomic level but still have ＿＿＿＿＿＿ at higher levels of organization.

ⓐ assurances
ⓑ challenges
ⓒ expectations

> **²Focusing** solely on atomic or subatomic levels of analysis **is** ＿＿＿＿＿＿ for comprehending <u>how water waves break, and how insects behave.</u>

문장 1의 because 이하
내용에 대한 구체적 설명이
이어진다.

2 문맥상 빈칸에 들어갈 말로 가장 적절한 것은?
ⓐ adequate
ⓑ enough
ⓒ insufficient

동명사 주어(Focusing ~
analysis)는 단수 취급
한다.

3 밑줄 친 예시를 포함하는 개념으로 알맞은 것은?
ⓐ problems of science
ⓑ higher levels of organization
ⓒ subatomic physics

> **³**An albatross may return predictably to its nest after wandering thousands of miles in the Southern Ocean.

> **⁴**But its behavior couldn't be predicted, even in principle, by regarding it as a group of atoms.

4 문장 2~4의 의미와 가장 가까운 것은?
ⓐ A journey of a thousand miles begins with a single step.
ⓑ The whole is greater than the sum of its parts.
ⓒ The grass is always greener on the other side.

[5]Finding the sequencing of the human genome — <u>discovering the string of molecules that uncover our genetic inheritance</u> — is one of the greatest achievements of the last decade.

5 밑줄 친 부분과 동격인 부분을 쓰시오.

[6]But it is just the prelude to the far greater challenge of post-genomic science: understanding how the genetic information triggers the assembly of proteins, and expresses itself in a developing embryo.

6 문장 5~6을 한 문장으로 표현할 때 빈칸에 알맞은 것은?
→ The human genome discovery is only the ______________ of exploring complex genetic expressions.
ⓐ beginning
ⓑ end
ⓒ peak

Stage 3 요약하기

◆ 글의 내용을 아래와 같이 요약할 때, 빈칸 (A), (B)에 들어갈 가장 적절한 말을 <조건>에 맞게 쓰시오.

It is important to study and understand higher-level organizations and interactions in (A) ______________ systems, rather than to focus (B) ______________ on their most fundamental components.

조건 1. <보기>의 단어 중에서 골라 쓸 것
2. 필요하면 문맥과 어법에 맞게 변형할 것
3. 각각 한 단어로 작성할 것
보기 predictable / exclusive / genetic / complex

Skills 기술, 역량

미래에 꿈꾸는 직업(career, job, profession)을 가지려면
필요한 역량을 스스로 개발하려는(develop) 자세가 필요합니다.

특정 영역(domain)에서 자신이 가진 기술을 발전시키는 세 가지 방법이 있습니다.

- 업스킬링(**upskilling**): 기존 기술을 강화하거나 보완하는 것
- 크로스 스킬링(**cross-skilling**): 기존 기술과 연관된 다른 기술을 배우는 것
- 리스킬링(**reskilling**): 완전히 새로운 기술을 배우는 것

만약 여러분이 음악을 작곡할 줄 안다면,
더 복잡한 작곡 기법을 익혀 실력을 향상하거나,(= 업스킬링)
음향 엔지니어링을 배워서 음악을 직접 녹음할 수도 있습니다.(= 크로스 스킬링)
또, 그래픽 디자인을 배워 앨범 표지를 직접 제작할 수도 있죠.(= 리스킬링)

Words & PHRASES

✦표시 다의어는
지문 속 의미를
다의어 Check✔
에서 고르세요.

☐ dramatic	급격한; 극적인; 연극의	• drama 극적인 사건; 연극 • dramatically 극적으로; 급격하게
☐ tackle	(힘든 상황 등과) 씨름하다; 문제를 다루다; 《스포츠》 태클(하다)	
☐ swordfighter	검객	**cf.** warrior (특히 과거의) 전사, 무사
☐ counsel	조언(하다), 충고(하다)	• counsel(l)or 상담사, 카운슬러
☐ enlarge	확장하다, 늘리다(= expand)	
☐ adversary	상대(= opponent); 적(= enemy)	
☐ craft✦	(수)공예; 기술; 공들여 만들다	
☐ consequence	(특히 부정적) 결과; 중요함	• consequent (~의) 결과로 일어나는
☐ somewhat	다소, 약간	
☐ life and death	생사가 걸린, 목숨을 건	
☐ format	형식, 구성 방식; 서식을 만들다	
☐ significantly	중요하게; 상당히, 크게	• significant 중대한, 중요한; 상당한
☐ master	통달[숙달]하다, 완전히 익히다; 대가, 거장; 주인	• mastery 통달, 숙달; 지배(력)
☐ option	선택(권); 옵션	• optional 선택적인, 선택 가능한
[선택지]		
☐ narrow	좁은; 한정된; 편협한	
☐ backup	지원, 대비; 백업	
☐ primary	주요한(= essential); 초기의	
☐ distraction	주의 산만, 정신이 흩어짐; 기분 전환	

Analyze your own skill set. See where you're strong and where you need dramatic improvement, and tackle those weak skills first. It's harder than it sounds (most useful habits are), but it's the only way to improve. In *The Book of Five Rings*, the sixteenth-century Japanese swordfighter Miyamoto Musashi counseled, "Never have a favorite weapon." Warriors know they need to enlarge their arsenal of skills in order to avoid becoming predictable to their adversaries. It's no different when the **craft**[+] is a creative one, and the consequences are somewhat less than life and death. A photographer who can work with both small- and large-format cameras, in a controlled studio and outside in the real world, has significantly enlarged his potential for developing his career. Likewise, a fiction writer who has mastered the short story and the novel form has more options available in telling a story than a short-story writer who has never practiced techniques in a novel's long form.

*arsenal: 무기(고); 축적, 비축

다의어 Check

지문 속 ✦표시 어휘의 문맥상 의미는?

1 craft
ⓐ 공예품
ⓑ 기술

INTRO Q　밑줄 친 어구의 <u>a favorite weapon</u>이 의미하는 것을 고르시오.

① a narrow skill set
② mastery in various fields

Q　밑줄 친 "Never have a favorite weapon."이 윗글에서 의미하는 바로 가장 적절한 것을 고르시오.

① A narrow focus leads to excellence in a specific area.
② Expanding skill sets can provide a competitive advantage.
③ Acquiring various skills doesn't necessarily ensure success.
④ A backup plan is essential in case your primary strategy fails.
⑤ Using various techniques can cause confusion and distraction.

Stage 2 한 문장씩 뜯어보기

◆ 주어진 질문에 답하시오.

> [1] **Analyze** your own skill set.

> [2] **See** where you're strong and where you need dramatic improvement, and **tackle** those weak skills first.

> [3] (a) <u>It's harder than it sounds</u> ((b) <u>most useful habits are</u>), but it's the only way to improve.

명령문은 글쓴이의 주장을 드러낼 가능성이 크지만, 모든 명령문이 주제문인 것은 아니므로 문맥에 따라 진짜 주제를 담은 명령문을 구분해야 한다.

1 밑줄 친 (a)의 의미로 알맞은 것은?

ⓐ Hit the nail on the head.
ⓑ Not as easy as it looks.
ⓒ Simple as breathing.

2 밑줄 친 (b) 뒤에 의미상 생략된 어구로 가장 적절한 것은?

ⓐ weak skills
ⓑ hard to tackle
ⓒ dramatically improved

3 문장 1~3을 한 문장으로 표현할 때 빈칸에 알맞은 것은?

→ To improve, assess your strengths and weaknesses, and prioritize enhancing ______________ .

ⓐ both
ⓑ the former
ⓒ the latter

> [4] In *The Book of Five Rings*, the sixteenth-century Japanese swordfighter Miyamoto Musashi counseled, **"Never have a favorite weapon."**

> [5] Warriors know they need to enlarge their arsenal of skills <u>그들의 적들에게 예측 가능해지는 것을 피하기 위해</u>.

유명한 책이나 전문가의 말을 인용한 문장은 주제 문을 재진술하거나 강하게 뒷받침하는 논거가 된다.

4 밑줄 친 우리말과 일치하도록 괄호 안의 어구를 모두 활용하여 영작하시오. (필요시 어형 변화)

(to / in / avoid / adversaries / to / predictable / their / order / become)

→ ____ .

[6] **It's no different** when the craft is a creative one, and the consequences are somewhat less than life and death.

5 밑줄 친 부분의 의미로 알맞은 것은?

ⓐ 창의적 기술은 무기만큼 중요하다.
ⓑ 기술 다양화는 창의적 분야에서도 중요하다.
ⓒ 기술이 창의적일 때는 다양화할 필요가 없다.

[7] **A photographer** who can work with both small- and large-format cameras, in a controlled studio and outside in the real world, **has** significantly enlarged his potential for developing his career.

6 밑줄 친 부분과 바꿔 쓸 수 있는 것은?

ⓐ with creativity
ⓑ with multiple skills
ⓒ with many years' experience

[8] **Likewise**, a fiction writer who has mastered the short story and the novel form has _______________ in telling a story than a short-story writer who has never practiced techniques in a novel's long form.

7 문맥상 빈칸에 들어갈 말로 가장 적절한 것은?

ⓐ more options available
ⓑ narrow perspectives
ⓒ less adaptability

Stage 3 요약하기

◆ 글의 내용을 아래와 같이 요약할 때, 빈칸 (A)~(C)에 들어갈 가장 적절한 말을 <조건>에 맞게 쓰시오.

Developing a (A) _____________ skill set is important not only in life-or-death scenarios but also in (B) _____________ professions, as effective (C) _____________ helps avoid predictability and ensure success.

조건　<보기>의 단어 중에서 골라 그대로 쓸 것
보기　consistent / adaptability / diverse / straightforward / creative / counselling

Biodiversity 생물 다양성

생물 다양성은 생태계의 균형을 유지하는 데 필요합니다.
생태계와 멸종 위기종과 관련된 내용이 자주 출제됩니다.

생물 다양성이란 환경에 서로 다른 많은 종(species)이
존재하는 것을 말하고, 이는 유전자(gene)와 생태계(ecosystem)의
다양성으로 이어집니다.

멸종(extinction)으로 인한 생물 다양성 손실(diversity loss)은
생태계를 위협합니다.

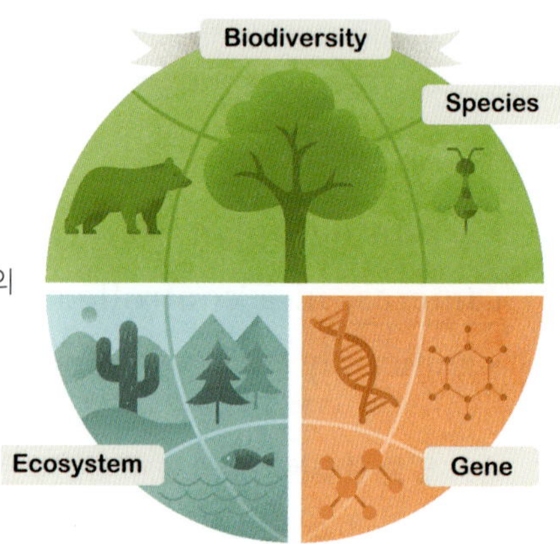

Words & PHRASES

✦표시 다의어는
지문 속 의미를
다의어 Check 에서 고르세요.

☐ **preserve**	지키다, 보호하다; 보존하다	• preservation 보호; 보존
☐ **endangered**	멸종 위기에 처한	
☐ **practical**	현실적인; (물건이) 실용적인	
☐ **minor**	작은, 중요하지 않은; 소수의; (대학의) 부전공 (↔ major 다수의; 주요한; 전공)	
☐ **interaction**	상호작용	
☐ **spreader**	(비료 등을) 뿌리는 장치[사람]; 전파하는 것[사람]	• spread 퍼뜨리다, 확산(되다)
☐ **permanently**	영구적으로	• permanent 영구적인
☐ **affect**	~에 영향을 미치다(= influence, impact on)	
☐ **habitat**	서식지	• habitant 거주자
☐ **pollinator**	(곤충 등의) 꽃가루 매개자	• pollination 수분《꽃가루가 암술 머리에 옮겨붙는 일》
☐ **reproduction**✦	복제(품); 번식	• reproduce 복제하다; 번식하다 • reproductive 번식의
☐ **evolutionary**	진화의; 점진적인	• evolution 진화; 발전 • evolutionarily 진화적으로, 진화하여; 점진적으로
☐ **time scale**	시간의 척도[기준]	
☐ **extinction**	멸종, 소멸	• extinct 멸종된
☐ **biology**	생물학; 생태(학); 생명 활동	
☐ **substitute**	대신하는 사람[것], 대체물(= replacement); 대체[대신]하다(= replace)	
[선택지]		
☐ **in turn**	차례차례; 결국, 결과적으로	
☐ **ecologically**	생태계[학]적으로	• ecological 생태계의; 생태학적인 • ecology 생태(계); 생태학
☐ **existence**	존재	• exist 존재하다
☐ **food chain**	먹이 사슬	

What is the point in preserving endangered rare species that have no practical use to humans? Minor species often have functions involving complex interactions of many other species, and some of those functions ______________________. The dodo and the Carolina parakeet were important spreaders of seeds, and their loss has permanently affected forest structure in their habitats; rare insects are often highly specific pollinators whose loss affects the **reproduction**⁺ and survival of certain plants. On evolutionary time scales, we know far less about the effects of extinction of rare species, but we do know that evolution can increase the effect of a species over time through its interactions on the survival of other species. In most cases, we simply do not know enough about the biology of a rare species to predict the effects of its extinction. But once the species is lost, we can never provide a perfect substitute.

*dodo: 도도새 《인도양에 서식했던 멸종된 새》
**Carolina parakeet: 캐롤라이나앵무 《북미에 서식했던 멸종된 새》

다의어 Check

지문 속 ✦표시 어휘의 문맥상 의미는?

1 reproduction
 ⓐ 복제
 ⓑ 번식

 **INTRO**

 **Q**

빈칸 문장으로 보아, 찾아야 할 내용으로 알맞은 것을 고르시오.

① 소수 종과 다른 종의 상호작용에 대한 서술
② 인간에게 도움이 되는 소수 종에 대한 서술

Q

윗글의 빈칸에 들어갈 말로 가장 적절한 것을 고르시오.

① can be easily performed by a substitute
② may in turn be ecologically or evolutionarily important
③ might harm the ecosystems with the species' existence
④ support the food chain by consuming food of other species
⑤ play important roles in adapting to environmental conditions

Stage 2 한 문장씩 뜯어보기

◆ 주어진 질문에 답하시오.

[1] **What** is the <u>point</u> in preserving endangered rare species that have no practical use to humans**?**

도입부의 질문은 주로 글의 핵심 소재를 담고 있다. 답변이 주제문에 해당하며 질문 뒤에 바로 이어질 수도 있지만 글의 중간이나 끝에 올 수도 있다.

1 밑줄 친 <u>point</u>와 의미상 가장 가까운 것은?
ⓐ purpose
ⓑ guidance
ⓒ challenge

[2] **Minor species** often have functions involving complex interactions of many other species, and some of those functions may in turn be ecologically or evolutionarily important.

Minor species
= endangered rare species

같은 말을 반복하지 않는 영어의 특성상, 대명사나 대용어를 사용할 수 있다. 대용어가 어떤 어구를 대신하여 쓰였는지 파악하는 것이 독해에서 중요하다.

[3] The dodo and the Carolina parakeet were important spreaders of seeds, and their loss has permanently affected forest structure in their habitats; rare insects are often highly specific pollinators whose loss affects the reproduction and survival of certain plants.

세미콜론(;)
서로 연관이 있는 두 절을 연결한다. 첫 번째 예시 (The dodo and the Carolina parakeet) 다음에 유사한 두 번째 예시(rare insects)를 이어서 제시한다.

2 문장 3의 앞에 들어갈 연결어로 가장 알맞은 것은?
ⓐ For example
ⓑ Therefore
ⓒ In short

3 문장 2~3을 한 문장으로 표현할 때 빈칸에 알맞은 것은?
→ The ______________ of species affects their habitats and other species.
ⓐ origin
ⓑ mystery
ⓒ extinction

[4] On evolutionary time scales, we know far less about the effects of extinction of rare species, but we do know that evolution can increase the effect of a species over time through its interactions on the survival of other species.

4 문장 4를 간단히 표현할 때 빈칸에 알맞은 것은?

→ Evolution of one species can make the effect on other species more _______________ over time.

ⓐ impactful

ⓑ unknown

ⓒ predictable

5In most cases, we simply do not know enough about the biology of a rare species to predict the effects of its extinction.

6But once the species is lost, we can never provide a perfect substitute.

5 문장 6을 간단히 표현할 때 빈칸에 알맞은 것은?

→ the _______________ nature of species extinction

ⓐ dynamic

ⓑ irreversible

ⓒ mysterious

Stage 3 요약하기

◆ 글의 내용을 아래와 같이 요약할 때, 빈칸 (A)~(C)에 들어갈 가장 적절한 말을 <조건>에 맞게 쓰시오.

(A) _______________ endangered rare species is important because their loss can harm (B) _______________, and this impact may worsen with time due to (C) _______________.

조건 1. <보기>의 단어 중에서 골라 쓸 것
　　2. 필요하면 문맥과 어법에 맞게 변형할 것
　　3. 각각 한 단어로 작성할 것

보기 ecosystems / evolution / preserve / substitute

Social Connections 사회적 관계

우리는 가족, 친구, 이웃과 어울리며 원하는 집단에 소속감(a sense of belonging)을 느끼고 싶어 합니다.

요즘은 집이나 식당에서 자유롭게 '혼밥'을 하거나
혼자 여행을 하는 사람들이 많아졌습니다.

그렇다고 해서 사람들이 무조건 혼자 있기를 선호하지는 않습니다.
다른 사람과 어울려 유대(bond, ties)를 쌓으며
대인 관계(interpersonal relationship)를 만드는 것은
인간의 기본적 욕구(basic needs)입니다.

Words & PHRASES

✦표시 다의어는
지문 속 의미를
다의어 Check✔
에서 고르세요.

☐ conversely	(정)반대로, 역으로	• converse 정반대, 역; (~와) 대화를 나누다
☐ connection	연결; 관련성; (인간적, 사회적) 관계(↔ disconnection 단절)	• connect 연결하다; 연결되다; 접속하다
☐ root	(식물의) 뿌리; 근원, 기원; 뿌리를 내리다	
☐ impulse✦	(갑작스러운) 충동, 욕구; 충격; 자극	
☐ isolated	(장소가) 외딴(= remote); 고립된	• isolate 격리하다, 고립시키다; 분리하다
☐ given	정해진; 특정한(= specified); ~을 고려해 볼 때(= considering)	
☐ neuroscientist	신경과학자	
☐ deal with	~을 처리하다[다루다]; ~을 (상)대하다	
☐ alter	변경하다, 바꾸다	• alteration 변경 (행위), 개조; 변화, 변질
☐ immune system	면역계	• immunity 면역력; 면제
☐ myriad	무수히 많음; 무수한	
☐ enormous	거대한(= huge, immense); 엄청난	
☐ decline✦	감소하다; 쇠퇴하다; 거절하다; 감소; 쇠퇴	
☐ angle	각도; (사물을 보는) 관점	
☐ slope	비탈, 경사(면); 기울어지다	
☐ realm✦	범위, 영역; (학문의) 분야; 왕국	
☐ restorative	복구[복원]하는; (건강을) 회복시키는	• restore 회복시키다; 복원[복구]하다

> Conversely, healthy connection can help slow that process.

The roots of our human **impulse**[+] for social connection run so deep that feeling isolated can affect our ability to think clearly, given the role of social connection in shaping our intelligence. (①) Most neuroscientists now agree that it was the need to deal with other people that, in large part, made us who and what we are today. (②) And one recent study suggests that loneliness actually has the power to alter DNA transcription in the cells of your immune system. (③) In these and myriad other ways, feelings of social connection, as well as feelings of disconnection, have an enormous influence on our bodies as well as our behaviors. (④) We all **decline**[+] physically sooner or later, but loneliness can increase the angle of the downward slope. (⑤) Once we move into the **realm**[+] of "high in social well-being" — and this is possible for any of us — we benefit from positive, restorative effects that can help keep us going longer and stronger.

*DNA transcription: DNA 전사[복제 과정]

다의어 Check

지문 속 ✦표시 어휘의 문맥상 의미는?

1 impulse
  ⓐ urge
  ⓑ shock

2 decline
  ⓐ reject
  ⓑ weaken

3 realm
  ⓐ kingdom
  ⓑ area

INTRO 
네모 안에 주어진 문장으로 보아, 앞 내용으로 가장 적절한 것을 고르시오.
① 건강하지 못한 관계가 형성되는 과정
② 특정한 관계가 가속할 수 있는 과정
③ 사회적 관계의 느린 발전 과정

글의 흐름으로 보아, 주어진 문장이 들어가기에 가장 적절한 곳을 고르시오.
①   ②   ③   ④   ⑤

OUTRO 
위에서 고른 정답 뒤에 바로 이어지는 내용으로 가장 적절한 것을 고르시오.
① 외로움이 신체에 미치는 악영향
② 사회적 유대와 높은 지능의 상관관계
③ 사회적 행복이 건강에 미치는 영향

정답 및 해설 p. 42

Stage 2 한 문장씩 뜯어보기

◆ 주어진 질문에 답하시오.

[1]The roots of our human impulse for social connection run **so** deep **that** 고립감은 명확하게 생각하는 우리의 능력에 영향을 미칠 수 있다, **given** the role of social connection in shaping our intelligence.

1 밑줄 친 우리말과 일치하도록 괄호 안의 어구를 모두 활용하여 영작하시오.
(필요시 어형 변화, 단어 추가 불가)

(our ability / affect / to think / feel / can / isolate / clear)

→ ______________________________

> **TIP ★** **결과를 나타내는 부사절 <so+형용사[부사] ~ (that) …> (아주 ~해서 …하다)**
> It was **so** cold **that** we couldn't stay outside for long.
> 너무 추워서 우리는 밖에 오래 머물 수 없었다.
>
> *cf.* 목적을 나타내는 so (that) (~하도록)
> I wrote it down **so that** I wouldn't forget.
> 나는 그것을 잊지 않도록 적어두었다.

[2]**Most neuroscientists now agree** that it was the need to deal with other people that, in large part, made us who and what we are today.

2 문장 2에서 강조되는 부분을 찾아 쓰시오.

3 문장 1~2를 한 문장으로 표현할 때 빈칸에 알맞은 것은?
→ Our need for social connection shapes not only our intelligence but also our individual ______________.
ⓐ identity
ⓑ impulse
ⓒ loneliness

[3]And one recent study **suggests that** loneliness actually <u>has</u> the power to alter DNA transcription in the cells of your immune system.

4 밑줄 친 <u>has</u>가 어법상 옳으면 ○, 틀리면 ✕로 표시하고 바르게 고치시오.

분사 형태 전치사 given (~을 고려해 볼 때) (= considering)
· including (~을 포함하여)
· excluding (~을 제외하고)
· regarding/ concerning (~에 관하여)

논거 1: 전문가 (Most neuroscientists)의 말을 빌려 강조하고자 하는 것을 강조구문으로 표현한 것이다.

논거 2: 문장 3에서 조사 결과의 시사점을 덧붙인다.

suggest 뒤의 that절이 당위성을 의미하면 (should) v, 그렇지 않으면 직설법으로 표현한다.

⁴In these and myriad other ways, feelings of social connection, **as well as** feelings of disconnection, have an enormous influence on our bodies **as well as** our behaviors.

⁵We all decline physically sooner or later, but loneliness can increase the angle of the downward slope.

5 밑줄 친 부분의 의미로 알맞은 것은?
ⓐ slow down the speed of aging process
ⓑ make physical decline happen more rapidly
ⓒ investigate our physical condition

⁶**Conversely**, healthy connection can help slow that process.

6 밑줄 친 that process가 가리키는 것은?
ⓐ 외로움의 심화
ⓑ 사회적 연결의 욕구
ⓒ 신체적 쇠퇴와 노화

⁷Once we move into the realm of "high in social well-being" — and this is possible for any of us — we benefit from positive, restorative effects that can help keep us going longer and stronger.

Stage 3 요약하기

◆ 글의 내용을 아래와 같이 요약할 때, 빈칸 (A~(C)에 들어갈 가장 적절한 말을 <조건>에 맞게 쓰시오.

Social connections are (A) _____________ for mental and physical health; loneliness not only accelerates physical decline but also (B) _____________ affects genetic expression in immune cells. Strong social bonds can (C) _____________ these effects and promote overall well-being.

(조건) 1. <보기>의 단어 중에서 골라 쓸 것
2. 필요하면 문맥과 어법에 맞게 변형할 것
3. 각각 한 단어로 작성할 것
(보기) crucial / slow / unnecessary / negative / quicken

How to Read 책 읽는 법

독서 목적이나 책의 종류에 따라 읽는 방법이 달라져야 합니다.

책을 빠르게 읽어 많은 정보를 얻거나,
발췌(extract, excerpt)해서 중요한 부분만 읽거나,
저자의 생각과 내 생각을 비교해 보는 등
다양한 독서 방법이 있습니다.

평소 자신이 선호하는 책 읽기 방법이 있겠지만
독서의 목적과 책의 종류에 따라
독서 방법을 유연하게 시도해 보세요!

Words & PHRASES

✦표시 다의어는
지문 속 의미를
다의어 Check✏
에서 고르세요.

□ preface	(특히 저자가 목적을 서술한) 서문, 머리말(= foreword)	
□ classify	분류하다, 구분하다(= sort, categorize)	• classification 분류; 유형
□ analytic(al)	분석적인	• analyze 분석하다
□ construct	건설하다(= build); 구성하다	• construction 건축, 건설; 건물; 구조 • constructive (비평 등이) 건설적인
□ table of contents	목차	• content 내용(물); 함유량; 목차
□ in advance	미리, 사전에	
□ in any event	아무튼	
□ heading	제목, 표제; 주제	
□ list	목록을 작성하다, 나열하다; 목록, 명단	
□ amplify	확대하다, 증폭시키다; 더 자세히 설명하다	
□ significance	중요성(↔ insignificance 사소함, 하찮음); 의미, 의의	• significant 중요한, 중대한; 상당한
□ grateful	감사하는, 고마워하는	
□ obviously	(누구나 알다시피) 확실히, 분명히	• obvious 분명한
□ trouble	어려움, 문제; 수고, 애씀; 괴롭히다; 수고하다	▶ go to the trouble (~하느라) 애쓰다
□ plain✦	분명한; 솔직한; 무늬가 없는; 평범한; 평지	
□ subtitle	부제목; 자막	
□ descriptive	묘사하는, 서술하는; 설명적인	• describe 묘사하다, 서술하다
□ thus	그러므로; 이와 같이; 이를테면	
□ popular	인기 있는; 대중적인; (전문가가 아닌) 일반 대중을 위한	

정답 및 해설 p. 44

> One reason why titles and prefaces are ignored by many readers is that they do not think it important to classify the book they are reading. They do not follow the first rule of analytical reading.

다의어 Check

지문 속 ✦표시 어휘의 문맥상 의미는?

1 plain
ⓐ 분명한
ⓑ 평범한

(A) The authors also construct a detailed table of contents to advise the readers in advance of the details of their explanation. In any event, the chapter headings listed in the front serve the purpose of amplifying the significance of the main title.

(B) If they tried to follow it, they would be grateful to the author for helping them. Obviously, the author thinks it is important for the readers to know the kind of book they are being given. That is why the author goes to the trouble of making it **plain**✦ in the preface, and usually tries to make the title — or at least the subtitle — descriptive.

(C) Thus, Einstein and Infeld, in their preface to *The Evolution of Physics*, tell the readers that they expect them to know "that a scientific book, even though popular, must not be read in the same way as a novel."

INTRO

Q

1. 네모 안에 주어진 글의 핵심 내용으로 적절한 것을 고르시오.
① 분석적 책 읽기의 효용
② 독자들의 독서 경향

2. (A)~(C)의 내용으로 알맞은 것끼리 짝지으시오.
(1) 저자가 관여한 서문의 예시　　　·　　　　· (A)
(2) 목차의 중요성　　　　　　　　·　　　　· (B)
(3) 책 분류를 돕는 저자의 서문과 제목　·　　　　· (C)

Q

주어진 글 다음에 이어질 글의 순서로 가장 적절한 것을 고르시오.
① (A) – (C) – (B)　　　　② (B) – (A) – (C)
③ (B) – (C) – (A)　　　　④ (C) – (A) – (B)
⑤ (C) – (B) – (A)

Stage 2 한 문장씩 뜯어보기

◆ 주어진 질문에 답하시오.

¹One reason why titles and prefaces are ignored by **many readers** is that they **do not think** it important to classify **the book they are reading**.

> many readers의 일반적 경향을 첫 문장에서 서술했다. 이를 반박하는 내용이 이어지는지 확인해야 한다.

²They do not follow the first rule of analytical reading.

³If they tried to follow it, they would be grateful to the author for helping them.

> the book 뒤에 목적격 관계대명사가 생략되었다.
> (= the book (which[that]) they ~)

1 문장 1~3을 한 문장으로 표현할 때 빈칸에 알맞은 것은?

→ Titles and prefaces _________________ of classifying the book.

ⓐ pose a challenge
ⓑ serve the function
ⓒ list the reasons

⁴Obviously, **the author thinks it** is important **for the readers to know** the kind of book they are being given.

> the author의 생각을 빌려 글쓴이의 주장을 전달한다.

⁵That is why the author goes to the trouble of making (a) <u>it</u> plain in the preface, and usually tries to make the title — or at least the subtitle — (b) <u>descriptive</u>.

> thinks의 목적어절에서 it은 가주어고 to know 이후가 진주어다. for the readers는 의미상 주어다.

2 밑줄 친 (a) <u>it</u>이 가리키는 것은?

ⓐ what the readers already know
ⓑ the first rule of analytical reading
ⓒ the kind of book the readers are being given

3 밑줄 친 (b) <u>descriptive</u>의 의미로 가장 알맞은 것은?

ⓐ figurative
ⓑ informative
ⓒ narrative

[6]Thus, **Einstein and Infeld**, in their preface to *The Evolution of Physics*, **tell the readers that** they expect them to know "that a scientific book, even though popular, must not be read in the same way as a novel."

4 Einstein과 Infeld가 한 말이 함축하는 의미를 아래와 같이 표현할 때 빈칸에 가장 알맞은 것은?

→ A scientific book ______________ more attention and careful consideration.

ⓐ demands

ⓑ misleads

ⓒ guides

[7]The authors **also** construct a detailed table of contents to advise the readers in advance of the details of their explanation.

[8]In any event, the chapter headings (a) <u>list</u> in the front serve the purpose of (b) <u>amplify</u> the significance of the main title.

5 밑줄 친 (a) <u>list</u>, (b) <u>amplify</u>를 어법상 알맞은 형태로 바꿔 쓰시오. (한 단어)

(a):

(b):

6 문장 7~8을 간단히 표현할 때 빈칸에 알맞은 것은?

→ the ______________ of contents and chapter headings

ⓐ role

ⓑ structure

ⓒ drawback

Stage 3 요약하기

◆ 글의 내용을 아래와 같이 요약할 때, 빈칸 (A), (B)에 들어갈 가장 적절한 말을 <조건>에 맞게 쓰시오.

Titles and prefaces are often (A) ______________ by readers, but provide valuable (B) ______________ for effective reading through the detailed effort of authors.

조건 1. <보기>의 단어 중에서 골라 쓸 것
2. 필요하면 문맥과 어법에 맞게 변형할 것
3. 각각 한 단어로 작성할 것

보기 respect / directions / questions / disregard

Manufacturing Excellence 제조 품질 관리

제품을 만드는 모든 과정에서 최고의 품질(quality)과 효율성을 유지하는 것을 의미합니다.

제조 우수성(manufacturing excellence)은
기업이 장기적으로 경쟁력을 확보하기 위해 꼭 갖추어야 합니다.

제품이 설계된(designed) 대로 작동하며(function)고객의 기대를 충족하는 것이 목표입니다.
최고 품질을 유지하는 품질 철학(quality philosophy)을 실현하는 과정이기도 합니다.

Words & PHRASES

✦표시 다의어는
지문 속 의미를
다의어 Check✔
에서 고르세요.

☐ competitive	경쟁을 하는[벌이는]; 경쟁력 있는	
☐ manufacturer	제조업자[업체]	• manufacture 제조(하다), 생산(하다) • manufacturing 제조(업)
☐ paramount	가장 중요한(= most important); (지위가) 최고의	
☐ controversy	논란, 논쟁	
☐ at stake	성패가 달린, ~이 관건인; 위태로운, 위험에 처한(= at risk)	
☐ verification	증명, 검증; 확인	• verify 증명[검증]하다; 확인하다 • verifiable 증명[검증]할 수 있는; 확인된
☐ specification	(자세한) 설명서; 사양, 명세 사항; 열거	• specify (구체적으로) 명시하다
☐ requirement	필요조건, 요건	
☐ be in control	장악[제어]하다; 평정[중심]을 잃지 않다	
☐ questionable	의심스러운(= doubtful); 불확실한	
☐ untold✦	셀 수 없는, 막대한(= countless); 언급되지 않은; 비밀의(= secret)	
☐ rework	재작업; 재작업하다	
☐ disrupt	방해하다, 지장[차질]을 주다(= disturb); 붕괴시키다	• disruption 중단; 붕괴, 분열
☐ dissatisfaction	불만(족)(↔ satisfaction 만족)	
☐ best practice	(다른 회사, 조직이 본받을 만한) 모범 경영	
☐ protocol	외교 의례, 의전; (조약의) 원안, 협정; 실험 계획안	
☐ technician	기술자	
☐ robust	(몸이) 튼튼한; 확고한; (체제, 조직이) 탄탄한	
☐ sampling	샘플[견본] 추출	• sample 샘플, 표본; 표본 조사를 하다
☐ be in place	제자리에 있다; 가동 중이다	
[선택지]		
☐ eliminate	제거하다	
☐ defect	결함, 결점	

In today's competitive market, manufacturers may face increasing pressure to maintain quality control, making the role of testing in ensuring product quality and production process control paramount. I believe that testing is the one aspect of manufacturing that has the greatest potential for controversy. Consider what is at stake: testing allows verification, which ensures that your product meets specification requirements and that your process is in control. If testing is wrong or questionable, **untold**[*] amounts of money are at risk. An incorrect determination during testing can result in rework costs, rejected material, disrupted deliveries, customer dissatisfaction, and loss of business. Here is one idea that must be a part of your best practices quality philosophy: Quality cannot be tested into the product. Many times I have heard, "Perhaps the product failed because it wasn't tested properly. Maybe if we test it again it will pass?" Testing a product better ________________________________. These reasons drive our efforts to ensure testing protocols are correct, equipment is calibrated, technicians are fully trained, and robust sampling plans are in place.

*calibrate: (계기 등에) 눈금을 매기다; 조정하다

다의어 Check

지문 속 ✦표시 어휘의 문맥상 의미는?

1 untold
ⓐ countless
ⓑ secret

INTRO

Q 빈칸 문장과 선택지로 보아, 찾아야 할 내용으로 알맞은 것을 고르시오.

① 제품 테스트를 누락할 경우 그 결과
② 제품 테스트를 더 잘 하는 것의 의미

Q 윗글의 빈칸에 들어갈 말로 가장 적절한 것을 고르시오.

① does not reduce production costs
② improves the production process
③ eliminates all potential defects
④ minimizes the need for rework
⑤ does not make it better

Stage 2 한 문장씩 뜯어보기

◆ 주어진 질문에 답하시오.

> [1]In today's competitive market, manufacturers may face increasing pressure to maintain quality control, **making** the role of testing in ensuring product quality and production process control **paramount**.

1 밑줄 친 부분을 우리말로 해석하고 목적어 the role of testing의 수식어구를 (   )로 묶으시오.

◖ make+O+C
(O를 C로 만들다
[되게 하다])

◖ paramount는 most important와 같은 뜻으로 글쓴이의 주장을 나타내는 표현이다. 글의 나머지 부분이 주장을 끝까지 뒷받침하는지 확인한다.

> [2]I believe that testing is the one aspect of manufacturing that has the greatest potential for **controversy**.

2 문장 2의 내용으로 보아, 앞으로 전개될 내용을 아래와 같이 표현할 때 빈칸에 가장 알맞은 것은?
→ a discussion on the critical and _______________ aspects of testing
ⓐ problematic   ⓑ predictable   ⓒ technical

◖ controversy는 주목해야 할 단어로, (the role of) testing에 논란이 있음을 의미한다.

> [3]Consider what is at stake: testing allows verification, which ensures that your product meets specification requirements and that your process is in control.

> [4]If testing is wrong or questionable, untold amounts of money are at risk.

3 문장 3~4를 한 문장으로 표현할 때 빈칸에 알맞은 것은?
→ Testing verifies quality; errors risk major _______________.
ⓐ waste of effort   ⓑ safety issues   ⓒ financial loss

> [5]An incorrect determination during testing can result in rework costs, rejected material, disrupted deliveries, customer dissatisfaction, and loss of business.

6 Here is one idea that **must** be a part of your best practices quality philosophy: Quality **cannot** be tested into the product.

must, cannot 모두 강한 주장을 나타낸다.

7 Many times I have heard, "Perhaps the product failed because it wasn't tested properly.

8 Maybe if we test it again it will pass?"

9 Testing a product better does not make it better.

4 문장 6~9의 내용으로 보아, 문장 6의 밑줄 친 부분의 의미를 아래와 같이 표현할 때 빈칸에 알맞은 것은?

→ Testing does not ______________ quality.

ⓐ rely on   ⓑ guarantee   ⓒ require

10 These reasons drive our efforts **to ensure** testing protocols are correct, equipment is calibrated, technicians are fully trained, and robust sampling plans are in place.

to ensure ~는 앞의 명사 our efforts를 수식한다.

5 문장 6~10을 한 문장으로 표현할 때 빈칸에 알맞은 것은?

→ Quality is a(n) ___________ part of the entire production process.

ⓐ integral   ⓑ common   ⓒ secondary

Stage 3 요약하기

◆ 글의 내용을 아래와 같이 요약할 때, 빈칸 (A), (B)에 들어갈 가장 적절한 말을 <조건>에 맞게 쓰시오.

While testing (A) ______________ that products meet the manufacturing guidelines, it cannot create quality; quality must be (B) ______________ in the product and process from the beginning.

조건   1. <보기>의 단어 중에서 골라 쓸 것
        2. 필요하면 문맥과 어법에 맞게 변형할 것
        3. 각각 한 단어로 작성할 것
보기   minor / inherent / eliminate / costly / confirm

Heredity 유전

유전자(gene)는 생명체의 모든 유전 정보를 담고 있는 DNA의 특정한 부분으로,
우리는 유전자로 인해서 부모님을 닮게 됩니다.

유전자는 생명체의 형태와 기능을 결정하는 중요한 요소입니다.
우성(dominant) 유전자는 열성(recessive) 유전자보다
특성이 더 잘 나타납니다.

사람의 특징(characteristic)은 유전(heredity, inheritance)뿐만 아니라
사회, 경제, 문화 등의 환경적 요인(environmental factors)에
의해서도 결정됩니다.

Words & PHRASES

✦표시 다의어는
지문 속 의미를
다의어 Check ♥
에서 고르세요.

☐ extent	(중요성의) 정도, 규모; 크기	
☐ gene	유전자	• genetic 유전(학)의, 유전자의
☐ height	높이; 키	
☐ characteristic	독특한; 특성, 특징(= character, feature, trait)	• characterize 특징짓다
☐ encounter	우연히 만나다; 접하다; (위험 등에) 직면하다(= face)	
☐ observable	관찰[식별]할 수 있는	• observe 관찰하다; 목격하다; 말하다; (법, 규칙 등을) 지키다
☐ leave aside	~을 제쳐놓다[차치하다]	
☐ connection	연결; 접속; 관련성, 연관성(= link)	• connect 연결하다; 연결되다
☐ virtually✦	사실상, 거의(= almost); 가상으로	• virtual 사실상의, 실질적인; 가상의
☐ non-existent	존재하지 않는(↔ existent 존재하는)	
☐ there is little doubt that ~	~하는 데 의심의 여지가 거의 없다	• doubt 의심
☐ to date	지금까지	*cf.* out of date 뒤떨어진; 쓸모없는
☐ closely	밀접하게; 면밀히, 엄중히	
☐ correlate	(밀접한) 상관관계가 있다; 서로 관련시키다	• correlation 상관관계, 연관성
☐ presence	존재(함); 참석(↔ absence 부재; 결석)	• present 현재(의); 참석[출석]한; 존재하는; 수여하다
☐ and the like	~와 같은 종류의 것, 기타 등등 《etc.보다 형식적인 표현》	
☐ account for✦	설명하다; (~의) 이유[원인]가 되다; (부분, 비율을) 차지하다	
☐ astonishing	정말 놀라운(= amazing); 믿기 힘든	• astonish 깜짝 놀라게 하다
☐ variation	변화, 차이; 변형	• vary 각기 다르다; 바꾸다; 변화하다

정답 및 해설 p. 48 

> What is a surprise, however, is the extent to which this particular gene affects height.

The role of individual genes in determining large-scale human characteristics — those we encounter on an observable level — actually seems to be very small. Leaving aside a few direct connections, such as hair and eye color, the link between any specific gene and observable characteristics is **virtually**[+] non-existent. (①) As evidence, consider height. (②) There is little doubt that people's genes play a major role in determining their height: tall parents tend to have tall children. (③) So it is no surprise that, to date, height is the character that has been found to be most closely correlated with the presence or absence of a single gene (again excepting hair color and the like). (④) It **accounts for**[+] an astonishing two percent of the variation in human height. (⑤) And that's the "biggest" correlation between a single gene and a human characteristic.

다의어 Check

지문 속 ✦표시 어휘의 문맥상 의미는?

1 virtually
ⓐ 사실상
ⓑ 가상으로

2 account for
ⓐ 설명하다
ⓑ 차지하다

INTRO Q 네모 안에 주어진 문장으로 보아, 앞 내용으로 가장 적절한 것을 고르시오.

① 키에 영향을 미치는 비유전적 요인
② 특정 유전자가 키에 미치는 영향

Q 글의 흐름으로 보아, 주어진 문장이 들어가기에 가장 적절한 곳을 고르시오.

① 　 ② 　 ③ 　 ④ 　 ⑤

OUTRO Q 위에서 고른 정답 뒤에 바로 이어지는 내용으로 가장 적절한 것을 고르시오.

① 키는 단일 유전자와 상관관계가 가장 크다.
② 키 유전자는 키에 2퍼센트만큼 영향을 준다.

Stage 2 한 문장씩 뜯어보기

◆ 주어진 질문에 답하시오.

1 The role of individual genes in determining large-scale human characteristics — (a) <u>those</u> we encounter on an (b) <u>observable</u> level — actually **seems** to be very small.

seems ~ (~인 것 같다)는 주장하는 내용을 나타낼 수 있다.

1 밑줄 친 (a) <u>those</u>가 의미하는 내용으로 알맞은 것은?
ⓐ functions of individual genes
ⓑ factors determining characteristics
ⓒ notable human characteristics

2 밑줄 친 (b) <u>observable</u>과 바꿔 쓸 수 <u>없는</u> 것은?
ⓐ obscure　　　　　ⓑ physical　　　　　ⓒ visible

2 **Leaving** aside a few direct connections, such as hair and eye color, the link between any specific gene and observable characteristics <u>is</u> virtually non-existent.

3 밑줄 친 동사 <u>is</u>의 주어에 해당하는 부분의 처음 두 단어를 쓰시오.

> **TIP★** **문장을 시작하는 v-ing ~**
> 동명사 주어인지, 또는 현재분사가 이끄는 분사구문인지는 문장 구조로 판단한다.
>
> **Swimming** is a great way to stay fit. (동명사)
> 　　S　　　　V
> 수영은 건강을 유지하기 위한 좋은 방법이다.
>
> **Swimming** regularly, John improved his overall health. (분사구문)
> 규칙적으로 수영해서, 존은 건강이 많이 좋아졌다.

3 <u>As evidence</u>, **consider** height.

As evidence, consider ~ (증거로, ~을 고려하라) 이후 예시가 등장한다.

4 밑줄 친 <u>As evidence</u>의 의미를 풀어 쓸 때 빈칸에 알맞은 것은?
→ As evidence of a specific gene's ＿＿＿＿＿＿ role in observable human characteristics
ⓐ major　　　　　ⓑ natural　　　　　ⓒ minimal

4 **There is little doubt that** people's genes play a major role in determining their height: tall parents tend to have tall children.

There is no[little] doubt that ~ (~라는 것에 의심의 여지가 (거의) 없다)
동격 that절이 doubt를 설명하며, 당연시되는 상식을 언급한다.

[5]So **it is no surprise that**, to date, height is the character **that** has been **found to be** most closely correlated with the presence or absence of a single gene (again excepting hair color and the like).

5 문장 4~5를 간단히 표현할 때 알맞은 것은?

ⓐ the effect of a certain gene on height
ⓑ the question about the effects of genes
ⓒ the difference between height and hair color inheritance

TIP ★ **복잡한 구조의 문장 해석**

1. 첫 번째 that은 가주어 it의 진주어 부분, 두 번째 that은 선행사 the character를 수식하는 관계대명사다.
2. <find+O+C(to-v) (O가 C임을 알게 되다)>에서 O가 주어(주격 관계대명사의 선행사)로 이동한 수동태로 쓰였다.

[5]~ *the character* [**that** has been **found** / **to be** most closely correlated ~

[6]**What is a surprise, however, is** the extent to which this particular gene affects height.

[7]It accounts for an astonishing two percent of the variation in human height.

[8]And that's the **"biggest"** correlation between a single gene and a human characteristic.

6 문맥상 문장 6~8이 의미하는 내용으로 알맞은 것은?

ⓐ 키는 사실 유전의 영향을 받지 않는다.
ⓑ 유전자가 사람의 특징에 미치는 영향은 적다.
ⓒ 키와 유전의 상관관계를 다시 연구해야 한다.

Stage 3 요약하기

◆ 글의 내용을 아래와 같이 요약할 때, 빈칸 (A)~(C)에 들어갈 가장 적절한 말을 <조건>에 맞게 쓰시오.

Individual genes have a(n) (A) ___________ impact on large-scale human characteristics. Apart from a few direct (B) ___________, the relationship between any single gene and a(n) (C) ___________ trait is generally insignificant.

조건   <보기>의 단어 중에서 골라 그대로 쓸 것
보기   surprises / connections / observable / absence / narrow / excessive

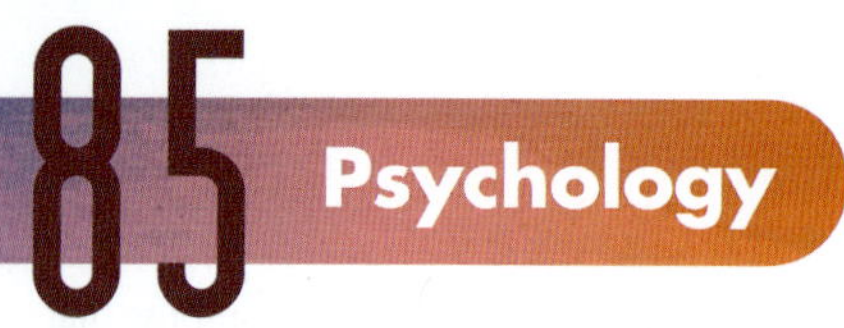

Another Person's Shoes 다른 사람의 입장

타인의 입장과 기분을 헤아리고 '공감(sympathy, compassion)'하는 것은
사람들과 상호작용하려면 꼭 필요하고, 결국 개인을 성장시켜 줍니다.

상대방이 슬퍼할 때 공감 없이 단순히 동정한다면
당연한 말을 하게 되므로 겉으로만 위로가 될 뿐입니다.

공감(empathy)은 상대방이 느끼는 감정을
진심으로 이해하고 나누는 것을 의미합니다.
타인의 말을 들어주고 감정을 공유하며 옆에 있어 주세요.

Words & PHRASES

✦표시 다의어는
지문 속 의미를
다의어 Check ✔
에서 고르세요.

□ empathetic / empathic	감정 이입의, 공감의	• empathy 감정 이입, 공감 (능력) • empathize 감정 이입하다, 공감하다
□ revolutionary	혁명의, 혁명적인(= innovative); 획기적인	• revolution 혁명; 회전; 공전
□ put oneself in A's shoes	A의 입장이 되다	
□ stereotype	고정관념	*cf.* bias 편견, 편향; 편견[선입견]을 갖게 하다
□ carry around	가지고 다니다	
□ get down to A	A를 시작하다; A에 진지하게 관심을 갖다, A를 파고들다	
□ associated	관련된	• associate 연상하다, 연관 짓다
□ broad	넓은; 대략의	
□ assumption✦	가정(= hypothesis), 추정; (권력, 책임의) 인수	• assume 가정하다, 추정하다; (역할 등을) 맡다; (~인) 척하다
□ energetic	활동적인, 활기 있는	
□ introverted	내향적인(↔ extroverted 외향적인)	• introvert 내향적인 사람 (↔ extrovert 외향적인 사람)
□ enthusiast	열광적인 팬, 열렬한 지지자	• enthusiasm 열정, 열광
□ socially	사회적으로, 사교적으로	
□ awkward	어색한; 솜씨 없는, 서투른	
□ regard	여기다, 간주하다; 존경(하다); 관심, 고려 (↔ disregard 무시하다(= ignore); 소홀히 하다; 무시)	▶ regard[see, consider] A as B A를 B로 여기다[간주하다]
□ two-dimensional	2차원의, 평면적인 《겉으로 보이는 것만 다루는》; 깊이 없는	• dimension 치수, 크기; 규모; 차원
□ bullying	괴롭히기, 집단 따돌림	• bully 괴롭히다, 따돌리다; 괴롭히는 사람
□ perspective	관점, 시각(= viewpoint); 전망, 경치; 원근법	

정답 및 해설 p. 50

It's one thing to know we should be empathetic, but it's another to actually be empathetic. We're not talking about anything revolutionary here: people have been telling you all your life to "do to others as you would have done to you." ① So why is it so hard for us to stop and put ourselves in another person's shoes? ② Maybe it's because the stereotypes we carry around in our heads are a sort of security blanket when we get right down to it. ③ Thus, we make judgments about others based more on their actions than on their associated stereotypes. ④ It's a lot easier to make broad **assumptions**⁺ that people who enjoy sports are energetic, book lovers are introverted, and technology enthusiasts are socially awkward than to consider each person as an individual — an individual who would no more want to be regarded (or disregarded) as a two-dimensional stereotype than we would. ⑤ The truth is that the bullying we see everywhere would end tomorrow if everyone always and honestly tried to see things from another person's perspective.

*security blanket: 안도감을 주는 것; 안전장치 《안정을 위해 껴안는 담요에서 비유》

다의어 Check ✔

지문 속 ✦표시 어휘의 문맥상 의미는?

1 assumption
 ⓐ 가정, 추정
 ⓑ (권력, 책임의) 인수

INTRO Q

첫 두 문장으로 보아, 앞으로 전개될 내용으로 가장 적절한 것을 고르시오.

① 새로운 종류의 공감 인식
② 공감을 실천하는 것의 어려움

Q

윗글에서 전체 흐름과 관계 <u>없는</u> 문장을 고르시오.

①   ②   ③   ④   ⑤

OUTRO Q

위 문제에서 선택한 정답 문장의 내용을 고르시오.

① 우리 머릿속에 있는 고정관념은 안도감을 준다.
② 우리는 고정관념보다 행동에 근거하여 타인을 판단한다.

Stage 2 한 문장씩 뜯어보기

◆ 주어진 질문에 답하시오.

[1]**It's one thing to know** we should be empathetic, but **it's another to** actually **be** empathetic.

> A is one thing, B is another (A와 B는 전혀 다르다[완전 별개의 것이다])
>
> A, B 자리에 가주어 it이 오고 뒤에 진주어 to-v구가 온다.

[2]We're not talking about anything revolutionary here: people have been telling you all your life to "do to others as you would have done to you."

1 밑줄 친 부분과 같은 의미의 문장은?
   ⓐ Treat others as you would like to be treated.
   ⓑ Help others only when it's convenient for you.
   ⓒ Treat your friends well, but do not worry about strangers.

[3]So why is **it** so hard for us **to stop and put** ourselves in another person's shoes?

> it은 가주어이며, 진주어 to stop과 (to) put ~ shoes가 병렬 연결되었다.

[4]Maybe **it's because** the stereotypes we carry around in our heads are a sort of security blanket when we get right down to **it**.

> it's because ~에서 it은 앞 문장(결과)을 가리키며 뒤에 원인이 이어진다.
> 마지막 it은 다른 사람의 입장에서 생각하는 것, 즉 공감하는 것의 어려움이다.

[5]**Thus**, we make judgments about others based more on their actions than on their associated stereotypes.

> Thus (그러므로)
> 연결어 앞뒤로 원인과 결과가 이어져야 한다.

2 밑줄 친 부분을 직독직해 하시오. (두 번 끊을 것)

[6]It's a lot **easier to make** broad assumptions **that** people who enjoy sports are energetic, book lovers are introverted, and technology enthusiasts are socially awkward **than to consider** each person as an individual — an individual who would **no more** want to be regarded (or disregarded) as a two-dimensional stereotype **than** we would.

> 문장 6은 문장 4의 주장을 뒷받침한다.
>
> <easier ~ than ...>에서 두 비교 대상의 범위를 파악해야 한다.
> 첫 번째 비교 대상인 to make ~ assumptions에 동격 that절이 이어져 길어졌다.
> 두 번째 비교 대상은 than 이후 to consider이다.

3 밑줄 친 부분의 의미로 알맞은 것은?
   ⓐ 우리보다 더 고정관념을 거부하는 개인
   ⓑ 우리만큼 고정관념으로 여겨지기를 원하지 않는 개인
   ⓒ 우리보다 더욱 겉모습으로 판단하는 고정관념을 가진 개인

4 문장 6을 간단히 표현할 때 빈칸에 알맞은 것은?

→ Stereotypes make it easier to _______________ people rather than see them as unique individuals.

ⓐ generalize　　　　ⓑ recognize　　　　ⓒ personalize

TIP★ **A no more ~ than B** (A는 B와 마찬가지로 ~ 아니다)

비교급 앞의 no는 비교 자체를 강하게 부정한다. (than 앞뒤를 모두 부정)

즉 A, B가 서로 차이가 있다는 것 자체를 부정하여 <A=B>의 의미가 된다. (= A not ~ any more than B)

He is **no more** capable of lying **than** she is.

(= He is not capable of lying any more than she is.)

그는 그녀와 마찬가지로 거짓말을 못 한다.

---

[7] **The truth is that** the bullying we see everywhere would end tomorrow if everyone always and honestly tried to see things from another person's perspective.

the truth is that ~
맺음말에서 다른 사람의 입장이 되어봐야 한다고 다시 강조하고 있다.

5 문장 7을 간단히 표현할 때 빈칸에 알맞은 것은?

→ Bullying could end if everyone attempted to _______________ with others.

ⓐ compete　　　　ⓑ participate　　　　ⓒ empathize

Stage 3　요약하기

◆ 글의 내용을 아래와 같이 요약할 때, 빈칸 (A)~(C)에 들어갈 가장 적절한 말을 <조건>에 맞게 쓰시오.

(A) _____________ help us draw immediate conclusions about people, but we should (B) _____________ them and see from others' (C) _____________ to end bullying and foster true empathy.

(조건) <보기>의 단어 중에서 골라 그대로 쓸 것
(보기) perspectives / stereotypes / regard / overcome / behaviors

~~~

The Golden Rule: Do to Others as You Would Have Done to You.

'내가 바라는 만큼 남에게 행하라'는 원칙은 다수의 문화와 종교에서 공통으로 중시하기 때문에 '황금률(the Golden Rule)'이라고도 부른다.

Living by **the Golden Rule** fosters mutual respect and understanding.

황금률을 지키며 사는 것은 상호 존중과 이해를 발전시킨다.
~~~

Works of Art 예술 작품

예술은 자신을 표현하여 다른 사람들과 연결될 수 있는 수단을 제공합니다.

예술(Art)은 다양한 창작 활동과 창작물을 포괄합니다.
다양한 기준에 따라 여러 가지로 분류합니다.

1 시각 예술(visual arts): 회화(painting), 조각(sculpture), 사진 등
2 공연 예술(performing arts): 음악, 무용, 연극(theater) 등
3 응용 예술(applied arts): 디자인, 공예(crafts) 등
   (실제 효용이 목적인 예술) *cf.* 순수 예술(fine art)
4 문학 예술(literary arts): 시(poetry), 산문(prose) 등

Words & PHRASES

✦표시 다의어는
지문 속 의미를
다의어 Check ✔
에서 고르세요.

☐ accessible	접근[이용] 가능한; (예술 작품 등이) 이해하기 쉬운; 편한 (↔ inaccessible 접근할 수 없는; 이해할 수 없는, 난해한)	• access 접근(하다); 접속하다; 이용하다
☐ comprehensible	이해할 수 있는, 알기 쉬운 (↔ incomprehensible 이해할 수 없는)	• comprehend (충분히) 이해하다; 포함하다 *cf.* comprehensive 포괄[종합]적인
☐ translate into	~으로 번역하다	• translation 번역; 해석
☐ move	움직이다; 이사하다; 감동시키다(= impress)	*cf.* unmoving (마음을) 움직이지 않는; 감동시키지 않는 • unmoved 움직이지 않는; 마음이 동요하지 않는
☐ statue	조각상	
☐ spectator	관중, 관객; 구경꾼	
☐ mental	정신의, 마음의; 정신적인(= psychological)	
☐ sequence	연속적인 사건; 순서, 차례	
☐ precisely	(틀리지 않고) 정확하게; 바로, 꼭	• precise 정확한
☐ affect ✦	영향을 주다(= influence); 병이 나게 하다; ~인 체하다(= pretend)	• affection 애착, 보살핌 • affectation 가장, 꾸밈
☐ independently of	~와 독립적으로, ~와 관계없이(= regardless of)	• independent 독립적인; 독립된 (↔ dependent 의존하는)
☐ degree	(각도, 온도의) 도; 정도; 학위	
☐ in this sense	이런 의미에서	
☐ business	사업(체); 업무; (해야 할) 일[소관]; 본분[의무]	
☐ consist in	~에 있다, ~에 존재하다	
☐ impression	인상, 느낌; 감명	• impress 깊은 인상을 주다; 감명을 주다
☐ all along	내내, 계속	
[선택지]		
☐ absence	없음, 부재; 결석(↔ presence 있음, 존재; 출석)	
☐ intellectual	지능의, 지적인(= mental)	• intelligence 지능

정답 및 해설 p. 52

Great works of art are great only because they are accessible and comprehensible to everyone. The story of Joseph, translated into Chinese, moves the Chinese. The story of Buddha moves us. The same is true of buildings, paintings, statues, and music. Therefore, if art does not move us, one must not say that the cause is the spectator's or listener's lack of understanding, but one can and must conclude that it is either bad art or not art at all. The difference between art and mental activity, which requires preparation and a certain sequence of learning (so that one cannot teach trigonometry to someone who does not know geometry), is precisely that art **affects**[+] people independently of their degree of development and education. In this sense, the business of art consists precisely in making understandable and accessible what might be incomprehensible and inaccessible in the form of ______________. Usually, when people receive a truly artistic impression, it seems to them that they knew it all along, only they were unable to express it.

*trigonometry: 《수학》 삼각법　**geometry: 기하학

다의어 Check

지문 속 ✦표시 어휘의 문맥상 의미는?

1 affect
ⓐ pretend
ⓑ influence

**INTRO**

**Q**　빈칸 문장으로 보아, 찾아야 할 내용으로 알맞은 것을 고르시오.

① 예술로 넘어설 수 있는 조건
② 예술을 접할 때 필요한 조건

Q　윗글의 빈칸에 들어갈 말로 가장 적절한 것을 고르시오.

① artistic impression
② emotional absence
③ well-written translation
④ spectator's preparation
⑤ intellectual development

Stage 2 한 문장씩 뜯어보기

◆ 주어진 질문에 답하시오.

¹Great works of art are great **only because** they are accessible and comprehensible to everyone.

²The story of Joseph, translated into Chinese, moves the Chinese.

³The story of Buddha moves us.

⁴The same is true of buildings, paintings, statues, and music.

1 문장 1~4를 간단히 표현할 때 알맞은 것은?

ⓐ the objectivity of art
ⓑ the uncertainty of art
ⓒ the universality of art

only[just] because
(오로지 ~의 이유로)
cf. ~이라고 해서(…아니다)
부정어와 함께 쓰인다.
Just because
someone says
something does**n't**
make it true.
(누군가 말**한다고 해서**
그것이사실인것은**아니다**.)

⁵Therefore, if art does not move us, one must not say that the cause is the spectator's or listener's lack of understanding, but one can and must conclude that it is either bad art or not art at all.

2 문장 5를 간단히 표현할 때 빈칸에 알맞은 것은?

→ Unmoving art is ___________________.

ⓐ not popular
ⓑ inherently flawed
ⓒ irrelevant to us

⁶The difference between art and <u>mental activity</u>, **which** requires preparation and a certain sequence of learning (**so that** one cannot teach trigonometry to someone who does not know geometry), is precisely that art affects people independently of their degree of development and education.

which절은 mental
activity를 보충 설명하고
있다.

so (that)의 두 가지 의미
1. 《결과》 그래서, 그 결과
2. 《목적》 ~하도록
여기서는 '결과로 해석한다.

3 밑줄 친 <u>mental activity</u>를 아래와 같이 설명할 때 빈칸에 알맞은 것은?

→ Mental activities typically build on ____________ knowledge or skills.

ⓐ existing
ⓑ common
ⓒ unfamiliar

⁷In this sense, the (a) <u>business</u> of art consists precisely in (b) **making understandable and accessible** what might be incomprehensible and inaccessible in the form of intellectual development.

4 문맥상 밑줄 친 (a) <u>business</u>의 의미와 가장 가까운 것은?

ⓐ organization
ⓑ purpose
ⓒ selling

5 밑줄 친 (b) <u>making</u>의 의미상 목적어에 해당하는 처음 한 단어를 쓰시오.

TIP★ SVOC → SVCO

목적어(O)가 상대적으로 길고 목적격보어(C)가 짧을 때, 위치를 서로 바꾸는 경우가 많다.
<make+목적격보어(easy, possible 등)+목적어>의 구조로 자주 쓰인다.

We need the support of many to **make possible the coming of a new leader**.
새 지도자의 등장을 가능하게 하려면 우리는 많은 사람들의 지지가 필요하다.

⁸Usually, when people receive a truly artistic impression, **it** seems to them **that** they knew **it** all along, only they were unable to express **it**.

첫 번째 it은 가주어, that 절은 진주어이다.
나머지 it(대명사)은 모두 (a truly artistic) impression을 지칭한다.

6 문장 8을 간단히 표현할 때 빈칸에 알맞은 것은?

→ Experiencing true art feels like recognizing something ___________ but unspoken.

ⓐ familiar
ⓑ positive
ⓒ dream-like

Stage 3 　요약하기

◆ 글의 내용을 아래와 같이 요약할 때, 빈칸 (A)~(C)에 들어갈 가장 적절한 말을 <조건>에 맞게 쓰시오.

Great art is (A) ___________ to everyone, making ideas understandable without (B) ___________ knowledge; if it fails to move us, the (C) ___________ lies with the art, not with our understanding.

조건　<보기>의 단어 중에서 골라 그대로 쓸 것
보기　fault / prior / spectator / subsequent / accessible

Workplace Management 업무 현장 관리

업무 현장을 효율적으로 유지하고 관리하는 것은 경영의 중요한 부분입니다.

대부분의 근무 시간을 보내는 공간은
근무 만족도, 생산성, 그리고 조직의 성과까지 포함하여
여러 가지 요소에 중대한 영향을 미칠 수 있습니다.

Words & PHRASES

✦표시 다의어는
지문 속 의미를
다의어 Check ✔
에서 고르세요.

☐ **realize** ✦	깨닫다, 알아차리다(= become aware of), 인식하다; (목표 등을) 실현하다(= achieve)	• realization 깨달음; 실현
☐ **rely on**	~에 의존[의지]하다(= be[become] dependent on); ~을 믿다	• reliance 의존, 의지(= dependence)
☐ **physical**	신체의; 물질의, 물리적인; 물리학의	
☐ **cue**	(무엇을 하라는) 신호; 단서; 암시; 신호를 주다	
☐ **stand for** ✦	~을 나타내다(= represent); ~을 지지하다(= advocate)	
☐ **aspect**	측면; 양상; (건물의) 면	
☐ **be related to A**	A와 관계가 있다	
☐ **supplement**	보충(물), 추가(물); (책의) 부록; 보충하다	▶ supplement A with B A를 B로 보충하다
☐ **fallible**	실수하기[틀리기] 쉬운(↔ infallible 결코 실수하지[틀리지] 않는)	
☐ **process**	과정, 절차; (정보를) 처리하다; 가공하다	**cf.** information-processing 정보 처리의
☐ **surrounding**	《복》 환경(= setting), 주변, 주위의 상황; 주위의	
☐ **storage**	저장(고), 보관(소)	
☐ **retrieval**	되찾아 옴(= recovery); (기억의) 인출; (정보의) 검색	• retrieve 되찾아 오다; (정보를) 검색하다
☐ **at the extreme**	극단적으로	• extreme 극단적인; 지나친; 극단
☐ **limitation**	제한, 한정(= restriction); 제약; 《복》 (능력 등의) 한계	• limit 한계; 제한[한정]하다
☐ **boundary**	경계(선), 한계(선); 범위, 분야	
☐ **remotely**	멀리서; 원격으로	• remote 먼(= distant); 외딴(= isolated); 원격의
☐ **disrupt**	방해하다, 지장을 주다	• disruption 방해, 지장
☐ **workflow**	작업 흐름, 작업 속도	
☐ **efficiency**	효율(성)(↔ inefficiency 비효율(성))	• efficient 효율적인

> Although workers may not **realize**[+] it, they rely a lot on their physical environment for important information and cues.

다의어 Check

지문 속 ✦표시 어휘의 문맥상 의미는?

1 realize
ⓐ become aware of
ⓑ achieve

2 stand for
ⓐ advocate
ⓑ represent

(A) Similarly, a Post-it note on the side of a monitor, or a report placed in a certain box can **stand for**[+] an individual's own memory system. Just as people become information-dependent on other people, they can also become information-dependent on aspects of the physical environment in order to do their work.

(B) This dependence on the physical environment is related to the concept of transactive memory, where people supplement their own fallible memories and information-processing abilities with systems found in their surroundings. People use other team members as information storage, retrieval, and processing devices.

(C) At the extreme, this type of dependence can be a limitation for groups that find it impossible to work outside the unique boundaries of their workspace. Moving to a different office or starting to work remotely can disrupt a team's familiar workflow and efficiency. Accordingly, recognizing and managing this reliance is crucial in various work settings.

*transactive memory: 분산 기억 《집단이 갖고 있는 정보의 총합》

INTRO Q 

1. 네모 안에 주어진 글의 핵심 내용으로 적절한 것을 고르시오.
① 근로자들의 업무 개선을 위한 지원
② 근로자들의 업무 환경에 대한 의존

2. (A)~(C)의 내용으로 알맞은 것끼리 짝지으시오.
(1) 극단적 환경 의존의 부작용   •   • (A)
(2) 업무 환경 의존의 종류   •   • (B)
(3) 업무 환경 의존과 연관된 개념 •   • (C)

Q 

주어진 글 다음에 이어질 글의 순서로 가장 적절한 것을 고르시오.
① (A) – (C) – (B)   ② (B) – (A) – (C)
③ (B) – (C) – (A)   ④ (C) – (A) – (B)
⑤ (C) – (B) – (A)

◆ **주어진 질문에 답하시오.**

> ¹Although workers may not realize **it**, they rely a lot on their physical environment for important information and cues.

> ²This dependence on the physical environment is related to the concept of transactive memory, which / where people supplement their own fallible memories and information-processing abilities with systems found in their surroundings.

1 네모 안에 들어갈 말로 어법상 알맞은 것은?

> ³People use other team members as information storage, retrieval, and processing devices.

> ⁴Similarly, a Post-it note on the side of a monitor, or a report placed in a certain box can stand for an individual's own memory system.

2 문장 3, 4가 구체적으로 설명하고 있는 것은?
    ⓐ important information and cues
    ⓑ information-processing abilities
    ⓒ systems found in their surroundings

3 문장 3, 4를 한 문장으로 표현할 때 빈칸에 알맞은 것은?
    → Colleagues and physical objects within the environment can serve as ___________ ______________.
    ⓐ memory aids
    ⓑ boundary markers
    ⓒ interaction devices

> ⁵Just as people become information-dependent on other people, they can also become information-dependent on aspects of the physical environment in order to do their work.

뒤의 말을 대신하는 it
일반적으로 대명사는 앞에 나온 말을 대신하지만, it과 this는 앞이나 뒤의 말을 모두 대신할 수 있다.
e.g. I can only say this: the car wasn't here yesterday.
(나는 이것만 말할 수 있다. 그 차는 어제 여기 없었다.)

문장 5는 문장 3, 4를 일반적인 말로 재서술한다.

⁶At the extreme, this type of dependence can be a limitation for groups that find it impossible to work outside the unique boundaries of their workspace.

4 문장 6의 앞에 들어갈 연결어로 가장 알맞은 것은?

ⓐ Moreover

ⓑ However

ⓒ That is

⁷Moving to a different office or starting to work remotely can disrupt a team's familiar workflow and efficiency.

5 문장 6~7을 한 문장으로 표현할 때 빈칸에 알맞은 것은?

→ Extreme dependence can _______________ groups to their unique workspace boundaries.

ⓐ limit

ⓑ expose

ⓒ compare

⁸**Accordingly**, recognizing and managing this reliance is crucial in various work settings.

Stage 3 요약하기

◆ 글의 내용을 아래와 같이 요약할 때, 빈칸 (A)~(C)에 들어갈 가장 적절한 말을 <조건>에 맞게 쓰시오.

(A) _______________ on physical environments can both (B) _______________ and restrict teams, making it essential to manage this reliance to ensure (C) _______________ in various work settings.

조건   1. <보기>의 단어를 한 번씩만 사용할 것
2. 필요하면 문맥과 어법에 맞게 변형할 것
3. 각각 한 단어로 작성할 것

보기   efficient / depend / benefit

Architectural Design 건축 설계

건축 설계는 미술, 과학, 기술을 융합하는 다면적인 분야입니다.

건축은 건축물(building, structure)의 외관, 기능, 그리고 환경과의 조화를
종합적으로 계획하고 설계하는 과정입니다.
이 과정에서 건축가의 창의성과 기술적 지식, 철학이 반영됩니다.

건축 설계 시 고려할 여러 가지 요소 중에서
주관적으로 강조하는 한두 개의 관점이 출제될 수 있습니다.

Words & PHRASES

✦표시 다의어는
지문 속 의미를
다의어 Check✔
에서 고르세요.

☐ architecture	건축(학); 건축 양식	• architect 건축가; 설계자 • architectural 건축 설계의
☐ tear down	허물다, 철거하다; 파괴하다	tear 찢다, 뜯다
☐ ancient	고대의(↔ modern 현대의); 아주 오래된	
☐ introduce	소개하다; 발표하다; 도입하다	
☐ proper	적절한; 올바른(↔ improper 부적절한; 부당한)	
☐ sanitation	위생 시설[관리]	• sanitary 위생의; 위생적인(= hygienic) **cf.** hygiene 위생
☐ mirror	(상을) 비추다; (거울처럼) 잘 보여주다, 반영하다(= reflect); ~과 닮다	
☐ inability	무능, 할 수 없음(↔ ability 능력)	
☐ in the end	마침내, 결국	
☐ expression✦	표현 (어구); 표출; 표정	
☐ befriend	~에게 친구가 되어 주다(= make friends with)	
☐ book	책; 예약하다(= reserve)	
☐ satisfy	만족시키다(↔ dissatisfy 불만을 느끼게 하다)	• satisfaction 만족(감) (↔ dissatisfaction 불만)
☐ by[in] contrast	그와 반대로, 대조적으로	
☐ humility	겸손(= modesty)	**cf.** humiliation 굴욕, 수치
☐ interrogate	심문[추궁]하다, 질문하다	• interrogative 질문하는 • interrogation 심문, 질문; 의문
☐ tenacity	끈기(= persistence, perseverance); 고집	• tenacious 집요한, 완강한
☐ translate	번역하다; 바꾸다(= convert, transform); 바뀌다	
☐ consciously	의식적으로(↔ unconsciously 무의식적으로)	• conscious 의식하는; 의식이 있는

정답 및 해설 p. 56

> So, in architecture, just like in the above areas of life, we look for easy solutions to our problems, which leads us to tear down ancient streets when we should introduce proper sanitation and street lights instead.

The failure of architects to create comfortable environments mirrors our inability to find happiness in other areas of our lives. (①) Bad architecture is in the end as much a failure of psychology as of design. (②) It is just another **expression**✦ of the same tendencies we have in other areas of life that lead us to befriend the wrong people, choose inappropriate jobs, and book unsuccessful holidays. (③) These tendencies reflect the inability in our daily lives to understand who we are and what will satisfy us. (④) The places we call beautiful are, by contrast, the work of those rare architects with the humility to interrogate themselves adequately about their desires and the tenacity to translate their visions into logical plans. (⑤) This combination enables them to create environments that satisfy needs we never consciously knew we even had.

다의어 Check ✔

지문 속 ✦표시 어휘의
문맥상 의미는?

1 expression
ⓐ display
ⓑ phrase

INTRO Q 네모 안에 주어진 문장으로 보아, 앞 내용으로 가장 적절한 것을 고르시오.

① 앞에서 언급된 영역들이 건축과 다른 해답을 찾는 이유
② 앞에서 언급된 영역들이 잘못된 해답을 찾는 이유

Q 글의 흐름으로 보아, 주어진 문장이 들어가기에 가장 적절한 곳을 고르시오.

①   ②   ③   ④   ⑤

OUTRO Q 위에서 고른 정답 뒤에 바로 이어지는 내용으로 가장 적절한 것을 고르시오.

① our inability to understand our true needs
② the qualities of architects who create beauty

Stage 2 한 문장씩 뜯어보기

◆ 주어진 질문에 답하시오.

[1] The failure of architects **to create** comfortable environments mirrors our inability to find happiness in other areas of our lives.

[2] Bad architecture is in the end as much a failure of psychology as of design.

to create 이하는
The failure를 수식한다.

The failure
(of architects)
(to create ~) mirrors ~.

1 밑줄 친 of design의 앞에 의미상 생략된 말을 모두 포함하여 완전한 절의 형태로 다시 쓰시오.

2 문장 1~2를 한 문장으로 표현할 때 빈칸에 가장 알맞은 것은?

→ Understanding ______________________ is the key to successful architecture.

ⓐ human minds
ⓑ our lifestyle habits
ⓒ people's lives

[3] **It** is just another expression of **the same tendencies** we have in other areas of life **that** lead us to befriend the wrong people, choose inappropriate jobs, and book unsuccessful holidays.

It = 문장 2의
Bad architecture

3 밑줄 친 the same tendencies의 원인으로 알맞은 것은?

ⓐ a failure of psychology
ⓑ a failure of architects
ⓒ a failure of design

TIP★ 관계대명사절+관계대명사절

문장 3의 두 관계사절은 동일한 선행사(the same tendencies)를 수식한다.

[3] ~ *the same tendencies* [(which[that]) we have ● in other areas of life] [that lead us to befriend the wrong people], ~

[4] These tendencies reflect the inability in our daily lives to understand who we are and what will satisfy us.

4 밑줄 친 부분을 간단히 표현할 때 빈칸에 알맞은 것은?

→ our lack of ______________

ⓐ self-control
ⓑ self-interest
ⓒ self-awareness

⁵So, in architecture, just like in above areas of life, we look for easy solutions to our problems, which leads us to tear down ancient streets when we should introduce proper sanitation and street lights instead.

5 문장 5를 간단히 표현할 때 빈칸에 알맞은 것은?

→ Our inability to deal with problems results in ____________________________.

ⓐ solutions of architectural design
ⓑ easy explanations to our troubles
ⓒ misguided architectural solutions

⁶The places we call beautiful are, **by contrast**, the work of those rare architects with the humility to interrogate themselves adequately about their desires and the tenacity to translate their visions into logical plans.

⁷This combination enables them to create environments **that** satisfy needs **we** never consciously knew **we** even had.

6 밑줄 친 This combination에 해당하지 <u>않는</u> 것은?

ⓐ The willingness to reflect on their desires
ⓑ The beautiful places created by architects
ⓒ The determination to realize their visions

TIP ★ 복잡한 구조의 문장 해석

⁷This combination enables them to create *environments* [that satisfy *needs* [(that/which) we never consciously knew (that) we even had ●]].

Stage 3 요약하기

◆ 글의 내용을 아래와 같이 요약할 때, 빈칸 (A)~(C)에 들어갈 가장 적절한 말을 <조건>에 맞게 쓰시오.

The difficulty for architects in creating pleasant spaces reflects our (A) ____________ to make satisfying choices, as we often (B) ____________ quick solutions to deeper insights, leading to decisions that don't (C) ____________ our true needs.

조건 <보기>의 단어 중에서 골라 그대로 쓸 것
보기 prefer / meet / struggle / ability

Creativity Enhancement 창의력 향상

창의력이란 독창적이고 혁신적인 방식으로 문제에 접근하는 능력이며,
예술, 디자인, 과학, 기술뿐만 아니라 우리 삶의 모든 분야에 있어서 문제 해결의 핵심입니다.

우리는 모두 남들보다 먼저 새롭고 기발한 발상을 찾고 싶어 합니다.
탐구하는 태도로 끊임없이 질문하면서 다양한 경험을 하면
창의력(creativity) 향상에 도움이 될 수 있습니다.
다른 사람들과 소통하면서 아이디어를 얻을 수도 있습니다.

하지만 지나친 스트레스와 압박은 오히려 창의력을 저해할 수 있으므로
충분한 휴식을 가져야 합니다.

Words & PHRASES

✦ 표시 다의어는
지문 속 의미를
다의어 Check
에서 고르세요.

☐ open up	마음을 터놓다; 열다; ~을 가능하게 하다	
☐ creativity	창의력, 창의성	• creative 창의적인; 창의[창조]력이 있는
☐ free of[from]	(유해하거나 불쾌한 것이) 없는	
☐ distraction	집중을 방해하는 것; 오락 (활동)	• distract 산만하게 하다, 집중이 안 되게 하다
☐ take over ✦	(책임, 의무 등을) 넘겨받다; 떠맡다; 탈취하다; 지배하다	
☐ by the time	~할 때까지(는); ~할 무렵	
☐ up and running	제대로 작동[운영]되는, 작동[진행] 중인	
☐ real estate	부동산	• estate 사유지, 토지; 재산
☐ norm	표준, 일반(= standard); 《복》 규범; 기준	
☐ practice ✦	연습(하다); 실행(하다); 관행; 습관	
☐ luncheon	오찬, 점심 식사	
☐ simplify	단순화하다, 간소화하다	• simplification 단순화, 간소화
☐ expand	확대[확장]되다; 확대[확장]시키다(↔ contract 수축하다[시키다])	• expansion 확대, 확장
☐ tremendous	(양, 크기가) 엄청난(= enormous); 멋진, 대단한	• tremendously 엄청나게; 대단히
☐ resource	자원, 재료; 《복》 정신적 능력; 자질	
☐ build up	쌓아올리다, 더 높이다; 강화하다	
☐ steam	증기(를 내뿜다); 힘, 기력; 추진력	
[선택지]		
☐ prioritize	우선순위를 매기다; 우선으로 처리하다	• priority 우선순위
☐ refine	정제하다; 개선하다	

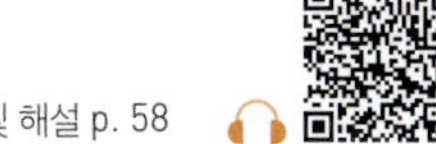

Georgia O'Keeffe, an American painter known for her large-scale flower paintings, once said that it takes time to see a flower. It also takes time to write a poem. It takes time to open up to our creativity. And that time has to be free of many distractions we so often allow to **take over**[+] our lives. When I started writing I found that I couldn't write and have lunch at the same time. By the time I get up and running, if I stop for lunch, the writing is all over for the day. After years in the real estate business, where doing lunch was the norm, I had to change my **practices**[+] and start declining luncheons and many other invitations. I simplified my work life so I could expand my creativity. The creative process works like a locomotive. It takes a tremendous amount of inner resources and energy to start moving the wheels. If you've got a creative project that you'd like to begin, learn _______________________________________, so you can begin to build up the steam you need to move forward with it.

*locomotive: 기관차

다의어 Check ✔

지문 속 ✦표시 어휘의 문맥상 의미는?

1 take over
　ⓐ 떠맡다
　ⓑ 지배하다

2 practice
　ⓐ 습관
　ⓑ 연습

INTRO

빈칸 문장으로 보아, 찾아야 할 내용으로 알맞은 것을 고르시오.

① 창의적인 일을 시작하기 전에 알아야 할 것
② 창의적인 일을 마무리할 적절한 시점

윗글의 빈칸에 들어갈 말로 가장 적절한 것을 고르시오.

① to remain open to all ideas and possibilities
② to prioritize social activities over personal ones
③ to take time to refine your skills and knowledge
④ to say no to as many distractions as you possibly can
⑤ to form a clear mental image of yourself as successful

Stage 2 한 문장씩 뜯어보기

◆ 주어진 질문에 답하시오.

[1]Georgia O'Keeffe, an American painter known for her large-scale flower paintings, once said that **it takes time to see** a flower.

It takes (+사람)+시간 [비용 등]+to-v ((~가) v하는 데 시간 [비용]이 들다)

[2]**It** also **takes time to write** a poem.

[3]**It takes time to open up** to our creativity.

[4]And that time **has to be** free of <u>many distractions we so often allow to take over our lives.</u>

have to-v는 글쓴이의 주장을 나타내는 대표적 표현이다.

1 밑줄 친 부분을 적절히 끊어 읽고 직독직해 하시오. (두 번 끊을 것)

2 문장 1~4를 한 문장으로 표현할 때 빈칸에 알맞은 것은?
→ Creativity requires time and ______________.
ⓐ skill
ⓑ focus
ⓒ inspiration

[5]When I started writing I found that I couldn't write and have lunch at the same time.

논거 1: 본인의 예를 통해 주제문인 앞 문장을 구체적으로 뒷받침한다.

[6]By the time I get up and running, if I stop for lunch, the writing is all over for the day.

[7]After years in the real estate business, <u>where</u> doing lunch was the norm, I had to change my practices and start declining luncheons and many other invitations.

3 밑줄 친 <u>where</u>가 어법상 옳으면 ○, 틀리면 ×로 표시하고 바르게 고치시오.

[8]I simplified my work life so I could ______________________.

4 문맥상 빈칸에 들어갈 말로 알맞은 것은?

ⓐ increase my workload
ⓑ attend more meetings
ⓒ expand my creativity

[9]The creative process works **like a locomotive**.

[10]It takes a tremendous amount of inner resources and energy to start moving **the wheels**.

[11]If you've got a creative project that you'd like to begin, **learn** to say no to as many distractions as you possibly can, so you can begin to build up the steam you need to move forward with it.

5 밑줄 친 부분의 의미로 알맞은 것은?

ⓐ getting rid of distractions from our work
ⓑ exhausting one's available creative capacity
ⓒ gathering the strength needed for creative activities

Stage 3 요약하기

◆ 글의 내용을 아래와 같이 요약할 때, 빈칸 (A)~(C)에 들어갈 가장 적절한 말을 <조건>에 맞게 쓰시오.

Freeing oneself from many (A) ______________, like (B) ______________ non-essential engagements, is a vital step in enhancing one's (C) ______________ endeavors.

조건 1. <보기>의 단어 중에서 골라 쓸 것
2. 필요하면 문맥과 어법에 맞게 변형할 것
3. 각각 한 단어로 작성할 것
보기 beneficial / interruption / encourage / creative / refuse / resource

90

Comprehending Societies 사회의 이해

사회를 구성하는 다양한 구조, 제도, 문화, 행동과
이 요소들의 상호작용을 깊이 이해하는 것을 의미합니다.

사회를 이해하면 제도와 문화가 기능하고 발전하는 방식을 알게 됩니다.
이를 위해 사회 과학 분야의 여러 가지 접근법이 이용됩니다.

Words & PHRASES

✦표시 다의어는
지문 속 의미를
다의어 Check ✔
에서 고르세요.

□ relevance	관련(성)(↔ irrelevance 무관함)	• relevant 관련 있는, 적절한 (↔ irrelevant 무관한) ▶ have relevance to A A와 관련이 있다
□ vary	(서로) 다르다	• various 다양한(= varied) ▶ vary from case to case 경우에 따라 다르다
□ considerably	상당히, 많이	• considerable 상당한, 많은 **cf.** considerate 사려 깊은, 배려하는
□ notion	관념, 개념; 생각(= idea)	
□ variability	가변성, 변동성	• variable 변동이 심한; 변수
□ ground	땅; 《복》 이유, 근거; 입장	
□ feature✦	특징; 이목구비(의 각 부분); 특집 (기사); 특징으로 삼다	
□ multifaceted	다면적인	**cf.** facet 측면, 양상
□ nature	자연; 본성; 본질, 특징	
□ fluidity	부드러움; 유동성	• fluid 유동체; 유동적인
□ status✦	(사회적) 지위; 신분; 계층; (진행) 상황, 상태	
□ class	학급; 수업; (사회의) 계층; 종류	
□ consciousness	의식, 자각; 생각	• conscious 의식하는, 자각하는
□ complexity	복잡성	• complex 복잡한
□ retreat	후퇴(하다); 도피(하다)(↔ advance 전진(하다))	
□ assumption	가정, 추정(= supposition)	• assume 가정하다; (임무 등을) 맡다
□ productive	생산하는; 생산적인(= fruitful)	
□ precisely	정확히; 분명(히)	• precise 정확한
□ contemporary	동시대의; 현대의	
[선택지]		
□ integrate	통합하다[되다]; 합치다	
□ context	문맥, 맥락; 전후 사정	

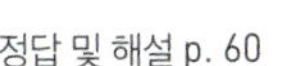

The relevance of history to the social sciences varies considerably from case to case. Still, this notion of variability is itself a historical idea and must be debated and tested on historical grounds. For example, the absence of a Feudal Era is an essential condition for many **features**[+] of American society, including the complex and multifaceted nature of its elite, and its extreme fluidity of **status**[+], which is often confused with a complete lack of class structure or class consciousness. The complexity of such cases has caused many social scientists to retreat from history through various techniques. Unfortunately, these attempts require them to make assumptions about the nature of history and society that are neither productive nor accurate. Such a retreat from history makes it impossible to understand precisely the most contemporary features of a society. Even in the case of contemporary American society, the irrelevance of history can easily be pushed too far.

*Feudal Era: 봉건 시대

다외어 Check ✅

지문 속 ✦표시 어휘의 문맥상 의미는?

1 feature
ⓐ 특집 (기사)
ⓑ 특징

2 status
ⓐ 상태
ⓑ 계층

 **INTRO**

Q 윗글의 중심 소재는 무엇인지 고르시오.
① historical understanding
② features of American history
③ a contemporary society

 **Q** 윗글의 주제로 가장 적절한 것을 고르시오.
① reasons why contemporary America lacks social classes
② limitations of integrating technology into historical research
③ benefits of focusing on contemporary issues in social science
④ importance of historical context in comprehending modern society
⑤ strategies for avoiding historical retreat in analyzing modern society

Stage 2 한 문장씩 뜯어보기

◆ 주어진 질문에 답하시오.

¹The relevance of history to the social sciences varies considerably from case to case.

1 문장 1을 다른 말로 표현할 때 빈칸에 알맞은 것은?
→ Impact of historical context ________________ depending on the specific situation.
ⓐ differs　　　　　ⓑ weakens　　　　　ⓒ strengthens

²Still, this notion of variability is itself a historical idea and **must** be debated and tested on historical grounds.

³**For example**, the absence of a Feudal Era is an essential condition for many features of American society, including the complex and multifaceted nature of its elite, and its extreme fluidity of status, which is often confused with a complete lack of class structure or class consciousness.

문장 2에서 글쓴이의 주장을 나타내는 must 이후 For example이 이끄는 예시가 나왔지만, 문장 1을 뒷받침하는 내용이다. 봉건 시대를 겪지않은 미국 사회의 특징을 서술한다.

2 문장 3을 간단히 표현할 때 빈칸에 알맞은 것은?
→ Some features of American society are ________________ its unique development without a feudal past.
ⓐ in charge of　　　　　ⓑ ahead of　　　　　ⓒ due to

⁴The complexity of <u>such cases</u> has caused many social scientists to retreat from history through various techniques.

3 밑줄 친 <u>such cases</u>의 의미로 가장 알맞은 것은?
ⓐ 역사적 배경으로 인한 미국 사회의 독특한 특징
ⓑ 미국의 봉건제가 사회 계층에 미친 영향
ⓒ 다양한 사회를 이해하는 데 필요한 유연성

4 문장 4의 의미를 풀어서 설명할 때 빈칸에 알맞은 것은?
→ The varied backgrounds of societies make it ________________ to refer to history and prevent many social scientists from engaging deeply with historical analysis; instead they use different techniques to conduct their studies.
ⓐ crucial　　　　　ⓑ possible　　　　　ⓒ challenging

⁵**Unfortunately**, these attempts require them to make assumptions about the nature of history and society that are neither productive nor accurate.

5 밑줄 친 these attempts가 지칭하는 내용으로 알맞은 것은?

ⓐ efforts to understand American history
ⓑ social scientists' neglect of history
ⓒ historical analysis of social scientists

6 문장 5를 간단히 표현할 때 빈칸에 알맞은 것은?

→ Their assumptions are typically ______________ due to their avoidance of deep historical analysis.

ⓐ unintentional　　　　ⓑ misleading　　　　ⓒ evaluated

⁶Such a retreat from history makes **it** impossible **to understand** precisely the most contemporary features of a society.

⁷Even in the case of contemporary American society, the irrelevance of history can easily be pushed too far.

7 밑줄 친 pushed too far의 의미로 알맞은 것은?

ⓐ exaggerated　　　　ⓑ corrected a lot　　　　ⓒ continued longer

Stage 3　요약하기

◆ 글의 내용을 아래와 같이 요약할 때, 빈칸 (A), (B)에 들어갈 가장 적절한 말을 <조건>에 맞게 쓰시오.

Although the (A) ______________ of history to the social sciences differs, disregarding history entirely can (B) ______________ a comprehensive understanding of society.

조건　<보기>의 단어 중에서 골라 그대로 쓸 것
보기　independence / interrupt / encourage / connection

Be logical about personal viewpoints and supporting evidence!

61~90

함께 풀면 좋은
기출문제

61 Self-Definition

1

소재 연계

다음 글의 요지로 가장 적절한 것은?　　　　　　　〈고3 모평〉

People sometimes make downward social comparisons — comparing themselves to inferior or worse-off others — to feel better about themselves. This is self-enhancement at work. But what happens when the only available comparison target we have is superior or better off than we are? Can self-enhancement motives still be served in such situations? Yes, they can, as captured by the self-evaluation maintenance model. According to this theory, we shift between two processes — reflection and comparison — in a way that lets us maintain favorable self-views. In areas that are *not* especially relevant to our self-definition, we engage in *reflection*, whereby we flatter ourselves by association with others' accomplishments. Suppose you care very little about your own athletic skills, but when your friend scores the winning goal during a critical soccer match, you beam with pride, experience a boost to your self-esteem, and take delight in her victory celebrations as if, by association, it were your victory too.

*flatter: 치켜세우다, 아첨하다

① 타인과의 비교를 통해 자신에 대한 객관적 평가를 할 수 있다.

② 자기 분야와 관련 없는 사람들의 성공도 축하해 줄 필요가 있다.

③ 성취도가 낮은 사람들과의 비교는 자기 발전에 도움이 되지 않는다.

④ 사람들은 성취도가 높은 사람과 자신을 비교하지 않는 경향이 있다.

⑤ 타인의 성취를 자신과 연결하여 긍정적인 자아상을 유지할 수 있다.

2

글 구조 연계

(A), (B), (C)의 각 네모 안에서 문맥에 맞는 낱말로 가장 적절한 것은?　　　　　　　〈고2〉

Do you know one of the best remedies for coping with family tension? Two words: "I'm sorry." It's amazing how hard some people find them to say. They think it implies weakness or defeat. Nothing of the kind. In fact, it is exactly the (A) same / opposite . Another good way of relieving tension is a row! The sea is ever so much calmer after a storm. A row has another (B) advantage / disadvantage . When tempers are raised, unspoken truths usually come out. They may hurt a bit, especially at the time. Yet, at the end, you know each other a bit better. Lastly, most of the tensions and quarrels between children are (C) natural / risky . Even when they seem to be constant, wise parents don't worry too much.

*row: 말다툼

	(A)	(B)	(C)
①	same	advantage	natural
②	opposite	advantage	natural
③	opposite	advantage	risky
④	opposite	disadvantage	risky
⑤	same	disadvantage	risky

62 Evolution Study

1

소재 연계

다음 빈칸에 들어갈 말로 가장 적절한 것은?　　　　　<고2>

In science, we can never really prove that a theory is true. All we can do in science is use evidence to reject a hypothesis. Experiments never directly prove that a theory is right; all they can do is provide indirect support by rejecting all the other theories until ____________________________. For example, sometimes you hear people say things like 'evolution is only a theory: science has never proved it.' Well, that's true, but only in the sense that science never proves that any theory is positively true. But the theory of evolution has assembled an enormous amount of convincing data proving that other competing theories are false. So though it hasn't been proved, overwhelmingly, evolution is the best theory that we have to explain the data we have.

① scientists admit to using false data
② researchers document their methods
③ people go back to their original hypothesis
④ the theories can be explained in words
⑤ only one likely theory remains

2

소재 연계

다음 빈칸에 들어갈 말로 가장 적절한 것은?　　　　　<고2>

Over 4.5 billion years ago, the Earth's primordial atmosphere was probably largely water vapour, carbon dioxide, sulfur dioxide and nitrogen. The appearance and subsequent evolution of exceedingly primitive living organisms (bacteria-like microbes and simple single-celled plants) began to change the atmosphere, liberating oxygen and breaking down carbon dioxide and sulfur dioxide. This made it possible for higher organisms to develop. When the earliest known plant cells with nuclei evolved about 2 billion years ago, the atmosphere seems to have had only about 1 percent of its present content of oxygen. With the emergence of the first land plants, about 500 million years ago, oxygen reached about one-third of its present concentration. It had risen to almost its present level by about 370 million years ago, when animals first spread on to land. Today's atmosphere is thus not just a requirement to sustain life as we know it — it is also ____________ ____________________.

*primordial: 원시의 **sulfur dioxide: 이산화황

① a barrier to evolution
② a consequence of life
③ a record of primitive culture
④ a sign of the constancy of nature
⑤ a reason for cooperation among species

1

소재 연계

다음 글에서 전체 흐름과 관계 <u>없는</u> 문장은? <고2>

There is growing evidence that dependence on automobile travel contributes to insufficient physical activity, transport-related carbon dioxide emissions, and traffic congestion. ① The city of Freiburg in Germany has been successful in applying sustainable transport policies that may influence car-oriented countries around the world. ② Thanks to the automobile, the vast majority of Germans soon had a freedom of movement previously unknown. ③ Over the last three decades, transport policies in Freiburg have encouraged more walking, cycling, and use of public transport. ④ During this period, the number of bicycle trips has tripled, travel by public transport has doubled, and the proportion of journeys by automobile has declined from 38% to 32%. ⑤ Since 1990, motorization rates have stayed the same and carbon dioxide emissions from transport have fallen, despite strong economic growth.

2

글 구조 연계

다음 빈칸에 들어갈 말로 가장 적절한 것은? <고2>

What distinguishes recycling is not its importance, but rather the ease with which individuals can participate, and the visibility of actions taken to promote the common good. You may care passionately about the threat of global warming or the destruction of the rain forests — but you can't have an immediate effect on these problems that is perceptible to yourself or others. The rain forest salvation truck doesn't make weekly pickups, let alone the clean air truck. When a public opinion poll in 1990 asked people what they had done in connection with environmental problems, 80 to 85% answered that they or their households had participated in various aspects of recycling; no other significant steps had been taken by a majority of respondents. Like the drunk looking for his wallet under the lamppost, we may focus on recycling because it _______________________.

*salvation: 보호, 구제

① reveals concealed profitable resources
② is the last resort for garbage disposal
③ is where the immediate tasks are best illuminated
④ sheds light on the dark side of the energy industry
⑤ brings practical economic benefits to people in need

64 Managing Emotions

1

소재 연계

(A), (B), (C)의 각 네모 안에서 문맥에 맞는 낱말로 가장 적절한 것은? <고2>

A lot of people find that physical movement can sometimes dispel negative feelings. If we are feeling negative, it can be very easy for us to stop wanting to stay (A) active / inactive in our everyday life. This is why many people who suffer from depression are also found sleeping in and having no motivation to go outside or exercise. Unfortunately, this (B) excess / lack of exercise can actually compound many negative emotions. Exercise and movement is a great way for us to start getting rid of negative energies. Many people find that when they are angry, they go into a state where they want to exercise or clean. This is actually a very healthy and positive thing for you to do and a great way for you to begin to (C) deconstruct / intensify your negative emotions so that they no longer affect your life and harm your relationships.

	(A)	(B)	(C)
①	active	excess	deconstruct
②	active	lack	intensify
③	active	lack	deconstruct
④	inactive	lack	intensify
⑤	inactive	excess	intensify

2

글 구조 연계

주어진 글 다음에 이어질 글의 순서로 가장 적절한 것은? <고2>

According to the consulting firm McKinsey, knowledge workers spend up to 60 percent of their time looking for information, responding to emails, and collaborating with others.

(A) Think of it as the robot-assisted human, given superpowers through the aid of technology. Our jobs become enriched by relying on robots to do the tedious while we work on increasingly more sophisticated tasks.

(B) The solution is to enable people to work smarter, not just by saying it, but by putting smart tools and improved processes in place so that people can perform at enhanced levels.

(C) By using social technologies, those workers can become up to 25 percent more productive. The need for productivity gains through working harder and longer has a limit and a human toll.

*tedious: 지루한, 싫증 나는

① (A) – (C) – (B)
② (B) – (A) – (C)
③ (B) – (C) – (A)
④ (C) – (A) – (B)
⑤ (C) – (B) – (A)

65 Learning Strategy

1

소재 연계

다음 빈칸에 들어갈 말로 가장 적절한 것은? <고2>

Confident leaders are not afraid to ask the basic questions: the questions to which you may feel embarrassed about not already knowing the answers. When you don't know something, admit it as quickly as possible and immediately take action — ask a question. If you have forgotten who the governor is or how many hydrogen atoms are in a molecule of water, quietly ask a friend but one way or the other, quit hiding, and take action. Paradoxically, when you ask basic questions, you will more than likely be perceived by others to be smarter. And more importantly, you'll end up knowing far more over your lifetime. This approach will cause you to be more successful than you would have been had you employed the common practice of ________________________. To make good leaders, effective teachers encourage, invite, and even force their students to ask those fundamental questions.

① showing caring attitudes to others
② admitting you are less than perfect
③ wanting to feel triumph over reality
④ arguing against any opposing opinion
⑤ pretending to know more than you do

2

글 구조 연계

밑줄 친 forward "thinking"이 다음 글에서 의미하는 바로 가장 적절한 것은? <고2>

I suspect fungi are a little more forward "thinking" than their larger partners. Among trees, each species fights other species. Let's assume the beeches native to Central Europe could emerge victorious in most forests there. Would this really be an advantage? What would happen if a new pathogen came along that infected most of the beeches and killed them? In that case, wouldn't it be more advantageous if there were a certain number of other species around — oaks, maples, or firs — that would continue to grow and provide the shade needed for a new generation of young beeches to sprout and grow up? Diversity provides security for ancient forests. Because fungi are also very dependent on stable conditions, they support other species underground and protect them from complete collapse to ensure that one species of tree doesn't manage to dominate.

*fungus: 균류, 곰팡이류 (복) fungi
**beech: 너도밤나무
***pathogen: 병원균

① responsible for the invasion of foreign species
② eager to support the dominance of one species
③ aware that diversity leads to the stability of forests
④ indifferent to helping forests regenerate after collapse
⑤ careful that their territories are not occupied by other species

66 Gaming and Addiction

1

다음 글의 제목으로 가장 적절한 것은?　　　〈고2〉

Katherine Schreiber and Leslie Sim, experts on exercise addiction, recognized that smartwatches and fitness trackers have probably inspired sedentary people to take up exercise, and encouraged people who aren't very active to exercise more consistently. But they were convinced the devices were also quite dangerous. Schreiber explained that focusing on numbers separates people from being in tune with their body. Exercising becomes mindless, which is 'the goal' of addiction. This 'goal' that she mentioned is a sort of automatic mindlessness, the outsourcing of decision making to a device. She recently sustained a stress fracture in her foot because she refused to listen to her overworked body, instead continuing to run toward an unreasonable workout target. Schreiber has suffered from addictive exercise tendencies, and vows not to use wearable tech when she works out.

*sedentary: 주로 앉아서 지내는

① Get out of Your Chair If You Want to Stay Fit
② Addiction: Another Name for Unbreakable Habit
③ Don't Respond Mindlessly to Stressful Situations
④ It's Time to Use Advanced Technology for a Better Life
⑤ Setting a Workout Goal with Technology Isn't Always Right

2

다음 글의 제목으로 가장 적절한 것은?　　　〈고2〉

In response to human-like care robots, critics might charge that human-robot interactions create moral hazards for dementia patients. Even if deception is sometimes allowed when it serves worthy goals, should it be allowed for vulnerable users? Just as children on the autism spectrum with robot companions might be easily fooled into thinking of robots as friends, older adults with cognitive deficits might be. According to Alexis Elder, a professor at UMD, robots are *false* friends, inferior to true friendship. Reasoning along similar lines, John Sullins, a professor at Sonoma State University, holds that robots should "remain iconic or cartoonish so that they are easily distinguished as synthetic even by unsophisticated users." At least then no one is fooled. Making robots clearly fake also avoids the so-called "uncanny valley," where robots are perceived as scary because they so closely resemble us, but not quite. Other critics of robot deception argue that when care recipients are deceived into thinking that robots care, this crosses a line and violates human *dignity*.

*dementia: 치매　**autism: 자폐성

① The Importance of Protecting Human Dignity
② Robots Can't Surpass Human Beings in Nursing Jobs
③ Why Robots for Vulnerable People Should Look Like Robots
④ Can Robots Learn Ethical Behavior Through Human Interaction?
⑤ Healthcare Robots: Opening the Era of Online Medical Checkups

67 Mathematics and Technology

1

다음 글의 제목으로 가장 적절한 것은?   〈고2〉

소재 연계

The earliest challenges and contests to solve important problems in mathematics date back to the sixteenth and seventeenth centuries. Some of these problems have continued to challenge mathematicians until modern times. For example, Pierre de Fermat issued a set of mathematical challenges in 1657, many on prime numbers and divisibility. The solution to what is now known as Fermat's Last Theorem was not established until the late 1990s by Andrew Wiles. David Hilbert, a German mathematician, identified 23 unsolved problems in 1900 with the hope that these problems would be solved in the twenty-first century. Although some of the problems were solved, others remain unsolved to this day. More recently, in 2000, the Clay Mathematics Institute named seven mathematical problems that had not been solved with the hope that they could be solved in the twenty-first century. A $1 million prize will be awarded for solving each of these seven problems.

① Glory in the Past, Ugliness in the Present
② Doubt: What Leads to Unexpected Findings
③ Formulas in Math Solve Problems in Other Areas
④ Unknown Geniuses Achieving the Greatest Things
⑤ Unsolved Math Problems Passed to Future Generations

2

글의 흐름으로 보아, 주어진 문장이 들어가기에 가장 적절한 곳은?   〈고2〉

소재 연계

> However, contrary to the trend of the past several decades, in many new situations that are occurring today, allowing for imprecision — for messiness — may be a positive feature, not a shortcoming.

By the nineteenth century, France had developed a system of precisely defined units of measurement to capture space, time, and more, and had begun to get other nations to adopt the same standards. (①) Just half a century later, in the 1920s, the discoveries of quantum mechanics forever destroyed the dream of comprehensive and perfect measurement. (②) And yet, outside a relatively small circle of physicists, the mindset of humankind's drive to flawlessly measure continued among engineers and scientists. (③) In the world of business it even expanded, as the precision-oriented sciences of mathematics and statistics began to influence all areas of commerce. (④) As a tradeoff for relaxing the standards of allowable errors, one can get a hold of much more data. (⑤) It isn't just that "more is better than some," but that, in fact, sometimes "more is greater than better."

68 Mindset Shift

정답 및 해설 p. 17

1

다음 글의 제목으로 가장 적절한 것은?　　<고2>

We create a picture of the world using the examples that most easily come to mind. This is foolish, of course, because in reality, things don't happen more frequently just because we can imagine them more easily. Thanks to this prejudice, we travel through life with an incorrect risk map in our heads. Thus, we overestimate the risk of being the victims of a plane crash, a car accident, or a murder. And we underestimate the risk of dying from less spectacular means, such as diabetes or stomach cancer. The chances of bomb attacks are much rarer than we think, and the chances of suffering depression are much higher. We attach too much likelihood to spectacular, flashy, or loud outcomes. Anything silent or invisible we downgrade in our minds. Our brains imagine impressive outcomes more readily than ordinary ones.

① We Weigh Dramatic Things More!
② Brains Think Logically, Not Emotionally
③ Our Brains' Preference for Positive Images
④ How Can People Overcome Their Prejudices?
⑤ The Way to Reduce Errors in Risk Analysis

2

다음 빈칸에 들어갈 말로 가장 적절한 것은?　　<고2>

Imagine tossing a coin over and over, and let's say that the coin has landed heads up six times in a row. Many people believe that in this situation the coin is more likely to come up tails than heads on the next toss. But this conclusion is wrong, and this belief is commonly referred to as the "gambler's fallacy." The logic leading to this fallacy seems to be that if the coin is fair, then a series of tosses should contain equal numbers of heads and tails. If no tails have appeared for a while, then some are overdue to bring about this balance. But how could this be? The coin has no memory, so it has no way of knowing how long it has been since the last tails. More generally, there simply is no mechanism through which ______________________ ______________________. Therefore, the likelihood of a tail on toss number 7 is 50-50, just as it was on the first toss, and just as it is on every toss.

① a gambler with more physical power always wins the game
② a sensory memory decreases the chances of losing the game
③ a gambler's next move has much to do with his emotional state
④ repeated exposure could cause increased perceptions of confidence
⑤ the history of the previous tosses could influence the current one

69 Meaning Transformation

1

다음 글의 제목으로 가장 적절한 것은?   소재 연계   <고2 응용>

We lose our words. Intelligence once meant more than what any artificial intelligence does. It used to include sensibility, sensitivity, awareness, reason, wit, etc. And yet we readily call machines intelligent now. Affective is another word that once meant a lot more than what any machine can deliver. Yet we have become used to describing machines that portray emotional states or can sense our emotional states as exemplars of "affective computing." These new meanings become our new normal, and we forget other meanings. We have to struggle to recapture lost language, lost meanings, and perhaps, in time, lost experiences.

It is natural for words to change their meaning over time and with new circumstances. Intelligence and affective have changed their meaning to accommodate what machines can do. But now the words caring, friend, companionship, and conversation?

A lot is at stake in these words. They are not yet lost. We need to remember these words and this conversation before we don't know how to have it. Or before we think we can have it with a machine.

① What's Lost When a Language Dies
② Artificial Intelligence: Good or Evil?
③ Will Robots Care for You in the Future?
④ Harmony Between Humans and Machines
⑤ Beware of Losing the Meaning of Words

2

다음 글의 제목으로 가장 적절한 것은?   소재 연계   <고2>

The realization of human domination over the environment began in the late 1700s with the Industrial Revolution. Advances in manufacturing transformed societies and economies while producing significant impacts on the environment. American society became structured on multiple industries' capitalistic goals as the development of the steam engine led to the mechanized production of goods in mass quantities. Rural agricultural communities with economies based on handmade goods and agriculture were abandoned for life in urban cities with large factories based on an economy of industrialized manufacturing. Innovations in the production of textiles, iron, and steel provided increased profits to private companies. Simultaneously, those industries exerted authority over the environment and began dumping hazardous by-products in public lands and waterways.

① Strategies for Industrial Innovations
② Urbanization: A Road to a Better Life
③ Industrial Development Hurt the Environment
④ Technology: A Key to Sustainable Development
⑤ The Driving Force of Capitalism Was Not Greed

70 Algorithm

1

소재 연계

밑줄 친 send us off into different far corners of the library가
다음 글에서 의미하는 바로 가장 적절한 것은? <고3>

You may feel there is something scary about an algorithm deciding what you might like. Could it mean that, if computers conclude you won't like something, you will never get the chance to see it? Personally, I really enjoy being directed toward new music that I might not have found by myself. I can quickly get stuck in a rut where I put on the same songs over and over. That's why I've always enjoyed the radio. But the algorithms that are now pushing and pulling me through the music library are perfectly suited to finding gems that I'll like. My worry originally about such algorithms was that they might drive everyone into certain parts of the library, leaving others lacking listeners. Would they cause a convergence of tastes? But thanks to the nonlinear and chaotic mathematics usually behind them, this doesn't happen. A small divergence in my likes compared to yours can send us off into different far corners of the library.

*rut: 관습, 습관; 틀 **gem: 보석 ***divergence: 갈라짐

① lead us to music selected to suit our respective tastes
② enable us to build connections with other listeners
③ encourage us to request frequent updates for algorithms
④ motivate us to search for talented but unknown musicians
⑤ make us ignore our preferences for particular music genres

2

글 구조 연계

다음 글에서 필자가 주장하는 바로 가장 적절한 것은? <고2>

As with memorizing anything, the simple method of repetition will be of help when remembering names. A powerful application of this principle is to repeat it in conversation. In this case you could simply say, "Tom. It's nice to meet you, Tom." Saying this short phrase repeats the word twice aloud. Saying something aloud creates a more powerful memory than only thinking it. The choice to say the word, mouthing it and hearing yourself say it, makes up a series of small events that increase memorization more than if you simply repeat the word in your mind. Continuing to repeat the name throughout conversation will further cement it in your memory. Say it whenever you have the opportunity to do so naturally.

① 상대방과 친구가 되려면 이름을 먼저 암기하라.
② 많은 정보를 암기하기 위해 우선순위를 정하라.
③ 새로운 정보를 잘 기억하기 위해 배경지식을 활용하라.
④ 이름을 잘 기억하려면 대화 중 이름을 반복적으로 언급하라.
⑤ 의견을 제시하기 전에 먼저 마음속으로 생각을 정리하라.

71 Literacy

1

다음 글에서 전체 흐름과 관계 <u>없는</u> 문장은?　　　<고2>

소재 연계

Today's "digital natives" have grown up immersed in digital technologies and possess the technical aptitude to utilize the powers of their devices fully. ① But although they know which apps to use or which websites to visit, they do not necessarily understand the workings behind the touch screen. ② People need technological literacy if they are to understand machines' mechanics and uses. ③ In much the same way as factory workers a hundred years ago needed to understand the basic structures of engines, we need to understand the elemental principles behind our devices. ④ The lifespan of devices depends on the quality of software operating them as well as the structure of hardware. ⑤ This empowers us to deploy software and hardware to their fullest utility, maximizing our powers to achieve and create.

*deploy: 사용하다

2

다음 빈칸에 들어갈 말로 가장 적절한 것은?　　　<고2>

글 구조 연계

Philosophical activity is based on the ____________ ____________________. The philosopher's thirst for knowledge is shown through attempts to find better answers to questions even if those answers are never found. At the same time, a philosopher also knows that being too sure can hinder the discovery of other and better possibilities. In a philosophical dialogue, the participants are aware that there are things they do not know or understand. The goal of the dialogue is to arrive at a conception that one did not know or understand beforehand. In traditional schools, where philosophy is not present, students often work with factual questions, they learn specific content listed in the curriculum, and they are not required to solve philosophical problems. However, we know that awareness of what one does not know can be a good way to acquire knowledge. Knowledge and understanding are developed through thinking and talking. Putting things into words makes things clearer. Therefore, students must not be afraid of saying something wrong or talking without first being sure that they are right.

① recognition of ignorance
② emphasis on self-assurance
③ conformity to established values
④ achievements of ancient thinkers
⑤ comprehension of natural phenomena

72 Scientific Breakthroughs

1

다음 빈칸에 들어갈 말로 가장 적절한 것은?　　　　<고2>

Beethoven's drive to create something novel is a reflection of his state of curiosity. Our brains experience a sense of reward when we create something new in the process of exploring something uncertain, such as a musical phrase that we've never played or heard before. When our curiosity leads to something novel, the resulting reward brings us a sense of pleasure. A number of investigators have modeled how curiosity influences musical composition. In the case of Beethoven, computer modeling focused on the thirty-two piano sonatas written after age thirteen revealed that the musical patterns found in all of Beethoven's music decreased in later sonatas, while novel patterns, including patterns that were unique to a particular sonata, increased. In other words, Beethoven's music ___________________________ as his curiosity drove the exploration of new musical ideas. Curiosity is a powerful driver of human creativity.

*sonata: 악곡의 한 형식

① had more standardized patterns
② obtained more public popularity
③ became less predictable over time
④ reflected his unstable mental state
⑤ attracted less attention from the critics

2

다음 빈칸에 들어갈 말로 가장 적절한 것은?　　　　<고2>

The whole history of mathematics is one long sequence of taking the best ideas of the moment and finding new extensions, variations, and applications. Our lives today are totally different from the lives of people three hundred years ago, mostly owing to scientific and technological innovations that required the insights of calculus. Isaac Newton and Gottfried von Leibniz independently discovered calculus in the last half of the seventeenth century. But a study of the history reveals that mathematicians had thought of all the essential elements of calculus before Newton or Leibniz came along. Newton himself acknowledged this flowing reality when he wrote, "If I have seen farther than others it is because I have stood on the shoulders of giants." Newton and Leibniz came up with their brilliant insight at essentially the same time because _______________ _____________________ . All creative people, even ones who are considered geniuses, start as non-geniuses and take baby steps from there.

*calculus: 미적분학

① calculus was considered to be the study of geniuses
② it was not a huge leap from what was already known
③ it was impossible to make a list of the uses of calculus
④ they pioneered a breakthrough in mathematic calculations
⑤ other mathematicians didn't accept the discovery as it was

1

다음 빈칸에 들어갈 말로 가장 적절한 것은?　　　　<고1>

Say you normally go to a park to walk or work out. Maybe today you should choose a different park. Why? Well, who knows? Maybe it's because you need the connection to the different energy in the other park. Maybe you'll run into people there that you've never met before. You could make a new best friend simply by visiting a different park. You never know what great things will happen to you until you step outside the zone where you feel comfortable. If you're staying in your comfort zone and you're not pushing yourself past that same old energy, then you're not going to move forward on your path. By forcing yourself to do something different, you're awakening yourself on a spiritual level and you're forcing yourself to do something that will benefit you in the long run. As they say,

_______________________.

① variety is the spice of life
② fantasy is the mirror of reality
③ failure teaches more than success
④ laziness is the mother of invention
⑤ conflict strengthens the relationship

2

글의 흐름으로 보아, 주어진 문장이 들어가기에 가장 적절한 곳은?　　　　<고2>

> Even though there may be a logically easy set of procedures to follow, it's still an emotional battle to change your habits and introduce new, uncomfortable behaviors that you are not used to.

Charisma is eminently learnable and teachable, and in many ways, it follows one of Newton's famed laws of motion: *For every action, there is an equal and opposite reaction.* (①) That is to say that all of charisma and human interaction is a set of signals and cues that lead to other signals and cues, and there is a science to deciphering which signals and cues work the most in your favor. (②) In other words, charisma can often be simplified as a checklist of what to do at what time. (③) However, it will require brief forays out of your comfort zone. (④) I like to say that it's just a matter of using muscles that have long been dormant. (⑤) It will take some time to warm them up, but it's only through practice and action that you will achieve your desired goal.

*decipher: 판독하다 **foray: 시도 ***dormant: 활동을 중단한

74 Business Ethics

1

다음 글의 제목으로 가장 적절한 것은? <고2>

As you may already know, what and how you buy can be political. To whom do you want to give your money? Which companies and corporations do you value and respect? Be mindful about every purchase by carefully researching the corporations that are taking our money to decide if they deserve our support. Do they have a record of polluting the environment, or do they have fair-trade practices and an end-of-life plan for the products they make? Are they committed to bringing about good in the world? For instance, my family has found a company producing recycled, plastic-packaging-free toilet paper with a social conscience. They contribute 50 percent of their profits to the construction of toilets around the world, and we're genuinely happy to spend our money on this special toilet paper each month. Remember that the corporate world is built on consumers, so as a consumer you have the power to vote with your wallet and encourage companies to embrace healthier and more sustainable practices with every purchase you choose to make.

① Green Businesses: Are They Really Green?
② Fair Trade Does Not Always Appeal to Consumers
③ Buy Consciously, Make Companies Do the Right Things
④ Do Voters Have a Powerful Impact on Economic Policy?
⑤ The Secret to Saving Your Money: Record Your Spending

2

다음 글의 내용을 한 문장으로 요약하고자 한다. 빈칸 (A), (B)에 들어갈 말로 가장 적절한 것은? <고2>

Greenwashing involves misleading a consumer into thinking a good or service is more environmentally friendly than it really is. Greenwashing ranges from making environmental claims required by law, and therefore irrelevant (CFC-free for example), to puffery (exaggerating environmental claims) to fraud. Researchers have shown that claims on products are often too vague or misleading. Some products are labeled "chemical-free," when the fact is everything contains chemicals, including plants and animals. Products with the highest number of misleading or unverifiable claims were laundry detergents, household cleaners, and paints. Environmental advocates agree there is still a long way to go to ensure shoppers are adequately informed about the environmental impact of the products they buy. The most common reason for greenwashing is to attract environmentally conscious consumers. Many consumers do not find out about the false claims until after the purchase. Therefore, greenwashing may increase sales in the short term. However, this strategy can seriously backfire when consumers find out they are being deceived.

*CFC: 염화불화탄소 **fraud: 사기

↓

While greenwashing might bring a company profits ____(A)____ by deceiving environmentally conscious consumers, the company will face serious trouble when the consumers figure out they were ____(B)____.

	(A)		(B)
①	permanently	⋯⋯	manipulated
②	temporarily	⋯⋯	misinformed
③	momentarily	⋯⋯	advocated
④	ultimately	⋯⋯	underestimated
⑤	consistently	⋯⋯	analyzed

75 Stereotype

1

다음 글의 내용을 한 문장으로 요약하고자 한다. 빈칸 (A), (B)에 들어갈 말로 가장 적절한 것은? <고2>

Intergroup contact is more likely to reduce stereotyping and create favorable attitudes if it is backed by social norms that promote equality among groups. If the norms support openness, friendliness, and mutual respect, the contact has a greater chance of changing attitudes and reducing prejudice than if they do not. Institutionally supported intergroup contact — that is, contact sanctioned by an outside authority or by established customs — is more likely to produce positive changes than unsupported contact. Without institutional support, members of an in-group may be reluctant to interact with outsiders because they feel doing so is deviant or simply inappropriate. With the presence of institutional support, however, contact between groups is more likely to be seen as appropriate, expected, and worthwhile. For instance, with respect to desegregation in elementary schools, there is evidence that students were more highly motivated and learned more in classes conducted by teachers (that is, authority figures) who supported rather than opposed desegregation.

*sanction: 승인하다 **desegregation: 인종 차별 폐지

↓

> Backed by social norms that pursue intergroup equality, intergroup contact tends to weaken ______(A)______ more, especially when it is led by ______(B)______ support.

    (A)   (B)
① bias   ⋯⋯ organizational
② bias   ⋯⋯ individualized
③ bias   ⋯⋯ financial
④ balance ⋯⋯ organizational
⑤ balance ⋯⋯ individualized

2

다음 글의 내용을 한 문장으로 요약하고자 한다. 빈칸 (A), (B)에 들어갈 말로 가장 적절한 것은? <고2>

A study investigated the economic cost of prejudice based on blind assumptions. Researchers gave a group of Danish teenagers the choice of working with one of two people. The teenager had never met either of them. One of the people had a name that suggested they were from a similar ethnic or religious background to the teenager. The other had a name that suggested they were from a different ethnic or religious background. The study showed that the teenagers were prepared to earn an average of 8% less if they could work with someone they thought came from the same ethnic or religious background. And this prejudice was evident among teenagers with ethnic majority names as well as those with ethnic minority names. The teenagers were blindly making assumptions about the race of their potential colleagues. They then applied prejudice to those assumptions, to the point where they actually allowed that prejudice to reduce *their own* potential income. The job required the two teenagers to work together for just *90 minutes*.

↓

> A study in which teenagers expressed a(n) ______(A)______ to work with someone of a similar background, even at a financial cost to themselves, suggests that an assumption-based prejudice can ______(B)______ rational economic behavior.

    (A)   (B)
① preference ⋯⋯ outweigh
② hesitation ⋯⋯ reinforce
③ preference ⋯⋯ strengthen
④ hesitation ⋯⋯ overwhelm
⑤ inability   ⋯⋯ underlie

76 Public Relations (PR)

1

다음 글의 요지로 가장 적절한 것은?　　　　　<고3>

A man standing on the street corner selling "non-breakable" pens suddenly finds that the one he is demonstrating with breaks in half. He stops for a moment, turns to the crowd, and declares, "Now I'll show you what the inside looks like." Laughter can turn any disadvantage into an advantage. People who know this not only look for some positive aspect in their misfortunes but actually go one step further. After their initial shock, they gather their resources, overcome their problem, and see opportunities where most of us fail to see them. Moreover, many who have experienced a major loss often go on to achieve remarkable feats in spite of their hardships, because they focus on what they can gain from their circumstance rather than on what they have lost. They believe in the old cliché that every cloud has a silver lining, and they actively seek the advantage in their disadvantage.

① 유머로 대인 관계를 개선하라.
② 자신의 약점을 인식하라.
③ 허황된 꿈을 꾸지 마라.
④ 위기를 기회로 만들어라.
⑤ 사소한 이익에 연연하지 마라.

2

다음 빈칸에 들어갈 말로 가장 적절한 것은?　　　　　<고2>

In the course of his research on business strategy and the environment, Michael Porter noticed a peculiar pattern: Businesses seemed to be profiting from regulation. He also discovered that the stricter regulations were prompting more _____________ than the weaker ones. The Dutch flower industry provides an illustration. For many years, the companies producing Holland's world-renowned tulips and other cut flowers were also contaminating the country's water and soil with fertilizers and pesticides. In 1991, the Dutch government adopted a policy designed to cut pesticide use in half by 2000 — a goal they ultimately achieved. Facing increasingly strict regulation, greenhouse growers realized they had to develop new methods if they were going to maintain product quality with fewer pesticides. In response, they shifted to a cultivation method that circulates water in closed-loop systems and grows flowers in a rock wool substrate. The new system not only reduced the pollution released into the environment; it also increased profits by giving companies greater control over growing conditions.

*substrate: 배양판

① innovation
② resistance
③ fairness
④ neglect
⑤ unity

77 Intuitive Judgement

1

다음 빈칸에 들어갈 말로 가장 적절한 것은?　　　<고2>

We might think that our gut instinct is just an inner feeling—a secret interior voice—but in fact it is shaped by a perception of something visible around us, such as a facial expression or a visual inconsistency so fleeting that often we're not even aware we've noticed it. Psychologists now think of this moment as a 'visual matching game'. So a stressed, rushed or tired person is more likely to resort to this visual matching. When they see a situation in front of them, they quickly match it to a sea of past experiences stored in a mental knowledge bank and then, based on a match, they assign meaning to the information in front of them. The brain then sends a signal to the gut, which has many hundreds of nerve cells. So the visceral feeling we get in the pit of our stomach and the butterflies we feel are a(n) ＿＿＿＿＿＿＿＿

＿＿＿＿＿＿＿＿＿＿＿＿＿＿.

*gut: 창자; 직감　**visceral: 본능적인

① result of our cognitive processing system
② instance of discarding negative memories
③ mechanism of overcoming our internal conflicts
④ visual representation of our emotional vulnerability
⑤ concrete signal of miscommunication within the brain

2

주어진 글 다음에 이어질 글의 순서로 가장 적절한 것은?　<고2>

> Many years ago I visited the chief investment officer of a large financial firm, who had just invested some tens of millions of dollars in the stock of the ABC Motor Company.

(A) Instead, he had listened to his intuition; he liked the cars, he liked the company, and he liked the idea of owning its stock. From what we know about the accuracy of stock picking, it is reasonable to believe that he did not know what he was doing.

(B) His response made it very clear that he trusted his gut feeling and was satisfied with himself and with his decision. I found it remarkable that he had apparently not considered the one question that an economist would call relevant: Is the ABC stock currently underpriced?

(C) When I asked how he had made that decision, he replied that he had recently attended an automobile show and had been impressed. He said, "Boy, they do know how to make a car!"

*gut feeling: 직감

① (A) – (C) – (B)
② (B) – (A) – (C)
③ (B) – (C) – (A)
④ (C) – (A) – (B)
⑤ (C) – (B) – (A)

78 Complex Systems

1

주어진 글 다음에 이어질 글의 순서로 가장 적절한 것은?　<고2>

> If DNA were the only thing that mattered, there would be no particular reason to build meaningful social programs to pour good experiences into children and protect them from bad experiences.

(A) This number came as a surprise to biologists: given the complexity of the brain and the body, it had been assumed that hundreds of thousands of genes would be required.

(B) So how does the massively complicated brain, with its eighty-six billion neurons, get built from such a small recipe book? The answer relies on a clever strategy implemented by the genome: build incompletely and let world experience refine.

(C) But brains require the right kind of environment if they are to correctly develop. When the first draft of the Human Genome Project came to completion at the turn of the millennium, one of the great surprises was that humans have only about twenty thousand genes.

① (A) – (C) – (B)
② (B) – (A) – (C)
③ (B) – (C) – (A)
④ (C) – (A) – (B)
⑤ (C) – (B) – (A)

2

주어진 글 다음에 이어질 글의 순서로 가장 적절한 것은?　<고2>

> Development of the human body from a single cell provides many examples of the structural richness that is possible when the repeated production of random variation is combined with nonrandom selection.

(A) Those in the right place that make the right connections are stimulated, and those that don't are eliminated. This process is much like sculpting. A natural consequence of the strategy is great variability from individual to individual at the cell and molecular levels, even though large-scale structures are quite similar.

(B) The survivors serve to produce new cells that undergo further rounds of selection. Except in the immune system, cells and extensions of cells are not genetically selected during development, but rather, are positionally selected.

(C) All phases of body development from embryo to adult exhibit random activities at the cellular level, and body formation depends on the new possibilities generated by these activities coupled with selection of those outcomes that satisfy previously built-in criteria. Always new structure is based on old structure, and at every stage selection favors some cells and eliminates others.

*molecular: 분자의 **embryo: 배아

① (A) – (C) – (B)
② (B) – (A) – (C)
③ (B) – (C) – (A)
④ (C) – (A) – (B)
⑤ (C) – (B) – (A)

79 Skills

1

다음 글의 요지로 가장 적절한 것은?　　　<고2>

Brands that fail to grow and develop lose their relevance. Think about the person you knew who was once on the fast track at your company, who is either no longer with the firm or, worse yet, appears to have hit a plateau in his or her career. Assuming he or she did not make an ambitious move, more often than not, this individual is a victim of having failed to stay relevant and embrace the advances in his or her industry. Think about the impact personal computing technology had on the first wave of executive leadership exposed to the technology. Those who embraced the technology were able to integrate it into their work styles and excel. Those who were resistant many times found few opportunities to advance their careers and in many cases were ultimately let go through early retirement for failure to stay relevant and update their skills.

*hit a plateau: 정체기에 들다

① 다양한 업종의 경력이 있으면 구직 활동에 유리하다.
② 직원의 다양한 능력을 활용하면 업계를 주도할 수 있다.
③ 기술이 발전함에 따라 단순 반복 업무가 사라지고 있다.
④ 자신의 약점을 인정하면 동료들로부터 도움을 얻기 쉽다.
⑤ 변화를 받아들이지 못하면 업계에서의 적합성을 잃게 된다.

2

다음 글에서 필자가 주장하는 바로 가장 적절한 것은?　　　<고2>

When I started my career, I looked forward to the annual report from the organization showing statistics for each of its leaders. As soon as I received them in the mail, I'd look for my standing and compare my progress with the progress of all the other leaders. After about five years of doing that, I realized how harmful it was. Comparing yourself to others is really just a needless distraction. The only one you should compare yourself to is you. Your mission is to become better today than you were yesterday. You do that by focusing on what you can do today to improve and grow. Do that enough, and if you look back and compare the you of weeks, months, or years ago to the you of today, you should be greatly encouraged by your progress.

① 남과 비교하기보다는 자신의 성장에 주목해야 한다.
② 진로를 결정할 때는 다양한 의견을 경청해야 한다.
③ 발전을 위해서는 선의의 경쟁 상대가 있어야 한다.
④ 타인의 성공 사례를 자신의 본보기로 삼아야 한다.
⑤ 객관적 자료에 근거하여 직원을 평가해야 한다.

80 Biodiversity

1

다음 글의 밑줄 친 부분 중, 문맥상 낱말의 쓰임이 적절하지 <u>않은</u> 것은? <고2>

Human innovation in agriculture has unlocked modifications in apples, tulips, and potatoes that never would have been realized through a plant's natural reproductive cycles. This cultivation process has created some of the recognizable vegetables and fruits consumers look for in their grocery stores. However, relying on only a few varieties of cultivated crops can leave humankind ① <u>vulnerable</u> to starvation and agricultural loss if a harvest is destroyed. For example, a million people died over the course of three years during the Irish potato famine because the Irish relied ② <u>primarily</u> on potatoes and milk to create a nutritionally balanced meal. In order to continue its symbiotic relationship with cultivated plants, humanity must allow for biodiversity and recognize the potential ③ <u>benefits</u> that monocultures of plants can introduce. Planting seeds of all kinds, even if they don't seem immediately useful or profitable, can ④ <u>ensure</u> the longevity of those plants for generations to come. A ⑤ <u>balance</u> must be struck between nature's capacity for wildness and humanity's desire for control.

*symbiotic: 공생의

2

주어진 글 다음에 이어질 글의 순서로 가장 적절한 것은? <고2>

> Crossing the street in Los Angeles is a tricky business, but luckily, at the press of a button, we can stop traffic. Or can we?

(A) Clever technicians create the illusion of control by installing fake temperature dials. This reduces energy bills — and complaints. Such tricks are called "placebo buttons" and they are being pushed in all sorts of contexts.

(B) The button's real purpose is to make us believe we have an influence on the traffic lights, and thus we're better able to endure the wait for the signal to change with more patience.

(C) The same goes for "door-open" and "door-close" buttons in elevators: Many are not even connected to the electrical panel. Such tricks are also designed in offices: For some people it will always be too hot, for others, too cold.

① (A) – (C) – (B)
② (B) – (A) – (C)
③ (B) – (C) – (A)
④ (C) – (A) – (B)
⑤ (C) – (B) – (A)

1

(A), (B), (C)의 각 네모 안에서 문맥에 맞는 낱말로 가장 적절한 것은? <고1>

Social connections are so essential for our survival and well-being that we not only cooperate with others to build relationships, we also compete with others for friends. And often we do both at the same time. Take gossip. Through gossip, we bond with our friends, sharing interesting details. But at the same time, we are (A) creating / forgiving potential enemies in the targets of our gossip. Or consider rival holiday parties where people compete to see who will attend *their* party. We can even see this (B) harmony / tension in social media as people compete for the most friends and followers. At the same time, competitive exclusion can also (C) generate / prevent cooperation. High school social clubs and country clubs use this formula to great effect: It is through selective inclusion *and exclusion* that they produce loyalty and lasting social bonds.

	(A)		(B)		(C)
①	creating	⋯⋯	harmony	⋯⋯	prevent
②	creating	⋯⋯	tension	⋯⋯	generate
③	creating	⋯⋯	tension	⋯⋯	prevent
④	forgiving	⋯⋯	tension	⋯⋯	prevent
⑤	forgiving	⋯⋯	harmony	⋯⋯	generate

2

다음 빈칸에 들어갈 말로 가장 적절한 것은? <고2>

In one example of the important role of laughter in social contexts, Devereux and Ginsburg examined frequency of laughter in matched pairs of strangers or friends who watched a humorous video together compared to those who watched it alone. The time individuals spent laughing was nearly twice as frequent in pairs as when alone. Frequency of laughing was only slightly shorter for friends than strangers. According to Devereux and Ginsburg, laughing with strangers served to create a social bond that made each person in the pair feel comfortable. This explanation is supported by the fact that in their stranger condition, when one person laughed, the other was likely to laugh as well. Interestingly, the three social conditions (alone, paired with a stranger, or paired with a friend) did not differ in their ratings of funniness of the video or of feelings of happiness or anxiousness. This finding implies that their frequency of laughter was not because we find things funnier when we are with others but instead we ___________________________________.

① have similar tastes in comedy and humor
② are using laughter to connect with others
③ are reluctant to reveal our innermost feelings
④ focus on the content rather than the situation
⑤ feel more comfortable around others than alone

82 How to Read

1

소재 연계

주어진 글 다음에 이어질 글의 순서로 가장 적절한 것은? <고2>

> There is no doubt that the length of some literary works is overwhelming. Reading or translating a work in class, hour after hour, week after week, can be such a boring experience that many students never want to open a foreign language book again.

(A) Moreover, there are some literary features that cannot be adequately illustrated by a short excerpt: the development of plot or character, for instance, with the gradual involvement of the reader that this implies; or the unfolding of a complex theme through the juxtaposition of contrasting views.

(B) Extracts provide one type of solution. The advantages are obvious: reading a series of passages from different works produces more variety in the classroom, so that the teacher has a greater chance of avoiding monotony, while still giving learners a taste at least of an author's special flavour.

(C) On the other hand, a student who is only exposed to 'bite-sized chunks' will never have the satisfaction of knowing the overall pattern of a book, which is after all the satisfaction most of us seek when we read something in our own language.

*excerpt: 발췌 **juxtaposition: 병치

① (A) – (C) – (B)
② (B) – (A) – (C)
③ (B) – (C) – (A)
④ (C) – (A) – (B)
⑤ (C) – (B) – (A)

2

글 구조 연계

다음 빈칸에 들어갈 말로 가장 적절한 것은? <고2>

Many people look for safety and security in popular thinking. They figure that if a lot of people are doing something, then it must be right. It must be a good idea. If most people accept it, then it probably represents fairness, equality, compassion, and sensitivity, right? Not necessarily. Popular thinking said the Earth was the center of the universe, yet Copernicus studied the stars and planets and proved mathematically that the Earth and the other planets in our solar system revolved around the Sun. Popular thinking said surgery didn't require clean instruments, yet Joseph Lister studied the high death rates in hospitals and introduced antiseptic practices that immediately saved lives. Popular thinking said that women shouldn't have the right to vote, yet people like Emmeline Pankhurst and Susan B. Anthony fought for and won that right. We must always remember

____.

People may say that there's safety in numbers, but that's not always true.

*antiseptic: 멸균의

① majority rule should be founded on fairness
② the crowd is generally going in the right direction
③ the roles of leaders and followers can change at any time
④ people behave in a different fashion to others around them
⑤ there is a huge difference between acceptance and intelligence

83 Manufacturing Excellence

정답 및 해설 p. 47

1

소재 연계

글의 흐름으로 보아, 주어진 문장이 들어가기에 가장 적절한 곳은?

<고2>

> However, transfer of one kind of risk often means inheriting another kind.

Risk often arises from uncertainty about how to approach a problem or situation. (①) One way to avoid such risk is to contract with a party who is experienced and knows how to do it. (②) For example, to minimize the financial risk associated with the capital cost of tooling and equipment for production of a large, complex system, a manufacturer might subcontract the production of the system's major components to suppliers familiar with those components. (③) This relieves the manufacturer of the financial risk associated with the tooling and equipment to produce these components. (④) For example, subcontracting work for the components puts the manufacturer in the position of relying on outsiders, which increases the risks associated with quality control, scheduling, and the performance of the end-item system. (⑤) But these risks often can be reduced through careful management of the suppliers.

*subcontract: 하청을 주다(일감을 다른 사람에게 맡기다)

2

글 구조 연계

글의 흐름으로 보아, 주어진 문장이 들어가기에 가장 적절한 곳은?

<고2>

> The old idea of innate intelligence has had a major effect on this categorizing and labelling of children.

In the last twenty years or so research on the brain has radically changed the way intelligence is understood. There is now considerable controversy surrounding the notion of general intelligence. (①) Some of our intelligence may indeed be inherited, but our life experience is now thought to have a profound effect upon intelligence. (②) Scientists have suggested that intelligence changes and modifies as one progresses through life. (③) This finding has not yet impacted on schooling in any significant way. (④) When asked to describe a class they had met for the first time, some teachers immediately divided the children into three groups, the bright, the middle-of-the-road and the "no-hopers." (⑤) It has contributed to many children growing up with the mistaken idea that they are not intelligent and cannot succeed in education.

84 Heredity

1

<소재 연계>

주어진 글 다음에 이어질 글의 순서로 가장 적절한 것은? <고2>

> Twins provide a unique opportunity to study genes. Some pairs of twins are identical: they share the exact same genes in their DNA.

(A) In the same way, scientists can estimate the role genes play in any other trait by comparing the similarity of identical twins to the similarity of fraternal twins. If there is a difference, then the magnitude of the difference gives a clue as to how much genes are involved.

(B) Other pairs are fraternal, sharing only half of their genes on average. Differences in genetic similarity turn out to be a powerful natural experiment, allowing us to estimate how much genes influence a given trait.

(C) For example, identical twins almost always have the same eye color, but fraternal twins often do not. This suggests that genes play a role in eye color, and in fact geneticists have identified several specific genes that are involved.

① (A) – (C) – (B)
② (B) – (A) – (C)
③ (B) – (C) – (A)
④ (C) – (A) – (B)
⑤ (C) – (B) – (A)

2

<글 구조 연계>

다음 글의 요지로 가장 적절한 것은? <고2>

When human beings take in excess energy in the form of food at a given meal or snack, the extra calories tend to reduce hunger at the next meal or snack. But this mechanism doesn't seem to be fully functional when excess calories are consumed in the form of liquids. If, for example, you begin taking in an extra 200 calories a day by eating a sandwich, you'll tend to reduce your caloric intake by the same amount at the next meal or over the course of the day. On the other hand, if you take in an extra 200 calories by drinking a soft drink, your body won't activate the same mechanism, and you probably won't end up reducing your daily caloric intake at all. In the long run, you'll end up gaining weight.

*mechanism: 작동 방식

① 식전에 물을 마시면 식사량을 줄일 수 있다.
② 칼로리 섭취를 줄이면 노화를 늦출 수 있다.
③ 일일 적정 칼로리 섭취량은 사람에 따라 다르다.
④ 식사를 규칙적으로 하면 기초 대사량이 높아진다.
⑤ 음료를 통해 초과 섭취된 칼로리는 체중을 늘릴 수 있다.

85 Another Person's Shoes

1

다음 글의 주제로 가장 적절한 것은?　　〈고2〉

Empathy is frequently listed as one of the most desired skills in an employer or employee, although without specifying exactly what is meant by empathy. Some businesses stress cognitive empathy, emphasizing the need for leaders to understand the perspective of employees and customers when negotiating deals and making decisions. Others stress affective empathy and empathic concern, emphasizing the ability of leaders to gain trust from employees and customers by treating them with real concern and compassion. When some consultants argue that successful companies foster empathy, what that translates to is that companies should conduct good market research. In other words, an "empathic" company understands the needs and wants of its customers and seeks to fulfill those needs and wants. When some people speak of design with empathy, what that translates to is that companies should take into account the specific needs of different populations — the blind, the deaf, the elderly, non-English speakers, the color-blind, and so on — when designing products.

*empathy: 공감, 공감 능력 **compassion: 동정심

① diverse benefits of good market research
② negative factors in making business decisions
③ difficulties in designing products with empathic concern
④ efforts to build cognitive empathy among employees
⑤ different interpretations of empathy in business

2

글의 흐름으로 보아, 주어진 문장이 들어가기에 가장 적절한 곳은?　　〈고2〉

> Thinking of an internal cause for a person's behaviour is easy — the strict teacher is a stubborn person, the devoted parents just love their kids.

You may be wondering why people prefer to prioritize internal disposition over external situations when seeking causes to explain behaviour. One answer is simplicity. (①) In contrast, situational explanations can be complex. (②) Perhaps the teacher appears stubborn because she's seen the consequences of not trying hard in generations of students and wants to develop self-discipline in them. (③) Perhaps the parents who're boasting of the achievements of their children are anxious about their failures, and conscious of the cost of their school fees. (④) These situational factors require knowledge, insight, and time to think through. (⑤) However, jumping to a dispositional attribution is far easier.

*disposition: 성질, 기질

86 Works of Art

1

소재 연계

다음 빈칸에 들어갈 말로 가장 적절한 것은?　　　　　<고2>

Early in the term, our art professor projected an image of a monk, his back to the viewer, standing on the shore, looking off into a blue sea and an enormous sky. The professor asked the class, "What do you see?" The darkened auditorium was silent. We looked and looked, and thought and thought, as hard as possible to unearth the hidden meaning, but came up with nothing — we must have missed it. With dramatic exasperation she answered her own question, "It's a painting of a monk! His back is to us! He is standing near the shore! There's a blue sea and enormous sky!" Hmm... why didn't we see it? So as not to bias us, she'd posed the question without revealing the artist or title of the work. In fact, it was Caspar David Friedrich's *The Monk by the Sea*. To better understand your world, ___________________ ___________________ rather than guess at what you think you are supposed to see.

*exasperation: 격분

① consciously acknowledge what you actually see
② accept different opinions with a broad mind
③ reflect on what you've already learned
④ personally experience even a small thing
⑤ analyze the answers from various perspectives

2

소재 연계

다음 글의 내용을 한 문장으로 요약하고자 한다. 빈칸 (A)와 (B)에 들어갈 말로 가장 적절한 것은?　　　　　<고2>

Plato and Tolstoy both assume that it can be firmly established that certain works have certain effects. Plato is sure that the representation of cowardly people makes us cowardly; the only way to prevent this effect is to suppress such representations. Tolstoy is confident that the artist who sincerely expresses feelings of pride will pass those feelings on to us; we can no more escape than we could escape an infectious disease. In fact, however, the effects of art are neither so certain nor so direct. People vary a great deal both in the intensity of their response to art and in the form which that response takes. Some people may indulge fantasies of violence by watching a film instead of working out those fantasies in real life. Others may be disgusted by even glamorous representations of violence. Still others may be left unmoved, neither attracted nor disgusted.

↓

> Although Plato and Tolstoy claim that works of art have a(n) _____(A)_____ impact on people's feelings, the degrees and forms of people's actual responses _____(B)_____ greatly.

(A)	(B)
① unavoidable	…… differ
② direct	…… converge
③ temporary	…… fluctuate
④ unexpected	…… converge
⑤ favorable	…… differ

정답 및 해설 p. 55

1

소재 연계

다음 빈칸에 들어갈 말로 가장 적절한 것은? <고2>

Teams made up of diverse specialists are infamous for their inability to get things done. Despite the best-laid plans of the managers who assemble such teams, the differences among members frequently lead to poor communication, conflict, and confusion. Members new to one another simply don't understand when and how to communicate. Some groups never master this; and even in groups that do, the process takes time, slowing progress toward team goals. ______________ can help a group overcome this obstacle: Once a team has learned when and how to communicate on one project, it can carry those skills over to the next. Research shows that many teams struggle to make use of the knowledge each individual brings to the task, because their members don't know who has what information. Discovering this knowledge can take time and effort; the more frequently the same individuals work together, the better an organization performs.

① Familiarity
② Motivation
③ Expertise
④ Leadership
⑤ Competition

2

소재 연계

다음 빈칸에 들어갈 말로 가장 적절한 것은? <고2>

New technology tends to come from new ventures — startups. From the Founding Fathers in politics to the Royal Society in science to Fairchild Semiconductor's "traitorous eight" in business, small groups of people bound together by a sense of mission have changed the world for the better. The easiest explanation for this is negative: it's hard to develop new things in big organizations, and it's even harder to do it by yourself. Bureaucratic hierarchies move slowly, and entrenched interests shy away from risk. In the most dysfunctional organizations, signaling that work is being done becomes a better strategy for career advancement than actually doing work. At the other extreme, a lone genius might create a classic work of art or literature, but he could never create an entire industry. Startups operate on the principle that you need to work with other people to get stuff done, but you also need to ________________________ ______________________.

*entrenched: 굳어진

① stay small enough so that you actually can
② give yourself challenges as often as possible
③ outperform rival businesses in other countries
④ employ the efficient system of big enterprises
⑤ control the organization with consistent policies

88 Architectural Design

1

(A), (B), (C)의 각 네모 안에서 문맥에 맞는 낱말로 가장 적절한 것은? <고2>

On projects in the built environment, people consider safety and functionality nonnegotiable. But the aesthetics of a new project — how it is *designed* — is too often considered (A) relevant / irrelevant. The question of how its design *affects* human beings is rarely asked. People think that design makes something highfalutin, called *architecture*, and that architecture differs from *building*, just as surely as the Washington National Cathedral differs from the local community church. This (B) connection / distinction between architecture and building — or more generally, between design and utility — couldn't be more wrong. More and more we are learning that the design of all our built environments matters so profoundly that safety and functionality must not be our only urgent priorities. All kinds of design elements influence people's experiences, not only of the environment but also of themselves. They (C) overlook / shape our cognitions, emotions, and actions, and even our well-being. They actually help constitute our very sense of identity.

*highfalutin: 허세를 부리는

	(A)	(B)	(C)
①	relevant	distinction	shape
②	relevant	connection	overlook
③	irrelevant	distinction	overlook
④	irrelevant	connection	overlook
⑤	irrelevant	distinction	shape

2

다음 글의 제목으로 가장 적절한 것은? <고2>

A building is an inanimate object, but it is not an inarticulate one. Even the simplest house always makes a statement, one expressed in brick and stone, in wood and glass, rather than in words — but no less loud and obvious. When we see a rusting trailer surrounded by weeds and abandoned cars, or a brand-new mini-mansion with a high wall, we instantly get a message. In both of these cases, though in different accents, it is "Stay Out of Here." It is not only houses, of course, that communicate with us. All kinds of buildings — churches, museums, schools, hospitals, restaurants, and offices — speak to us silently. Sometimes the statement is deliberate. A store or restaurant can be designed so that it welcomes mostly low-income or high-income customers. Buildings tell us what to think and how to act, though we may not register their messages consciously.

*inarticulate: 표현을 제대로 하지 못하는

① Buildings Do Talk in Their Own Ways!
② Design of Buildings Starts from Nature
③ Language of Buildings: Too Vague to Grasp
④ Which Is More Important, Safety or Beauty?
⑤ How Do Architects Attach Emotions to Buildings?

1

소재 연계

글의 흐름으로 보아, 주어진 문장이 들어가기에 가장 적절한 곳은?   <고2>

> But by the 1970s, psychologists realized there was no such thing as a general "creativity quotient."

The holy grail of the first wave of creativity research was a personality test to measure general creativity ability, in the same way that IQ measured general intelligence. (①) A person's creativity score should tell us his or her creative potential in any field of endeavor, just like an IQ score is not limited to physics, math, or literature. (②) Creative people aren't creative in a general, universal way; they're creative in a specific sphere of activity, a particular domain. (③) We don't expect a creative scientist to also be a gifted painter. (④) A creative violinist may not be a creative conductor, and a creative conductor may not be very good at composing new works. (⑤) Psychologists now know that creativity is domain specific.

*quotient: 지수 **holy grail: 궁극적 목표

2

소재 연계

글의 흐름으로 보아, 주어진 문장이 들어가기에 가장 적절한 곳은?   <고2>

> For others, whose creativity is more focused on methods and technique, creativity may lead to solutions that drastically reduce the work necessary to solve a problem.

Creativity can have an effect on productivity. Creativity leads some individuals to recognize problems that others do not see, but which may be very difficult. (①) Charles Darwin's approach to the speciation problem is a good example of this; he chose a very difficult and tangled problem, speciation, which led him into a long period of data collection and deliberation. (②) This choice of problem did not allow for a quick attack or a simple experiment. (③) In such cases creativity may actually decrease productivity (as measured by publication counts) because effort is focused on difficult problems. (④) We can see an example in the development of the polymerase chain reaction (PCR) which enables us to amplify small pieces of DNA in a short time. (⑤) This type of creativity might reduce the number of steps or substitute steps that are less likely to fail, thus increasing productivity.

*speciation: 종(種) 분화
**polymerase chain reaction: 중합 효소 연쇄 반응

90 Comprehending Societies

1

소재 연계

다음 글에서 전체 흐름과 관계 <u>없는</u> 문장은? <고2>

The irony of early democracy in Europe is that it thrived and prospered precisely because European rulers for a very long time were remarkably weak. ① For more than a millennium after the fall of Rome, European rulers lacked the ability to assess what their people were producing and to levy substantial taxes based on this. ② The most striking way to illustrate European weakness is to show how little revenue they collected. ③ For this reason, tax collectors in Europe were able to collect a huge amount of revenue and therefore had a great influence on how society should function. ④ Europeans would eventually develop strong systems of revenue collection, but it took them an awfully long time to do so. ⑤ In medieval times, and for part of the early modern era, Chinese emperors and Muslim caliphs were able to extract much more of economic production than any European ruler with the exception of small city-states.

*levy: 부과하다
**caliph: 칼리프 《과거 이슬람 국가의 통치자》

2

소재 연계

다음 글의 내용을 한 문장으로 요약하고자 한다. 빈칸 (A), (B)에 들어갈 말로 가장 적절한 것은? <고2>

Power distance is the term used to refer to how widely an unequal distribution of power is accepted by the members of a culture. It relates to the degree to which the less powerful members of a society accept their inequality in power and consider it the norm. In cultures with high acceptance of power distance (e.g., India, Brazil, Greece, Mexico, and the Philippines), people are not viewed as equals, and everyone has a clearly defined or allocated place in the social hierarchy. In cultures with low acceptance of power distance (e.g., Finland, Norway, New Zealand, and Israel), people believe inequality should be minimal, and a hierarchical division is viewed as one of convenience only. In these cultures, there is more fluidity within the social hierarchy, and it is relatively easy for individuals to move up the social hierarchy based on their individual efforts and achievements.

↓

Unlike cultures with high acceptance of power distance, where members are more ___(A)___ to accept inequality, cultures with low acceptance of power distance allow more ___(B)___ within the social hierarchy.

	(A)		(B)
①	willing	……	mobility
②	willing	……	assistance
③	reluctant	……	resistance
④	reluctant	……	flexibility
⑤	afraid	……	openness

천일문을 앞서가는
천일문 E-BOOK 출시

★○□ 천일문 ✕ SCONN

온라인서점 구매가에서 추가 10% 할인

1 본책 ↔ 천일비급 원클릭 이동
서책보다 빠른 정답확인

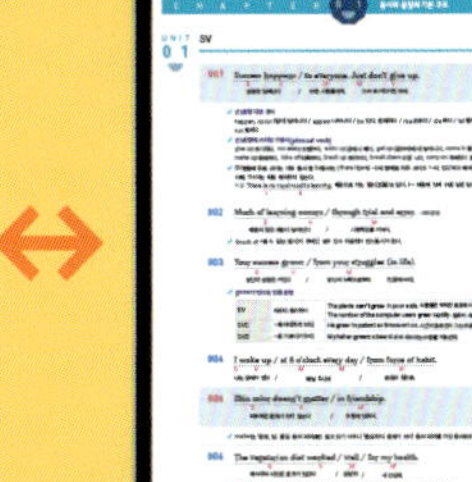

2 필기까지 지원되는 스마트한 학습
시간·장소에 구애없이 언제든 학습가능

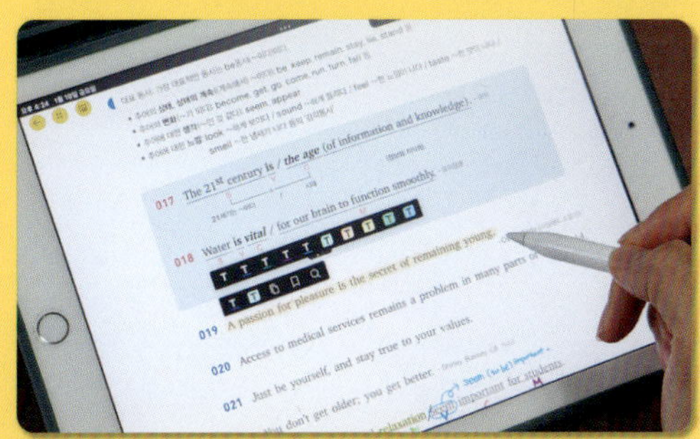

3 예문 MP3 재생기능
음성과 문장학습을 한 번에

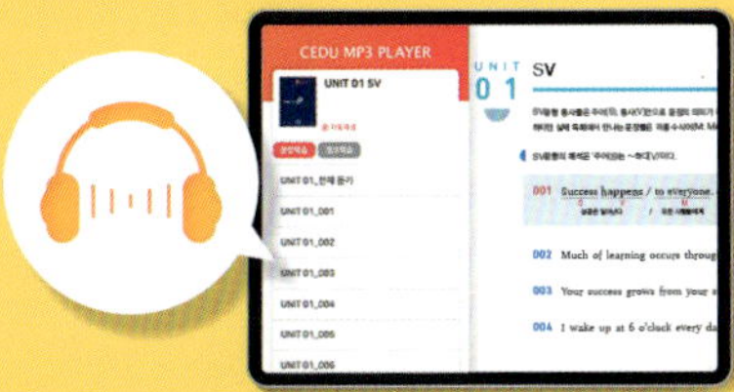

천일문 시리즈 E-BOOK 무료체험
(일부 UNIT에 한해 무료체험 가능)

* 서비스의 자세한 사용 방법은 쎄듀북 홈페이지(www.cedubook.com)를 확인해 주시기 바랍니다.
* 본 서비스는 제휴사와의 서비스 계약에 따라 예고없이 종료될 수 있습니다.

CEDU 쎄듀

1 '나'에게 딱! 맞는 암기&문제모드만 골라서 학습!

5가지 암기모드

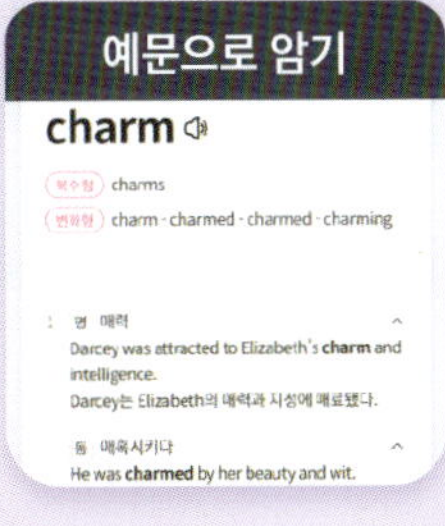

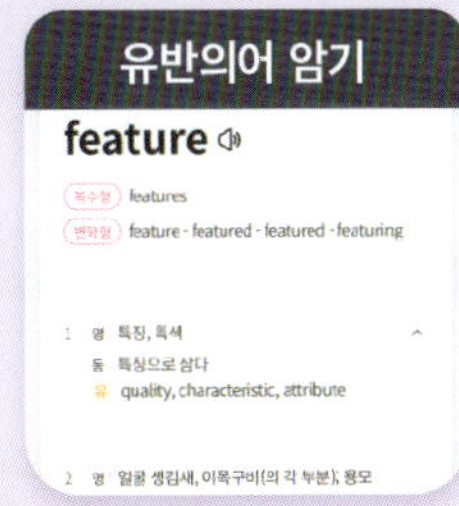

8가지 문제모드

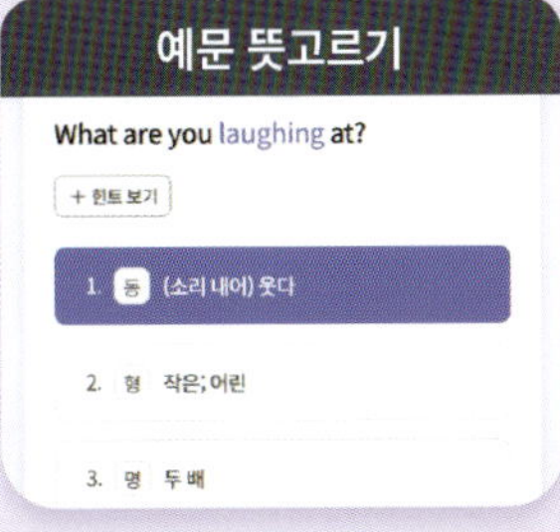

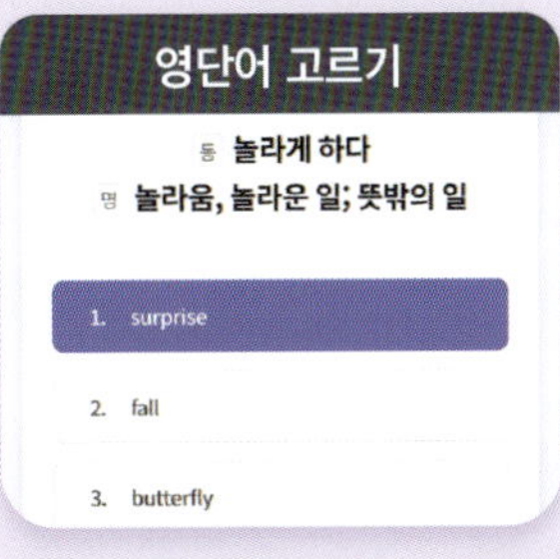

 암기모드를 선택하면, 최적의 문제 모드를 자동 추천!

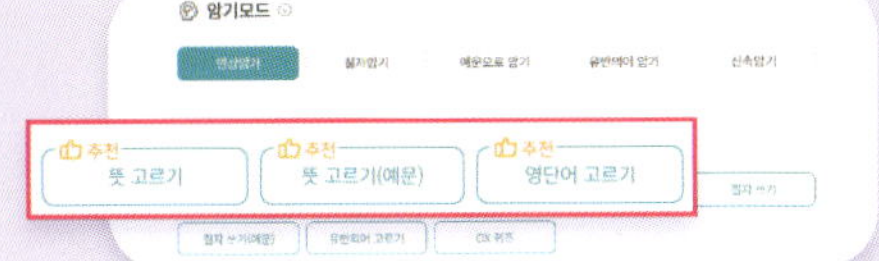

2 자동 생성 단어장! 단어장만 복습하는 다양한 액티비티!

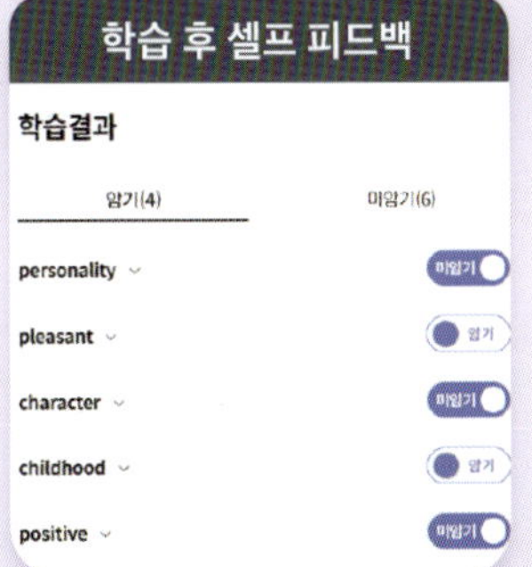

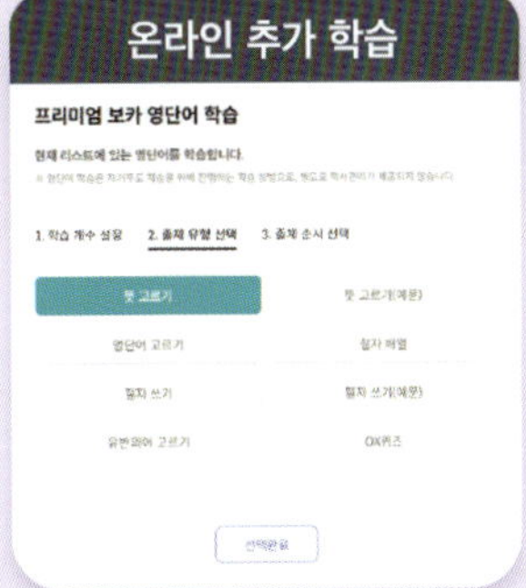

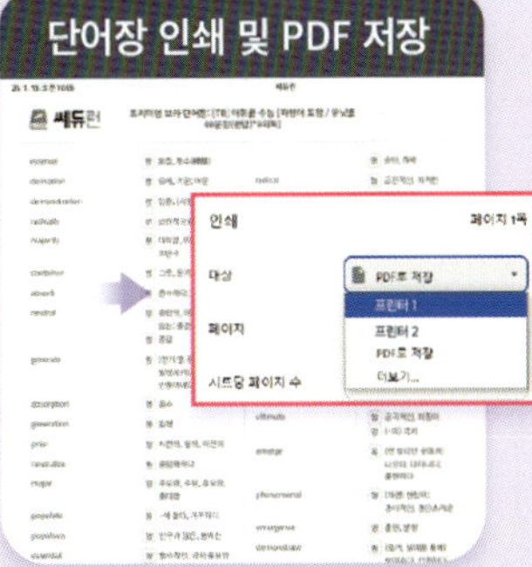

쎄듀 고등 영어 서술형 시리즈

서술형, 가볍게 해결해 목표를 향해 도약하자

1 영작 기본서를 찾는다면
고등 영어 서술형 RANK 기본 문장 쓰기

- 패턴별 빈출 동사 학습 → 동사로 짧은 구 완성 → 동사로 문장 완성
- 필수 문·어법 학습하여 문장에 응용
- LEVEL ★★ (중3~예비고1)

2 감점은 DOWN! 점수는 UP!
고등 영어 서술형 RANK 복잡한 문장 쓰기

- 서술형 감점 막는 5가지 노하우와 빈출 포인트별 유형 적용 훈련
- 영작 → 개념 설명 역순 학습으로 우리말과 영어의 차이 능동적으로 터득
- LEVEL ★★☆ (예비고1~고2)

3 어법=영작, 고등 내신의 핵심
어법끝 서술형

- 어법 포인트별 빈출 유형 단계별 학습
- 출제자의 시각에서 출제/감점 포인트 바라보기 훈련
- LEVEL ★★★ (고1~고2)

4 전략적으로 학습하는 서술형
고등 영어 서술형 RANK 77

- 전국 253개 고교 기출을 분석하여 구성된 시험 출제 빈도순 목차
- 모평, 수능, 교과서, EBS 출처의 예문 수록을 통한 실전 감각 향상
- LEVEL ★★★☆ (예비고2~고3)

5 서술형 집중 훈련이 필요하다면
고등 영어 서술형 RANK 77 빈출포인트 실전문제 700제

- <RANK 77 고등 영어 서술형>과 병행 가능한 서술형 집중 훈련 문제집
- 누적식 실전 모의고사로 실력 점검
- LEVEL ★★★☆ (예비고2~고3)

천일문 독해

ESSENTIAL Argument 주장글

CEDU쎄듀

천일문 독해

정답 및 해설

Self-Definition

난이도 ★★☆   p. 16

Stage 1   다의어 Check **1** ⓑ **2** ⓑ
INTRO Q ② **Q** ①

Stage 2   **1** ⓒ **2** ⓑ **3** ⓐ **4** easy → the easier **5** automatically **6** ⓑ

Stage 3   (A) self-definition (B) actions

---

[1]Did you know // that deliberately changing our behavior is beneficial /
알고 있었는가   우리 행동을 의도적으로 바꾸는 것이 도움이 된다(는 것을)

in **promoting** a new self-definition?
새로운 자기 정의를 **촉진하는** 데

[2]The more I find myself / chatting comfortably / with a new
내가 스스로를 더 발견할수록   편안하게 이야기하는

acquaintance at a party, / or gathering steam /
파티에서 새로운 지인과   또는 기운을 내는

in a lecture to a large class, // the more my view of myself changes.
대규모 학급의 강의에서   나 자신을 바라보는 관점이 더 변한다

[3]This can happen / at both a **conscious** and subconscious level.
이런 일은 일어날 수 있다   **의식** 차원과 잠재의식 차원 모두에서

[4]My adaptive subconscious is more likely to draw the inference /
적응하는 내 잠재의식은 추론을 도출할 가능성이 더욱 높다

that I am an outgoing person, // and this inference has become a part
나는 외향적인 사람이라는   그리고 이 추론이 한 부분이 된다

(of my conscious self-narrative) / as well.
내 의식 속 자기 서사의   또한

[5]The more my self-definition changes, // the easier it becomes /
자기 정의가 더 바뀔수록   (~은) 더 쉬워진다

to act in even more extroverted ways automatically, /
무의식적으로 훨씬 더 외향적인 방식으로 행동하는 것

not having to force / myself to make the effort.
억지로 ~해야 하지 않고도   스스로가 노력하게

[6]Automatic selves produce automatic actions.
무의식적 자아는 무의식적 행동을 만들어 낸다

[7]My new "extroverted" self takes the controls /
새로운 '외향적인' 자아는 주도권을 잡는다

and steers me in directions [I never would have gone before], /
그리고 나를 (~한) 방향으로 이끈다   내가 이전에는 절대 가지 않았을

like chatting in a friendly way with the person (sitting next to me on
사람과 친근한 방식으로 이야기하는 것처럼   비행기에서 내 옆자리에 앉은

a plane), / rather than keeping my nose in a book.
책에만 몰두하지 않고

전문해석 [1]우리 행동을 의도적으로 바꾸면 새로운 자기 정의를 촉진하는 데 도움이 된다는 것을 알고 있었는가? [2]파티에서 새로운 지인과 편안하게 이야기하거나 대규모 학급 강의에서 기운을 얻는 스스로를 발견할수록, 나 자신을 바라보는 관점도 더욱 변한다. [3]이런 일은 의식 차원과 잠재의식 차원 모두에서 일어날 수 있다. [4]적응하는 잠재의식은 내가 외향적인 사람이라는 추론을 도출할 가능성이 더 높고 이 추론은 또한 내 의식 속 자기 서사의 한 부분이 된다. [5]자기 정의가 바뀔수록 억지로 노력하려고 하지 않고도 무의식적으로 훨씬 더 외향적인 행동이 쉬워진다. [6]무의식적 자아는 무의식적 행동을 만들어 낸다. [7]새로운 '외향적인' 자아가 주도권을 잡아서, 비행기에서 책에만 몰두하지 않고 옆자리에 앉은 사람과 친근하게 이야기하는 것처럼 내가 이전에는 절대 가지 않았을 방향으로 나를 이끈다.

Stage 1 정답 찾아가기

Q 빈칸 뒤의 내용으로 보아, 새로운 자기 정의에 필요한 행위를 추론해야 한다. 빈칸 다음 문장에서 예시를 들어 행동이 바뀌면 나에 대한 관점도 변한다고 했고, 이어지는 문장은 그러한 관점의 변화가 잠재의식에서도 일어나 바뀐 행동을 무의식적으로 하는 것이 더 쉬워진다고 설명한다. 다시 말해 의도적인 행동 변화가 새로운 정체성을 만들었으므로, 빈칸에 알맞은 것은 ① 'deliberately changing our behavior(우리 행동을 의도적으로 바꾸는 것)'이다.

② 매일의 우리 일상을 긍정적으로 지속하는 것
매일의 일상은 언급되지 않음

③ 사회적 관계를 신중하게 쌓는 것
사회적 관계의 신중함은 언급되지 않음

④ 새로운 어려움을 진지하게 받아들이는 것
어려움을 받아들이면 정체성이 형성된다는 내용은 아님

⑤ 우리의 문제를 성공적으로 해결하는 것
문제 해결 능력은 글의 내용과 관련 없음

Stage 2 한 문장씩 뜯어보기

1 ⓒ | 적극적으로 행동을 바꾸는 것은 우리의 자기 정의를 재형성한다. ⓐ 분열시키다 ⓑ 혼동시키다

2 ⓑ | 나 자신을 바라보는 관점의 변화
ⓐ 새로운 지인과 나누는 대화 ⓒ 새로운 행동의 촉진

3 ⓐ | 잠재의식은 자아에 대한 견해를 의식적인 생각에 전달한다. ⓑ 집중된 ⓒ 사회화된
• pass A on (to B) A를 (B로) 전달하다

4 easy → the easier
해설 <the+비교급 ~, the+비교급 …> 구문으로, '~하면 할수록 더욱더 …하다'라는 의미다.

5 automatically | 나의 새로운 자기 정의는 무의식적으로 더 외향적인 행동을 이끈다.
해설 자기 정의는 우리가 억지로 노력하지 않고 무의식적으로 행동하게 한다고 했고, 동사 leads를 수식하는 자리이므로 부사 automatically가 알맞다.

6 ⓑ
해설 would have p.p.가 과거 사실의 추측을 의미하며, 새로운 자아가 생기기 전에는 하지 않았을 행동을 추측하는 내용이다.

의도적인 행동 변화는 새로운 (A) 자기 정의를 촉진하고
결국 (B) 행동을 더 무의식적으로 만든다. 이것은 이전에
전혀 경험해 보지 못했던 새로운 기회를 열어줄 수 있다.
• self-control 자제력

함께 풀면 좋은 기출문제 p. 138

1 ⑤

해석 사람들은 자신이 더 낫다고 느끼기 위해 때때로 아래로 향하는 사회적 비교, 즉 (나보다) 못하거나 상황이 더 나쁜 다른 사람들과 자신을 비교한다. 이것은 자기 고양감이 작동하는 것이다. 그러나 우리가 가지고 있는 유일한 비교 대상이 우리보다 우월하거나 상황이 더 나을 때는 어떨까? 그런 상황에서도 자기 고양감의 동기가 여전히 도움이 될까? 그렇다, 자기 평가 유지 모델에 의해 표현된 것처럼 그럴 수 있다. 이 이론에 따르면 우리는 호의적인 자기관을 유지하는 방식으로 반영과 비교라는 두 가지 과정 사이에서 이동한다. 자기 정의에 특별히 관련되지 '않은' 곳에서 우리는 '반영'을 하고, 그럼으로써 다른 사람들의 성취와 연상시켜서 자신을 치켜세운다. 여러분이 자신의 운동 기술에 신경을 거의 쓰지 않는다고 하자. 여러분의 친구가 중요한 축구 시합에서 결승 골을 넣을 때 여러분은 자랑스럽게 활짝 웃고, 자부심의 상승을 경험하고, 그리고 연상에 의해 마치 그것이 여러분의 승리인 것처럼 그녀의 승리 축하를 기뻐한다.

어휘 inferior (~보다) 못한; 하위의; 열등한(↔ superior 더 나은; 우수한)   worse-off 상황이 더 나쁜 (↔ better off 상황이 더 나은)   self-enhancement 자기 고양(감) *cf.* enhancement 고양; 증진   at work 작동하는, 작용하는   serve 도움이 되다; 제공하다   capture 표현하다; 붙잡다   maintenance 유지 *cf.* maintain 유지하다   reflection (상태, 속성 등의) 반영; 반사; 고찰   favorable 호의적인; 유리한   relevant 관련된   whereby 그로써, (그것에 의하여) ~하는   association 연상; 연관   accomplishment 성취   athletic 운동 경기의   beam 활짝 웃다   self-esteem 자부심; 자존감   take delight in ~을 기뻐하다

해설 사람들은 자신보다 상황이 안 좋은 사람들과 비교할 때뿐만 아니라, 자신보다 우수한 사람들과 비교하는 상황에도 그 분야가 자기 정의와 관련이 없다면 여전히 자기 고양감을 유지할 수 있다는 내용이다. 그 예시로 운동에 큰 관심이 없는 사람이 친구의 시합 성과를 마치 자신의 것처럼 기뻐하는 상황을 들었다. 따라서 글의 요지로 알맞은 것은 ⑤ '타인의 성취를 자신과 연결하여 긍정적인 자아상을 유지할 수 있다.'이다.

① 타인과 비교를 통해 스스로 자기 고양감을 느끼는 내용이므로 객관적 평가와는 관련이 없음
② 관련 없는 사람들의 성공으로 자부심이 상승한다고 언급했으나 축하의 필요성이 글의 요지가 아님
③ 성취도가 낮은 사람들과 비교하여 자신을 더 낫게 느낀다고 했고 자기 발전에 도움이 되지 않는다는 내용은 없음
④ 성취도가 높은 사람과의 비교로 인한 효과도 언급했으므로 글의 내용과 다름

2 ②

해석 가족 간의 갈등에 대처하는 가장 좋은 해결책 중 하나를 아는가? 'I'm sorry.'라는 두 단어이다. 몇몇 사람들이 그 말을 하는 것을 얼마나 어려워하는지는 놀랍다. 그들은 그 말이 약함이나 패배를 의미한다고 생각한다. 전혀 그렇지 않다. 사실, 정확하게 (A) 그 반대이다. 갈등을 완화하는 또 다른 좋은 방법은 말다툼이다. 바다는 폭풍 후에 훨씬 더 잔잔해진다. 말다툼은 또 다른 (B) 장점이 있다. 화가 날 때, 입 밖에 내지 않은 진실이 일반적으로 나오게 된다. 그것들은 특히 그 순간에는 감정을 약간 상하게 할 수도 있다. 그러나 결국엔 서로를 조금 더 잘 알게 된다. 마지막으로 아이들 간의 갈등과 싸움의 대부분은 (C) 자연스러운 것이다. 그것들이 지속되는 것처럼 보일 때조차, 현명한 부모는 지나치게 걱정하지 않는다.

어휘 remedy 해결책; 치료   cope with ~에 대처하다   tension 갈등; 긴장 상태   imply 의미하다; 암시하다   defeat 패배; 패배시키다   relieve (고통, 부담 따위를) 완화시키다, 덜다   temper 화, 짜증   unspoken 입 밖에 내지 않은, 말하지 않은   quarrel 싸움, 말다툼; 싸우다   constant 지속적인, 계속되는

해설 가족 간의 갈등에 대처하는 방법을 소개하는 글로, 첫 문장에서 질문을 던져 흥미를 끌고 주제를 강조한다. 사람들은 사과하는 것이 약함이나 패배를 의미한다고 생각해서 사과하기 어려워하지만 전혀 그렇지 않다고 했으므로 (A)에는 opposite(반대)가 알맞다. 이어서 말다툼도 갈등을 완화하는 데 도움이 되며, 말하지 않았던 진실을 말하고 서로에 대해 잘 알게 된다고 했으므로 (B)에는 advantage(장점)가 자연스럽다. 아이들 간의 싸움이 지속되더라도 현명한 부모는 너무 걱정하지 않는다고 했으므로 이러한 다툼은 자연스러운 현상임을 알 수 있다. 따라서 (C)에는 natural(자연스러운)이 알맞다.

62 Evolution Study

Stage 1　　다의어 Check　**1** ⓑ　**2** ⓐ
　　　　　　　INTRO Q ①　**Q** ⑤

Stage 2　　**1** ⓐ　**2** 진화를 직접 연구하는 것이 더 쉬울 것이다　**3** ⓒ　**4** making → making it　**5** ⓐ

Stage 3　　(A) reproduce　(B) efficient　(C) fossils

---

1 While fossils provide valuable insights (into past life forms), //
화석은 귀중한 통찰력을 제공하지만　　　　과거의 생물 형태에 대한

the gaps (in the fossil record) / make it difficult /
공백은　　화석 기록의　　(~을) 어렵게 만든다

to precisely reconstruct evolutionary transitions.
진화 과도기를 정확하게 재구성하는 것을

2 It would be easier / to study evolution directly /
(~이) 더 쉬울 것이다　　진화를 직접 연구하는 것이

by **examining** all of the genetic changes [that happen in each generation].
유전의 모든 변화를 **조사해서**　　　각 세대에서 일어나는

3 To do this, / researchers must first find an ideal organism (to study).
이렇게 하기 위해　　연구자는 먼저 이상적인 유기체를 찾아야 한다　　연구할

4 Bacteria are an obvious choice, // because they are easy /
박테리아는 확실한 선택이다　　그것들은 (~하기) 쉽기 때문에

to **cultivate** in the laboratory / and they reproduce quickly.
실험실에서 **배양하기**　　그리고 그것들은 빠르게 번식하기 (때문에)

5 If we wanted to do an evolutionary experiment / with humans, /
만약 우리가 진화 실험을 하고 싶다면　　인간을 대상으로

we would need to wait, / on average, / 26 years /
기다려야 할 것이다　　평균　　26년을

to have a new generation, // while E. coli, / a widely studied bacterium, /
새로운 세대를 가지려면　　반면 대장균은　　널리 연구된 박테리아인

spawns a new generation / in 20 minutes.
새로운 세대를 생성한다　　20분 안에

6 Additionally, / it has a small genome, /
게다가　　대장균은 작은 게놈(유전자 총량)을 가진다

making it much easier and cheaper / to study the actual changes in
(그래서) (~을) 훨씬 더 쉽고 저렴하게 만든다　　유전자의 실제 변화를 연구하는 것을

genes [that occur in each generation].
각 세대에서 일어나는

7 By leveraging these characteristics, /
이러한 특성들을 활용함으로써

researchers can directly observe and manipulate evolutionary processes, /
연구자는 진화 과정을 직접 관찰하고 조작할 수 있다

providing valuable insights (into the mechanisms of evolution).
귀중한 통찰력을 제공하며　　진화의 메커니즘에 대한

전문해석 **1** 화석은 과거의 생물 형태에 귀중한 통찰력을 제공하지만, 화석 기록의 공백 때문에 진화 과도기를 정확히 재구성하기가 어렵다. **2** 각 세대에서 일어나는 유전의 변화를 모두 조사해서 진화를 직접 연구하는 것이 더 쉬울 것이다. **3** 이렇게 하려면 연구자는 먼저 연구할 이상적인 유기체를 찾아야 한다. **4** 박테리아는 실험실에서 배양하기 쉽고 빠르게 번식하기 때문에 확실한 선택이다. **5** 만약 우리가 인간을 대상으로 진화 실험을 하고 싶다면 새로운 세대를 갖기까지 평균 26년을 기다려야 하는 반면, 널리 연구된 박테리아인 대장균은 20분 안에 새로운 세대를 생성한다. **6** 게다가 대장균은 작은 게놈을 가지고 있어서 각 세대에서 일어나는 유전자의 실제 변화 연구가 훨씬 더 쉽고 저렴해진다. **7** 이러한 특성들

Stage 1　정답 찾아가기

Q 주어진 문장은 연결어 Additionally로 시작하여 유전자를 연구하는 것이 쉽고 저렴해진다는 장점을 '추가'로 언급하므로, 주어 it이 의미하는 것을 찾아야 한다. ③ 다음에 박테리아가 배양하기 쉽고 빠르게 번식하여 진화 연구에 적합하다는 내용이 나오고, 그다음 문장이 박테리아 종류인 대장균을 예로 들어 인간과 대조를 통해 이 특성을 부가 설명한다. 따라서 주어진 문장의 it은 E. coli(대장균)를 가리키며, 해당 문장이 들어가기에 가장 적절한 곳은 ⑤이다. ⑤ 다음 문장에서도 '이러한 특성들(these characteristics)'을 연구자가 활용할 수 있다고 하므로 ⑤ 앞에 박테리아의 장점이 한 가지 더 제시되어야 함을 추론할 수 있다.

Stage 2　한 문장씩 뜯어보기

1 ⓐ | 화석의 공백은 진화의 재구성을 제한한다.
　ⓑ 변형시키다 ⓒ 극복하다

2 진화를 직접 연구하는 것이 더 쉬울 것이다
　해설 It은 가주어이며 진주어는 to study evolution directly이다.

4 making → making it
　해설 to study ~ each generation이 making의 진목적어, 그 앞의 much easier and cheaper가 목적격보어로 보인다. 목적어가 길어서 목적격보어 뒤로 이동할 때 기존의 목적어 자리에 가목적어 it을 써야 한다.

5 ⓐ
　해설 박테리아의 특성을 가리키며, 새로운 세대가 빠르게 생성된다고 했다.

Stage 3　요약하기

박테리아는 빠르게 (A) 번식하고 작은 게놈을 가지므로, 박테리아에서 유전의 변화를 연구하는 것은 진화 과도기의 이해를 위해 (C) 화석이나 인간에게 의존하는 것에 비해 진화 과정을 관찰하고 조작하는 더 (B) 효율적인 방법을 제공한다.

을 활용하여 연구자는 진화 과정을 직접 관찰하고 조작할 수 있고, 진화의 메커니즘에 귀중한 통찰력을 제공한다.

1 ⑤

해석 과학에서 우리는 어떤 이론이 사실이라는 것을 실제로는 결코 증명할 수 없다. 우리가 과학에서 할 수 있는 것은 가설을 거부하기 위해 증거를 사용하는 것뿐이다. 실험은 어떤 이론이 옳다는 것을 절대 직접적으로 증명하지 않는다. 실험이 할 수 있는 것은 오직 하나의 그럴듯한 이론이 남을 때까지 다른 이론을 전부 거부함으로써 간접적인 지지를 제공하는 것뿐이다. 예를 들어, 가끔 여러분은 '진화론은 이론일 뿐이다. 즉, 과학은 그것을 증명한 적이 없다.'라는 사람들의 말을 듣는다. 그것은 사실이지만 과학이 어떤 이론도 확실히 맞다고 결코 증명할 수 없다는 점에서만 그렇다. 하지만 진화론은 지금까지 다른 경쟁 이론들이 틀렸다는 것을 증명하는 엄청난 양의 설득력 있는 자료를 모아왔다. 그래서 비록 증명되지 못했더라도 진화론은 우리가 가진 자료를 설명하는 압도적으로 최선인 우리의 이론이다.

어휘 prove 증명하다, 입증하다　theory 이론, 학설　hypothesis 가설　indirect 간접적인　assemble 모으다; 조립하다　convincing 설득력 있는; 확실한 *cf.* convince 설득하다　competing 경쟁적인 *cf.* compete 경쟁하다　overwhelmingly 압도적으로 *cf.* overwhelming 압도적인　[선택지] admit 인정하다; 허락하다　document 기록하다; 서류, 문서　likely 그럴듯한; ~할 것 같은

해설 빈칸 문장 앞부분(all ~ theories)으로 보아, 실험이 다른 이론을 거부하면서 옳은 이론을 증명하려면 결국 어떤 결과가 되는지를 찾아야 한다. 빈칸 뒤에서 예시(For example)가 빈칸 문장을 뒷받침하는데, 진화론은 다른 이론처럼 과학적으로 확실히 증명되지 못했더라도 설득력 있는 자료가 많아 다른 틀린 이론에 비해 최선의 이론으로 여겨진다고 했다. 따라서 빈칸에 알맞은 것은 ⑤ 'only one likely theory remains(오직 하나의 그럴듯한 이론이 남다)'이다.

① 과학자들이 거짓 데이터를 사용했다고 인정하다
② 연구자들이 그들의 방법을 기록하다
③ 사람들이 원래의 가설로 돌아가다
④ 이론들이 말로 설명될 수 있다
①~④ 글의 내용과 관련 없음

2 ②

해석 45억 년도 더 전에 지구의 원시 대기는 아마도 대부분 수증기, 이산화탄소, 이산화황과 질소였을 것이다. 극히 원시적인 생물체(박테리아 같은 미생물과 단순한 단세포 식물)의 출현과 이어지는 진화는 산소를 분리하고 이산화탄소와 이산화황을 분해하면서 대기를 변화시키기 시작했다. 이 변화는 고등 생물체의 발달을 가능하게 했다. 최초로 핵을 가졌다고 알려진 식물 세포가 약 20억 년 전에 진화했을 때, 대기는 현재 산소 함량의 겨우 약 1퍼센트만을 가지고 있었던 것으로 보인다. 약 5억 년 전 최초의 육지 식물이 출현하면서 산소는 현재 농도의 약 3분의 1에 도달했다. 그것은 약 3억 7천만 년 전까지 거의 현재 수준으로 증가했고, 그때 동물들이 처음 육지에 퍼졌다. 그러므로 오늘날의 대기는 우리가 알고 있는 것처럼 생명체를 유지하기 위한 필요조건일 뿐 아니라, 생명체의 결과이기도 하다.

어휘 atmosphere 대기; 분위기　water vapo(u)r 수증기　carbon dioxide 이산화탄소　nitrogen 질소　appearance 출현, 등장(= emergence); 외모　subsequent 이어지는, 이후의　exceedingly 극히, 대단히 *cf.* exceed 넘어서다　primitive 원시적인　liberate 《화학》 유리(遊離)시키다 《화합물에서 결합이 끊어져 원자나 원자단이 분리되다》; 해방하다; 놓아주다　nuclei 《복》핵　concentration 농도; 집중 *cf.* concentrate 집중하다; 모으다　sustain 유지하다, 지속시키다　[선택지] barrier 장애물　consequence 결과　constancy 불변(성) *cf.* constant 끊임없는

해설 지구 원시 대기의 변화와 생명체의 출현과 진화의 관련성을 설명하고 있다. 지구에 생명체가 등장하고 진화하면서 산소 농도가 올라가 지금의 대기가 되었다고 했다. 빈칸 문장은 오늘날의 대기가 생명체 유지 조건이면서 동시에 무엇인지를 설명하므로, 빈칸에 알맞은 것은 ② 'a consequence of life(생명체의 결과)'이다.

① 진화의 장애물　대기의 변화가 오히려 생명체의 출현을 도왔다고 했으므로 글의 내용과 반대됨
③ 원시 문화의 기록　글에서 언급되지 않음
④ 자연의 불변성의 표시　생명체의 진화와 대기 변화에 대한 내용이므로 글의 내용과 반대됨
⑤ 종 간 협력의 이유　글에서 언급되지 않음

난이도 ★★☆　p. 24

Stage 1　다의어 Check　1 ⓑ　2 ⓐ　3 ⓐ
　　　　　　INTRO Q ①　Q ③　OUTRO Q ②

Stage 2　**1** Development of sustainable urban mobility and public transport networks

　　　　　　2 대중교통을 이용하는 시민이 더 많이 걷는 것　**3** ⓑ　**4** ⓒ

Stage 3　(A) accessible　(B) mobility

---

[1]A developed country is not a place [where the poor people have cars]
선진국은 (~하는) 곳이 아니다　　　　가난한 사람들이 차를 가지고 있는
// but it is [where the rich people use public transport].
그곳은 (~하는 곳)이다　　부유한 사람들이 대중교통을 이용하는

[2]Development (of sustainable urban mobility and public transport
발전은　　　　　지속 가능한 도시 이동성과 대중교통망의
networks) / leads by all means to **radical** improvement
반드시 **근본적인** 향상으로 이어진다
(of citizens' quality of life).
시민 삶의 질의

[3]It improves access (to markets and job opportunities, to education,
그것은 접근할 기회를 향상한다　　　　시장과 일자리 기회, 교육,
to health-care services, to leisure, / and to the things
의료 서비스, 여가에　　　그리고 (~한) 것에
[citizens need in everyday life]).
시민이 일상에서 필요한

[4]Citizens [that use public transport] / walk more, // and this increases
시민은　　　대중교통을 이용하는　　　더 많이 걷는다　그리고 이는 체력을 증가시킨다
fitness levels, / leading to healthier citizens / and less **strain**
그래서 더 건강한 시민이 생긴다　그리고 더 적은 **부담**(으로 이어진다)
(on the health-care systems).
의료 보험 제도의

([5]Under this system, / the cost of medical services is provided by the
이 (의료 보험) 제도에서　　　　의료비는 정부에 의해 제공된다
government / and funded by taxes.)
그리고 세금으로 자금이 조달된다

[6]While sustainable urban transport systems should better handle /
지속 가능한 도시 교통망이 더 잘 처리할 동안
side effects (traffic congestion, air pollution, accidents, etc.), //
부작용(교통 혼잡, 대기 오염, 사고 등)을
at the same time, / they should provide enhanced mobility
동시에　　　교통망은 향상된 이동성을 제공할 것이다
(for the poor and vulnerable groups).
가난하고 취약한 계층을 위한

[7]The system's effectiveness is determined / by the **degree**
도시 교통망의 효과는 결정된다　　**정도**에 의해
[to which the city as a whole is accessible / to all its residents].
도시 전체가 접근하기 쉬운　　　모든 주민에게

전문해석 [1]선진국은 가난한 사람들이 차를 가지고 있는 곳이 아니라 부유한 사람들이 대중교통을 이용하는 곳이다. [2]도시 이동성이 지속 가능해지고 대중교통망이 발전하면 반드시 시민 삶의 질이 근본적으로 향상된다. [3]이동성과 대중교통망 발전은 시장과 일자리 기회, 교육, 의료 서비스, 여가, 그리고 시민이 일상에서 필요한 것에 접근할 기회를 향상한다. [4]대중교통을 이용하는 시민은 더 많이 걷기 때문에

Stage 1　정답 찾아가기

INTRO Q ① 대중교통의 혜택 ② 교통 혼잡의 결과
Q 대중교통망의 발전과 도시 이동성이 시민의 접근성을 높이고 체력을 증가시키는 등 결과적으로 삶의 질을 향상시킨다는 내용의 글이다. ③은 의료비가 정부에 의해 제공되고 세금으로 충당된다는 내용이므로 글의 흐름과 관계가 없으며, 대중교통의 장점을 설명하는 앞 문장에 언급된 health-care systems를 소재로 하여 흐름과 다른 내용을 말하고 있다.

Stage 2　한 문장씩 뜯어보기

2 대중교통을 이용하는 시민이 더 많이 걷는 것
　해설 this가 시민의 건강과 의료 보험 제도의 더 적은 부담으로 이어진다고 했으므로 바로 앞 내용을 가리킨다.

4 ⓒ | 모든 (도시) 주민 ⓐ 부유한 사람 ⓑ 특정 연령대
　해설 빈부와 상관없이 모든 사람들이 대중교통을 이용할 수 있어야 한다는 내용이다.

Stage 3　요약하기

선진국은 (A) 이용하기 쉬운 대중교통이 있고 그것은 건강, 서비스 접근성을 포함하여 삶의 질을 향상한다. 효과적인 교통망은 부정적인 영향을 처리하고 모든 시민에게 (B) 이동성을 높인다.

체력이 좋아지고, 이는 시민이 더 건강해지고 의료 보험 제도의 부담이 줄어드는 결과로 이어진다. (⁵이 의료 보험 제도에서 의료비는 정부가 제공하고 세금으로 자금이 조달된다.) ⁶지속 가능한 도시 교통망은 교통 혼잡, 대기 오염, 사고 등의 부작용을 더 잘 처리할 것이며 동시에 가난하고 취약한 계층을 위한 향상된 이동성을 제공할 것이다. ⁷도시 교통망의 효과는 도시 전체에 모든 주민이 접근하기 쉬운 정도에 의해 결정된다.

1 ②

해석 자동차 이동에 의존하는 것이 불충분한 신체 활동, 교통수단에서 배출되는 이산화탄소 그리고 교통 체증의 원인이라는 증거가 늘어나고 있다. 독일 프라이부르크시는 세계 곳곳의 자동차를 많이 사용하는 국가에 영향을 줄 수 있는 지속 가능한 교통 정책을 성공적으로 적용하고 있다. (자동차 덕분에 대다수의 독일인이 이전에는 알지 못했던 이동의 자유를 곧 누리게 되었다.) 지난 30년 동안 프라이부르크의 교통 정책은 더 많이 걷기, 자전거 타기, 대중교통 이용하기를 장려해 왔다. 이 기간 동안 자전거 이용 수가 세 배로 증가했고 대중교통 이용은 두 배로 늘었으며 자동차 이용 비율은 38퍼센트에서 32퍼센트로 감소했다. 1990년 이후 엄청난 경제 성장에도 불구하고 자동차 이용 비율은 동일했고 차량에서 나오는 이산화탄소 배출은 감소했다.

어휘 contribute to A A의 원인이 되다; A에 기여하다   insufficient 불충분한(↔ sufficient 충분한) emission 배출   triple 세 배의   proportion 비율; 부분   motorization 자동차 이용; 동력화

해설 프라이부르크에서 자동차를 줄이기 위해 시행한 정책이 성공했다고 설명하는 글이다. 걷기, 자전거, 대중교통 등을 이용하는 것을 장려하여 자동차 이용 비율이 감소했다고 하므로 자동차 덕분에 이동이 수월해졌다는 내용의 ②는 글의 흐름과 무관하다.

2 ③

해석 재활용을 특징짓는 것은 그것의 중요성이 아니라, 오히려 개인이 참여할 수 있는 용이성과 공익을 증진시키기 위해 행해질 수 있는 행동의 가시성이다. 여러분은 지구 온난화의 위협이나 열대 우림의 파괴에 대해 열정적으로 관심을 보일지도 모르지만, 여러분은 이런 문제들에 대해 여러분 자신이나 다른 이들이 인지할 수 있는 즉각적인 영향을 미칠 수 없다. 공기 정화 트럭은 말할 것도 없고, 열대 우림 보호 트럭이 매주 수거하러 오지는 않는다. 1990년의 여론 조사가 사람들에게 환경 문제와 관련하여 무엇을 했는지를 물었을 때, 80~85퍼센트가 자신 혹은 자신의 가정이 다양한 측면의 재활용에 참여했다고 답했으며, 대부분의 응답자는 그 외의 어떤 중대한 조치도 취하지 않았다. 술에 취한 사람이 가로등 밑에서 자신의 지갑을 찾는 것과 같이, 재활용은 <u>당면한 과업이 가장 잘 드러나는 경우이기</u> 때문에 우리가 그것에 집중하는 것일지도 모른다.

어휘 distinguish 특징짓다; 구별하다   visibility 가시성, 눈에 보임 *cf.* visible 보이는, 가시적인   the common good 공익   passionately 열정적으로 *cf.* passion 열정   destruction 파괴   perceptible 인지할 수 있는   let alone ~은 말할 것도 없이   respondent 응답자   [선택지] reveal 드러내다(↔conceal 숨기다)   profitable 수익성이 있는, 이익이 되는   last resort 최후의[마지막] 수단   disposal 처리, 폐기   immediate 당면한; 즉각적인; 가까운   illuminate 분명히 하다; 밝히다, 비추다   shed light on ~을 비추다

해설 빈칸 문장으로 보아 사람들이 재활용에 집중하는 이유를 추론해야 한다. 첫 문장의 not A but B 구문에서 B 부분에 주목해야 하며, 재활용은 참여하기 쉬우며 행동이 눈에 잘 보이는 것이 특징이라고 말하는 것을 알 수 있다. 지구 온난화와 열대 우림의 파괴와 같은 환경 문제는 즉각적으로 조치할 수 없지만, 재활용은 이러한 문제들에 비해 쉽게 행할 수 있고 가시성이 높다고 했고 이어지는 여론 조사 내용과 술에 취한 사람 비유 또한 이를 뒷받침한다. 따라서 빈칸에 알맞은 것은 ③ 'is where the immediate tasks are best illuminated(당면한 과업이 가장 잘 드러나는 경우이다)'이다.

① 숨겨진 수익성 있는 자원을 드러내다
　자원의 수익성은 언급되지 않음
② 쓰레기 처리를 위한 최후의 수단이다
　사람들이 다른 환경 보호 조치는 하지 않더라도 재활용은 참여 비율이 높다고 했으므로 글의 내용과 반대됨
④ 에너지 사업의 어두운 면을 비추다
　에너지 사업은 언급되지 않음
⑤ 도움이 필요한 사람들에게 실질적인 경제적 혜택을 제공하다 글의 내용과 관련 없음

64 Managing Emotions

난이도 ★★★

Stage 1
다의어 Check **1** ⓑ
INTRO Q **1** ② **2** (1) (A) (2) (C) (3) (B) **Q** ④

Stage 2
1 ⓐ **2** ⓑ **3** ⓒ **4** ⓒ **5** ⓑ **6** (a): 2 (b): 3 **7** ⓐ **8** has, is

Stage 3
(A) influenced (B) objectively (C) lasting

---

[1]Few people have a good **perspective** / in the heat of an emotional
좋은 **관점**을 가지고 있는 사람은 거의 없다 　　　　 감정의 순간이 한창일 때
moment.

[2]Most individuals [who enjoy the thrill of an experience] / try to go back
대부분의 사람은 　　 경험의 전율을 즐기는 　　　　 과거로 돌아가려고 한다
/ and recapture it / without first trying to evaluate it.
그리고 그것을 되찾으려고 　 그것을 평가하려고 먼저 시도하지 않고

(C) [3]In contrast, / those [who survive a traumatic experience] /
대조적으로 　 사람은 　　 큰 충격을 주는 경험을 견디는
usually avoid similar situations / at all costs, //
비슷한 상황을 보통 피한다 　　 어떤 대가를 치르더라도
which sometimes ties them / into emotional knots.
이는 때때로 그들을 옭아맨다 　　 감정의 매듭으로

[4]At those times, / reflective thinking enables you / to distance yourself /
그럴 때 　　 성찰하는 사고는 ~할 수 있게 한다 　　 스스로 거리를 두게
from the intense emotions (of particularly good or bad experiences) /
강렬한 감정에서 　　　 특히 좋거나 나쁜 경험의
and see them with fresh eyes.
그리고 그 감정을 새로운 시각으로 보게

(A) [5]It involves stepping back / from the immediate influence of emotions /
성찰하는 사고는 한 걸음 물러나 생각하는 것을 포함한다 　　 감정의 즉각적인 영향에서
to analyze past events or situations / with objectivity and clarity.
과거의 사건이나 상황을 분석하기 위해 　　 객관성과 명료성을 가지고

[6]You can see the thrills of the past / in the light of emotional maturity /
과거의 전율을 이해할 수 있다 　　　 감정의 성숙에 비추어
and examine tragedies / in the light of truth and logic.
그리고 비극을 확인할 (수 있다) 　 진실과 논리의 관점에서

(B) [7]That process can help a person / to stop carrying around /
그 과정은 개인을 도울 수 있다 　　 가지고 다니는 것을 멈추도록
a bunch of negative emotional baggage.
많은 부정적인 감정의 짐을

[8]Any feeling [that can stand up to the light of truth /
어떤 감정이라도 　　 진실에 비추어 맞설 수 있는
and can be sustained over time] / has emotional integrity /
그리고 시간이 지나도 지속될 수 있는 　　 감정적 온전함을 가진다
and is therefore worth dedicating your heart and mind to.
그러므로 마음과 정신을 전념할 가치가 있다

전문해석 [1]감정의 순간이 한창일 때 좋은 관점을 가지고 있는 사람은 거의 없다. [2]경험의 전율을 즐기는 대부분의 사람은 먼저 평가하려고 시도하지 않고 과거로 돌아가 전율을 되찾으려고 한다. (C) [3]이와 대조적으로 큰 충격을 주는 경험을 견디는 사람은 어떤 대가를 치르더라도 비슷한 상황을 보통 피하는데, 이는 때때로 그들을 감정의 매듭으로 옭아맨다. [4]그럴 때 성찰하는 사고는 특히 좋거나 나쁜 경험의 강렬한 감정에서 거리를 두고 새로운 시각으로 볼 수 있게 해준다. (A) [5]성찰하는 사고는 객관성과 명료성

Stage 1 정답 찾아가기

다의어 Check **1** ⓐ 볼 수 있는 경치 ⓑ 판단 방식

Q 주어진 글은 과거에 경험한 전율을 사람들이 계속해서 느끼고 싶어 한다는 내용이다. (C)는 In contrast로 시작하여, 반대로 충격적인 경험이 있는 사람들은 과거의 경험을 떠올리지 않으려 한다는 내용으로, 과거의 경험을 다시 원하는 반응인 주어진 글 바로 뒤에 와야 한다. (C)는 감정에서 거리를 두는 방법으로 reflective thinking(성찰하는 사고)을 소개하는데, (A)에서 이 방법을 It으로 받으며 내용을 상세히 설명한다. (B)는 (A)에서 설명한 사고의 과정을 That process로 받아, 이러한 생각이 감정의 짐을 줄이고 진실하고 온전한 감정만 남긴다고 글을 마무리한다. 따라서 글의 순서로 알맞은 것은 ④ '(C) - (A) - (B)'이다.

Stage 2 한 문장씩 뜯어보기

1 ⓐ | 명확하게 생각하다 ⓑ 주의 깊게 듣다 ⓒ 좋은 점을 이야기하다

2 ⓑ | 사람들은 전율을 주는 경험을 때로는 가치를 먼저 판단하지 않고 그러한 경험을 **반복하려고** 시도한다.
ⓐ 주다 ⓒ 무시하다 • seek to-v v하려고 시도하다

3 ⓒ | 그들이 감정의 **고통을** 겪게 하다 ⓐ 그들이 더 즐겁고 안정적으로 느끼게 하다 ⓑ 그들이 감정적으로 더 강인해지도록 돕다

4 ⓒ | 개인이 **감정적 경험을** 쫓거나 피하는 순간에
ⓐ 비통의 시기 ⓑ 침착하게 유지하기
• grief 비통, 큰 슬픔

5 ⓑ | 성찰하는 사고 ⓐ 강렬한 감정 ⓒ 좋거나 나쁜 경험
해설 It은 감정의 영향에서 벗어나 과거의 일을 객관적이고 명료하게 분석하는 것이라고 했다.

6 (a): 2 (b): 3
해설 (b) 문장 3의 a traumatic experience를 가리킨다.

7 ⓐ | 과거의 감정에 의해 부정적으로 영향을 받는 것
ⓑ 어려운 감정을 전혀 다루지 않는 것
ⓒ 모든 부정적인 경험을 빨리 잊는 것

8 has, is
해설 that ~ over time은 Any feeling을 수식하는 주격 관계대명사절이고, 동사 has와 is가 and로 병렬 연결된 구조다.

으로 과거의 사건이나 상황을 분석하기 위해 감정의 즉각적인 영향에서 한 걸음 물러나 생각하는 것을 포함한다. ⁶그러면 성숙해진 감정을 통하여 과거의 전율을 이해할 수 있고, 진실과 논리의 관점에서 비극을 확인할 수 있다. (B) ⁷그 과정은 개인이 부정적인 감정의 짐을 가득 가지고 다니는 것을 멈추도록 도울 수 있다. ⁸어떤 감정이든 진실에 비추어 맞서 견딜 수 있고 시간이 지나도 지속될 수 있으면 감정적으로 온전하므로 마음과 정신을 전념할 가치가 있다.

우리는 긍정적이든 부정적이든 감정에 (A) 영향을 받는다. 성찰하는 사고는 과거 사건을 (B) 객관적으로 분석함으로써 도움이 되고 우리는 가치 있게 여길 만한 (C) 지속하는 감정을 발견하게 된다. • discard 버리다

해설 (A) 주어인 우리(we)가 감정에 '영향을 받는' 것이므로 과거분사 influenced로 바꾸어 써야 한다.
(B) 동명사 analyzing을 수식하므로 부사 objectively로 바꾸어 써야 한다.

함께 풀면 좋은 기출문제

p. 141

1 ③

해석 많은 사람들은 신체 움직임이 때때로 부정적인 감정을 떨쳐버릴 수 있다는 것을 발견한다. 만약 우리가 부정적으로 느끼고 있다면, 일상생활에서 (A) 활동적이고 싶어 하는 것을 멈추기가 매우 쉬울 수 있다. 이것은 우울증을 겪는 많은 사람들이 또한 늦잠을 자고 외출이나 운동을 하려는 동기가 없는 이유이다. 불행히도 이러한 운동 (B) 부족이 실제로 많은 부정적인 감정을 악화시킬 수 있다. 운동과 움직임은 우리가 부정적인 에너지를 제거하기 시작하는 훌륭한 방법이다. 많은 사람들은 화가 날 때 운동을 하거나 청소를 하고 싶은 상태가 된다는 점을 깨닫는다. 이것은 사실상 여러분이 해야 할 매우 건강하고 긍정적인 일이며, 그것들(부정적인 감정)이 더 이상 여러분의 삶에 영향을 미치지 않고 관계를 해치지 않도록 자신의 부정적인 감정들을 (C) 해체하기 시작하는 훌륭한 방법이다.

어휘 dispel 떨쳐버리다   active 활동적인(↔ inactive 활동적이지 않은)   depression 우울증 *cf.* depress 우울하게 만들다   sleep in 늦잠을 자다   excess 과다(↔lack 부족)   compound 악화시키다; 혼합물   get rid of ~을 제거하다   deconstruct 해체하다

해설 (A) 다음 문장에서 우울증을 겪는 사람들이 늦잠을 자거나 외출과 운동을 하지 않으려고 한다고 했다. (A) 앞에 stop wanting to stay가 있으므로 '활동적이지 않은'이라는 의미가 되려면 (A)에 active(활동적인)가 알맞다. 이런 경향은 운동 '부족'이므로 (B)에는 lack(부족)이 알맞다. 후반부에서 몸을 움직이는 것은 건강한 행동이라고 했고 부정적 감정을 제거해야 한다는 문맥이 자연스러우므로 (C)에는 deconstruct(해체하다)가 알맞다.

2 ⑤

해석 컨설팅 회사 맥킨지에 따르면 지식 근로자는 정보를 찾고, 이메일에 답장하고, 다른 사람들과 협력하는 데 자신들의 시간 중 최대 60퍼센트를 사용한다. (C) 사회 공학적 기술을 이용함으로써 그런 노동자들은 생산성을 최대 25퍼센트 높일 수 있다. 더 열심히 그리고 더 오래 일하는 것을 통한 생산성 증진의 필요성에는 한계가 있고 사람들의 희생이 따른다. (B) 해결책은 사람들이 더 똑똑하게 일할 수 있게 해 주는 것인데, 단순히 말만 하는 것이 아니라 스마트 기기와 개선된 과정을 가동함으로써 사람들이 향상된 수준에서 업무를 할 수 있도록 하는 것이다. (A) 그렇게 하는 것을, 기술의 도움을 통해 막강한 힘을 부여받은, 즉 로봇의 도움을 받는 인간으로 생각해 보라. 우리가 점점 더 정교한 과업을 수행하는 동안, 지루한 일은 로봇에게 의존함으로써 우리 일은 질이 높아진다.

어휘 collaborate 협력하다   assist 돕다; 도움(= aid)   enrich 질을 높이다; 풍요롭게 하다 sophisticated 정교한; 교양 있는   in place 가동 중인; 제자리에   enhance 향상시키다, 높이다 productive 생산적인 *cf.* productivity 생산성   gain 증진, 증가; 얻다   toll 희생; 사상자 수; 통행료

해설 주어진 글은 지식 근로자가 많은 시간을 정보 찾기, 이메일 답장, 협업에 사용하고 있다는 내용이다. (C)의 those workers가 주어진 글의 지식 근로자를 지칭하며, 사회 공학적 기술을 이용해 생산성을 더 높일 수 있다고 해야 자연스럽다. 그리고 더 열심히, 더 오래 일하는 것은 한계가 있고 희생이 따른다고 했으며, 이에 대한 해결책 (The solution ~ enable O to-v)을 (B)에서 제공한다. 여기서 언급된 스마트 기기와 개선된 과정을 활용하여 인간이 어떻게 더 나은 성과를 낼 수 있는지 (A)에서 설명하고 있다. 따라서 글의 순서로 알맞은 것은 ⑤ '(C) - (B) - (A)'이다.

Stage 1　다의어 Check 1 ⓑ　2 ⓐ
　　　　　INTRO Q ②　Q ③
Stage 2　1 ⓐ　2 ⓐ　3 questions　4 ⓒ　5 ⓑ
Stage 3　(A) limits　(B) recognize　(C) equate

1Have you ever known someone [who, / no matter what the question is,
　　(~한) 사람을 아는가　　　　　　　　　질문이 무엇이든
/ always has an answer]?
　항상 답을 알고 있는

2The mailman, / Cliff Clavin of the sitcom *Cheers*, / comes to mind here.
　우체부가　　　　시트콤 <치어스>의 클리프 클라빈　　　떠오른다

3On the show, / Cliff appeared to be utterly incapable of saying //
　그 프로그램에서　　　클리프는 말하는 것이 전혀 불가능한 것 같다
"I don't know."
　"모르겠어"(라고)

4For Cliff / and for the rest of us in real life, / this obsession
　클리프에게　그리고 실생활에서 우리 모두에게　　　이런 강박관념은
(with providing answers) / is connected to difficulty in learning, //
　대답하는 것에 대한　　　　　　학습의 어려움과 연결되어 있다
as we have, / in our society, / whole systems /
　우리가 가지므로　　사회에서　　　제도 전반을
for the **object** of qualifying answers.
　　　대답을 평가하는 **목적**으로

5These systems are integrated / throughout our entire educational
　이런 제도는 통합된다　　　　　　　교육과정 전반에 걸쳐
process / as grading.
　　　성적으로

6What if, / on the other hand, / we had a system
　만약 (~라면 어떨까)　반면　　　제도가 있다(면)
(of qualifying the best questions)?
　최고의 질문을 평가하는

7What if we had teachers and leaders [who convened sessions
　우리에게 선생님과 지도자가 있다면 (어떨까)　　수업(또는 회의)을 하는
[in which questions would be listened to / and those (deemed "best")
　질문에 귀를 기울이는　　　　　　그리고 질문이　'최고'라고 여겨지는
/ would be **acknowledged** and acted upon]]?
　인정받고 실행되는

8Would this lead to a new opening (for learning), / to a context
　이것이 새로운 기회로 이어질까　　　학습을 위한　　환경으로
[in which learning would flourish]?
　학습이 성공할

9I say // it would.
　나는 생각한다　그럴 것이라고

10But we'll never move / in that direction // as long as we think /
　하지만 결코 나아가지 않을 것이다　　그 방향으로　　우리가 생각하는 한
learning and knowing have / to do primarily with "having the answers."
　학습과 지식이　　　　　주로 '답을 아는 것'과 관련이 있다고

Stage 1　정답 찾아가기

Q 도입부에 나오는 시트콤 등장인물은 질문에 답해야 하는 강박감에 대한 예시이다. 이 점이 교육 제도에도 해당되어, 대답을 평가하는 교육 제도가 학습을 어렵게 하는 점을 비판하고, What if로 시작하는 질문들과 그에 대한 긍정의 답변(I say it would)을 통해 답이 아니라 좋은 질문을 평가하는 제도가 성공적인 학습으로 이어질 것이라고 주장한다. 따라서 필자가 주장하는 바로 가장 적절한 것은 ③ '학생들이 말하는 정답보다 수준 높은 질문에 중점을 두어야 한다.'이다.

① 질문이 중요하다는 내용이지만 교사의 질문이 아니라 학생의 질문에 대한 내용임
② 대답이 아닌 질문을 강조하는 내용임
④ 협동해서 답을 찾는 것은 글의 내용과 관련 없음
⑤ 긍정적인 피드백에서 생기는 자신감은 글의 내용과 관련 없음

Stage 2　한 문장씩 뜯어보기

1　ⓐ
해설 모른다고 말하기가 불가능하다는 것은 즉 모든 질문에 어떻게든 대답한다는 의미다.

2　ⓐ | 교육에서 정답을 추구하는 경향
ⓑ 학습에 이중적인 영향을 미치는 강박적 습관 ⓒ 답을 찾고자 하는 끈기의 중요성　• persistence 끈기
해설 문장 4에서 대답에 대한 강박이 학습의 어려움과 연결되어 있다고 했고, 문장 5에서 대답을 성적으로 평가하는 교육과정을 언급했다. 따라서 정답을 추구하는 것에 초점을 맞추는 교육 실태를 비판하는 내용이다.

3　questions
해설 앞 내용이 수업 시간에 질문을 귀 기울여 듣는다는 것이므로 최고로 여겨지고 인정받는 대상은 '질문'이다.

4　ⓒ
해설 문장 9의 it would 뒤에는 문장 8((Would) this ~ flourish)과 동일한 내용이 생략되었으며, 질문을 듣고 평가하는 제도가 새로운 학습 기회와 학습이 성공할 환경으로 이어질 것이라고 주장한다.

5　ⓑ | 대답에 대한 필요성보다 최고의 질문을 우선시하는 것이 학습을 향상한다. ⓐ 대답하는 것 ⓒ 간과하는 것

전문해석 [1]질문이 무엇이든 항상 답을 알고 있는 사람을 아는가? [2]시트콤 <치어스>의 우체부 클리프 클라빈이 떠오른다. [3]그 프로그램에서 클리프는 "모르겠어"라고 말하는 법을 전혀 모르는 것 같았다. [4]클리프를 비롯하여 실생활의 우리 모두에게 대답해야 한다는 강박관념은 학습의 어려움과 연결되어 있는데, 우리가 사회에서 대답을 평가할 목적으로 제도 전반을 가지기 때문이다. [5]이런 제도는 교육과정 전반에 걸쳐 성적으로 통합된다. [6]반면 최고의 질문을 평가하는 제도가 있다면 어떨까? [7]질문에 귀를 기울이고 '최고'라고 여겨지는 질문이 인정받고 실행되는 수업이나 회의를 하는 선생님과 지도자가 있다면 어떨까? [8]이것이 학습을 위한 새로운 기회, 학습이 성공할 환경으로 이어질까? [9]나는 그럴 것이라고 생각한다. [10]하지만 학습과 지식이 '답을 아는 것'과 주로 관련이 있다고 생각하는 한 결코 그 방향으로 나아가지 않을 것이다.

언제나 대답해야 한다는 우리의 강박은 학습을 (A) 제한한다. 학습이 성공하도록 도우려면 최고의 질문을 (B) 인정해야 하며, 단지 정답을 아는 것과 학습을 (C) 동일시해서는 안 된다. • thrive 성공하다; 번창하다 equate A with B A를 B와 동일시하다 mistrust 불신하다

해설 (A) 문장의 주어는 Our obsession이므로 단수동사 limits로 바꾸어 써야 한다.

(B) (C) 조동사 should 뒤에 동사구 recognize the best questions와 equate ~ right answers가 병렬 구조를 이루므로 동사원형 그대로 쓴다.

함께 풀면 좋은 기출문제

p. 142

1 ⑤

해석 자신감 있는 리더들은 기본적인 질문, 즉 당신이 아직 답을 알지 못해서 창피하게 느낄 수도 있는 질문을 하는 것에 대해 두려워하지 않는다. 당신이 무엇인가를 알지 못한다면, 그것을 가능한 한 빨리 인정하고 즉시 조치를 취하라. 즉, 질문을 하라. 만약 당신이 주지사가 누구인지 혹은 물 분자에 몇 개의 수소 원자가 있는지를 잊어버렸다면, 조용히 친구에게 어떻게든 물어보고, 숨기기를 그만두고, 조치를 취하라. 역설적이게도, 당신이 기본적인 질문을 할 때 다른 사람들에게 더 똑똑하다고 인식될 가능성이 높다. 그리고 더 중요하게는, 당신은 결국 인생을 살아가면서 훨씬 더 많은 것을 알게 될 것이다. 이러한 접근법은 만약 당신이 아는 것보다 더 많은 것을 아는 척하는 흔한 행동을 했을 때 당신이 이룰 수 있는 성공보다, 당신을 좀 더 성공적으로 만들 것이다. 훌륭한 리더를 만들어 내기 위해서 유능한 교사들은 학생들이 그러한 기본적인 질문을 하도록 격려하고, 권유하며, 심지어 강요한다.

어휘 admit 인정하다 take action 조치를 취하다, 행동에 옮기다 hydrogen 수소 atom 원자 molecule 분자 one way or the other 어떻게든 paradoxically 역설적으로 perceive 인식하다 employ (기술, 방법 등을) 쓰다, 이용하다 invite 권유하다; 초대하다; 초래하다 force 강요하다; 힘 fundamental 기본적인, 근본적인(= basic) [선택지] attitude 마음가짐, 태도; 사고방식 triumph 승리

해설 빈칸에는 성공을 이룰 수 있는 행동보다 못한 행동에 관한 내용이 들어가야 하므로, 글에서 주장하는 접근법과 상반된 내용을 찾아야 한다. 이 글은 자신이 모르는 것을 빨리 인정하고 질문을 통해 해결하는 것이 더 똑똑해 보이며 더 많은 것을 알게 된다고 이야기하고 있다. 빈칸 포함 문장은 이러한 태도가 '아는 척하는 것보다' 성공적이라는 의미가 적절하므로 빈칸에 알맞은 것은 ⑤ 'pretending to know more than you do(당신이 아는 것보다 더 많은 것을 아는 척하는)'이다.

① 다른 사람들에게 배려심을 보이는 것
글의 내용과 관련 없음

② 자신이 완벽하지 않다는 것을 인정하는 것
글의 핵심 주제와 관련 있으나 빈칸에는 주제와 상반되는 내용이 들어가야 하므로 적절하지 않음

③ 현실에 대한 승리를 느끼고 싶어 하는 것
글의 내용과 관련 없음

④ 어떤 반대 의견에도 논쟁하는 것
글의 내용과 관련 없음

2 ③

해석 나는 균류가 더 크기가 큰 상대방보다 조금 더 앞서 '생각한다'고 짐작한다. 나무들 사이에서 각각의 종은 다른 종들과 경쟁한다. 중부 유럽이 원산지인 너도밤나무가 그곳 대부분의 숲에서 우세하게 나타날 수 있다고 가정해 보자. 이게 정말 이점일까? 만약 대부분의 너도밤나무를 감염시켜 죽게 만드는 새로운 병원균이 나타나면 어떻게 될까? 그런 경우, 주변에 참나무, 단풍나무 또는 전나무와 같은 일정한 수의 다른 종이 계속 자라서 새로운 세대의 어린 너도밤나무가 싹을 틔우고 자라는 데 필요한 그늘을 제공한다면 더 유리하지 않을까? 다양성은 오래된 숲에 안전을 제공한다. 균류도 또한 안정적인 조건에 매우 의존하기 때문에, 그것들은 한 종의 나무가 우세해지지 않도록 확실히 하기 위해 땅속에서 다른 종을 지원하고 그것들이 완전히 쇠퇴하지 않도록 보호한다.

어휘 victorious 우세한; 승리한 come along 나타나다, 생기다; 함께 가다 infect 감염시키다 advantageous 유리한 cf. advantage 이점 shade 그늘 sprout 싹을 틔우다 security 안전 dependent 의존하는 stable 안정적인 cf. stability 안정(성) collapse 쇠퇴; 붕괴; 붕괴하다 dominate 우세하다; 지배하다 cf. dominance 우세; 지배 [선택지] invasion 침입, 침략 eager to-v 열렬히 v하고 싶은; v하기를 열망하는 indifferent 무관심한 regenerate 재생하다 territory 영토

해설 밑줄 친 부분은 글에서 말하고자 하는 균류의 특징을 나타낸다. 너도밤나무가 전반적으로 우세하다고 가정하는 문장 이후, 이로 인한 이점과 상황에 대한 질문(what if ~?, would ~ (if) ~?)을 던지는 방식으로 전개한다. 너도밤나무만 있는 것보다는 다양한 종이 있는 것이 유리하기 때문에, 균류는 한 종이 숲을 지배하지 않도록 숲의 다양성을 보존한다고 했다. 따라서 밑줄 친 부분의 의미로 알맞은 것은 ③ 'aware that diversity leads to the stability of forests(다양성이 숲의 안정을 가져온다는 것을 알고 있는)'이다.

① 외래종 침입에 책임이 있는 외래종은 언급되지 않음

② 한 종의 우세를 열렬히 돕고 싶은
균류는 다양한 종을 지원한다고 했으므로 글의 내용과 반대됨

④ 숲이 쇠퇴 후 재생하는 것을 돕는 데 무관심한
숲의 다른 종을 지원하고 쇠퇴로부터 보호한다고 했으므로 글의 내용과 반대됨

⑤ 그들의 영토가 다른 종에 의해 점령되지 않도록 주의하는
균류가 자신의 영역을 보호하는 것이 아니라 숲의 다양성을 보존한다는 내용이므로 적합하지 않음

Stage 1   다의어 Check 1 ⓑ 2 ⓐ
          INTRO Q ① Q ② OUTRO Q ②
Stage 2   1 ⓒ 2 ⓒ 3 ○ 4 ⓑ 5 ⓐ
Stage 3   (A) accessibility (B) compulsive (C) mainstream

---

¹The addictive pull of gaming / has only been strengthened
게임의 중독적 매력은   개선에 의해서만 강력해졌다

by improvements (in games' graphics, audio quality, realism, speedier
게임의 그래픽, 오디오 품질, 현실감, 더 빠른 다운로드의

downloads, / and all-the-time-everywhere availability (through mobile
그리고 언제 어디서나 이용할 수 있음의   모바일 기기를 통한

devices)).

²Undoubtedly, / availability is a key factor (in all forms of addiction),
의심할 여지 없이   이용 가능성은 핵심 요소다   모든 형태의 중독의

according to Douglas Gentile, / a distinguished professor of psychology
더글러스 젠틸레의 말에 따르면   심리학과의 저명한 교수

(at Iowa State University).
아이오와 주립 대학의

³"If there isn't a game available / on your device, /
"만약 이용할 수 있는 게임이 없다면   (전자) 기기에

you're not going to get addicted to it," // he stated in an interview.
게임에 중독되지 않을 것입니다"   그가 인터뷰에서 말했다

(⁴Likewise, / no matter how far you are from games, //
마찬가지로   게임에서 아무리 멀리 떨어져 있어도

resisting the temptation is never easy.)
유혹을 참기는 절대 쉽지 않다

⁵With games / "more available and ubiquitous / on every screen
게임으로 인해   '더 많이 이용할 수 있고 어디에나 있는   모든 화면에서

[that we have around us]," / he says, // compulsive playing /
우리 주변에 있는'   그는 말한다   강박적인 플레이는

is likely to continue to grow.
계속해서 늘어날 가능성이 있다

⁶Indeed, / transforming gaming / into a ubiquitous **presence**, /
실제로   게임을 변화시키는 것은   어디에나 **존재하는 것**으로

an obsession and "addiction" for everyone, /
(즉) 모든 사람에게 집착과 '중독'

has been the gaming industry's stated goal / for the last decade.
게임 산업의 명시된 목표였다   지난 10년 동안

⁷The idea has been to expand markets /
이 개념은 시장을 확장하는 것이었다

beyond small **reserves** (of enthusiastic gamers) /
소규모 **보유**를 넘어   게임에 열정적인 사람의

into the entertainment mainstream — / to "sell to more people /
오락의 주류로   '더 많은 사람에게 판매하는 것

rather than sell more and more to less people," //
더 적은 사람에게 점점 더 많이 판매하는 것 대신'

as Nintendo executive Cammie Dunaway has described it.
닌텐도의 임원 캐미 더너웨이가 묘사한 것처럼

Stage 1 정답 찾아가기

INTRO Q ① 게임 중독을 조장하는 이용 가능성의 역할
② 게임과 다른 중독 형태의 비교 • foster 조장하다; 기르다

Q 글의 도입부에서, 언제 어디서든 게임을 실행할 수 있을 때 게임에 쉽게 중독된다고 하였으나 ②의 다음 문장은 게임을 멀리 해도 게임의 유혹이 있다는 내용으로 맥락이 반대되며, 문장을 이끄는 Likewise와도 맞지 않는다. 이어지는 ③에서 게임을 당장 이용할 수 있을 때 중독성이 강해진다는 흐름으로 다시 돌아오므로 ②는 글의 흐름과 무관하다.

Stage 2 한 문장씩 뜯어보기

1 ⓒ | 지속적이고 어디에나 있는 ⓐ 완전히 최신의
ⓑ 특정 시기에 인기 있는 • up to date 최신의

2 ⓒ | 게임에 쉽게 접근할 수 있다면 게임에 중독될 가능성이 더 크다. ⓐ 일시적으로 ⓑ 거의 ~ 않다

3 ○
해설 문장의 주어가 동명사구 transforming ~ presence이므로 동사는 단수형을 써야 한다. for (~동안)가 이끄는 전명구와 함께 과거부터 현재까지 지속하는 의미이므로 현재완료 has been은 알맞게 쓰였다.

4 ⓑ | 더 헌신적인 집단 ⓐ 더 일반적인 대중 ⓒ 더 다양한 관객 • dedicated 헌신적인
해설 더 적은 사람에게 많이 판매하는 대신 더 많은 사람에게 판매하는 것이 게임 산업의 목표라는 내용이므로 더 적은 사람이란 문장 7의 enthusiastic gamers, 즉 게임을 열정적으로 좋아하는 특정 집단을 말한다.

5 ⓐ | 닌텐도는 더 일반적인[폭넓은] 고객의 흥미를 끌어옴으로써 시장을 확장하는 것이 목표다.
ⓑ 선별된 ⓒ 성인이 된

Stage 3 요약하기
게임 중독은 기술의 발전과 지속적인 (A) 접근성으로 인해 증가했으며 더 (B) 강박적인 플레이로 이어졌는데, 이는 게임 시장을 (C) 주류 오락으로 확장하려는 게임 업계의 의도적인 전략이다. • deliberate 의도적인
해설 (A) 전치사 due to의 목적어 자리이므로 명사가 와야 한다. 따라서 형용사 accessible을 명사 accessibility로

¹게임의 중독적 매력은 그래픽, 오디오 품질, 현실감, 더 빠른 다운로드, 그리고 모바일 기기로 언제 어디서나 이용할 수 있는 정도 측면에서의 개선에 의해서만 강력해졌다. **²**아이오와 주립 대학 심리학과의 저명한 교수 더글러스 젠틸레에 따르면, 의심할 여지 없이, 이용 가능성은 모든 형태의 중독에서 핵심 요소다. **³**그는 인터뷰에서 "만약 전자 기기에 이용할 수 있는 게임이 없다면 중독되지 않을 것입니다"라고 말했다. (**⁴**마찬가지로 게임에서 아무리 멀리 떨어져 있어도 유혹을 참기란 절대 쉽지 않다.) **⁵**'우리 주변에 있는 모든 화면에서 더 많이 이용할 수 있고 어디에나 있는' 게임으로 인해 강박적인 플레이는 계속해서 늘어날 것이라고 그는 말한다. **⁶**실제로 게임을 어디에나 존재하는 것, 즉 모든 사람에게 집착과 '중독'으로 변화시키는 것이 지난 10년 동안 게임 산업의 명시된 목표였다. **⁷**닌텐도의 임원 캐미 더너웨이가 묘사한 것처럼, 이 개념은 게임에 열정적인 소규모의 사람을 넘어서 오락의 주류로 (게임) 시장을 확장하는 것, 다시 말해 더 '적은 사람에게 점점 더 많이 판매하는 대신 더 많은 사람에게 판매하는 것'이었다.

바꾸어 쓴다. 명사 technological advancements와 constant accessibility가 and로 병렬 연결되었다.

함께 풀면 좋은 기출문제 p. 143

1 ⑤

해석 운동 중독 전문가인 캐서린 슈라이버와 레슬리 심은 아마도 스마트 워치와 건강 추적기가 주로 앉아서 지내는 사람들이 운동을 시작하도록 격려해 왔고 크게 활동적이지 않은 사람들이 더 지속적으로 운동을 하도록 장려해 왔을 것이라고 인정했다. 그러나 그들은 그 기기들이 또한 상당히 위험하다고 확신했다. 슈라이버는 숫자에 집중하면 사람들이 자신의 몸과 조화를 이루지 못하게 된다고 설명했다. 운동은 머리를 쓰지 않는 일이 되는데, 그것이 중독의 '목표'이다. 그녀가 언급했던 이 '목표'는 일종의 무의식적 분별없음, 즉 의사 결정을 기기에 위임하는 것이다. 그녀는 지친 몸에 귀 기울이지 않고 대신에 터무니없는 운동 목표를 향하여 계속해서 달렸기 때문에 최근 발에 피로 골절을 입었다. 슈라이버는 중독적인 운동 성향으로 고통을 겪어 왔고, 운동할 때 웨어러블 기기를 사용하지 않기로 맹세했다.

어휘 inspire 격려하다　take up 시작하다　consistently 지속적으로　convince 확신시키다, 설득하다　separate A from B A를 B와 분리하다　in tune with ~와 조화를 이루는　mindless 머리를 쓸 필요가 없는 *cf.* mindlessness 분별없음　mindlessly 무심코　automatic 무의식적인; 자동의　outsource 외부에 위탁하다　sustain (피해를) 입다; 유지하다　stress fracture 피로 골절　overwork 지치게 하다, 과로시키다; 과로　workout 운동 *cf.* work out 운동하다　vow 맹세하다; 맹세　[선택지] fit 건강한

해설 글의 도입부는 스마트 워치나 건강 추적기 같은 기기들이 사람들의 운동량을 늘려주는 긍정적인 측면도 있다고 했지만, But으로 시작하는 문장에서 흐름이 전환되어 기기 사용에 중독되어 수치 목표에 집착하면 몸 상태를 제대로 확인하지 않은 채 운동을 하게 된다는 부정적인 측면도 있다고 했다. 따라서 글의 제목으로 알맞은 것은 ⑤ 'Setting a Workout Goal with Technology Isn't Always Right(기술로 운동 목표를 세우는 것이 항상 옳은 것은 아니다)'이다.

① 건강을 유지하고 싶다면 의자에서 일어나라
　스마트 기기가 주로 앉아서 지내는 사람들의 운동량을 증가시킨다고 했지만, 글의 주요 내용은 아님
② 중독은 깨지지 않는 습관의 또 다른 이름이다
　습관이 중독이 된다는 것은 글의 내용과 관련 없음
③ 스트레스 상황에 무심코 대응하지 마라
　글의 내용과 관련 없음
④ 더 나은 삶을 위해 첨단 기술을 사용할 때이다
　운동할 때 기술 활용의 부정적인 측면을 다루는 글의 내용과 상반됨

2 ③

해석 인간을 닮은 돌봄 로봇들에 대한 반응으로, 비평가들은 인간과 로봇 사이의 상호 작용이 치매 환자들에게 도덕적 위험을 만들어 낸다고 비난할지도 모른다. 비록 속임수가 가치 있는 목표를 달성할 때 때때로 허용된다고 하더라도, 취약한 사용자들에게 그것이 허용되어야 할까? 로봇 친구가 있는 자폐성 스펙트럼을 가진 아이들이 로봇을 친구로 생각하도록 쉽게 속을 수 있는 것처럼, 인지 결함이 있는 노인들도 그럴 수 있다. UMD의 교수인 알렉시스 엘더에 따르면, 로봇은 진정한 우정보다 못한 '가짜' 친구이다. 비슷한 맥락으로 생각하자면, 소노마 주립 대학교 교수인 존 슐린스는 로봇이 '순진한 사용자들에 의해서조차도 진짜가 아닌 것으로 쉽게 구별될 수 있도록 상징적이거나 만화같이 남아 있어야' 한다고 주장한다. 적어도 그러면 아무도 속지 않는다. 로봇을 명백히 가짜로 만드는 것은 또한 소위 '불쾌한 골짜기'라는 것을 피하게 하는데, 로봇이 우리를 완전히는 아니지만 아주 가깝게 닮았기 때문에 무섭다고 인지되는 현상이다. 로봇 속임수에 대한 다른 비평가들은 돌봄을 받는 사람들이 로봇이 돌봐 준다고 생각하도록 속일 때, 이것이 선을 넘고 인간의 '존엄성'을 침해한다고 주장한다.

어휘 charge 비난하다; 청구하다; 요금　moral 도덕적인　hazard 위험　deception 속임수　vulnerable 취약한　fool 속이다; 바보(같은)　cognitive 인지의　deficit 결함　reason 생각하다; 이유　hold ~라고 생각하다; 잡다　iconic 상징적인　synthetic 진짜가 아닌; 인조의　unsophisticated 순진한; 세련되지 못한　uncanny 불쾌한　recipient (어떤 것을) 받는 사람, 수령인　violate 침해하다, 위반하다　dignity 존엄성　[선택지] surpass 능가하다　nursing 간호, 간병　ethical 윤리적인　era 시대　medical checkup 건강검진

해설 전문가의 말을 인용하여, 돌봄 로봇이 치매나 자폐 등을 앓는 사람에게 로봇이 아니라 인간처럼 받아들여질 때 도덕적으로 위험하거나 존엄성을 침해할 수 있다고 주장하고 있다. 또한 사람과 지나치게 닮은 로봇은 우리를 불쾌하게 한다고 했다. 따라서 글의 제목으로 알맞은 것은 ③ 'Why Robots for Vulnerable People Should Look Like Robots(취약 계층을 위한 로봇이 로봇처럼 보여야 하는 이유)'이다.

① 인간의 존엄성 보호의 중요성　인간의 존엄성 보호가 주요 내용의 일부지만 핵심 소재인 돌봄 로봇을 포함해야 함
② 로봇은 간호직에서 인간을 능가할 수 없다
　로봇과 인간의 역량을 비교하는 내용이 아님
④ 로봇은 인간과의 상호작용을 통해 윤리적 행동을 배울 수 있을까?　로봇의 윤리성에 대한 내용이 아님
⑤ 헬스케어 로봇이 온라인 건강검진 시대를 열다
　건강검진에 대한 내용이 아님

| Stage 1 | 다의어 Check 1 ⓑ |
| INTRO Q ②　Q ⑤ |

Stage 1　다의어 Check 1 ⓑ
　　　　　INTRO Q ②　Q ⑤

Stage 2　**1** ⓒ　**2** ⓐ　**3** If it were not for　**4** (왜냐하면) 어떤 인간 조종사도 그것(우주 왕복선)의 내재된 불안정성을 고칠 만큼 충분히 빠르게 반응할 수 없기 때문이다　**5** ⓑ　**6** ⓐ

Stage 3　(A) prediction　(B) control

---

[1]One function of mathematics is prediction.
　수학의 한 가지 기능은 예측이다

[2]By understanding the motion of heavenly bodies, / astronomers
　천체의 움직임을 이해함으로써　　　　　　　천문학자는
could predict lunar and solar eclipses, / the return of comets, /
　월식과 일식을 예측할 수 있었다　　　　　혜성의 귀환을
and the location of asteroids [that had passed behind the Sun],
　그리고 소행성의 위치를　　　　　태양 뒤로 지나간
(out of observational contact).
　관측으로 접하는 범위 밖의

[3]However, / the role of mathematics goes beyond mere prediction.
　하지만　　　　　　　수학의 역할은 단순한 예측을 넘어선다

[4]Once you understand / how a system works, // you don't have to
　일단 이해하면　　　어떤 체계가 어떻게 작동하는지
remain a passive observer.
수동적인 관찰자로 남아 있을 필요가 없다

[5]You can attempt to control the system, / to make it do // what you want.
　체계를 제어하려고 시도할 수 있다　　　그 체계가 하도록　당신이 원하는 것을

[6]Examples of control systems range / from the thermostat on a boiler,
　제어 체계의 예는 (범위가) 다양하다　　　보일러의 온도 조절 장치에서
// which keeps it at a fixed temperature, / to traffic light control systems.
　보일러를 고정된 온도로 유지하는　　　신호등 제어 체계까지

[7]The use of electronic pacemakers (to help people (with heart disease))
　전자 심장 박동 조율기의 사용은　　　사람들을 돕기 위한　심장병이 있는
/ is another example of control.
　제어의 또 다른 예다

[8]Without a **sophisticated** mathematical control system, / the space
　정교한 수학 제어 체계가 없다면　　　　　　우주 왕복선은
shuttle would fly / like a brick, // for no human pilot can
　날아갈 것이다　벽돌처럼　왜냐하면 어떤 인간 조종사도
respond quickly enough / to correct its inherent instabilities.
충분히 빠르게 반응할 수 없기 때문이다　우주 왕복선의 내재된 불안정성을 고칠 만큼

[9]It's best not to be too ambitious, though: // weather control, /
　그렇지만 너무 의욕적이지 않은 것이 최선이다　　　날씨 제어는
for example, / is in its infancy — / we can't make rain with any
　예를 들어　초기 단계에 있다　성공적으로 비를 내리게 할 수 없다
great success, / even when there are rain clouds about.
　　　　　심지어 비구름이 주위에 드리워져 있을 때도

전문해석 [1]수학의 한 가지 기능은 예측이다. [2]천체의 움직임을 이해함으로써 천문학자는 월식과 일식, 혜성의 귀환, 태양 뒤로 지나가서 관측할 수 없는 소행성의 위치를 예측할 수 있었다. [3]하지만 수학의

Stage 1　정답 찾아가기

Q 빈칸 문장이 However로 시작하므로, 앞서 언급된 수학의 역할인 예측 이외에 또 다른 역할을 추론해야 한다. 빈칸 이후 온도 조절 장치, 심장 박동 조율기 등을 예로 들어 수학을 활용한 제어 체계의 활약을 설명한다. 즉 수학을 통해 현상을 예측할 수 있을 뿐 아니라 정교한 제어 체계를 만들 수도 있다는 것을 의미하므로, 이를 종합하여 빈칸에 알맞은 것은 ⑤ 'goes beyond mere prediction (단순한 예측을 넘어서다)'이다.

① 의욕이 부족해 보이다 마지막 문장에서 의욕이 과하지 말아야 한다고 덧붙인 부분을 활용한 오답
② 일상생활에서 명확하지 않다 일상에서 사용하는 제어 체계의 예가 등장하므로 글의 내용과 반대됨
③ 이론적 개념에 한정되다 수학은 현실 세계에 다양한 영향을 미치고 있으므로 글의 내용과 반대됨
④ 위험을 제어하는 데 집중하다 수학의 역할로 현상 예측과 체계 제어가 제시되었으며 위험 제어는 언급되지 않음

Stage 2　한 문장씩 뜯어보기

1 ⓒ | 수학은 천문학자가 천문학적 사건을 **예측할 수 있게** 해준다. ⓐ 배우다 ⓑ 재현하다

2 ⓐ | 수학은 바라는 결과를 얻기 위해 체계를 **적극 제어하는** 데 또한 사용될 수 있다.
ⓑ 수동적으로 관찰하다 ⓒ 변함없이 유지하다
• invariably 변함없이, 예외 없이

3 If it were not for
해설 without 가정법은 '~이 없다면[없었더라면]'의 의미로, 가정법 과거의 의미일 때 <if it were not for, were it not for>로 바꾸어 쓸 수 있다. 문장 8의 동사 would fly가 <과거형 조동사+동사원형>의 형태이므로 가정법 과거에 해당한다.

5 ⓑ | 수학의 제어 체계의 **실생활 적용**
ⓐ 탐구되지 않은 분야 ⓒ 한계 • application 적용

6 ⓐ | 우리는 제어 체계를 전적으로 믿는 것을 피해야 한다.
ⓑ 우리는 높은 수준의 수학 체계를 받아들여야 한다.
ⓒ 우리는 의욕적인 결과에만 집중해야 한다.
• embrace 받아들이다 outcome 결과

역할은 단순한 예측을 넘어선다. [4]일단 체계가 어떻게 작동하는지 이해하면 수동적인 관찰자일 필요가 없다. [5]체계를 제어하려고 시도하여 원하는 것을 그 체계가 수행하도록 만들 수 있다. [6]제어 체계의 예는 보일러를 고정된 온도로 유지하는 온도 조절 장치에서 신호등 제어 체계까지 범위가 다양하다. [7]심장병이 있는 사람을 돕기 위한 전자 심장 박동 조율기의 사용도 제어의 또 다른 예다. [8]정교한 수학 제어 체계가 없다면 우주 왕복선은 벽돌처럼 날아갈 것인데, 어떤 인간 조종사도 우주 왕복선의 내재된 불안정성을 고칠 만큼 충분히 빠르게 반응할 수 없기 때문이다. [9]그렇지만 의욕이 과하지 않는 것이 최선인데, 예를 들어 날씨 제어는 초기 단계에 있어서, 심지어 비구름이 주위에 드리워져 있을 때도 비를 성공적으로 내리게 할 수는 없다.

수학은 천체의 사건 (A) 예측뿐만 아니라 복잡한 체계의 (B) 제어에도 도움이 되어, 다양한 과정에 효과적으로 영향을 주고 관리할 수 있게 한다.

함께 풀면 좋은 기출문제

p. 144

1 ⑤

해석 수학의 중요한 문제를 풀기 위한 가장 초기의 도전과 경쟁은 16세기와 17세기로 거슬러 올라간다. 일부 문제들은 계속해서 현대까지 수학자들을 시험하고 있다. 예를 들어, 피에르 드 페르마는 1657년에 일련의 수학적 과제들을 제시했는데, 그중 다수는 소수와 나누어떨어짐에 관한 것이었다. 현재 페르마의 마지막 정리라고 알려진 것에 대한 해답은 1990년대 후반이 되어서야 앤드루 와일즈에 의해 입증되었다. 독일 수학자인 다비드 힐베르트는 21세기에는 풀릴 것이라는 희망으로 1900년에 23개의 풀리지 않는 문제를 규정했다. 이 문제 중 일부는 풀렸지만, 나머지들은 오늘날까지도 풀리지 않았다. 더 최근인 2000년에 클레이 수학 연구소는 21세기에 풀릴 수 있을 것이라는 희망으로, 풀리지 않은 7개의 수학 문제를 지정했다. 이 7개 문제 해결에 각각 100만 달러의 상금을 줄 것이다.

어휘 issue 발표하다, 공표하다; 문제   prime number 소수 《1과 자신의 수 외에는 나눌 수 없는 숫자》 divisibility 《수학》 나누어떨어짐; 나눌 수 있음   establish (사실을) 입증하다; 설립하다   identify 규정하다; 동일시하다   institute 연구소, 협회   [선택지] glory 영광   formula 공식

해설 수 세기에 걸쳐 이어져 온 수학 문제에 대한 도전과 그 풀이에 관한 내용이다. 페르마의 마지막 정리는 시간이 흐른 뒤에 입증되었으며, 한 독일 수학자는 풀리지 않는 문제들을 미래에 풀 것으로 기대했다는 내용이 나온다. 글의 후반부에서도 여전히 해결되지 않은 수학 문제들이 미래 세대에게 과제로 남아있다고 했으므로 글의 제목으로 알맞은 것은 ⑤ 'Unsolved Math Problems Passed to Future Generations(미래 세대에 전해지는 미해결 수학 문제)'이다.

① 과거의 영광, 현재의 추악함 _과거와 현재라는 시간의 흐름이 등장하나 현재 상황이 부정적이라는 내용은 아님_

② 의심은 예상치 못한 발견을 이끄는 것이다 _글의 내용과 관련 없음_

③ 수학 공식은 다른 영역의 문제를 해결한다 _다른 영역의 문제 해결은 언급되지 않음_

④ 가장 위대한 것들을 성취한 미지의 천재들 _문제를 해결한 수학자가 언급되지만 세부 사항에 해당함_

2 ④

해석 19세기까지, 프랑스는 공간, 시간 등을 포착하기 위해 정밀하게 규정된 측정 단위의 체계를 개발했고, 다른 국가들이 동일한 기준을 채택하도록 만들기 시작했었다. 불과 반세기 후 1920년대에, 양자 역학의 발견은 포괄적이고 완벽한 측정에 대한 꿈을 영원히 무너뜨렸다. 그럼에도 인류가 완벽하게 측정하려고 추구하는 정신은 비교적 소수 집단의 물리학자를 제외하고 공학자와 과학자 사이에서 계속되었다. 정확성을 지향하는 수학과 통계학이라는 과학이 상업의 모든 영역에 영향을 미치기 시작하면서, 비즈니스의 세계에서 그 정신은 심지어 확장되었다. 그러나 지난 수십 년간의 경향과 반대로 오늘날 일어나고 있는 많은 새로운 상황에서는 부정확성, 즉, 번잡함을 허용하는 것은 단점이 아니라 긍정적인 특성이 될 수 있다. 허용 오차의 기준을 완화하는 대가로 사람은 훨씬 더 많은 데이터를 찾을 수 있다. 그것은 단순히 '더 많이가 조금보다 더 나을' 뿐만 아니라, 사실은 때때로 '더 많이가 더 좋은보다 더 훌륭하기'도 하다.

어휘 imprecision 부정확성(↔ precision 정확(성), 정밀 _cf._ precisely 정밀하게)   messiness 번잡함; 혼란스러움 _cf._ messy 지저분한, 엉망인   feature 특성, 특징   shortcoming 단점   measurement 측정 _cf._ measure 측정하다   capture 포착하다; 붙잡다; 포획   comprehensive 포괄적인   flawlessly 완벽하게, 흠잡을 데 없이   -oriented ~을 지향하는   commerce 상업   tradeoff 대가; 거래, 교환   relax 완화하다; 휴식을 취하다   allowable 허용되는   error 오차; 실수; 오류   get a hold of ~을 찾다 [구하다]; ~을 알게 되다

해설 주어진 문장은 과거의 경향과 달리 부정확성과 혼란을 허용하는 것이 오히려 장점이 된다는 내용이다. 따라서 앞에는 부정확성에 대한 부정적 시각과 그를 방지하려는 노력에 대한 내용이 오고, 뒤에는 흐름이 전환되어 부정확성의 장점이 이어질 것이다. 글의 첫 문장은 과거에 정밀한 측정을 추구했음을 설명하고, 이어서 양자 역학의 발견이 정밀성에 위기를 가져왔지만 과학자들의 노력이 계속되었고 정확성의 지향이 비즈니스까지 확대되었다는 흐름이 이어진다. 반면 ④ 뒤에서 오차의 허용을 완화하면 더 많은 데이터를 얻을 수 있다며 부정확성의 긍정적인 면을 이야기한다. 따라서 글의 내용이 반전되는 부분인 ④에 주어진 문장이 들어가는 것이 알맞다.

68 Mindset Shift

난이도 ★★★

Stage 1 다의어 Check **1** ⓑ
INTRO Q ① Q ③

Stage 2 **1** hard **2** (a): time (b): situations **3** 과거와 미래에 대한 집착과 '현재'의 부정
4 ⓒ **5** ⓑ **6** ⓐ **7** ⓑ

Stage 3 (A) Suffering (B) obsession (C) present

---

1 You may find it hard / to accept // that time is the cause
(~이) 힘들다고 생각할 수 있다   인정하기가   시간이 원인이라는 것을
(of your suffering or adversity).
고통이나 역경의

2 You believe / they are caused by specific situations in your life, //
사람들은 믿는다   삶의 특정한 상황에 의해 고통이나 역경이 생긴다(고)
and seen from a conventional viewpoint, / this is true.
그리고 일반적인 관점에서 보면   이것은 사실이다

3 But until you have confronted the basic problem-making malfunction
하지만 문제를 만드는 기본적인 오작동을 직면할 때까지
(of the mind) — / its **attachment** to past and future / and denial
마음의   과거와 미래에 대한 **집착**   그리고 '현재'의 부정
of the Now — // adversities are actually interchangeable.
역경은 사실 교체될 수 있다

4 Even if all your problems or perceived causes (of suffering or unhappiness)
비록 모든 문제나 인지된 원인이 ~하더라도   고통이나 불행의
/ were miraculously removed for you today, //
오늘 당신을 위해 기적적으로 제거된다 (하더라도)
if you had not become more present or more conscious, /
현재에 더 존재하거나 또는 (현재를) 더 의식하지 않았다면
you would soon discover yourself (with a similar set of problems or
스스로를 곧 발견할 것이다   비슷한 일련의 문제나
causes of suffering, / like a dark cloud [that follows you /
고통의 원인을 가진   먹구름처럼   당신을 따라다니는
wherever you go]).
어디를 가든

5 Ultimately, / there is only one problem, // and it lies /
결국   문제는 하나뿐이다   그리고 그 문제는 (~에) 있다
at the core of our mental processes: / the time-bound mind itself.
정신 작용의 핵심에   즉 시간에 얽매이는 마음 그 자체(라는 문제)

6 There is no answer / in time.
해답이 없다   시간에는

7 You cannot be free / in the future.
자유로울 수 없다   미래에

8 Presence is the key (to freedom), // so you can only be free now.
현재에 있음이 비결이다   자유의   따라서 오직 지금만 자유로울 수 있다

9 It is natural to believe / that suffering is caused by helplessness
믿는 것은 자연스럽다   무력함에 의해 고통이 생긴다고
/ in certain circumstances, // but in reality, / the fundamental source
어떤 상황에서   하지만 사실   불행의 근본적인 원인은
of unhappiness / is a failure (to live in the present).
실패다   현재에서 사는 것의

Stage 1 정답 찾아가기

Q 빈칸에는 정신 작용의 한 가지 문제가 와야 하므로 글에서 지적하는 문제점이 무엇인지 추론해야 한다. 도입부에서 고통의 원인이 시간이라는 것을 완곡하게 표현하고, 이어서 과거와 미래에 집착한 채 현재를 의식하지 않는다면 고통과 불행이 계속될 것이라고 했다. 즉 현재가 아닌 다른 시간에 매달리지 말라고 주장하므로, 빈칸에 알맞은 것은 ③ 'the time-bound mind itself(시간에 얽매이는 마음 그 자체)'이다. 빈칸 뒤에서도 현재에 있을 때만 자유로울 수 있으며 현재를 살지 못하면 불행하다고 했으므로 빈칸의 단서를 찾을 수 있다.

① 현재 상황 현재가 중요하다는 내용으로 고통과 불행의 원인을 말하는 빈칸에 들어갈 내용과 상반됨
② 미지에 대한 두려움 미래에만 해당이 되므로 빈칸에 적절하지 않음
④ 결과에 대한 집착 글의 내용과 관련 없음
⑤ 피할 수 없는 시간의 흐름 과거와 미래에 집착하고 현재를 부정하는 것이 문제의 원인이며, 시간의 흐름을 피할 수 없는 것이 문제라고 언급하지 않음

Stage 2 한 문장씩 뜯어보기

1 hard
해설 SVOC문형에서 가목적어 it과 진목적어 to accept ~ 사이의 목적격보어(C) 자리이므로 보어 역할을 할 수 있는 형용사 hard가 알맞다. hardly는 '조금도 ~아니다'라는 부정의 의미를 가진 부사다.

2 (a): time (b): situations | 우리의 고통은 사실 (b) 상황이 아니라 (a) 시간으로 인해 생기는 것이다.

4 ⓒ | 문제는 다른 문제로 대체될 수 있다. ⓐ 문제는 오랫동안 지속된다. ⓑ 문제는 저절로 해결된다.

5 ⓑ | 과거나 미래를 깊이 생각하지 마라.
ⓐ ~에 맞서다 ⓒ ~을 놓아주다

7 ⓑ | 실패 ⓐ 갈망 ⓒ 성공

Stage 3 요약하기

(A) 고통은 삶의 상황에서 생겨나는 것처럼 보이지만 사실은 과거와 미래에 대한 마음의 (B) 집착이 원인이다. 진정한 자유와 행복은 (C) 현재를 완전히 살아가는 것에서 온다.
• stem from ~에서 생겨나다[유래하다] ease 쉬움; 편안함

전문해석 ¹시간이 고통이나 역경의 원인이라는 것을 인정하기 힘들 수 있다. ²사람들은 고통이나 역경이 삶의 특정한 상황에 의해 생긴다고 믿고, 일반적인 관점에서 보면 이는 사실이다. ³하지만 문제를 만드는 마음의 기본적인 오작동, 다시 말해 과거와 미래에 집착하고 '현재'를 부정하는 것에 직면하기 전까지 역경은 사실 교체될 수 있다. ⁴비록 모든 문제 혹은 고통이나 불행의 인지된 원인이 오늘 당신에게 기적적으로 제거된다 하더라도, 현재라는 상태에 더 존재하거나 현재를 더 의식하지 않았다면 어디를 가든 따라다니는 먹구름처럼 비슷한 일련의 문제나 고통의 원인을 가진 스스로를 곧 발견할 것이다. ⁵결국 정신이 작용하는 핵심에 단 하나의 문제, 시간에 얽매이는 마음 그 자체라는 문제가 존재한다. ⁶시간에는 해답이 없다. ⁷미래에도 자유로울 수 없다. ⁸현재에 있음이 자유의 비결이므로 오직 지금만 자유로울 수 있다. ⁹어떤 상황에서 무력함에 의해 고통이 생긴다고 믿는 것은 자연스럽지만 사실 불행의 근본적인 원인은 현재를 살지 못하는 것이다.

함께 풀면 좋은 기출문제

p. 145

1 ①

해석 우리는 마음속에 가장 쉽게 떠오르는 예시를 사용하여 세상의 모습을 만들어낸다. 물론 이것은 어리석은데, 왜냐하면 현실에서 사건들은 단지 우리가 더 쉽게 상상할 수 있다는 이유로 더 자주 발생하는 것은 아니기 때문이다. 이 편견 때문에 우리는 머릿속에 부정확한 위험 지도를 가지고 살아간다. 그러므로 우리는 우리가 비행기 추락, 교통사고, 또는 살인의 희생자가 될 위험성을 과대평가한다. 그리고 우리는 당뇨병이나 위암 같은 덜 극적인 방법으로 사망할 위험성은 과소평가한다. 폭탄 공격의 가능성은 우리가 생각하는 것보다 훨씬 희박하고, 우울증을 겪을 가능성은 훨씬 더 높다. 우리는 극적이고, 눈에 띄고, 요란한 결과에 지나치게 많은 가능성을 부여한다. 조용하고 보이지 않는 것은 우리의 마음속에서 경시한다. 우리의 뇌는 평범한 것보다 인상적인 결과를 더 쉽게 상상한다.

어휘 foolish 어리석은, 바보 같은 frequently 자주, 빈번히 prejudice 편견, 선입견 overestimate 과대평가하다(↔ underestimate 과소평가하다) victim 희생자 spectacular 극적인(= dramatic); 화려한 means 《복》 방법, 수단 diabetes 당뇨병 chance 가능성(= likelihood); 기회; 우연 depression 우울증 flashy 눈에 띄는, 번쩍이는 invisible 눈에 보이지 않는(↔ visible 눈에 보이는) downgrade 경시하다, 얕보다 impressive 인상적인 readily 쉽게 [선택지] weigh 무게를 두다; 무게를 재다 preference 선호

해설 조용하고 평범한 것보다는 극적이고 인상적인 것을 떠올리는 것이 쉽다고 주장하는 글이다. 그래서 비행기 추락, 교통사고 등 극적인 사건들의 위험성은 과대평가하고 당뇨병, 위암 같은 덜 극적인 사건들의 위험성은 과소평가한다고 했다. 따라서 글의 제목으로 알맞은 것은 ① 'We Weigh Dramatic Things More!(우리는 극적인 것들에 더 무게를 둔다!)'이다.

② 뇌는 감정적으로 생각하지 않고 논리적으로 생각한다
　발생 가능성을 논리적으로 따지는 것이 아니라 극적인 것을 더 쉽게 떠올린다고 했으므로 글의 내용과 반대됨
③ 긍정적 이미지에 대한 우리 뇌의 선호
　우리의 뇌는 극적인 이미지를 더 선호해서 위험성을 과대평가한다고 했으므로 긍정적 이미지를 선호하는 것이 아님
④ 어떻게 사람들은 편견을 극복할 수 있을까?
⑤ 위험 분석의 오류를 줄이는 방법
　④, ⑤ 우리가 가진 편견과 위험 분석 경향을 언급했지만 극복 방법이나 오류를 줄이는 방법은 언급되지 않음

2 ⑤

해석 동전을 반복해서 던지는 것을 상상해 보고 동전이 떨어질 때 연속으로 앞면이 여섯 번 나왔다고 가정해 보자. 많은 사람은 이 상황에서 다음번 던지기에서 그 동전이 앞면보다 뒷면이 나올 가능성이 더 있다고 믿는다. 그러나 이 결론은 틀렸고, 이 믿음은 보통 '도박사의 오류'라고 불린다. 이 오류를 초래하는 논리는 만약 동전이 속임수가 없다면 일련의 던지기들이 앞면과 뒷면의 동일한 횟수를 포함해야 한다는 것 같다. 만약에 한동안 뒷면이 나오지 않는다면, 이런 균형을 맞춰줄 몇 번의 뒷면이 지체되고 있는 것이다. 그러나 어떻게 이것이 가능하겠는가? 그 동전은 기억력이 없어서 마지막으로 뒷면이 나온 이후로 얼마나 오래 그래왔는지(앞면만 나왔는지)를 알 방법이 없다. 더 일반적으로는 이전의 던지기의 이력이 현재의 것에 영향을 미칠 수 있게 하는 메커니즘은 전혀 없다. 따라서 일곱 번째 던지기에서 뒷면이 나올 가능성은 첫 번째 던지기에서 그랬던 것처럼, 그리고 매번 던질 때마다 그런 것처럼 50대 50이다.

어휘 toss 던지다; 던지기 land 떨어지다, 땅에 내려앉다 head(s) 동전의 앞면(↔ tail(s) 동전의 뒷면) in a row 연속으로, 연이어 refer to A as B A를 B라고 부르다[지칭하다] gambler 도박사 cf. gamble 도박(하다) fallacy 오류 overdue 지체된; 기한이 지난 mechanism 메커니즘, 작동 기제 [선택지] physical 신체적인; 물리적인 sensory 감각적인, 감각의 exposure 노출 confidence 자신감

해설 빈칸 자리에는 지문에서 불가능하다고 주장하는 내용이 들어가야 한다. '도박사의 오류'라는 개념을 설명하는 글로, 우리는 동전을 던질 때 앞면과 뒷면이 골고루 나올 것처럼 착각한다. 그러나 동전을 던지는 횟수에 상관없이 앞면과 뒷면이 나올 가능성은 50대 50이라고 했다. 따라서 빈칸에 알맞은 것은 ⑤ 'the history of the previous tosses could influence the current one(이전의 던지기 이력이 현재의 것에 영향을 미칠 수 있게 한다)'이다.

① 더 많은 신체적 힘을 가진 도박사가 항상 게임에서 이긴다
　동전을 던지는 신체적 조건은 관련 없음
② 감각적 기억이 게임에서 질 확률을 줄인다
　글의 내용과 관련 없음
③ 도박사의 다음 행보는 감정 상태와 많은 관련이 있다
　도박을 하는 사람의 감정 상태는 관련 없음
④ 반복적인 노출은 자신감에 대한 인식을 증가시킬 수 있다
　글의 내용과 관련 없음

69 Meaning Transformation

Stage 1   다의어 Check **1** ⓐ
　　　　　　 INTRO Q 1 ② **2** (1) (B) (2) (C) (3) (A) **Q** ④

Stage 2   **1** circling **2** ⓑ **3** observed **4** world **5** ⓒ

Stage 3   (A) progressive (B) exhibit (C) original

1Originally, / "revolution" was used / to describe the regular movement
원래　　　　　 'revolution(공전)'은 사용되었다　　　　　규칙적인 움직임을 설명하는 데
(of objects in space) / like the Earth circling the Sun.
우주에 있는 물체의　　　　　　태양 주위를 도는 지구와 같은

2But when people started / talking about revolutions in society,
그러나 사람들이 시작했을 때　　　　　사회의 혁명을 이야기하는 것(을)
(like political revolutions), // the meaning changed.
정치 혁명 같은　　　　　그 의미가 바뀌었다

(C) **3**Instead of just describing predictable cycles of stars, / it came
예측 가능한 별의 순환을 단순히 설명하는 대신
to signify radical and transformative change (by violence and the
그 단어는 급진적이고 혁신적인 변화를 의미하게 되었다　　　　폭력과 전복에 의한
overthrow (of existing systems)).
기존 체계의

4This reinterpretation of "revolution" / highlights a certain irony.
'revolution'의 이러한 재해석은　　　　　특정한 역설을 강조한다

(A) **5**Despite the revolutionary aspirations (for radical change),
혁명의 열망에도 불구하고　　　　　급진적인 변화를 위한
/ the cyclical nature of societal development suggests
사회 발전의 순환하는 특성은 시사한다
// that historical processes may indeed follow repeated patterns,
역사의 과정이 반복되는 양상을 실제로 따를 수 있다는 것을
/ much like the celestial revolutions (observed in the heavens).
천체의 공전과 매우 유사하게　　　　　하늘에서 관측되는

(B) **6**Thus, / while revolutionists may perceive themselves as agents
따라서　　　　　혁명가는 스스로를 행위자로 인식할 수도 있지만
/ in a process [which signals the definite end of an old **order** /
과정에서　　　　　오래된 **질서**의 확실한 종말을 알리는
and brings about the birth (of a new world)], //
그리고 탄생을 가져오는　　　　　새로운 세계의
their actions may ultimately be subject to the same cyclical patterns
혁명가의 행동은 결국 동일한 순환 양상의 영향을 받을지도 모른다
[that govern the motions of the stars].
별의 움직임을 지배하는

전문해석 1원래 'revolution(공전)'은 태양 주위를 도는 지구처럼 우주에 있는 물체의 규칙적인 움직임을 설명하는 데 사용되었다. **2**그러나 사람들이 정치 혁명 같은 사회의 혁명을 이야기하기 시작하자 그 의미가 바뀌었다. (C) **3**그 단어(revolution)는 예측 가능한 별의 순환을 단순히 설명하는 대신, 폭력과 기존 체계의 전복에 의한 급진적이고 혁신적인 변화를 의미하게 되었다. **4**'revolution'의 재해석은 특정한 역설을 강조한다. (A) **5**급진적 변화를 위한 혁명의 열망에도 불구하고 사회 발전의 순환하는 특성은 역사의 과정이 하늘에서 관측되는 천체의 공전과 마찬가지로 반복되는 양상을 실제로 따를 수 있음을 시사한다. (B) **6**따라서 혁명가는 오래된 질서의 확실한 종말을 알리고 새로운 세계의 탄생을 가져오는 과정에서 스스로를 행위자로 인식할 수도 있지만, 혁명가의 행동은 결국 별의 움직임을 지배하는 동일한 순환 양상의 영향을 받을지도 모른다.

Stage 1　정답 찾아가기

Q 단어 revolution의 의미 변화를 설명하는 글이다. 주어진 글은 revolution의 원래 의미(공전)를 소개한 후, 그 의미가 '혁명'으로 바뀌었음을 언급한다. (C)는 revolution의 의미 변화와 새로운 의미를 더 구체적으로 설명하므로 주어진 글 바로 뒤에 와야 한다. (C)에서 이 새로운 의미가 역설을 강조한다고 하는데, (A)에서 급진적 변화가 사실은 반복된다며 역설의 의미를 상세히 풀어내므로 그다음에 온다. (A)의 흐름을 이어 체제를 전복하는 것처럼 보이는 혁명도 결국 순환하는 흐름 아래 있다고 결론을 내리는 (B)가 글의 마지막에 온다. 따라서 글의 순서로 알맞은 것은 ④ '(C) - (A) - (B)'이다.

Stage 2　한 문장씩 뜯어보기

1 circling
해설 명사 the Earth를 수식하며, 지구가 태양 주위를 '도는' 것이므로 능동의 의미인 현재분사 circling으로 바꾸어 써야 한다.

2 ⓑ | revolution의 의미는 체계의 **전환**으로 진화했다.
ⓐ 보호 ⓒ 난폭함

3 observed
해설 명사 the celestial revolutions를 수식하며, 천체의 공전이 하늘에서 '관측되는' 것이므로 수동의 의미인 과거분사 observed를 써야 한다.

4 world
해설 while이 이끄는 부사절 이후 문장의 주어 their actions, 동사 may be로 구성된 문장이다. 부사절 안의 명사 a process는 관계대명사 which가 이끄는 절의 수식을 받으며, 관계대명사절은 주어(their actions) 바로 앞까지 이어진다.
~ in *a process* [which signals the definite end of an old order and brings about the birth of a new world], their actions may ultimately be subject ~

5 ⓒ
해설 revolution이 급진적인 변화를 뜻하는 단어로 의미가 바뀌었음에도 결국에는 원래 가진 의미처럼 순환하게 된다는 것을 역설적이라고 표현했다.

'revolution'이라는 용어는 현재 (A) 혁신적인 사회의 변화를 의미하지만, 이러한 (의미의) 변화는 규칙적인 천체 운동과 관련된 (C) 원래 의미를 반영하여 순환하는 양상을 여전히 (B) 보일 수 있다.

함께 풀면 좋은 기출문제 p. 146

1 ⑤

해석 우리는 단어들을 잃어간다. intelligence(지능)는 한때 인공 지능이 하는 일보다 더 많은 것을 의미했다. 그것은 감각, 감성, 인지, 이성, 재치 등을 포함하곤 했다. 그러나 우리는 지금 기계들이 지능을 가지고 있다고 쉽게 말한다. affective는 한때 기계가 전달할 수 있는 것보다 훨씬 더 많은 것을 의미했던 또 다른 단어다. 그러나 우리는 감정 상태를 표현하거나 우리의 감정 상태를 알아챌 수 있는 기계를 'affective computing(감성 컴퓨팅)'의 전형으로 묘사하는 것에 익숙해졌다. 이러한 새로운 의미는 우리의 새로운 표준이 되고 있고, 우리는 다른 의미를 잊어간다. 우리는 잃어버린 언어, 잃어버린 의미, 그리고 어쩌면 머지않아 잃어버린 경험을 되찾기 위해 노력해야 한다.

시간이 흐르고 환경이 새롭게 바뀜에 따라 단어 의미가 변하는 것은 당연하다. intelligence와 affective는 기계가 할 수 있는 것을 수용하기 위해 의미가 변해 왔다. 그러나 이제 caring, friend, companionship, conversation이라는 단어들은 어떤가?

이러한 단어들에 많은 것이 달려 있다. 그것들은 아직 사라지지 않았다. 우리는 이런 대화를 하는 법을 모르게 되기 전에 이 단어들과 이 대화를 기억할 필요가 있다. 아니면, 우리가 기계와 이런 대화를 할 수 있다고 생각하기 전에.

어휘 artificial intelligence 인공 지능   sensibility 감각   sensitivity 감성, 감수성   awareness 인지, 인식   wit 재치   readily 쉽게, 선뜻   affective 감성의, 감정의   portray 표현하다, 나타내다; 묘사하다   exemplar 전형, 본보기   recapture 되찾다; 회복   accommodate 수용하다   at stake 성패가 달려 있는, 위태로운   [선택지] beware of ~을 주의하다

해설 시간이 흐르면서 단어가 본래의 다양한 의미를 잃는 것을 예로 들어 설명하며 우려하는 내용이다. 마지막 문단에서 아직 의미가 사라지지 않은 단어들을 언급하며 원래 의미를 지키기 위한 노력이 필요하다고 했으므로, 글의 제목으로 알맞은 것은 ⑤ 'Beware of Losing the Meaning of Words(단어의 의미를 잃는 것을 주의하라)'이다.

① 언어가 소멸할 때 잃어버리는 것
  언어의 소멸이 아닌 의미 변화를 다루므로 글의 내용과 일치하지 않음
② 인공 지능은 선인가 악인가?
  인공 지능의 도덕적 가치에 대한 내용이 아님
③ 로봇이 미래에 당신을 돌볼 것인가?
  글의 내용과 관련 없음
④ 인간과 기계의 조화   글의 내용과 관련 없음

2 ③

해석 환경에 대한 인간 지배의 실현은 1700년대 후반 산업 혁명과 함께 시작되었다. 제조업의 발전은 사회와 경제를 변화시키고 동시에 환경에 큰 영향을 주었다. 증기 기관의 발전이 기계화를 통한 상품의 대량 생산으로 이어지면서 미국 사회는 여러 산업의 자본주의적 목표에 따라 구축되었다. 수공예품과 농업에 기반한 경제를 가진 시골의 농업 사회는 산업화된 제조업 경제를 기반으로 한 대규모 공장이 있는 도시에서의 삶을 위해 버려졌다. 직물, 철, 철강 생산의 혁신은 사기업의 이윤을 증가시켰다. 동시에, 그런 산업들은 환경에 권력을 행사하였고 공공 토지와 수로에 유해한 부산물을 내버리기 시작했다.

어휘 realization 실현   domination 지배   manufacturing 제조업   significant 큰, 중요한   capitalistic 자본주의의 cf. capitalism 자본주의   steam engine 증기 기관   mechanize 기계화하다   mass 대량의; 질량; 덩어리; 대중   quantity 양   rural 시골의(↔ urban 도시의)   agricultural 농업의 cf. agriculture 농업   innovation 혁신, 발전   textile 직물, 섬유   simultaneously 동시에   exert 행사하다, 휘두르다   authority 권력, 권한   hazardous 유해한   by-product 부산물   [선택지] urbanization 도시화   sustainable 지속 가능한   driving force 원동력   greed 탐욕

해설 산업 혁명이 생산량을 늘리면서 사회와 경제를 발전시켰지만 동시에 유해한 부산물을 토지와 수로에 버리면서 환경에 부정적인 영향을 미쳤다고 주장하는 글이다. 따라서 글의 제목으로 알맞은 것은 ③ 'Industrial Development Hurt the Environment(산업 발전이 환경을 해쳤다)'이다.

① 산업 혁신을 위한 전략
  산업 혁신이 언급되지만 그 전략이 글의 주제가 아님
② 도시화는 더 나은 삶으로 가는 길이다   도시화가 사회를
  발전시켰지만 더 나은 삶이라는 부분은 글의 내용과 반대됨
④ 기술은 지속 가능한 발전의 비결이다   기술 발전으로 인한
  환경 오염을 강조하고 있으므로 글의 내용과 반대됨
⑤ 자본주의의 원동력은 탐욕이 아니었다
  글의 내용과 관련 없음

70 Algorithm

Stage 1   **다의어 Check** **1** ⓐ   **2** ⓑ   **3** ⓑ
             INTRO Q ①   **Q** ②

Stage 2   **1** ⓒ   **2** algorithmic   **3** developed   **4** ⓐ
             5 to build an automated system to identify optimal candidates   **6** ⓑ
             7 그것들(알고리즘)이 목적에 적합한지를 확실히 하기 위해

Stage 3   (A) evaluate   (B) automated   (C) bias

---

[1]Algorithmic decision-making can replicate biases, /
알고리즘에 따른 의사 결정은 편향을 복제할 수 있다
serving to further reinforce disadvantages.
그래서 불이익을 더 강화하는 결과를 낳는다

[2]Perhaps the most infamous case (of algorithmic bias)
아마도 가장 악명 높은 사례는   알고리즘 편향의
(in the recruitment process) involved Amazon.
채용 과정에서   아마존을 포함한다

[3]Between 2014 and 2017, / the company attempted to build
2014년과 2017년 사이에   그 회사는 자동화된 체계를 만들려고 시도했다
an automated system / to identify optimal candidates.
최적의 지원자를 식별하기 위해

[4]The algorithm, / trained on a decade of Amazon's hiring data,
그 알고리즘은   10년에 걸친 아마존의 채용 자료로 교육받은
/ reportedly developed a bias (against female applicants) /
전해진 바로는 편향이 생겼다   여성 지원자에게 불리한
due to the high **proportion** of men (in the tech industry),
높은 남성 **비율** 때문에   기술 산업의
/ leading it to assume // males were the desirable employees.
알고리즘이 가정하게 했다   남성이 바람직한 직원이라고

[5]Despite efforts (by the company's engineers), /
노력에도 불구하고   회사 기술자의
the problem could not be adequately **resolved**, //
그 문제는 적절하게 **해결되지** 못했다
and the project was ultimately abandoned.
그리고 프로젝트는 결국 중단되었다

[6]Companies are generally responsible / for their hiring decisions, /
회사는 일반적으로 책임이 있다   채용 결정에
regardless of // how and by whom (or what) they are made.
~와 관계없이   채용 결정이 어떻게 그리고 누구(혹은 무엇)에 의해 만들어지는지

[7]As a result, / it is **critical** // that any algorithms developed, /
결과적으로   (~은) **대단히 중요하다**   개발된 어떤 알고리즘이든
as well as the data [they are trained upon], / are thoroughly tested /
자료는 물론   알고리즘이 교육받은   완벽하게 검사받는다(받는 것은)
to ensure / that they are fit for purpose.
확실히 하기 위해   알고리즘이 목적에 적합한지를

전문해석 [1]알고리즘에 따른 의사 결정은 편향을 복제하여 불이익을 더 강화할 수 있다. [2]채용 과정에서 알고리즘 편향의 가장 악명 높은 사례는 아마도 아마존을 포함할 것이다. [3]2014년과 2017년 사이에 아마존은 최적의 지원자를 식별하기 위해 자동화 체계를 만들려고 시도했다. [4]10년에 걸친 아마존의 채용 자료로 교육받은 알고리즘은 전해진 바로는 여성 지원자에게 불리한 편향이 생겼는데, 이는 기술

Stage 1 정답 찾아가기

Q 첫 문장은 알고리즘이 편향을 심화한다는 주장으로, 이어지는 아마존의 채용 사례가 이를 구체적으로 뒷받침한다. 아마존에서 채용을 위해 만든 알고리즘을 활용했더니 기술 산업의 높은 남성 비율을 참고하여 여성에게 불리한 편향이 발생했다고 했다. As a result가 이끄는 마지막 문장은 개발된 알고리즘과 그 알고리즘을 만드는 데 사용된 자료가 목적에 적합한지 완벽하게 검증해야 한다고 주장한다. 따라서 요지로 적절한 것은 ② '알고리즘이 사용 목적에 알맞은지에 대한 철저한 검증이 필요하다.'이다.

① 알고리즘이 여성 지원자에게 불리하게 작용했다고 언급되었으나 체계적인 이의 제기를 주장하는 내용은 아님

③ 예시에서 알고리즘이 편향을 심화한다고 했으므로 글의 내용과 상반됨

④ 알고리즘이 편견을 학습하지 않도록 검증이 필요하다고 했으므로 글의 주장과 상반됨

⑤ 편향을 강화한다는 내용이 있지만 양극화 현상은 언급되지 않음

Stage 2 한 문장씩 뜯어보기

1 ⓒ | 알고리즘에 따른 의사 결정의 <u>해로운</u> 효과
   ⓐ 생산적인 ⓑ 의심스러운
   해설 알고리즘이 편향을 복제하여 불이익을 만든다고 했으므로 해로운 영향이다.

2 algorithmic
   해설 자동화 체계는 알고리즘을 이용하여 만드는 것이다.

3 developed
   해설 주어 The algorithm 뒤의 trained on ~ data와 마지막 콤마 이후 leading it ~ employees는 분사구문이다.

4 ⓐ | 아마존의 채용 알고리즘은 여성보다 남성 지원자를 강력하게 <u>선호했다</u>. ⓑ 과소평가했다 ⓒ 불리하게 만들었다
   해설 남성이 기술 산업에 많이 종사하고 있어서 여성 지원자에게 불리한 편향을 만들었다고 하므로 남성 지원자를 더 선호한 것이다.

6 ⓑ | 회사는 편향된 결과의 책임을 <u>피할</u> 수 없다.
   ⓐ 받아들이다 ⓒ 이행하다

산업에 종사하는 높은 남성 비율 때문이며 남성이 바람직한 직원이라고 알고리즘이 가정하게 했다. **⁵**회사 기술자의 노력에도 불구하고 그 문제는 적절하게 해결되지 못했고 프로젝트는 결국 중단되었다. **⁶**회사는 어떻게, 그리고 누구 혹은 무엇에 의해 채용 결정이 이루어지는지와 관계없이 일반적으로 그 결정에 책임이 있다. **⁷**결과적으로, 알고리즘이 교육받은 자료는 물론이고 개발된 어떤 알고리즘이 목적에 적합한지 확실히 하려면 완벽하게 검사하는 것이 대단히 중요하다.

Stage 3 요약하기

우리는 알고리즘을 사용하기 전에 (A) 평가해야 하는데, 아마존이 (B) 자동화된 채용 체계를 만들려는 시도가 여성 지원자에게 불리한 (C) 편향을 보여준 사례에서 밝혀졌다.

함께 풀면 좋은 기출문제

p. 147

1 ①

해석 여러분이 좋아할지도 모를 것을 결정하는 알고리즘에 대해 뭔가 무서운 것이 있다고 느낄 수 있다. 그것은 당신이 어떤 것을 좋아하지 않을 것이라고 컴퓨터가 결론을 내린다면 당신은 그것을 볼 기회를 결코 얻지 못할 수도 있다는 뜻인가? 개인적으로, 나는 혼자서는 발견하지 못했을 새로운 음악 쪽으로 안내받는 것을 정말 좋아한다. 나는 같은 노래를 계속해서 트는 버릇이 빠르게 굳어질 때가 있다. 그래서 나는 항상 라디오를 즐겨 듣는다. 그러나 뮤직 라이브러리(자주 듣는 음악 리스트)를 통해 지금 나를 밀고 당기는 알고리즘은 내가 좋아할 보석을 찾는 데 완벽하게 적합하다. 그런 알고리즘에 대한 나의 걱정은 원래 알고리즘이 모든 사람을 라이브러리의 특정 부분으로 몰아넣고 나머지 부분은 청취자들을 적게 남겨둘 수 있다는 것이었다. 그것은 취향의 수렴을 일으킬 것인가? 그러나 일반적으로 그 배후에 있는 비선형적이고 불규칙적인 수학 덕분에 이런 일은 발생하지는 않는다. 여러분이 좋아하는 것과 비교하여 내가 좋아하는 것의 작은 갈라짐(불일치)이 우리를 (뮤직) 라이브러리의 저 멀리 떨어진 다른 구석들로 보낼 수 있다.

어휘 conclude 결론짓다　get stuck in a rut 오래된 버릇[관습]이 굳어지다 *cf.* get stuck in ~에 갇히다[빠지다]　be suited to A A에 적합하다　lacking 부족한, ~이 모자라는　convergence 수렴; 집합　nonlinear 비선형적인《변수들의 관계가 단순하지 않고 복잡한》, 직선이 아닌　chaotic 불규칙한, 혼돈 상태인　compared to A A와 비교하여　[선택지] respective 각각의　talented 재능 있는　preference 선호

해설 알고리즘이 우리가 좋아할 만한 음악을 찾도록 안내하기 때문에 습관적으로 듣는 노래만 듣게 될 것이 우려되지만, 글쓴이는 자신의 음악 리스트를 참고하여 알고리즘이 좋은 노래를 추천해 준다고 주장한다. 이어서 사람들이 특정 노래만 많이 듣게 되고 다른 노래는 듣지 않을 것을 걱정하는 내용이 나오지만, 중후반부의 질문(취향의 수렴을 일으킬 것인가?)에 이어지는 But 이후에서는 알고리즘의 수학적 특징 덕분에 모든 사람이 뮤직 라이브러리의 특정 부분으로 몰리지 않게 된다고 했다. 이는 노래의 편중 없이 각자에게 적절한 음악을 제시한다는 의미이므로 밑줄 친 부분의 의미로 알맞은 것은 ① 'lead us to music selected to suit our respective tastes(우리를 각각 자신의 취향에 맞도록 선택된 음악으로 이끌다)'이다.

② 다른 청취자들과의 연결을 구축하게 해주다
③ 알고리즘의 빈번한 업데이트를 요청하도록 장려하다
④ 재능 있는 미지의 음악가를 찾도록 동기 부여하다
　②~④ 글의 내용과 관련 없음
⑤ 특정 음악 장르에 대한 우리의 선호를 무시하게 하다
　알고리즘이 우리의 취향을 반영하여 음악을 추천한다고 했으므로 글의 내용과 반대됨

2 ④

해석 무언가를 기억할 때와 마찬가지로 이름을 기억할 때도 단순 반복법은 도움이 될 것이다. 이러한 원칙의 가장 효과적인 적용은 대화 중에 이름을 반복하는 것이다. 이 경우에 "톰. 만나서 반가워요, 톰."이라고 단순히 말할 수 있다. 이러한 짧은 어구를 말하면서 그 단어를 크게 두 번 반복한다. 어떤 것을 크게 말하는 것은 그것을 단지 생각하는 것보다 더 강력한 기억을 만든다. 입으로 내뱉고 스스로가 말하는 것을 들으면서 단어를 말하는 그 선택은 단지 마음속으로 그 단어를 반복할 때보다 기억력을 높이는 일련의 작은 사건들을 만들어낸다. 대화 중 계속해서 이름을 반복하는 것은 당신의 기억 속에 그 이름을 더 굳건히 할 것이다. 자연스럽게 할 기회가 있을 때마다 이름을 말하라.

어휘 memorize 기억[암기]하다 *cf.* memorization 기억, 암기　repetition 반복 *cf.* repeat 반복하다　application 적용　principle 원칙, 원리　aloud 큰 소리로　mouth 말하다; 입　make up 만들어내다　cement 굳건히 하다; 시멘트

해설 어떤 것을 암기할 때 반복해서 말해보는 것이 효과적인 것처럼, 대화 중 이름을 반복적으로 언급하는 것이 이름을 잘 기억하는 데 효과적이라고 설명하고 있다. 마지막 문장의 명령문(Say ~)에서 글쓴이의 주관적 견해가 등장한다. 따라서 필자의 주장으로 알맞은 것은 ④ '이름을 잘 기억하려면 대화 중 이름을 반복적으로 언급하라.'이다.

① 이름을 암기하는 것에 관한 내용은 맞지만, 친구를 만드는 것에 대한 내용이 아니며 핵심 주장인 암기 방법(반복)이 누락됨
② 정보의 우선순위를 정하라는 내용이 아님
③ 암기 시 배경지식을 활용하라는 내용은 언급되지 않음
⑤ 글의 내용과 관련 없음

71 Literacy

난이도 ★★☆　　p. 56

Stage 1	다의어 Check　**1** ⓐ　**2** ⓑ
	INTRO Q ②　**Q** ②
Stage 2	**1** ⓑ　**2** ⓐ　**3** 그들이 축구 경기를 보는 데 보낼 것(시간)보다 시간이 덜 걸린다　**4** ⓐ　**5** ⓒ
Stage 3	(A) uncertainty　(B) challenge　(C) responsibility

¹Unlike basic literacy, / risk literacy requires emotional reorganizing — /
기본적인 문해력과 다르게　　위험 관리 능력은 감정의 재구성을 필요로 한다

rejecting comforting authority and illusions of certainty /
안정적인 **권위**와 확실성이라는 잘못된 생각을 거부하는 것

and learning to take responsibility and to live with uncertainty.
그리고 책임감을 가지고 불확실성과 함께 살아가는 법을 배우는 것

²However, / there is still a long way to go.
하지만　　여전히 갈 길이 멀다

³Studies indicate // that most patients want to believe in their
연구는 보여준다　　대부분의 환자가 의사의 전문적인 지식을 믿고 싶어 한다는 것을

doctor's expertise / and don't dare to ask for supporting evidence, /
그리고 뒷받침하는 증거를 감히 요구하지 않는다는 것을

yet still feel well-informed after consultations.
그럼에도 상담 후에 여전히 (자신이) 잘 안다고 생각한다

⁴Similarly, / even after the banking crisis, / many customers continue
마찬가지로　　심지어 금융 위기 이후에도　　많은 고객은 계속해서

to blindly trust their financial advisors, / jeopardizing their fortunes /
금융 상담원을 맹목적으로 믿는다　　(그래서) 자신의 **재산**을 위태롭게 한다

in a consultation [that takes less time / than they would spend /
상담에서　　시간이 덜 걸리는　　그들이 보낼 것(시간)보다

watching a football game].
축구 경기를 보는 데

⁵Many people cling to the belief / that others can predict the future /
많은 사람은 믿음에 집착한다　　타인이 미래를 예측할 수 있다는

and pay fortune-tellers / for illusory certainty.
그리고 점쟁이에게 돈을 지불한다　　허황된 확실성을 위해

⁶Every fall, / renowned financial institutions forecast the outlook
매년 가을　　명성 있는 금융 기관은 전망을 예측한다

(for the next year), // and we spend $200 billion annually /
내년의　　그리고 우리는 매년 2천억 달러를 쓴다

on a forecasting industry [that mostly delivers erroneous predictions].
예측 산업에　　주로 잘못된 예언을 전하는

⁷Therefore, / educators and politicians alike should realize //
그러므로　　교육자와 정치인 양쪽 모두 깨달아야 한다

that risk literacy is a vital topic / for the twenty-first century.
위험 관리 능력이 필수 주제임을　　21세기에

⁸Rather than being pushed into doing / what (experts believe) is right,
~하는 것을 강요받기보다는　　전문가가 생각하기에　옳은 것을

/ people should be equipped / to make informed decisions
사람들은 준비를 갖추어야 한다　　스스로 정보에 기반한 결정을 내릴 수 있도록

for themselves.

Stage 1 정답 찾아가기

Q 빈칸 문장의 Rather than ~ 부분으로 보아, 전문가에게 과하게 의존하는 대신 우리가 나아가야 하는 행동 방향을 추론해야 한다. 첫 문장은 권위와 확실성보다 책임감과 불확실성을 강조하는데, 두 번째 문장(However ~)부터는 이것이 잘 이루어지지 않는다고 한 후 이어서 그 예시가 등장한다. 문장 3~6은 위험에도 불구하고 우리가 전문가라고 생각하는 대상이라면 아무 의심 없이 믿는다는 것을 보여준다. 첫 문장에서 강조한 책임감이란 다시 말해 위험 상황에서 전문가의 생각에만 의존하지 않고 스스로 주도하여 생각하는 능력을 의미하므로, 결론에 해당하는 빈칸에 알맞은 것은 ② 'equipped to make informed decisions for themselves(스스로 정보에 기반하여 결정할 수 있도록 준비를 갖춘)'이다.

① 일부 예측 전문가에게 충분한 정보를 제공받는
전문가에게 의존하지 않아야 한다고 했으므로 글의 내용과 반대됨

③ 경제적 확실성과 불확실성을 구별하게 되는
금융 상담원을 믿는 예시와 관련된 세부 사항에 해당함

④ 위험과 책임이 피해야 할 것임을 인식하는
위험에 대비하여 책임감을 가지고 살아가야 한다고 했으므로 글의 내용과 반대됨

⑤ 전문가와의 관계에서 열린 마음이 되도록 장려되는
전문가의 의견을 받아들이라는 것이 아니라 위험에 대해 스스로 책임감을 가져야 한다는 내용으로 글의 내용과 반대됨

Stage 2 한 문장씩 뜯어보기

4 ⓐ | 우리는 정확하지 않은 예측에 매년 2천억 달러를 **낭비한다**. ⓑ 만들다 ⓒ 필요로 하다 • inaccurate 정확하지 않은

5 ⓒ | 사람들은 보통 **의심 없이** 전문가를 믿는다.
ⓐ 안도감 ⓑ 상담

• **해설** 문장 3~6의 예시들, 즉 의사와 상담할 때 전문성을 믿고 증거를 요구하지 않거나, 금융 위기를 겪은 후에도 상담원을 맹목적으로 믿고, 점쟁이가 미래를 알 것이라고 믿고 찾아가는 행동은 모두 의심 없이 전문가를 믿기 때문이다.

Stage 3 요약하기

위험 관리 능력은 (A) 불확실성을 다루는 데 필요하므로 전문가에게 과하게 의존하는 것을 (B) 의심하고 개인의 (C) 책임감을 부여하는 것이 교육되어야 한다.

전문해석 [1]기본적인 문해 능력과 다르게 위험 관리 능력은 감정의 재구성을 필요로 하는데, 즉 안정적인 권위와 확실성이라는 잘못된 생각을 거부하고, 책임감을 가지고 불확실성과 함께 살아가는 법을 배우는 것을 필요로 한다. [2]하지만 여전히 갈 길이 멀다. [3]연구는 대부분의 환자가 의사의 전문적 지식을 믿고 싶어 하며 뒷받침하는 증거를 감히 요구하지 않지만 그럼에도 여전히 상담 후에 잘 안다고 생각한다는 것을 보여준다. [4]마찬가지로 심지어 금융 위기 이후에도 많은 고객은 계속해서 금융 상담원을 맹목적으로 믿어서, 축구 경기를 보는 데 보낼 시간보다도 적은 시간의 상담으로 재산을 위태롭게 한다. [5]많은 사람은 타인이 미래를 예측할 수 있다는 믿음에 집착하고 허황된 확실성을 위해 점쟁이에게 돈을 지불한다. [6]매년 가을 명성 있는 금융 기관은 내년의 전망을 예측하고, 우리는 주로 잘못된 예언을 전하는 예측 산업에 매년 2천억 달러를 쓴다. [7]그러므로 교육자와 정치인 모두 위험 관리 능력이 21세기에 필수 주제임을 깨달아야 한다. [8]전문가가 옳다고 생각하는 것을 하도록 강요받기보다는, 사람들이 <u>스스로 정보에 기반하여 결정할 수 있도록 준비를 갖추어야</u> 한다.

- overreliance 과한[지나친] 의존   empower (권한 등을) 부여하다   challenge (정당성을) 의심하다; ~에 도전하다

1　④

해석 오늘날의 '디지털 네이티브'는 디지털 기술에 몰입하여 성장했고, 자신이 가진 기기의 힘을 충분히 활용할 수 있는 기술적 소질을 가지고 있다. 하지만 그들이 어떤 앱을 사용해야 하는지 혹은 어떤 웹 사이트를 방문해야 하는지 알고 있음에도, 터치스크린 뒤에 숨겨진 작동 방식을 반드시 이해한다는 것은 아니다. 사람들이 기계의 역학과 용도를 이해하려면 기술 이해 능력이 필요하다. 100년 전 공장 근로자들이 엔진의 기본 구조를 이해할 필요가 있었던 것과 거의 유사하게, 우리는 기기 뒤의 기본 원리를 이해할 필요가 있다. (기기의 수명은 하드웨어의 구조뿐만 아니라 기기를 작동하는 소프트웨어의 우수성에 달려 있다.) 이것은 우리가 소프트웨어와 하드웨어를 최대한 유용하게 사용할 수 있게 하여, 성취하고 만들어 내는 우리의 능력을 극대화한다.

어휘 immersed in ~에 몰입한   aptitude 소질, 재능   utilize 활용하다   working 《복》 작동 방식   mechanics 역학 《물체의 운동 법칙을 연구하는 학문》   elemental 기본적인; 초급의   principle 원리, 원칙   lifespan 수명   operate 작동시키다   empower 할 수 있게 하다; 권한을 주다   utility 유용, 쓸모가 있음   maximize 극대화하다   achieve 성취하다, 달성하다

해설 기계를 제대로 사용하려면 기술의 기본적인 작동 원리를 이해하는 것이 중요하다는 내용이다. But으로 시작하는 ①은 첫 문장에 역접으로 연결되어 작동 방식 이해의 필요성을 주장한다. 그다음 문장에서 이를 위한 기술 이해 능력이라는 개념(technological literacy)을 소개하였고, 예전의 공장 근로자들의 경우와 비교하여 기기의 기본 원리를 이해하는 것이 중요하다고 다시 강조한다. ⑤의 이것(This)이 바로 이 기기를 이해하는 것을 의미한다. 따라서 글의 흐름과 무관한 문장은 기기의 수명에 관해 설명하는 ④이다.

2　①

해석 철학적 활동은 무지의 인식에 기초를 둔다. 지식에 대한 철학자의 갈망은 그 답이 절대 발견되지 않더라도 질문에 대한 더 나은 답을 찾으려는 시도를 통해 드러난다. 동시에 철학자는 지나치게 확신하는 것이 다른 가능성과 더 나은 가능성의 발견을 방해할 수 있다는 것 또한 알고 있다. 철학적 대화에서 참여자들은 자신이 알지 못하거나 이해하지 못하는 것이 있다고 인식한다. 그 대화의 목표는 이전에 알지 못했거나 이해하지 못했던 생각에 도달하는 것이다. 철학이 존재하지 않는 전통적 학교에서 학생들은 흔히 사실을 묻는 질문에 관해 공부하고, 교육과정에 실린 특정한 내용을 배우며, 철학적인 문제를 해결하도록 요구받지 않는다. 그러나 우리는 알지 못하는 것에 대한 인식이 지식을 습득하는 좋은 방법이 될 수 있다는 것을 안다. 지식과 이해는 사색과 토론을 통해 발전한다. 생각을 말로 표현하는 것은 생각을 더 분명하게 만든다. 따라서 학생들은 잘못된 무언가를 말하거나 자신이 옳다는 것을 먼저 확신하지 않고 이야기하는 것을 두려워해서는 <u>안 된다</u>.

어휘 thirst 갈망; 갈증   hinder 방해하다, 막다   aware 인식하는, 알고 있는 *cf.* awareness 인식   conception 생각, 개념   beforehand 이전에   factual 사실에 기반을 둔   acquire 습득하다, 얻다   [선택지] recognition 인식, 인지   ignorance 무지, 무식   emphasis 강조   self-assurance 자기 확신 *cf.* assurance 확신, 보장   conformity 순응, 따름   achievement 업적   phenomena 《복》 현상

해설 철학에서 지나친 확신은 다른 가능성의 발견을 방해하고, 자신이 모르는 것을 인지해야 사색과 토론을 통해 새로운 지식을 습득하는 데 도움이 된다고 했다. 마지막 문장의 결론을 나타내는 Therefore(따라서)와 must(~해야 한다) 표현으로도 주장하는 바를 확인할 수 있다. 그러므로 철학이 기초하는 것에 해당하는 빈칸에 알맞은 것은 ① 'recognition of ignorance(무지의 인식)'이다.

② 자기 확신에 대한 강조　지나치게 확신하는 것은 다른 가능성을 발견하는 데 방해가 된다고 했으므로 글의 내용과 반대됨
③ 확립된 가치관에 순응　철학적 활동은 기존의 가치나 확립된 가치에 순응하는 것이 아니라 의문을 갖고 새로운 답을 찾는 것이므로 적절하지 않음
④ 고대 사상가의 업적　글의 내용과 관련 없음
⑤ 자연 현상의 이해　글의 내용과 관련 없음

Scientific Breakthroughs

난이도 ★★★ p. 60

Stage 1 단어 Check **1** ⓑ **2** ⓐ
INTRO Q ② **Q** ⑤

Stage 2 **1** ⓐ **2** takes **3** commercial value **4** interest **5** ⓒ **6** ⓐ

Stage 3 (A) yielding (B) unpredictable (C) impact

---

[1]We should not expect / new mathematical and scientific ideas /
우리는 기대하면 안 된다   수학과 과학의 새로운 개념이
to give an immediate dollars-and-cents payoff.
즉각적인 금전적 이득을 줄 것이라고

[2]The conversion (of a mathematical idea) (into something [that can
전환은   수학 개념의   어떤 것으로의
be made in a factory or used in a home]) / generally takes time — /
공장에서 만들어지거나 가정에서 사용될 수 있는   일반적으로 시간이 걸린다
lots of time; // a century is not unusual.
많은 시간   한 세기(가 걸리는 것)는 드물지 않다

[3]Seventeenth-century interest (in the vibrations of a violin string) /
17세기의 관심은   바이올린 현 진동에 대한
led, / three hundred years later, / to the discovery of radio waves /
이어졌다   300년 후에   전파의 발견으로
and the invention (of radio, radar, and television), //
그리고 발명(으로)   라디오, 레이더, TV의
which have commercial value.
이는 상업적 가치가 있다

[4]It might have been done quicker, // but not that much quicker.
더 빨리 이루어질 수도 있었다   하지만 그렇게 빨리는 아니었을 것이다

[5]If you think — / as many people in our culture do — /
만약 생각한다면   우리 문화의 많은 사람들이 그러하듯
that the process of scientific discovery / can be sped up /
과학 발견의 과정이   빨라질 수 있다고
by focusing on the **application** / as a goal /
적용에 초점을 맞춤으로써   목표로서
and ignoring "curiosity-driven" research, // then you are wrong.
그리고 '호기심 중심' 연구를 무시함(으로써)   그렇다면 틀린 것이다

[6]Goal-oriented research can only **yield** / predictable and immediate
목적 지향 연구는 **산출**할 수 있을 뿐이다   예측 가능하고 즉각적인 결과를
results, / avoiding risks, // but anything [you can see], /
모험을 피하면서   그러나 어떤 것이든 당신이 볼 수 있는
your competitors can see too.
당신의 경쟁자도 볼 수 있다

[7]The pursuit of safe research / will impoverish us all.
안전한 연구의 추구는   모두를 빈곤하게 만들 것이다

[8]The really important breakthroughs / are always unpredictable, /
정말 중요한 획기적 발전은   항상 예측할 수 없다
and it is their very unpredictability / that makes them important:
그리고 바로 그 예측 불가능함이다   발전을 중요하게 만드는 것은
// they change our world / in ways [we didn't see coming].
획기적 발전은 우리의 세상을 바꾼다   방식으로   예상하지 못한

Stage 1 정답 찾아가기

Q 빈칸 앞에 should not이 있으므로 수학과 과학의 새로운 개념에 기대할 수 없는 것을 추론해야 한다. 먼저 글 초반부에서 수학 개념이 실생활에 활용되려면 긴 시간이 걸린다고 했다. 중반부 이후 적용하는 것만을 목표로 즉각적이고 안전한 결과를 얻으려고 하면 호기심과 모험을 피하게 되어 빈곤해진다고 했다. 이를 종합하면 빈칸 문장은 새롭게 등장한 개념이 즉시 활용되기를 기대하지 말라는 의미가 되어야 적절하므로, 빈칸에 알맞은 것은 ⑤ 'to give an immediate dollars-and-cents payoff (즉각적인 금전적 이득을 주는 것)'이다.

① 우리 삶에 점진적인 변화를 불러오는 것 새로운 개념이 적용되어 변화를 만드는 데 시간이 걸린다고 한 내용과 일치하지만, 빈칸 앞에 should not expect가 있어 빈칸에 적절하지 않음
② 획기적인 발견을 일으키는 것 획기적 발전은 예측할 수 없다고 하였으나 획기적 발전을 기대하면 안 된다는 의미가 아님
③ 문제의 새로운 해결책을 찾는 것 글의 내용과 관련 없음
④ 이론과 실제의 격차를 메우는 것 개념이 실제로 적용되려면 시간이 오래 걸린다고 했지만, 그 격차를 메울 수 없다는 것은 아님

Stage 2 한 문장씩 뜯어보기

1 ⓐ | 경제적 성공 ⓑ 더 작은 보상 ⓒ 임금 증가

2 takes
해설 문장의 주어는 The conversion이고 of ~ something은 주어를 수식하는 전명구다. that ~ a home은 전명구 안의 something을 수식하는 주격 관계대명사절이다.

3 commercial value | 새로운 발견은 **상업적인 가치를** 가진 적용으로 바뀌는 데 종종 오랜 시간이 걸린다.

5 ⓒ | 예측 가능한 결과는 경쟁자에 의해 쉽게 **발견될** 수 있다. ⓐ 구매되는 ⓑ 반대되는

6 ⓐ | 우리가 **예상하지** 못하는 중요한 발전이 일어난다. ⓑ 조사하다 ⓒ 무시하다

Stage 3 요약하기
우리는 예측할 수 있는 결과를 (A) 산출하는 목표 지향 연구에 집중해서는 안 된다. 중요한 발전은 (B) 예측할 수 없고 시간이 걸리지만, 우리 세상에 크게 (C) 영향을 준다.
• significantly 크게 distract 산만하게 하다

전문해석 **¹**우리는 수학과 과학의 새로운 개념이 즉각적인 금전적 이득을 줄 것이라고 기대하면 안 된다. **²**수학 개념을 공장에서 만들거나 가정에서 사용할 수 있는 것으로 전환하는 데는 일반적으로 시간이 걸리는데, 아주 많은 시간이 걸려서 한 세기도 드문 것이 아니다. **³**17세기의 바이올린 현 진동에 대한 관심은 300년 후에 전파의 발견과 라디오, 레이더, TV의 발명으로 이어졌고, 이는 상업적 가치가 있다. **⁴**(발견과 발명이) 더 빨리 이루어질 수도 있었지만 그렇게 빨리는 아니었을 것이다. **⁵**만약 우리 문화의 많은 사람들이 그러하듯 실제 적용을 목표로 하고 '호기심으로 동기 부여된' 연구는 무시하여 과학 발견 과정이 빨라질 수 있다고 생각한다면 그 생각은 틀렸다. **⁶**목적을 지향하는 연구는 모험을 피하면서 예측 가능하고 즉각적인 결과를 산출할 수 있을 뿐이지만, 당신이 볼 수 있는 것이라면 경쟁자도 볼 수 있다. **⁷**안전한 연구만을 추구하면 우리 모두가 빈곤해질 것이다. **⁸**정말 중요한 획기적 발전은 항상 예측할 수 없고, 바로 그 예측 불가능함이 발전을 중요하게 만들며, 그러한 발전은 예상하지 못한 방식으로 세상을 바꾼다.

해설 (A) 명사구 goal-oriented research를 수식하며 예측 가능한 결과를 '산출하는' 능동의 의미이므로 현재분사 yielding으로 바꾸어 써야 한다.

1　③

해석 베토벤의 새로운 것을 창작하려는 욕구는 그의 호기심 상태의 반영이다. 우리가 이전에 연주하거나 들어본 적이 없는 악절과 같이 불확실한 것을 탐구하는 과정에서 새로운 것을 창작할 때 우리의 뇌는 보상감을 경험한다. 우리의 호기심이 새로운 것으로 이어질 때 그에 따른 보상은 우리에게 쾌감을 가져다준다. 많은 연구자들이 음악 작곡에 호기심이 어떻게 영향을 미치는지를 연구해 왔다. 베토벤의 경우, 13세 이후에 작곡된 32개의 피아노 소나타에 초점을 맞춘 컴퓨터 모델링에서, 베토벤의 모든 음악에서 발견되는 음악 패턴이 후기 소나타에서는 감소한 반면 특정 소나타에만 나타나는 패턴을 포함한 새로운 패턴은 증가한 것을 보여주었다. 즉, 베토벤의 음악은 그의 호기심이 새로운 음악적 아이디어의 탐구를 이끌면서 시간이 지날수록 덜 예측 가능하게 되었다. 호기심은 인간의 창의성을 이끌어내는 강력한 원동력이다.

어휘 reflection 반영; 심사숙고 *cf.* reflect 반영하다; 심사숙고하다　phrase (음악의) 구절; 단계　resulting 그에 따른, 결과로 얻어지는　investigator 연구자　model 연구[설계]하다; 모형(을 만들다) *cf.* modeling 모델링; 모형 제작　composition 작곡; 구성　reveal 보여주다, 밝히다　[선택지] standardize 정형화하다　obtain 얻다　predictable 예측 가능한　unstable 불안정한　critic 비평가

해설 베토벤의 호기심이 새로운 음악의 탐구에 어떻게 영향을 미쳤는지 설명하고 있다. 일반적으로 새로운 것을 추구할 때 보상감과 쾌감을 느낀다는 내용이 먼저 언급되었다. 그 뒤로 베토벤의 후기 소나타에서 새로운 패턴이 증가했다고 했으므로 그의 음악이 기존의 모습과 달라졌다는 것을 알 수 있다. 따라서 빈칸에 알맞은 것은 ③ 'became less predictable over time(시간이 지날수록 덜 예측 가능하게 되었다)'이 알맞다.

① 더 정형화된 패턴을 가지고 있었다
베토벤의 음악에서 발견되던 일반적 패턴이 후기 소나타에서 감소했다고 했으므로 글의 내용과 반대됨
② 더 대중적인 인기를 얻었다
④ 그의 불안정한 정신 상태를 반영했다
⑤ 비평가들의 주목을 덜 받았다
②, ④, ⑤ 글에서 언급되지 않음

2　②

해석 수학의 모든 역사는 그 순간의 가장 좋은 생각을 받아들여 새로운 확장, 변형, 그리고 적용을 찾아가는 하나의 긴 연속이다. 오늘날 우리의 삶은 300년 전 사람들의 삶과는 완전히 다른데, 미적분학의 통찰을 요구하는 과학적이고 기술적인 혁신이 주요 원인이다. 17세기 후반에 아이작 뉴턴과 고트프리트 폰 라이프니츠는 각각 독립적으로 미적분학을 발견했다. 하지만 역사 연구는 수학자들이 뉴턴 또는 라이프니츠가 나타나기 전에 미적분학의 모든 주요한 요소를 생각했었다는 것을 보여준다. 뉴턴은 "만약 내가 다른 사람들보다 더 멀리 보았다면 그것은 내가 거인들의 어깨 위에 서기 때문이다."라고 썼을 때 이러한 흘러가는 현실을 스스로 인정했다. 뉴턴과 라이프니츠는 본질적으로 동시대에 그들의 뛰어난 통찰을 내놓았는데 왜냐하면 그것은 이미 알려진 것으로부터의 큰 도약은 아니었기 때문이었다. 모든 창의적인 사람들은 심지어 천재라고 여겨지는 사람들조차 천재가 아닌 사람으로 시작하여 거기에서부터 아기 걸음마를 뗀다.

어휘 sequence 연속; 순서　extension 확장, 확대　variation 변형, 변이　owing to A A 때문에　innovation 혁신　insight 통찰(력)　independently 독립적으로(↔ dependently 의존적으로)　essential 주요한, 필수[본질]적인 *cf.* essentially 본질적으로　element 요소　acknowledge 인정하다　brilliant 뛰어난, 멋진　[선택지] leap 도약; 뛰어오르다　pioneer 개척하다; 개척자

해설 빈칸 부분은 뉴턴과 라이프니츠가 뛰어난 통찰을 동시대에 내놓은 이유에 해당한다. 뉴턴과 라이프니츠가 미적분학을 발견했지만 그것은 이전에 있었던 수학적 요소들에 기초한 것이라고, 즉 수학의 발전은 기존의 지식에 기반하여 진행되는 것이라고 했다. 따라서 빈칸에 알맞은 것은 ② 'it was not a huge leap from what was already known(그것은 이미 알려진 것으로부터 큰 도약은 아니었다)'이다.

① 미적분학은 천재의 학문으로 여겨졌다
미적분학 같은 창의적 성과는 평범한 사람들의 성과에 기반한다고 했으므로 글의 내용과 반대됨
③ 미적분학의 용도를 나열하는 것은 불가능했다
글의 내용과 관련 없음
④ 그들은 수학적 계산의 돌파구를 개척했다
수학적 돌파구를 개척한 것은 맞지만 세부 사항이며 글의 중심적인 내용이 아니므로 빈칸에 적절하지 않음
⑤ 다른 수학자들은 발견을 그대로 받아들이지 않았다
글에서 언급되지 않음

73 Comfort Zone

Stage 1 다의어 Check 1 ⓐ 2 ⓑ
INTRO Q 1 ② 2 (1) (C) (2) (B) (3) (A) Q ③

Stage 2 1 ⓑ 2 ⓒ 3 ⓑ 4 stand → standing 5 ⓐ 6 ⓑ

Stage 3 (A) prevent (B) escaping (C) improvement

---

[1]Familiar patterns are so soothing / in our stressful world; //
익숙한 패턴은 매우 위안이 된다   스트레스가 많은 우리 세상에서

how dare anyone suggest abandoning them /
감히 누가 그것(익숙한 패턴)을 버리라고 제안할 수 있을까

in favor of risking more stress?
더 많은 스트레스를 감수하는 데 찬성하여

(B) [2]And yet, / this is exactly the point, // because repeating those
그럼에도 불구하고   바로 이 점이 중요하다   왜냐하면

familiar patterns leaves you motionless, / and standing **still** /
그러한 익숙한 패턴을 반복하는 것은 정지한 상태로 둔다   그리고 **가만히 있는** 것은

in an accelerating world / has the effect (of pushing you backwards).
빨라지는 세상에서   효과가 있다   뒤로 밀려나게 하는

[3]Must you abandon / all your comfortable tendencies and habits?
굳이 버려야 할까   편하게 느끼는 모든 성향과 습관을

[4]Of course not — / only the ones [that hold you back].
물론 아니다   (~한) 것만 (버리면 된다)   방해하는

(C) [5]These include putting off unpleasant tasks / (telling your teacher /
이것은 싫은 일을 미루는 것을 포함한다   (선생님께 말씀드리기

you need a few more days to complete an assignment), /
과제를 마치려면 며칠 더 필요하다고)

avoiding conflict (backing down / when you feel strongly about
갈등을 피하는 것   (굽히는 것은   무언가를 확고하게 생각할 때

something / amounts to giving up on yourself), / and avoiding change
스스로 포기하는 것과 마찬가지다)   그리고 변화를 피하는 것

(the learning environment is constantly changing — /
(학습 환경은 계속해서 변화한다

you either adapt or fall behind).
적응하거나 뒤처지느냐이다)

(A) [6]The good news is // that **breaking out** of these comfort zones
좋은 소식은 ~이다   이런 안전지대에서 **벗어나는** 것은

will likely lead to new opportunities, / fewer problems [you would
새로운 기회로 이어질 수 있을 것이다   더 적은 문제

fear confronting in the first place], / and maybe even a functional
처음에 맞서기를 두려워할   그리고 어쩌면 편리하고

and tolerable "neutral zone" [that you can take in stride].
괜찮은 '중립 지대'로도   수월하게 받아들일 수 있는

전문해석 [1]익숙한 패턴은 스트레스가 많은 우리 세상에서 매우 위안이 된다. 감히 누가 더 많은 스트레스를 감수하는 데 찬성하면서 패턴을 버리라고 제안할 수 있을까? (B) [2]그럼에도 불구하고 바로 이 점이 중요한데, 익숙한 패턴을 반복하면 정지한 상태로 남고, 빨라지는 세상에서 가만히 있는 것은 뒤로 밀려나는 효과가 있기 때문이다. [3]편하게 느끼는 모든 성향과 습관을 굳이 버려야 할까? [4]물론 그건 아니며, 방해하는 것만 버리면 된다. (C) [5]이런 것에는 싫은 일을 미루는 것(선생님께 과제를 마치려면 며칠 더 필요하다고 말씀드리기), 갈등을 피하는 것(무언가를 확고하게 생각할 때 굽히는 것은 스스로를 포기하는 것과 같다), 변화를 피하는 것(학습 환경은 계속해서 변하므로, 적응하느냐 뒤처지느냐이다)이

Stage 1 정답 찾아가기

Q 주어진 글은 익숙한 패턴이 위안이 되므로 쉽게 버릴 수 없다는 내용이다. (B)는 역접의 연결어(yet)로 시작하며 because 이후에서 익숙한 패턴을 버려야 할 이유를 설명하므로 주어진 글 바로 뒤에 와야 한다. (B)의 첫 문장에서 강조하는 this는 주어진 문장의 '익숙한 패턴을 버리는 것'을 가리킨다. (B)의 후반부에서는 방해가 되는 패턴만 버리라고 언급하는데, (C)에서 이를 These로 받으며 구체적으로 예시를 제시하므로 그다음에 온다. 마지막으로 (A)가 익숙함에서 벗어날 때 얻게 될 장점을 설명한다.

Stage 2 한 문장씩 뜯어보기

1 ⓑ | 우리는 스트레스를 주지 않는 익숙한 패턴을 <u>선호</u>한다. ⓐ 위험을 무릅쓰다 ⓒ 버리다
해설 스트레스가 많은 세상에서 익숙한 패턴이 우리에게 위안이 된다고 하므로 익숙함을 선호하는 것이다.

2 ⓒ | 익숙한 패턴을 버리는 것 ⓐ 스트레스를 주는 세상에서 스스로 위로하기 ⓑ 스트레스를 거부하는 과감한 제안

3 ⓑ | 익숙한 패턴을 반복하는 것은 발전을 방해한다.
ⓐ 위험 ⓒ 동기 부여 • hinder 방해하다

4 stand → standing
해설 because절 안에 완전한 절 두 개가 and로 병렬 연결되었다. 첫 번째 절의 주어는 동명사구 repeating those familiar patterns이고, leaves you motionless가 술부이다. 이후 접속사 and 뒤에도 동사 has가 있으므로, stand를 동명사 standing으로 고쳐서 두 번째 주어인 동명사구로 만들어야 한다.

5 ⓐ | 일을 미루고, 갈등을 피하고, 그리고 변화에 반대하는 것과 같은 습관을 <u>버려라</u>.
ⓑ 묘사하다 ⓒ 추구하다

6 ⓑ | 안전지대를 떠나는 것은 더 많은 가능성을 가져온다. ⓐ 상당한 인내심 ⓒ 두려움에 맞설 필요
• significant 중요한; 상당한 tolerance 인내(심)
해설 주어진 빈칸은 안전지대를 떠나는 것의 긍정적 결과에 해당한다.

Stage 3 요약하기

익숙한 패턴은 발전을 (A) <u>방해</u>하므로, 안전지대에서 (B) <u>나오는</u> 것이 지속적인 (C) <u>발전</u>을 돕는 새로운 기회로 이어질 수 있다.

포함된다. (A) *좋은 소식은 이런 안전지대에서 벗어나는 것이 새로운 기회로, 그리고 처음에는 맞서기 두려운 문제가 더 줄어드는 상황으로, 또 어쩌면 수월하게 받아들일 수 있는 편리하고 괜찮은 '중립지대'로도 이어질 수 있다는 것이다.

해설 (B) 주어 자리이며, 안전지대 밖으로 '나가는 것'이라는 의미가 되어야 하므로 동명사 escaping으로 바꾸어 써야 한다.

1 ①

해석 평상시 공원에 산책이나 운동을 하러 간다고 하자. 어쩌면 오늘 여러분은 다른 공원을 선택해야 할 것이다. 왜 그런가? 글쎄, 혹시 모른다. 어쩌면 여러분이 다른 공원에서 다른 에너지와 연결되는 것이 필요하기 때문일 것이다. 어쩌면 거기서 전에 한 번도 만난 적 없는 사람들을 우연히 만나게 될 것이다. 그저 다른 공원을 방문함으로써 가장 친한 새 친구를 사귈 수 있다. 편안함을 느끼는 구역 밖으로 나가기 전까지 자신에게 어떤 대단한 일이 일어날지 알 수 없다. 여러분이 안전지대에 머무르고 있고, 자신을 밀어붙여 늘 똑같은 기존의 기운에서 벗어나도록 하지 않는다면, 자신의 길에서 앞으로 나아가지 못할 것이다. 자신에게 다른 어떤 것을 하게 만듦으로써, 여러분은 영적인 차원에서 자신을 깨우고, 결국에는 스스로를 이롭게 할 어떤 일을 자신이 하도록 만든다. 사람들이 말하듯이, 다양성은 인생의 향신료이다.

어휘 run into ~와 우연히 만나다; ~와 충돌하다   past ~을 넘어서, ~을 지나서   awaken 깨우다; 깨다   benefit 이롭게 하다; 이익   [선택지] variety 다양성   spice 향신료   laziness 게으름   invention 발명품   strengthen 강화하다

해설 익숙한 것에서 벗어나 새로운 시도를 해보는 것이 새로운 관계를 만들고 결국 인생을 더 흥미롭고 유익하게 만든다는 내용이다. 따라서 빈칸에 알맞은 것은 ① 'variety is the spice of life(다양성은 인생의 향신료이다)'이다.

② 환상은 현실의 거울이다
③ 실패가 성공보다 더 많은 것을 가르치다
④ 게으름은 발명의 어머니이다
⑤ 갈등이 관계를 강화하다
②~⑤ 글의 내용과 관련 없음

2 ④

해석 카리스마는 분명하게 배울 수 있고 가르칠 수 있으며, 그리고 여러 면에서 뉴턴의 유명한 운동 법칙 중 하나인 '모든 작용에 대하여 같은 크기이면서 반대 방향인 반작용이 존재한다.'를 따른다. 즉 모든 카리스마와 인간 상호 작용은 일련의 신호와 단서들이 다른 신호와 단서들로 이어지는 것이며, 어떤 것들이 자신에게 가장 유리하게 작용하는지를 판독하는 과학이 존재한다. 다시 말해서 카리스마는 종종 어떤 때에 무엇을 해야 하는지의 체크리스트로 단순화될 수 있다. 그러나 그것은 안전지대에서 벗어나려는 일시적 시도가 필요할 것이다. 비록 논리적으로는 수월한, 지켜야 할 일련의 절차가 존재하겠지만, 습관을 바꾸며 익숙하지 않은 새롭고 불편한 행동을 시작하는 것은 여전히 감정적인 싸움이다. 나는 이것이 단지 오랫동안 활동을 중단한 근육을 사용하는 문제라고 말하고 싶다. 준비시키려면 시간이 좀 필요하겠지만, 원하는 목표의 성취는 오직 연습과 행동을 통해서이다.

어휘 logically 논리적으로   procedure 절차, 과정   eminently 분명히; 대단히   famed 유명한, 이름이 난(= famous) *cf.* fame 명성   cue 단서, 신호   simplify 단순화하다   brief 일시적인; 짧은; 간단한   warm up 준비가 되다; 준비 운동을 하다; 열이 오르다

해설 주어진 문장은 습관을 바꾸고 새로운 행동을 시작하는 것이 이론상으로는 쉬워 보여도 익숙하지 않고 불편하여 여전히 어렵다는 내용이다. 글의 중반부까지는 카리스마에 관해 설명하고 있으나, ③ 다음에서 카리스마를 배우는 것은 편안한 상태에서 벗어나 새로운 것을 시도하려는 노력이 필요하다고 했다. 즉 새로운 행동의 시작이 감정적으로 어려운 일이라는 내용이 이어져야 자연스럽다. 따라서 주어진 문장이 들어가기에 적절한 곳은 ④이다.

74 Business Ethics

난이도 ★★☆   p. 68

Stage 1   다의어 **Check** 1 ⓑ 2 ⓐ
INTRO Q ② **Q** ② **OUTRO Q** ①

Stage 2   **1** ⓒ **2** ⓒ **3** ⓐ
4 기업의 사회 윤리적 헌신을 그린워싱과 선전이라고 성급하게 일축하지 않도록
5 to expose **6** ⓑ

Stage 3   (A) valued (B) distinguish

---

1 Not too many decades ago / a course (like "Business Ethics")
몇십 년 전만 해도   과목은   '기업 윤리' 같은
/ did not exist at universities.
대학에 존재하지 않았다

2 The mainstream understanding was // that business and ethics were
주류의 이해는 ~이었다   기업과 윤리는 모순이라는 것
a contradiction / in terms.
용어상

3 Business was concerned with maximizing profits, //
기업은 이익을 극대화하는 것과 관련이 있었다
while ethics was about helping others / in a purely philanthropic **sense**.
반면 윤리는 남을 돕는 것에 관한 것이었다   순전히 박애주의적 **의미**에서

4 Nowadays, / business ethics is seen / as an almost indispensable
오늘날   기업 윤리는 여겨진다   거의 없어서는 안 될 마케팅 수단으로
marketing tool [that increases sales].
매출을 높이는

5 All major companies have / one or more Corporate Social
모든 주요 기업은 가지고 있다   하나 이상의 기업 사회 책임(CSR) 캠페인을
Responsibility (CSR) campaigns.

6 Greenwashing and whitewashing are two terms
그린워싱과 화이트워싱은 두 가지 용어다
(often associated with these campaigns).
이런 캠페인과 자주 관련된

7 The former refers to the practice of companies
전자(그린워싱)는 기업의 관행을 말한다
(making exaggerated claims (about the environmental benefits
과장된 주장을 하는   환경적 이익에 대해
(of their products or practices))), // while the latter refers to similar tactics
기업의 제품이나 관행의   반면 후자(화이트워싱)는 유사한 전략을 말한다
(in relation to social or ethical issues).
사회적 또는 윤리적 문제와 관련된

8 However, / one should be careful / not to rashly **dismiss**
하지만   조심해야 한다   성급하게 **일축하지 않도록**
/ the socio-ethical commitment of companies / as greenwashing and
기업의 사회 윤리적 헌신을   그린워싱과 선전이라고
propaganda, // especially since the Internet and social media make it
특히 인터넷과 소셜 미디어가 (~을) 더 쉽게 만들기 때문에
easier / for critical consumers / to expose greenwashing attempts
비판적인 소비자가   그린워싱 시도를 폭로하는 것을
(by companies).
기업에 의한

Stage 1 정답 찾아가기

Q 주어진 문장은 현재(Nowadays) 시점의 기업 윤리의 중요성에 대한 내용이다. 글의 첫 문장은 과거에 기업 윤리 과목은 대학에도 존재하지 않았다는 내용으로 주어진 문장과 상반되므로, 과거와 현재를 대조하며 글의 흐름이 바뀌는 부분을 찾아야 한다. ② 앞까지 과거에 기업과 윤리가 모순되는 것으로 여겨졌다는 내용이 이어지는데 ② 뒤에서 오늘날 기업의 사회적 책임 캠페인을 언급하며 윤리를 중시하는 내용이 등장하므로 흐름이 바뀌는 ②에 주어진 문장이 들어가는 것이 적절하다. 주어진 문장의 marketing tool의 종류로 ② 뒤 문장의 Corporate Social Responsibility campaigns가 제시된다.

Stage 2 한 문장씩 뜯어보기

1 ⓒ | 이익 극대화와 윤리는 한때 <u>모순된다</u>고 여겨졌다.
ⓐ 양립할 수 있는 ⓑ 동시에 발생하는
해설 Profit maximization은 business가 추구하는 것이다.

2 ⓒ | 용어상 모순 ⓐ 마케팅 수단 ⓑ 기업 윤리
해설 기업 윤리가 마케팅 수단이라고 언급한 다음 기업 사회 책임(CSR) 캠페인이 있다고 하므로, 기업의 윤리 마케팅을 위해 캠페인을 이용하는 것이다. 용어상 모순이라는 개념과는 관련이 없다.

3 ⓐ
해설 문장 7의 similar tactics는 앞서 언급된 '기업이 이득을 위해 제품이나 관행에 대해 과장된 주장을 하는 것'을 반복해서 설명하지 않기 위해 사용되었다.

5 to expose
해설 make 뒤의 it은 가목적어, easier는 목적격보어고, 진목적어는 to expose ~ by companies다. for critical consumers는 의미상 주어다.

6 ⓑ | 우리는 진정한 윤리 관행을 그린워싱이라고 성급하게 <u>명시해서는</u> 안 된다. ⓐ 시행하다 ⓒ 촉진하다
• hastily 성급하게 label 명시하다; 표기하다; 라벨

Stage 3 요약하기

기업 윤리는 지난 수십 년과 비교하여 현대 기업에서 (A) <u>중요해졌으나</u> 우리는 기업의 진실한 노력과 그린워싱

전문해석 ¹몇십 년 전만 해도 '기업 윤리' 같은 과목은 대학에 존재하지 않았다. ²기업과 윤리는 용어상 모순이라는 것이 주류의 이해였다. ³기업은 이익을 극대화하는 것과 관련 있는 반면 윤리는 순전히 박애주의적 의미에서 남을 돕는 것에 관한 것이었다. ⁴오늘날 기업 윤리는 매출을 높이는 거의 없어서는 안 될 마케팅 수단으로 여겨진다. ⁵모든 주요 기업은 하나 이상의 기업 사회 책임(CSR) 캠페인이 있다. ⁶그린워싱과 화이트워싱은 이런 캠페인과 자주 관련되는 두 가지 용어. ⁷전자는 기업이 제품이나 관행의 환경적 이익에 대해 과장되게 주장하는 관행을 말하는 반면, 후자는 사회적 또는 윤리적 문제와 관련된 유사한 전략을 말한다. ⁸하지만, 특히 인터넷과 소셜 미디어는 비판적인 소비자가 기업의 그린워싱 시도를 폭로하기 더 쉽게 만들기 때문에 기업의 사회 윤리적 헌신을 그린워싱과 선전이라고 성급하게 일축하지 않도록 조심해야 한다.

및 화이트워싱 전략을 (B) 구별해야 한다.

• genuine 진실한, 진짜의

1 ③

해석 이미 알고 있겠지만, 무엇을 어떻게 구매하는지는 정치적일 수 있다. 여러분의 돈을 누구에게 주고 싶은가? 어떤 회사와 기업을 가치 있게 여기고 존중하는가? 우리의 지원을 받을 자격이 있는지를 결정하기 위해 우리의 돈을 가져가는 기업을 면밀히 조사해서 모든 구매에 주의를 기울여라. 기업이 환경을 오염시킨 기록이나 만든 제품에 대한 공정 거래 관행과 제품 수명 종료 계획이 있는가? 세상에 좋은 결과를 가져오는 데 헌신하는가? 예를 들어 우리 가족은 사회적 양심으로 재활용되고 플라스틱 포장이 없는 화장지를 생산하는 회사를 발견했다. 그 회사는 수익의 50퍼센트를 전 세계 화장실 건설에 기부하고, 우리는 이 특별한 화장지에 매달 돈을 쓸 수 있어서 진심으로 기쁘다. 기업의 세계는 소비자를 기반으로 만들어지므로 소비자로서 여러분은 지갑으로 의사 표시를 하고, 소비하기로 선택한 모든 구매를 통해 회사들이 더 건강하고 더 지속 가능한 관행을 받아들이도록 장려할 힘이 있다는 것을 기억하라.

어휘 mindful 주의를 기울이는, 유념하는   deserve ~을 받을 만하다   pollute 오염시키다   fair-trade 공정 거래[무역]   commit to v-ing v하는 데 헌신하다   genuinely 진심으로, 정말로   vote 의사 표시를 하다; 투표(하다) cf. voter 유권자   embrace 받아들이다, 포용하다   sustainable 지속 가능한 [선택지] appeal 관심을 끌다; 호소(하다)   consciously 의식적으로   policy 정책

해설 도입부의 질문을 통해 소비자의 구매가 기업의 사회적 책임과 지속 가능한 관행을 장려할 수 있다는 내용임을 알 수 있다. 이어서 환경친화적 기업의 상품을 구매하는 예시가 등장하고, 후반부에서 소비자가 기업의 관행에 영향을 미칠 수 있음을 한 번 더 정리한다. 따라서 글의 제목으로 알맞은 것은 ③ 'Buy Consciously, Make Companies Do the Right Things(의식적으로 구매하고 기업이 올바른 일을 하도록 하라)'이다.

① 친환경 기업은 정말로 친환경적인가?
　친환경적 활동을 하는 회사 예시가 등장하지만 세부 사항에 해당함
② 공정 거래가 항상 소비자들의 관심을 끄는 것은 아니다
　공정 거래가 소비 결정에 영향을 미친다고 했으므로 글의 내용과 상반됨
④ 유권자들은 경제 정책에 강력한 영향을 미치는가?
　'정치적', '투표'라는 단어가 등장하지만 경제 정책에 대한 글이 아님
⑤ 돈을 절약하는 비결로 지출을 기록하라
　돈을 절약하는 방법은 언급되지 않음

2 ②

해석 그린워싱은 소비자가 상품이나 서비스가 실제보다 더 친환경적이라고 오해하게 하는 것을 포함한다. 그린워싱은 법이 요구하는 환경적 주장을 하는 것, 그래서 무의미한 것(예를 들어 염화불화탄소 미첨가)에서부터 과대광고(환경적 주장을 과장하는 것)와 사기에 이르기까지 다양하다. 연구자들은 제품에 관한 주장이 종종 지나치게 모호하거나 오해를 부른다는 점을 보여주었다. 몇몇 제품에는 실제로 식물과 동물을 포함해서 모든 것에 화학물질이 들어있음에도 '화학물질 없음'이라고 표기되어 있다. 현혹적이고 증명할 수 없는 주장이 가장 많이 포함된 제품은 세탁 세제, 가정용 세제, 그리고 페인트였다. 환경 옹호자들은 소비자들이 구매하는 제품의 환경적 영향력에 대하여 적절하게 정보를 제공받도록 보장하기 위해 여전히 갈 길이 멀다는 점에 동의한다. 그린워싱의 가장 흔한 이유는 환경적으로 의식 있는 소비자들을 끌어들이는 것이나. 많은 소비자들은 구매 이후에야 기짓 주장을 알아차린다. 그러므로 그린워싱은 단기적으로는 판매량을 증가시킬 수도 있다. 하지만 이 전략은 소비자들이 자신이 기만당하고 있다는 것을 알게 될 때 심각하게 역효과를 낼 수 있다.

↓

그린워싱은 환경적으로 의식 있는 소비자들을 속임으로써 (A) 일시적으로 회사에 이익을 가져다줄 수 있지만, 소비자들이 (B) 잘못된 정보를 받은 것을 알아냈을 때 회사는 심각한 문제에 직면할 것이다.

어휘 mislead 오해하게 하다; 잘못 인도하다 cf. misleading 오해하게 하는   irrelevant 무의미한; 무관한   vague 모호한, 애매한   unverifiable 증명[확인]할 수 없는 cf. verify 확인하다   detergent 세제   advocate 옹호자; 옹호하다   adequately 적절하게   backfire 역효과를 내다   deceive 기만하다, 속이다   [선택지] permanently 영구적으로(↔ temporarily[momentarily] 일시적으로)   manipulate 조작하다, 조종하다   misinform 잘못된 정보를 알리다; 조작하다

해설 그린워싱이라는 개념을 설명하는 글로, 기업이 실제로 그렇지 않은 제품을 친환경적으로 보이도록 속여 환경을 중시하는 소비자들의 구매를 이끌어낸다고 했다. 후반부에서 그린워싱이 단기적으로 판매량을 증가시킬 수 있다고 했으므로 (A)에는 temporarily(일시적으로)가 알맞다. 그리고 소비자들이 기만당했다는 것을 알면 역효과를 낸다고 했으므로 (B)에는 misinformed(잘못된 정보를 받은)가 알맞다.

　　　(A)　　　　(B)
① 영구적으로 - 조작된   (A)는 틀리고 (B)는 맞음
③ 일시적으로 - 옹호받는   (A)는 맞고 (B)는 틀림
④ 궁극적으로 - 과소평가되는   (A)와 (B) 모두 틀림
⑤ 지속적으로 - 분석되는   (A)와 (B) 모두 틀림

75 Stereotype

Stage 1　**다의어 Check　1** ⓑ　**2** ⓐ
　　　　　INTRO Q ①　**Q** ②　**OUTRO Q** ①

Stage 2　**1** ○　**2** things　**3** ⓑ
　　　　　4 인종적, 민족적 차이를 이해하는 데 있어 (다른) 아이들을 주도하는 아이들
　　　　　5 ⓑ　**6** language, comments　**7** ⓐ

Stage 3　(A) prejudice　(B) guidance　(C) differences

---

[1] Caryn Park, a researcher in education, suggests //
교육 연구자 Caryn Park은 말한다

that preschool children are noticing racial and ethnic differences /
미취학 아동이 인종적, 민족적 차이를 인지하고 있다고

and forming opinions (about what they see) / with the information
그리고 의견을 형성하고 있다고　　자신이 보는 것에 대한　　　정보로

[they have in social contexts].
사회적 맥락에서 가지고 있는

[2] Her analysis suggested // that children will help / each other make
그녀의 분석은 시사했다　　아이들이 도울 것이라고　서로 (~한) 것을 이해하도록

sense of things, / like **race** and ethnicity, / [that are beyond their
인종과 민족성 같은　　　아이들의 현재 이해력을 넘어서는

current comprehension], / especially when there is no older or more
나이가 더 많거나 경험이 더 많은 사람이 없을 때 특히

experienced person (available to help).
도움을 줄 수 있는

[3] Children (leading children / in understanding racial and ethnic
아이들은　　아이들을 주도하는　　인종적, 민족적 차이를 이해하는 데 있어

differences) / can lead to incorrect ideas, / she said, // and it is the role
잘못된 생각으로 이어질 수 있다　　그녀가 말했다　그리고 (~은) 역할이다

(of the teacher) / to carefully guide children's understanding
교사의　　　　아이들의 이해를 신중하게 안내하는 것은

(about human differences).
사람의 차이에 대한

([4] Becoming friends with children (from different backgrounds) /
아이들과 친구가 되는 것은　　　　　다른 환경에서 온

may help children reject negative stereotypes.)
아이들이 부정적인 고정관념을 거부하도록 도울 수 있다

[5] We agree / that people are not born with prejudices, //
우리는 동의한다　사람들이 편견을 가지고 태어나지 않는다는 것에

but as they grow, / children more and more learn about stereotypes /
그러나 자라면서　　아이들은 고정관념을 점점 더 많이 학습하게 된다

from the adults and media (around them).
성인과 대중 매체로부터　　아이들 주변의

[6] As teachers (of young children), / the language [we use]
교사로서　　어린아이들의　　　언어는　　우리가 사용하는

and the comments [we make] / can dramatically influence children's
그리고 의견은　　우리가 표현하는　　아이들의 인식에 크게 영향을 미칠 수 있다

perceptions (of human differences).
사람의 차이에 대한

[7] It is important / to use an anti-bias framework / to speak accurately,
(~은) 중요하다　　편견에 반대하는 (사고의) 틀을 사용하는 것은　　정확하고

calmly, and with **respect** / when talking about differences.
차분하며 존중하는 태도로 말하기 위해　　차이를 이야기할 때

Stage 1　정답 찾아가기

Q ①이 시작되기 전 도입부에서 아이들이 인종의 차이를 인지하고 사회적 맥락을 통해 이해한 정보를 공유할 수 있다고 했다. 어린아이들이 자라면서 고정관념을 형성할 수 있으므로, 교사가 존중하는 태도로 아이들이 차이를 올바르게 이해하도록 도와야 한다는 내용의 글이다. ②는 교사의 역할과 상관없이 아이들이 고정관념을 거부할 수 있는 경우를 이야기하므로 글의 흐름과 무관하다.

Stage 2　한 문장씩 뜯어보기

1 ○
　해설 동사 suggest의 목적어인 that절이 '당위성'을 의미하지 않고 사실을 말하면 that절의 동사를 주어의 인칭과 수, 시제에 맞게 쓴다. 문맥상 아이들이 차이를 인지한다는 사실을 제시하므로 주어 preschool children의 동사 are가 알맞게 쓰였다.

2 things
　해설 관계대명사 that 앞에 삽입어구 like race and ethnicity가 위치하여 선행사와 관계대명사가 떨어져 있다.

3 ⓑ | 어린아이들이 스스로 완전히 이해하기는 어렵다
　ⓐ 일반적인 ⓒ 중요한
　해설 아이들의 이해를 '넘어선다'는 것은 이해하는 것이 어려움을 의미한다.

4 인종적, 민족적 차이를 이해하는 데 있어 (다른) 아이들을 주도하는 아이들
　해설 밑줄 친 부분에서 현재분사구(leading ~ differences)가 앞의 명사 Children을 수식한다.

6 language, comments
　해설 (대)명사 뒤에 주어와 동사의 형태가 바로 이어지면 목적격 관계대명사가 사이에 생략된 것이다. 문장 6에서 the language we use와 the comments we make가 해당된다.

7 ⓐ | 편견 없이 판단하기 ⓑ 편견의 이유를 조사하기
　ⓒ 편견으로 얻은 정보 판단하기
　해설 단어에 anti-가 붙으면 '반대'의 의미가 된다. 편견을 반대하는 사고의 틀은 즉 편견 없이 판단함을 의미한다.

전문해석 [1]교육 연구자 Caryn Park은 미취학 아동이 인종의 차이와 민족의 차이를 인지하고 있으며, 사회적 맥락에서 가지는 정보로 자신이 보는 것에 대한 의견을 형성하고 있다고 말한다. [2]Park의 분석은 나이나 경험이 더 많아서 도움을 줄 사람이 없을 때 특히, 아이들이 인종과 민족성처럼 지금 이해하기 어려운 개념을 서로 이해하도록 도울 것이라는 점을 시사했다. [3]인종과 민족의 차이를 이해하는 데 있어 (다른) 아이들을 주도하는 아이들은 잘못된 생각에 이를 수 있어서, 사람의 차이를 이해하는 데 있어 아이들을 신중하게 안내하는 것이 교사의 역할이라고 Park은 말했다. ([4]다른 환경에서 온 아이들과 친구가 되는 것은 아이들이 부정적인 고정관념을 거부하도록 도울 수 있다.) [5]우리는 사람들이 편견을 가진 채 태어나지 않는다는 점에 동의하지만, 아이들은 자라면서 주변의 성인과 대중 매체로부터 고정관념을 점점 더 많이 학습하게 된다. [6]어린아이들의 교사로서 우리가 사용하는 언어와 표현하는 의견은 아이들이 사람의 차이를 인식하는 데 크게 영향을 미칠 수 있다. [7]차이를 이야기할 때 정확하고 차분하며 존중하는 태도로 말하기 위해 편견에 반대하는 (사고의) 틀을 사용하는 것이 중요하다.

Stage 3 요약하기

아이들은 자신의 사회적 환경에서 인종 또는 민족의 특성에 대해 (A) 선입견을 만들 수 있으므로, 사람의 (C) 차이에 대한 정확하면서도 존중하는 인식을 발달시키려면 교사의 (B) 지도가 필요하다.

함께 풀면 좋은 기출문제

p. 152

1 ①

해석 집단 사이에 평등을 촉진하는 사회적 규범이 뒷받침된다면 집단 간 접촉은 고정관념 형성을 줄이고 우호적인 태도를 만들어낼 가능성이 더 크다. 만약 그 규범들이 개방성, 친밀함, 그리고 상호 존중을 지지한다면, 그렇지 않을 때보다 접촉이 태도를 바꾸고 편견을 줄일 가능성이 더 크다. 제도적으로 뒷받침되는 집단 간 접촉, 즉 외부의 권위 또는 기존의 관습에 의해 승인되는 접촉은 뒷받침되지 않는 접촉보다 긍정적인 변화를 만들 가능성이 더 크다. 제도적 지지가 없다면 내부 집단의 구성원들은 외부자들과 상호작용하는 것을 꺼릴 수도 있는데, 왜냐하면 그들이 그렇게 하는 것이 (규범에서) 벗어나 있거나 단순히 부적절하다고 느끼기 때문이다. 그러나 제도적 지지의 존재로, 집단 간 접촉은 적절하고 기대되며 가치 있는 것으로 여겨질 가능성이 더 크다. 예를 들어 초등학교에서의 인종 차별 폐지에 대하여, 인종 차별 폐지를 반대하기보다는 지지하는 교사들, 즉 권위 있는 인물들에 의해 행해진 수업에서 학생들이 더 많이 동기를 부여받고 더 많이 배웠다는 증거가 있다.

↓

집단 간 평등을 추구하는 사회 규범의 지지를 받는다면, 집단 간 접촉은 특히 (B) 조직적 지지에 의해 이끌어질 때 (A) 편견을 더 약화시키는 경향이 있다.

어휘 intergroup 그룹[집단] 사이의　favorable 우호적인, 호의적인　back 지지하다, 도와주다　social norm 사회적 규범　equality 평등　mutual 상호적인　institutionally 제도적으로 *cf.* institutional 제도의; 기관의　custom 관습　be reluctant to-v v하기를 꺼리다　deviant (정상에서) 벗어난, 일탈적인　inappropriate 부적절한(↔ appropriate 적절한)　pursue 추구하다

해설 요약문을 보면 집단 간 접촉이 '어떤' 지지를 받을 때 '무엇'이 약화되는지 파악해야 한다. 이 글은 집단 간 접촉이 사회적 규범과 제도적 지원에 의해 뒷받침되면 고정관념이 줄어들고 긍정적 태도를 형성하는 데 더 효과적이라는 내용이다. 후반부의 예시에서도 권위를 가진 교사들이 인종 차별을 지지할 경우 학생들이 인종 차별 폐지에 대해 더 많이 배웠다고 했다. 요약문에서 집단 간 접촉은 '조직적'으로 지지를 받을 때 '편견'을 약화시킨다는 내용이 적절하므로 (A)에는 bias(편견), (B)에는 organizational (조직적인)이 알맞다.

　(A)　　　(B)
② 편견 - 개별화된　(A)는 맞으나 (B)는 내용과 상반됨
③ 편견 - 재정적인　(A)는 맞으나 (B)는 관련 없음
④ 균형 - 조직적인　(A)는 틀리고 (B)는 맞음
⑤ 균형 - 개별화된　(A)와 (B) 모두 틀림

2 ①

해석 한 연구는 맹목적인 가정에 근거한 선입견의 경제적인 비용을 연구했다. 연구자들은 한 무리의 덴마크 청소년들에게 두 사람 중 한 명과 함께 일하는 선택권을 주었다. 청소년들은 그들 중 누구와도 만난 적이 없었다. 그 사람들 중 한 명은 청소년들과 유사한 인종적 또는 종교적 배경의 출신임을 암시하는 이름을 가지고 있었다. 다른 한 사람은 다른 인종적 또는 종교적 배경의 출신임을 암시하는 이름을 가지고 있었다. 그 연구는 만약 청소년들이 자신이 생각하기에 같은 인종적 또는 종교적 배경으로부터 온 누군가와 함께 일할 수 있다면 그들이 평균 8퍼센트 더 적게 벌 준비가 되어 있다는 것을 보여 주었다. 그리고 이러한 선입견은 소수 인종의 이름을 가진 청소년들뿐만 아니라 다수 인종의 이름을 가진 청소년들 사이에서도 분명했다. 청소년들은 맹목적으로 자신의 잠재적인 동료의 인종에 대해 가정했다. 그들은 그러고 나서 그 선입견이 '그들 자신의' 잠재적인 소득을 줄이는 것을 실제로 허용할 정도까지, 선입견을 자신의 가정에 적용했다. 그 일은 그 두 명의 십 대들에게 단지 '90분'간만 함께 일할 것을 요구했다.

↓

청소년들이 심지어 자신에게 오는 경제적인 손실에도 비슷한 배경의 누군가와 함께 일하는 것에 (A) 선호를 표현했던 한 연구는 가정에 근거한 선입견이 이성적인 경제 행위(B)보다 중요할 수 있다는 것을 시사한다.

어휘 blind 맹목적인; 눈이 먼 *cf.* blindly 맹목적으로　assumption 가정 *cf.* assume 가정하다 [선택지] outweigh ~보다 더 중요하다　hesitation 망설임 *cf.* hesitate 망설이다　reinforce 강화하다　overwhelm 압도하다　inability 무능함　underlie ~의 기초가 되다

해설 요약문을 보면 청소년들이 비슷한 사람과 일하는 것을 '어떻게' 판단했는지와 선입견이 경제 행위보다 '어떤지'를 파악해야 한다. 청소년들이 경제적 손실을 감수하면서까지 자신과 비슷한 배경을 가진 사람과 일하기를 원한다는 연구 결과를 소개하였고, 이는 그들의 인종적 또는 종교적 편견이 영향을 미친다는 것을 의미한다. 즉 배경이 비슷한 사람과 일하는 것을 '선호'하고, 선입견이 이성적 경제 행위보다 '중요'한 것이므로 (A)에는 preference(선호), (B)에는 outweigh(~보다 더 중요하다)가 알맞다.

　(A)　　　(B)
② 망설임 - 강화하다　(A)와 (B) 모두 틀림
③ 선호 - 강화하다　(A)는 맞으나 (B)는 내용과 상반됨
④ 망설임 - 압도하다　(A)는 틀리고 (B)는 맞음
⑤ 무능함 - 기초가 되다　(A)와 (B) 모두 관련 없음

76 Public Relations (PR)

Stage 1   **다의어 Check 1** ⓐ **2** ⓑ
　　　　　INTRO Q (A) ② (B) ① **Q** ⑤

Stage 2   **1** being threatened **2** ⓒ **3** ⓑ **4** ⓐ

Stage 3   (A) framed (B) recognition

---

1 The war (between Ben & Jerry's and Häagen-Dazs) / illustrates
전쟁은　　　　　　　벤앤제리스와 하겐다즈 사이의　　　　　보여준다
// that you can seize opportunities / in unlikely places, /
기회를 잡을 수 있다(는 것을)　　　예상하지 못한 곳에서
and use them to your advantage.
그리고 그것(기회)을 유리하게 이용할 수 있다(는 것을)

2 Instead of being threatened by the fact / that Häagen-Dazs had
사실에 위협받는 대신　　　　　　　　하겐다즈가
the backing of Pillsbury, / a superpower in the food industry,
필스버리의 지원을 받는다는　　　식품 업계의 막강한 힘
/ Ben & Jerry's framed the legal battle / as a David and Goliath story, //
벤앤제리스는 법정 싸움을 표현했다　　　　다윗과 골리앗의 이야기로
in which two small-business owners were being bullied /
이 이야기에서 두 명의 소규모 자영업자가 괴롭힘을 당하고 있었다
by a cruel corporate giant.
잔인한 거대 기업에게

3 It didn't take long / for feature stories to appear in major media.
오래 걸리지 않았다　　　　특집 기사가 주요 언론에 등장하는 데

4 By 1987, / the war (between Häagen-Dazs and Ben & Jerry's) /
1987년에　　전쟁은　　　하겐다즈와 벤앤제리스 사이의
had **settled**.
끝났다

5 However, / more important than the legal victory, /
그러나　　　　법적 승리보다 더 중요한
was the significant public relations boost [that Ben & Jerry's reaped].
엄청난 홍보 상승은 ~였다　　　　벤앤제리스가 거둔

6 Hundreds of thousands of people [who had never heard of Ben &
수십만 명의 사람들은　　　　　　벤앤제리스를 들어본 적 없던
Jerry's] / were **wondering** // why Pillsbury was trying to restrain the
궁금해했다　　　왜 필스버리가 그 회사의 아이스크림을 억누르려 하는지
company's ice cream.

7 For them, / Häagen-Dazs's actions were perceived / as an attack
사람들에게　　　하겐다즈의 행동은 인식되었다　　　공격으로
(on entrepreneurship, family values, and American tradition).
기업가 정신, 가족 가치, 그리고 미국 전통에 대한

8 So, / Ben & Jerry's made lemonade from lemons.
이런 식으로　　　벤앤제리스는 레몬으로 레모네이드를 만들었다

전문해석 **1** 벤앤제리스와 하겐다즈의 전쟁은 예상하지 못한 곳에서 기회를 잡아 유리하게 이용할 수 있음을 보여준다. **2** 하겐다즈가 식품 업계에서 막강한 힘을 가진 필스버리 사의 지원을 받는다는 사실에 위협받는 대신, 벤앤제리스는 법정 싸움을 다윗과 골리앗의 이야기로 표현했는데, 이 이야기에서 두 명의 소규모 자영업자는 잔인한 거대 기업에게 괴롭힘을 당하고 있었다. **3** 특집 기사가 주요 언론에 등장하기까지는 오래 걸리지 않았다. **4** 1987년에 하겐다즈와 벤앤제리스 사이의 전쟁이 끝났다. **5** 그러나

Stage 1 정답 찾아가기

다의어 Check 1 ⓐ 끝내다 ⓑ 정착하다 **2** ⓐ 놀라다
ⓑ 궁금해하다

INTRO Q (A) 레모네이드 - ② 달콤하고 긍정적인
(B) 레몬 - ① 시고 불쾌한

Q 벤앤제리스가 하겐다즈와의 법정 싸움을 이용하여 브랜드 인지도를 높였다는 이야기다. 벤앤제리스는 위협이 되는 상황을 통해 오히려 홍보 효과를 거두었으므로 밑줄 친 부분에서 신 과일인 lemons는 위기 상황을, 그것으로 만든 달콤한 lemonade는 긍정적인 결과(홍보)를 가리킨다. 따라서 밑줄 친 부분이 의미하는 것은 ⑤ 'managed to turn challenging circumstances into benefits(어려운 상황을 이점으로 바꿔 냈다)'이다.

① 레몬을 아이스크림의 새로운 재료로 사용했다
　밑줄 친 부분을 그대로 해석한 것으로 레모네이드를 실제로 만든 것이
　아니므로 본문의 내용과 관련 없음
② 어려움을 무시하고 사업을 계속 이어갔다
　어려움을 적극적으로 활용했으므로 내용과 반대됨
③ 기업의 괴롭힘에 맞서 공공 캠페인을 시작했다
　대중의 관심을 얻었다고 했으나 공공 캠페인은 언급되지 않음
④ 하겐다즈와 경쟁하기 위해 기업 가치를 높였다
　기업 가치를 높여 경쟁했다는 내용은 언급되지 않음

Stage 2 한 문장씩 뜯어보기

1 being threatened
　해설 threaten의 의미상 주어는 문장의 주어 Ben & Jerry's이며, '협박을 받는' 것이므로 수동태로 써야 한다. 전치사 Instead of의 목적어 자리이므로 동명사의 수동태인 being p.p. 형태가 알맞다.

2 ⓒ | 벤과 제리 ⓐ 하겐다즈 ⓑ 다윗과 골리앗
　해설 거대 기업(필스버리)에 괴롭힘을 당하는 대상은 벤앤제리스이므로 그 기업을 운영하는 두 사람을 가리킨다.

4 ⓐ | 사람들은 벤앤제리스에 **주목하기** 시작했다.
　ⓑ 방해하다 ⓒ 격려하다
　해설 필스버리의 위협이 오히려 벤앤제리스를 들어본 적도 없는 사람들에게 호기심을 일으켰다는 내용은 사람들이 벤앤제리스를 '주목하기' 시작했다는 것이다.

벤앤제리스가 거둔 엄청난 홍보 상승은 법적 승리보다 더 중요했다. [6]벤앤제리스를 들어본 적 없던 수십만 명의 사람들은 필스버리 사가 왜 그 회사의 아이스크림을 억누르려 하는지 궁금해했다. [7]사람들에게 하겐다즈의 행동은 기업가 정신, 가족 가치, 미국 전통에 대한 공격으로 인식되었다. [8]이런 식으로 벤앤제리스는 레몬으로 레모네이드를 만들었다.

벤앤제리스는 하겐다즈와의 법정 싸움을 소기업 대 거대 기업의 이야기로 (A) 표현하여 언론의 주목을 받고 브랜드 (B) 인지도를 높였다.

해설 (A) 벤앤제리스와 하겐다즈 사이의 법정 싸움은 과거의 사건이므로 과거 시제 framed로 써야 한다.

함께 풀면 좋은 기출문제

p. 153

1 ④

해석 길모퉁이에 서서 '부러지지 않는' 펜을 파는 사람이 자신이 시범을 보이고 있는 펜이 반으로 부러지는 것을 갑자기 발견한다. 그는 잠시 멈추더니 군중에게 "이제 제가 여러분에게 그 속 부분이 어떻게 생겼는지 보여 드리겠습니다."라고 말한다. 웃음은 어떤 불리한 점도 유리한 점으로 바꿀 수 있다. 이 사실을 알고 있는 사람들은 자신들의 불행에서 단순히 어떤 긍정적인 측면을 찾으려 할 뿐 아니라 사실상 한 걸음 더 나아간다. 처음의 충격 이후에 그들은 자신들의 지략을 끌어모아 문제를 극복하고, 우리 대부분은 (기회를) 보지 못하게 되는 상황에서도 기회를 본다. 더욱이 큰 손실을 경험한 많은 사람들이 어려운 상황에도 종종 놀랄 만한 위업을 달성해 나가는데, 그 이유는 그들이 잃은 것보다 자신의 상황에서 얻을 수 있는 것에 집중하기 때문이다. 그들은 '모든 구름의 뒤편은 은빛으로 빛난다(어떤 불행에도 좋은 점이 있다).'라는 상투적인 말을 믿고 있으며 자신들의 불리한 점에서도 적극적으로 유리한 점을 찾아본다.

어휘 demonstrate (사용법 등을) 보여주다, 설명하다 declare 분명히 말하다; 선언하다; 신고하다 laughter 웃음 aspect 측면 misfortune 불행 initial 처음의, 초기의 resources 《복》 지략 loss 손실 remarkable 놀랄 만한, 주목할 만한 feat 위업, 업적 hardship 어려움 cliché 상투적인 문구, 진부한 표현

해설 글의 도입부 일화는 길거리에서 부러지지 않는 펜을 팔던 사람이 시범 중 펜이 부러진 상황에서도 웃음을 통해 불리한 상황을 유리하게 전환한 것을 이야기한다. 이처럼 불리한 조건에서도 긍정적인 면을 찾고 기회로 삼는 것을 강조하고 있으므로, 글의 요지로 알맞은 것은 ④ '위기를 기회로 만들어라.'이다.

① 웃음을 통해 불리한 조건을 바꿀 수 있다고 했지만 대인 관계 개선에 대한 내용은 아님
② 불리한 점을 인식하는 것은 세부 사항에 해당함
③ 글의 내용과 관련 없음
⑤ 글의 내용과 관련 없음

2 ①

해석 사업 전략과 환경을 연구하는 과정에서, 마이클 포터는 기업이 규제로부터 이익을 얻는 것 같다는 독특한 패턴을 발견했다. 그는 또한 더 엄격한 규제가 느슨한 규제보다 더 많은 혁신을 유발하고 있다는 것을 발견했다. 네덜란드의 꽃 산업이 예시를 제공한다. 수년 동안 네덜란드의 세계적으로 유명한 튤립과 다른 절화를 생산하는 회사들은 또한 비료와 농약으로 그 나라의 물과 토양을 오염시키고 있었다. 1991년, 네덜란드 정부는 2000년까지 농약 사용을 절반으로 줄이도록 고안된 정책을 채택했는데, 이것은 그들이 궁극적으로 달성한 목표였다. 점점 더 엄격한 규제에 직면하면서, 온실 재배자들은 적은 양의 농약으로 상품의 품질을 유지하려면 새로운 방법을 개발해야만 한다는 것을 깨달았다. 이에 그들은 폐쇄 루프 방식으로 물을 순환시키고 암면(광석을 녹여 만든 섬유) 배양판에서 꽃을 키우는 재배 방식으로 전환했다. 새로운 방식은 환경에 배출되는 오염 물질을 감소시켰을 뿐만 아니라, 회사들이 재배 조건을 더 잘 통제할 수 있게 함으로써 이익도 증가시켰다.

어휘 peculiar 독특한 profit 이익을 얻다; 이익 regulation 규제 prompt 유발하다; 즉각적인 cut flower 절화 《꽃꽂이용으로 가지째 자른 꽃》 contaminate 오염시키다 fertilizer 비료 pesticide 농약, 살충제 adopt 채택하다 shift to A A로 전환하다[바꾸다] cultivation 재배, 경작 circulate 순환시키다; 유포하다 [선택지] resistance 저항 neglect 무시(하다); 방치(하다) unity 통합

해설 빈칸 부분은 엄격한 규제로 인한 결과이며, 이에 대한 구체적 설명(an illustration)이 빈칸 문장을 뒷받침하는 근거가 된다. 네덜란드의 꽃 재배가 비료와 농약의 사용으로 물과 토양을 오염시킨다는 문제를 해결하기 위해 정부가 농약의 사용량을 규제했고, 재배자들은 적은 농약으로 품질을 유지하기 위한 새로운 방법을 찾아내게 되었다. 즉 정부의 규제가 재배 방식의 혁신을 불러온 것이므로, 빈칸에 알맞은 것은 ① 'innovation(혁신)'이다.

② 저항 정부의 규제에 대해 저항했다는 내용은 없음
③ 공정함
④ 무시
⑤ 통합
③~⑤ 글의 내용과 관련 없음

77 Intuitive Judgement

Stage 1   단어 Check **1** ⓐ **2** ⓑ
INTRO Q ① **Q** ⑤

Stage 2   **1** ⓐ **2** ⓒ **3** 문장 6 해석 참고 **4** ⓒ **5** ⓑ **6** ⓒ

Stage 3   (A) unfamiliar   (B) mislead   (C) erroneous

---

[1] We often rely on our intuition, / such as when we encounter a new
우리는 자주 직관에 의존한다   예를 들어 새로운 문제에 부딪혔을 때
problem / and don't know how to handle it, /
그래서 그 문제를 어떻게 다룰지 모를 (때)
or when we simply don't have enough time.
또는 단순히 시간이 충분하지 않을 때

[2] Instead of analyzing the problem /
문제를 분석하는 대신
and deliberating between alternative solutions, / intuition takes a shortcut.
그리고 대안이 되는 해결책 사이에서 고민하는 (대신)   직관은 지름길을 택한다

[3] It plunges / into the storehouse of our experience /
직관은 뛰어든다   경험의 저장고로
and looks for a familiar, similar-looking problem.
그리고 익숙하고 비슷해 보이는 문제를 찾는다

[4] This problem serves / as a kind of analogy or model
이 문제는 역할을 한다   일종의 비유 또는 원형으로서
(for the new problem), // which is then "solved" in the same way.
새로운 문제에 대한   새로운 문제는 이후에 같은 방법으로 '해결된다'

[5] For practical purposes, / this shortcut works most of the time, /
실용적인 목적으로   이 지름길은 대부분의 경우에 효과가 있다
except in situations [where **chance** is involved].
상황을 제외하고   **확률**과 관련된

[6] Suppose // someone asks you, / "What is more likely, /
가정해 보자   누군가 묻는다   "어느 것이 더 가능성 있을까
throwing at least one six / in six rolls of a die, /
적어도 한 번 6이 나오는 것   주사위 하나를 여섯 번 던져서
or throwing at least two sixes / in twelve rolls of a die?"
또는 적어도 두 번 6이 나오는 것   주사위 하나를 열두 번 던져서"

[7] Your intuition will probably tell you / that both outcomes have
직관은 아마도 말할 것이다   두 결과의 확률이 같다고
the same probability, // but in reality, / the probability of the second
같은 확률   그러나 실제로는   두 번째 상황의 확률이 더 낮다
scenario is lower.

[8] This counterintuitive result / challenges our intuitive understanding //
직관에 반대되는 이런 결과는   직관적인 이해에 문제를 제기한다
because we are familiar with many situations [where the principle
왜냐하면 우리는 많은 상황에 익숙하다
of proportionality does **apply**], / but in cases (involving probability), /
비례의 원리가 **적용되는**   그러나 (~한) 경우에   확률과 관련된
this intuition can lead to incorrect conclusions.
이런 직관은 틀린 결론으로 이어질 수 있다

Stage 1 정답 찾아가기

Q 빈칸 문장의 의미로 보아 확률과 관련된 문제를 직관으로 이해할 때 생기는 결과 또는 영향을 추론해야 한다. 글의 도입부는 분석 대신 직관으로 문제를 해결하는 과정을 소개한다. 대부분의 경우는 효과가 있지만 중반부의 except 이후에서 확률과 관련된 상황에서는 직관이 적용되지 않는다고 언급했다. 주사위를 던지는 상황을 예로 들어 직관이 잘못 예측하는 경우를 말하고, 이는 빈칸 포함 문장의 This counterintuitive result로 이어진다. 즉 확률을 직관으로 이해하면 틀릴 수 있다는 의미이므로 빈칸에 알맞은 것은 ⑤ 'this intuition can lead to incorrect conclusions(이런 직관은 틀린 결론으로 이어질 수 있다)'이다.

① 두 상황은 동일하게 발생할 것이다 동전 던지기 실험에서 직관과 달리 두 실험의 확률이 같지 않다고 했으므로 글의 내용과 반대됨

② 우리의 경험에 의존하는 것이 안전하다 직관이 경험에서 해결 방법을 찾는다고 했는데, 확률 문제에서 경험에 의존하면 결과가 틀릴 수 있으므로 글의 내용과 반대됨

③ 분석을 잠시 보류할 수 있다 확률과 관련해서 직관이 아니라 분석이 필요하다는 주장이므로 글의 내용과 반대됨

④ 우리의 직감을 의심할 필요가 없다 확률 문제에서는 직관으로 낸 결론과 실제 결과가 달랐으므로 적절하지 않음

Stage 2 한 문장씩 뜯어보기

1 ⓐ | 익숙하고 비슷해 보이는 문제와
ⓑ 경험의 저장고와 ⓒ 일종의 비유 또는 원형과

2 ⓒ | 직관은 우리의 과거 경험을 활용해서 문제를 빠르게 해결하도록 도와준다. ⓐ 집중력 ⓑ 예측하는 능력
• utilize 활용하다, 이용하다

4 ⓒ | 직관은 확률에 관해서는 자주 실패한다. ⓐ 직관은 심지어 확률에도 작용한다. ⓑ 직관은 때로 숫자에서 정확하다.

5 ⓑ | 예상한 것과 다른 ⓐ 직관을 정확히 따르는
ⓒ 결국에는 통찰력을 형성하는 • insight 통찰력

6 ⓒ | 두 배의 노력이 두 배의 결과를 낼 것이다.
ⓐ 일하는 사람이 많을수록 시간이 덜 걸린다.
ⓑ 작게 시작하는 것이 더 큰 목표를 이루는 데 중요하다.
해설 어떤 것이 비례함(proportionality)은 들이는 것이 적으면 적은 결과가 나오고, 반대로 많으면 그만큼 많은 결과가 나오는 원리가 적용됨을 의미한다.

전문해석 [1]우리는 새로운 문제에 부딪혀서 그 문제를 어떻게 다룰지 모를 때 또는 단순히 시간이 충분하지 않을 때 자주 직관에 의존한다. [2]문제를 분석하고 대안이 되는 해결책 사이에서 고민하는 대신 직관은 지름길을 택한다. [3]직관은 경험의 저장고로 뛰어들어 익숙하고 비슷해 보이는 문제를 찾는다. [4]이 문제는 새로운 문제에 대한 일종의 비유 또는 원형의 역할을 하며, 새로운 문제는 이후에 같은 방법으로 '해결된다'. [5]실용적인 목적으로 이 지름길은 확률과 관련된 상황을 제외하고 대부분의 경우에 효과가 있다. [6]누군가가 "주사위 하나를 여섯 번 던져서 적어도 한 번 6이 나오는 것, 또는 주사위 하나를 열두 번 던져서 적어도 두 번 6이 나오는 것 중 어느 것이 더 가능성 있을까?"라고 묻는다고 가정해 보자. [7]직관은 아마 두 결과의 확률이 같다고 하겠지만 실제로는 두 번째 상황의 확률이 더 낮다. [8]직관에 반대되는 이런 결과는 직관적 이해에 문제를 제기하는데, 왜냐하면 우리는 비례의 원리가 적용되는 많은 상황에 친숙하지만 확률과 관련된 경우에는 이런 직관이 틀린 결론으로 이어질 수 있기 때문이다.

직관은 우리가 (A) 익숙하지 않은 상황을 직면했을 때 효율적으로 지나가도록 안내하지만 확률과 관련된 상황에서 우리를 (B) 잘못 이끌 수 있고 이는 (C) 정확하지 않은 결론으로 이어진다.

• be confronted with ~에 직면하다 routine 일상적인; 지루한

함께 풀면 좋은 기출문제

p. 154

1 ①

해석 우리는 직감이 단지 내면의 느낌, 즉 비밀스러운 내면의 목소리라고 생각할지도 모르지만, 사실 그것은 우리가 알아채지 못할 정도로 순식간에 지나가는 표정 또는 시각적 불일치와 같이 우리 주변의 가시적인 무언가에 대한 인식에 의해 형성된다. 오늘날 심리학자들은 이러한 순간을 '시각적 연결하기 게임'으로 생각한다. 그래서 스트레스를 받거나, 서두르거나 혹은 피곤한 사람이 이 시각적 연결하기에 의존할 가능성이 더 높다. 그들이 눈앞의 상황을 볼 때 정신의 지식 저장고 안에 보관된 수많은 과거 경험과 그것을 재빨리 연결해 본 후, 연결에 기초하여 자신 앞에 있는 정보에 의미를 부여한다. 그러고 나서 뇌가 창자로 신호를 보내는데 이것은 수백 개의 신경세포를 가지고 있다. 따라서 우리가 우리의 뱃속에서 얻는 본능적인 느낌과 우리가 느끼는 긴장감은 우리의 인지 처리 체계의 결과이다.

어휘 interior 내면(의); 내부(의)(= inner, internal)(↔ exterior, external 외부(의)) perception 인식 visible 가시적인, 눈에 보이는 inconsistency 불일치(↔ consistency 일치; 일관성) fleeting 순식간의 resort to A A에 의존하다 a sea of 수많은[무수한] assign 부여하다; 지정하다 pit (신체의) 우묵한 곳; 구멍 butterfly (in the stomach) (마음속) 긴장감 [선택지] cognitive 인지의 instance 사례 discard 버리다 representation 표현(= expression) vulnerability 취약성 cf. vulnerable 취약한 concrete 명확한; 구체적인 miscommunication 의사소통 오류

해설 빈칸 문장을 보면, 본능적 느낌과 그에 따른 긴장감이 무엇인지를 추론해야 한다. 직감은 이유 없이 생겨나는 것이 아니라 우리의 시각적 인지와 경험을 바탕으로 형성되고, 과거의 경험과 현재 상황을 빠르게 연결해 정보에 의미를 부여하는 식으로 본능적인 느낌을 얻는다고 했다. 즉 본능적인 느낌은 뇌에서 이루어진 인지 처리로 만들어지는 것이므로, 빈칸에 알맞은 것은 ① 'result of our cognitive processing system(우리의 인지 처리 체계의 결과)'이다.

② 부정적인 기억을 버리는 사례
③ 내부 갈등을 극복하는 메커니즘
　②, ③ 글의 내용과 관련 없음
④ 감정적 취약성의 시각적 표현
　직감은 시각적 연결과 관련이 있으나 감정에 대해서는 언급되지 않음
⑤ 뇌 내 의사소통 오류의 명확한 신호
　직감은 정상적인 인지 처리의 결과이므로 글의 내용과 반대됨

2 ⑤

해석 수년 전에 나는 한 대형 금융회사의 최고 운용 책임자를 방문했는데, 그는 ABC 자동차 회사의 주식에 수천만 달러 상당의 돈을 투자했다. (C) 내가 어떻게 그러한 결정을 내렸는지를 묻자, 그는 최근에 자동차 쇼에 참석해서 깊은 인상을 받았다고 대답했다. 그는 "아, 그 사람들이 자동차 좀 만들 줄 알더라고요!"라고 말했다. (B) 그의 대답은 그가 자신의 직감을 믿으며, 자기 자신과 자신의 결정에 만족한다는 것을 분명히 했다. 나는 그가 경제학자들이 적절하다고 할 만한 한 가지 질문, 'ABC 주식이 현재 저평가되었는가?'를 고려하지 않은 것 같다는 점이 놀랍다고 생각했다. (A) 대신에, 그는 직감에 귀를 기울였다. 그는 그 자동차들을 좋아했고, 그 회사를 좋아했으며, 그 회사의 주식을 소유한다는 생각이 좋았다. 주식 선택의 정확성에 대해 우리가 알고 있는 것에 비추어볼 때, 그가 자신이 뭘 하고 있는지 몰랐다고 생각하는 것이 당연하다.

어휘 chief investment officer 최고 운용 책임자 firm 회사 invest 투자하다 stock 주식; 재고; 저장 accuracy 정확성 cf. accurate 정확한 remarkable 놀라운; 주목할 만한 apparently ~인 것 같이, 겉보기에; 명백히 relevant 적절한; 관련 있는 underprice 저평가하다

해설 주어진 글에서 금융회사의 최고 운용 책임자가 자동차 회사의 주식에 큰돈을 투자한 상황을 이야기하고, (C)에서 그러한 결정(큰돈을 투자한 것)의 이유를 묻고 답하는 내용이 이어진다. (C)의 답변을 His response로 받으며 부연 설명하는 (B)에서 그 결정의 이유는 직감이라고 하며, 이는 경제적으로 중요한 질문을 고려하지 않은 것이다. (A)는 Instead로 시작하여, 그가 중요한 것들을 고려하는 대신 직감을 믿은 이유를 나열하고 있으므로 글의 순서로 알맞은 것은 ⑤ '(C) - (B) - (A)'이다.

Complex Systems

난이도 ★★★　p. 84

Stage 1　**다의어 Check 1** ⓐ　**2** ⓑ
　　　　　INTRO Q ①　**Q** ⑤
Stage 2　**1** ⓑ　**2** ⓒ　**3** ⓑ　**4** ⓑ
　　　　　5 Finding the sequencing of the human genome　**6** ⓐ
Stage 3　(A) complex　(B) exclusively

---

[1]**Problems (in chemistry, biology, the environment, and human sciences)**
문제는　　　　　　　　　　화학, 생물학, 환경 그리고 인문 과학의
/ remain unsolved // because scientists haven't uncovered
여전히 해결되지 않고 있다　　　과학자가 밝혀내지 못했기 때문에
/ the patterns, structures, and interconnections / at higher levels of
형태, 구조 그리고 상호 연관성을　　　　더 높은 **조직** 수준에서
organization — **/ not because we don't understand subatomic physics**
　　　　　　　　우리가 아원자 물리학을 충분히 잘 이해하지 못하기 때문이 아니라
well enough.

[2]**Focusing solely on atomic or subatomic levels of analysis**
원자 또는 원자보다 작은 수준의 분석에만 초점을 맞추는 것은
/ is insufficient for comprehending // how water waves break,
이해하기에 충분하지 않다　　　　파도가 어떻게 부서지는지
/ and how insects behave.
그리고 곤충이 어떻게 행동하는지

[3]**An albatross may return predictably to its nest /**
앨버트로스는 예상대로 자신의 둥지로 돌아올 것이다
after wandering thousands of miles / in the Southern Ocean.
수천 마일을 떠돈 후에　　　　　　　　남극해에서

[4]**But its behavior couldn't be predicted, / even in principle,**
그러나 앨버트로스의 행동은 예측될 수 없다　　　　이론상으로도
/ by regarding it as a group of atoms.
앨버트로스를 원자의 집합체로 간주해서는

[5]**Finding the sequencing (of the human genome) — / discovering**
배열 순서를 알아낸 것은　　　　　인간 게놈의
the string of molecules [that uncover our genetic inheritance] —
즉 일련의 분자를 발견한 것은　　　　　인간의 유전적 성질을 밝히는
/ is one of the greatest achievements (of the last decade).
가장 큰 성과 중 하나다　　　　　지난 십 년간의

[6]**But it is just the prelude (to the far greater challenge**
그러나 그 성과는 서막에 불과하다　　　　훨씬 더 큰 난제의
(of post-genomic science)): // understanding /
포스트 게놈 과학의　　　　　　이해하는 것
how the genetic information triggers the assembly of proteins, /
어떻게 유전자 정보가 단백질의 **조합**을 유발하는지
and expresses itself in a developing embryo.
그리고 발달 중인 배아에서 발현하는지

전문해석 [1]화학, 생물학, 환경 그리고 인문 과학의 문제는 우리가 아원자 물리학을 충분히 잘 이해하지 못하기 때문이 아니라, 과학자가 더 높은 조직 수준에서 형태, 구조 그리고 상호 연관성을 밝혀내지 못했기 때문에 여전히 해결되지 않고 있다. [2]원자 또는 원자보다 작은 수준의 분석에만 초점을 맞추는 것은 파도가 어떻게 부서지고 곤충이 어떻게 행동하는지를 이해하기에 충분하지 않다. [3]앨버트로스는 남극해에서 수천 마일을 떠돌다가 예상대로 자신의 둥지로 돌아올 것이다. [4]그러나 앨버트로스를 원자

Stage 1　**정답 찾아가기**
다의어 Check 1 ⓐ 조직 ⓑ 단체　**2** ⓐ 의회 ⓑ 조합
INTRO Q ① 충분하지 않은 과학적 이해 ② 가장 위대한 과학적 발전 ③ 인간 게놈의 발견
Q 첫 두 문장은 과학의 문제가 해결되지 않는 이유로 작은 규모의 분석이 아닌 조직 수준의 연관성에 대한 이해가 부족하다는 점을 언급한다. 그런 다음 앨버트로스를 예로 들어 원자 수준의 이해로는 개체의 행동을 예측할 수 없음을 부연 설명한다. But이 이끄는 마지막 문장에서 게놈 지도 완성 이후 요구하는 더 큰 난제, 즉 유전자 수준이 아닌 더 높은 수준에서 이해하는 것을 해결해야 한다고 주장한다. 따라서 글의 주제로 가장 적절한 것은 ⑤ 'necessity of uncovering higher-level patterns to understand complex systems(복잡한 체계를 이해하기 위해 더 높은 수준의 패턴을 발견할 필요성)'이다.
① 자연 현상에 대한 과학 인식을 증진하는 노력
　자연 현상의 예시가 등장하였으나 글의 중심 내용이 아님
② 원자 수준을 넘어 과학 이해를 확장하는 방법
　과학의 이해가 원자 수준을 넘어야 한다고 언급되었으나 이해하는 구체적인 방법을 다루지 않음
③ 인간 게놈 배열 순서를 이해하는 데 커다란 어려움
　인간 게놈의 배열 순서를 알아낸 것이 큰 성과라고 했으나 어려움은 언급되지 않았으며 세부 사항에 해당함
④ 더 높은 조직 수준을 이해하는 데 있어 원자 입자의 중요성　원자 수준의 분석만으로는 이해가 충분하지 않다고 했으므로 글의 주제와 반대됨

Stage 2　**한 문장씩 뜯어보기**
1 ⓑ | 우리는 아원자 수준의 지식은 충분하지만 더 높은 조직 수준에서는 여전히 어려움을 가지고 있다.
　ⓐ 확신 ⓒ 기대
2 ⓒ | 충분하지 않은 ⓐ 적절한 ⓑ 충분한
3 ⓑ | 더 높은 조직 수준 ⓐ 과학의 문제점 ⓒ 아원자 물리학
　해설 작은 단위의 물리학만으로는 이해하기 어려운 개념의 예시이다.
4 ⓑ | 전체는 부분의 합보다 크다. (각 부분이 따로 작용하는 것보다 함께 작용할 때 더 큰 가치를 발휘한다.)
　ⓐ 천 리 길도 한 걸음부터. ⓒ 반대편의 잔디가 항상

의 집합체로 간주해서는 그 행동을 이론상으로도 예측할 수 없다. [5]인간 게놈의 배열 순서를 알아낸 것, 즉 인간의 유전적 성질을 밝히는 일련의 분자를 발견한 것은 지난 십 년간 가장 큰 성과 중 하나다. [6]그러나 그 성과는 포스트 게놈 과학의 훨씬 더 큰 난제의 서막에 불과하며, 이는 유전자 정보가 어떻게 단백질 조합을 유발하고 어떻게 발달 중인 배아에서 발현하는지 이해하는 것이다.

더 푸르다. (다른 사람의 상황이 자신의 상황보다 항상 더 좋아 보인다.)

6 ⓐ | 인간 게놈의 발견은 복잡한 유전의 발현을 탐구하는 것의 **시작일 뿐이다.** ⓑ 끝 ⓒ 정점

Stage 3 요약하기

(A) 복잡계에서 더 높은 수준의 조직과 상호작용을 연구하고 이해하는 것이 가장 기초적인 구성 요소에만 (B) 전적으로 집중하는 것보다 중요하다. •fundamental 기초적인 component (구성) 요소 exclusive 전적의; 독점적인; 배타적인

해설 (A) '유전적' 체계는 글 후반에 등장한 예시에 해당하므로 글 전체를 요약한다고 볼 수 없다.
(B) 준동사 to focus를 수식하는 자리이므로 부사 exclusively로 바꾸어 써야 한다.

p. 155

함께 풀면 좋은 기출문제

1 ④

해석 만약 DNA가 유일하게 중요한 것이라면, 아이들에게 좋은 경험을 쏟아붓고 나쁜 경험들로부터 아이들을 보호하는 의미 있는 사회 프로그램을 만들 특별한 이유는 없을 것이다. (C) 하지만 뇌가 올바르게 발달하려면 적절한 종류의 환경이 필요하다. 인간 게놈 프로젝트의 초안이 새천년에 들어 완성되었을 때, 가장 놀라운 것 중 하나는 인간이 대략 2만 개의 유전자만 갖고 있다는 것이었다. (A) 이 숫자는 생물학자들에게 놀라움으로 다가왔다. 뇌와 신체의 복잡성을 고려했을 때 수십만 개의 유전자가 필요할 것으로 추정되어 왔기 때문이었다. (B) 그러면 860억 개의 뉴런을 갖고 있는 극도로 복잡한 뇌가 어떻게 그런 작은 요리책으로부터 만들어질 수 있었을까? 그 해답은 게놈에 의해 실행된 한 가지 영리한 전략에 있는데, 불완전하게 만들고 세상의 경험이 정교하게 다듬게 하는 것이다.

어휘 matter 중요하다; 문제   complexity 복잡성 *cf.* complex 복잡한(= complicated); 이해하기 어려운   implement 실행하다; 도구   refine 정교하게 다듬다; 정제하다   draft 초안; 초안을 작성하다 completion 완성

해설 DNA만 중요하다면 사회 프로그램을 통해 아이들을 교육할 필요가 없다는 주어진 글의 내용 다음에는 (C)가 이어져 적절한 환경의 필요성이 언급되는 것이 자연스럽다. (C)의 끝부분에 인류의 유전자 개수가 놀랍도록 적다고 (only about twenty thousand genes) 언급하는데, 이보다 더 많은 유전자 개수를 추정했다는 내용의 (A)에서 이를 보충 설명한다. 마지막으로 (B)에서 유전자 개수가 적더라도 경험을 통해 학습하도록 설계된 인간 유전자 체계를 설명하며 마무리한다. 따라서 글의 순서로 알맞은 것은 ④ '(C) - (A) - (B)'이다.

2 ⑤

해석 단일 세포로부터 인체가 발달하는 것은 무작위적 변이의 반복적 생성이 무작위가 아닌 선택과 결합될 때 가능한 구조적 풍부함의 많은 예를 제공한다. (C) 배아에서 성체에 이르기까지 신체 발달의 모든 단계는 세포 수준에서 무작위 활동을 보이고, 신체 형성은 이러한 활동(무작위 활동)으로 만들어진 새로운 가능성과 이전에 갖춰진 기준을 만족시키는 결과물의 선택에 달려 있다. 새로운 구조는 오래된 구조를 항상 기반으로 하며, 모든 단계에서 선택은 일부 세포들을 선호하고 다른 세포들은 제거한다. (B) 생존한 세포들은 추가적인 선택 과정을 거치는 새로운 세포들을 생산하는 역할을 한다. 면역계를 제외하면 세포와 세포의 확장은 발달 과정에서 유전적으로 선택되는 것이 아니라 오히려 위치적으로 선택된다. (A) 제자리에서 제대로 된 연결을 만들어 낸 세포들은 활성화되고, 그렇지 않은 것들은 제거된다. 이 과정은 마치 조각하는 것과 같다. 전체 구조는 매우 비슷하지만 이 전략의 필연적 결과는 세포와 분자 수준에서 개별적으로 큰 변동성이 있다는 것이다.

어휘 cell 세포; 칸 *cf.* cellular 세포의   structural 구조적인 *cf.* structure 구조   variation 변이, 변화 *cf.* variability 변동성, 가변성   stimulate 활성화하다; 자극하다   eliminate 제거하다   sculpt 조각하다 undergo 겪다   extension 확장, 확대   formation 형성   couple A with B A와 B를 관련시키다 built-in 본래 갖춰진, 타고난; 붙박이의; 내장된   criterion 기준, 표준 《복》 criteria   favor 선호하다; 호의; 찬성

해설 주어진 글은 인간의 몸이 발달하는 과정에서 무작위 변이와 무작위가 아닌 선택이 결합될 때 구조적으로 풍부해진다고 했다. (C)는 이 무작위와 무작위가 아닌 것의 조합에 대한 내용을 보충 설명하므로 바로 이어지는 것이 자연스럽다. 이어서 (C)에서 설명된, 새로운 구조와 오래된 구조의 활동에서 세포 제거가 어떻게 진행되는지 (B)에서 구체적으로 설명하고 있다. 세포 활동에서 세포가 위치적으로 선택된다고 했으므로 (A)에서 제자리 세포들은 활성화되고 아닌 것은 제거된다는 내용이 와야 자연스럽다. 따라서 글의 순서로 알맞은 것은 ⑤ '(C) - (B) - (A)'이다.

79　Skills

Stage 1　**다의어 Check 1** ⓑ
　　　　　　INTRO Q ① 　**Q** ②

Stage 2　**1** ⓑ　**2** ⓑ　**3** ⓒ　**4** in order to avoid becoming predictable to their adversaries
　　　　　5 ⓑ　**6** ⓑ　**7** ⓐ

Stage 3　(A) diverse　(B) creative　(C) adaptability

---

¹Analyze / your own skill set.
　분석하라　　　자신의 기술을

²See / where you're strong / and where you need dramatic improvement,
　확인하라　　　자신이 어디에 강한지　　　그리고 어디에서 극적인 개선이 필요한지
// and tackle those weak skills first.
　그리고 그런 취약한 기술을 먼저 다루어라

³It's harder than it sounds (most useful habits are), //
　그것은 생각보다 더 어렵다　　(도움이 되는 대부분의 습관이 그렇다)
but it's the only way (to improve).
　그러나 그것이 유일한 방법이다　　개선할

⁴In *The Book of Five Rings*, / the sixteenth-century Japanese swordfighter
　<오륜서>에서　　　　　　　　　16세기 일본의 검객
Miyamoto Musashi counseled, // "Never have a favorite weapon."
　미야모토 무사시는 조언했다　　　"가장 좋아하는 무기를 절대 갖지 말라"

⁵Warriors know // they need to enlarge / their arsenal of skills
　전사는 안다　　　확장해야 한다(는 것을)　　　기술의 비축을
/ in order to avoid / becoming predictable to their adversaries.
　피하려면　　　　　자신의 적에게 예측 가능해지는 것을

⁶It's no different // when the **craft** is a creative one,
　다르지 않다　　　　그 **기술**이 창의적인 것일 때도
/ and the consequences are somewhat less than life and death.
　그리고 결과가 생사가 걸린 것보다는 다소 덜할 (때도)

⁷A photographer [who can work with both small- and large-format
　사진작가는　　　　　소형, 대형 카메라 둘 다로 작업할 수 있는
cameras, / in a controlled studio and outside in the real world],
　　　　　관리된 스튜디오와 바깥의 현실 세계 둘 다에서
/ has significantly enlarged his potential (for developing his career).
　자신의 잠재력을 크게 확장했다　　　　　경력 발전을 위한

⁸Likewise, / a fiction writer [who has mastered the short story and
　마찬가지로　　소설가는　　　　단편소설과 장편소설 형식을 숙달한
the novel form] / has more options (available in telling a story) /
　　　　　　　선택지가 더 많다　　이야기를 전하는 데 이용할 수 있는
than a short-story writer [who has never practiced techniques /
　단편소설 작가보다　　　　　기술을 연습해 본 적 없는
in a novel's long form].
　장편소설의 긴 형식으로

전문해석 **¹**자신의 기술을 분석하라. **²**자신이 어디에 강한지, 어디에서 극적인 개선이 필요한지를 확인하고 취약한 기술을 먼저 다루어라. **³**도움이 되는 대부분의 습관이 그렇듯이 취약한 기술을 다루기란 생각보다 더 어렵지만, 그것이 개선할 유일한 방법이다. **⁴**<오륜서>에서 16세기 일본 검객 미야모토 무사시는 "가장 좋아하는 무기를 절대 갖지 말라"고 조언했다. **⁵**전사는 자신의 적에게 예측되지 않도록

Stage 1　**정답 찾아가기**

INTRO Q ① 한정된 기술　② 다양한 분야의 숙달

Q 취약한 기술을 개선하고 역량을 확장하는 것의 중요성을 주장하는 글이다. 밑줄 친 부분에서 가장 좋아하는 무기(a favorite weapon)를 갖지 말라고 했고, 다음 문장에서 전사는 기술을 확장해야 한다고 주장한다. 이어지는 사진작가와 소설가의 예시도 다양한 환경에 적응하고 여러 가지 형식을 숙달해야 이용 가능한 선택지가 더 많아진다며 앞의 글쓴이의 주장을 뒷받침한다. 따라서 밑줄 친 부분의 의미로 알맞은 것은 ② 'Expanding skill sets can provide a competitive advantage.(기술 확장은 경쟁력 있는 장점을 제공할 수 있다.)'이다.

① 한정된 집중은 특정 영역에서 탁월함을 이끈다.
　특정 영역이 아니라 다양한 영역으로 기술을 확장하라고 했으므로 글의 내용과 반대됨
③ 다양한 기술을 배우는 것이 반드시 성공을 보장하지는 않는다. 다양한 기술을 배우라고 주장하므로 글의 내용과 반대됨
④ 초기 전략이 실패할 경우 대비책이 필수적이다.
　초기 전략의 실패와 대비책은 언급되지 않음
⑤ 다양한 기술을 사용하는 것은 혼란과 산만함을 초래할 수 있다. 다양한 기술의 필요성을 주장하므로 글의 내용과 반대됨

Stage 2　**한 문장씩 뜯어보기**

1 ⓑ | 보기보다 쉽지 않다. ⓐ 정곡을 찌르다. ⓒ 숨쉬기만큼이나 간단하다.
　해설 직역하면 '들리는 것보다 더 어렵다'라는 의미로, 쉬울 것 같아도 그렇지 않다는 뜻이다.

2 ⓑ | 다루기 어려운 ⓐ 취약한 기술 ⓒ 극적으로 향상된

3 ⓒ | 개선하려면 장점과 약점을 평가하고 후자를 향상하는 것을 우선하라. ⓐ 둘 다 ⓑ 전자
　•assess 평가하다　prioritize 우선시하다
　해설 전자(the former)는 두 가지 중 앞에 언급된 your strengths를, 후자(the latter)는 뒤에 언급된 (your) weaknesses를 가리킨다.

4 in order to avoid becoming predictable to their adversaries
　해설 'V하기 위해'는 in order to-v를 사용하고, avoid는 동명사를 목적어로 갖는 동사이므로 '예측 가능해지다'의 뜻인 become predictable을 becoming predictable로 바꾸어 쓴다.

피하려면 비축한 기술을 늘려야 한다는 것을 안다. **6**그 기술이 창의적인 것일 때도, 결과가 생사가 걸린 것만큼은 아닐 때도 다르지 않다. **7**관리된 스튜디오와 바깥의 현실 세계에서 소형 및 대형 카메라 둘 다로 작업할 수 있는 사진작가는 경력 발전을 위한 잠재력을 크게 확장했다. **8**마찬가지로 단편소설과 장편소설 형식을 숙달한 소설가는 장편소설의 긴 형식으로 기술을 연습해 본 적 없는 단편소설 작가보다 이야기를 전하는 데 이용할 선택지가 더 많다.

6 ⓑ | 다양한 기술을 가진 ⓐ 창의성을 가진 ⓒ 수년의 경험을 가진

7 ⓐ | 이용할 수 있는 더 많은 선택지
ⓑ 편협한 관점 ⓒ 떨어지는 적응력
• perspective 관점 adaptability 적응력

Stage 3 요약하기

(A) 다양한 기술 발전은 생사가 걸린 상황은 물론 (B) 창의적인 직업에서도 또한 중요한데, 효과적인 (C) 적응력이 예측 가능성을 피하고 성공을 보장하는 데 도움이 되기 때문이다. • consistency 일관성 straightforward 간단한

1 ⑤

해석 성장과 발전에 실패한 브랜드는 적합성을 잃는다. 한때 여러분의 회사에서 승진의 지름길에 있었는데 더 이상 회사에 있지 않거나, 더 나쁘게는 경력의 정체기에 든 것으로 보이는 지인을 생각해 보라. 그 사람이 야심에 찬 행동을 하지 않았다고 가정하면, 대개 이 사람은 자기 업계에서 적합성을 유지하고 발전을 받아들이는 데 실패한 피해자다. 개인용 컴퓨터 사용 기술이 그 기술의 첫 물결을 겪은 경영 지도자에게 미친 영향을 생각해 보라. 기술을 받아들인 사람은 그들의 작업 방식에 통합시켜 남보다 뛰어날 수 있었다. 여러 번 (기술에) 저항한 이들은 자기 경력을 발전시킬 기회를 거의 찾을 수 없었고, 많은 경우 이들은 결국 적합성을 유지하고 기술을 갱신하는 데 실패하여 이른 은퇴를 통해 해고되었다.

어휘 relevance 적합성, 관련성 *cf.* relevant 적합한, 관련된   fast track (출세 등의 목표를 달성하는) 빠른 길   firm 회사   assume 가정[추정]하다   ambitious 야심 있는   embrace 받아들이다; 껴안다   advance 발전; 발전시키다   executive leadership 경영 지도자   integrate 통합시키다   excel 뛰어나다, 탁월하다   resistant 저항하는   let A go A를 해고하다   retirement 은퇴

해설 개인 컴퓨터 기술이 처음 도입되었을 때 이를 받아들인 경영진은 성공했지만, 기술의 변화를 거부한 사람들은 경력을 발전시키지 못하고 은퇴했다는 예시를 들며 변화를 받아들이는 것이 성장과 발전에 중요하다고 주장하는 글이다. 따라서 글의 요지로 알맞은 것은 ⑤ '변화를 받아들이지 못하면 업계에서의 적합성을 잃게 된다.'이다.

① 글의 내용과 관련 없음
② 다양한 능력의 중요성이 아니라 발전을 받아들이는 것에 대한 내용이므로 적절하지 않음
③ 기술 발전이 언급되었지만 세부 사항에 해당함
④ 글의 내용과 관련 없음

2 ①

해석 내가 일을 시작했을 때, 나는 각 지도자에 대한 통계를 보여주는 조직의 연간 보고서를 기대했다. 그것을 메일로 받자마자 나는 내 순위를 찾고 다른 지도자들의 발전과 내 발전을 비교하곤 했다. 그렇게 한 지 5년쯤 지나서, 나는 그것이 얼마나 해로운지 깨달았다. 자신과 다른 사람을 비교하는 것은 사실 정신을 불필요하게 흩뜨리는 것일 뿐이다. 스스로와 비교해야 하는 유일한 대상은 자신뿐이다. 임무는 어제보다 오늘 더 나아지는 것이다. 나아지고 성장하기 위해 오늘 할 수 있는 것에 집중함으로써 여러분은 그렇게 한다(나아진다). 충분히 그렇게 한다면, 과거를 되돌아보고 몇 주, 몇 달, 또는 몇 년 전의 자신과 오늘의 자신을 비교했을 때 스스로의 발전에 대단히 기운이 날 것이다.

어휘 annual 연간의, 해마다의   statistics 통계(학)   standing 순위, 지위   progress 발전, 성장; 진행; 나아가다   needless 불필요한   improve 나아지다; 향상시키다   encourage 기운 나게 하다, 격려하다

해설 글쓴이가 예전에 다른 지도자들과 자신을 비교하는 것이 얼마나 해로운 일이었는지 깨달은 경험을 소개한다. 자신과 다른 사람을 비교하는 것은 불필요하고 어제의 자신보다 나아지는 것을 목표로 삼으면 시간이 지나 현재의 자신을 비교할 때 성취감을 느낄 것이라고 했으므로, 필자의 주장으로 알맞은 것은 ① '남과 비교하기보다는 자신의 성장에 주목해야 한다.'이다.

② 진로 결정에 관한 내용이 아님
③, ④ 다른 사람과의 비교는 해롭다고 했으므로 글의 내용과 반대됨
⑤ 도입부에 나오는 직원 평가 통계 내용을 활용한 오답임

80 Biodiversity

Stage 1   다의어 Check 1 ⓑ
           INTRO Q ①   Q ②
Stage 2   1 ⓐ 2 ⓐ 3 ⓒ 4 ⓐ 5 ⓑ
Stage 3   (A) Preserving   (B) ecosystems   (C) evolution

---

1 What is the point / in preserving endangered rare species
어떤 목적이 있을까   멸종 위기에 처한 희귀종을 보호하는 것에
[that have no practical use to humans]?
인간에게 실용성이 없는

2 Minor species often have functions (involving complex interactions
보통 소수 종은 기능이 있다   복잡한 상호작용을 포함하는
(of many other species)), // and some of those functions may in turn be /
다른 많은 종과의   그런데 그 기능의 일부는 결과적으로 ~할 수 있다
ecologically or evolutionarily important.
생태적으로나 진화적으로 중요할 (수 있다)

3 The dodo and the Carolina parakeet were important spreaders (of seeds),
도도새와 캐롤라이나앵무는 중요한 전달자였다   씨앗의
/ and their loss has permanently affected forest structure
따라서 이들의 멸종은 숲 구조에 영구적으로 영향을 주었다
(in their habitats); // rare insects are often highly specific pollinators
그들 서식지의   희귀 곤충은 보통 아주 특수한 꽃가루 매개체다
[whose loss affects the **reproduction** and survival (of certain plants)].
이들의 멸종이 **번식**과 생존에 영향을 주는   특정 식물의

4 On evolutionary time scales, / we know far less about the effects
진화의 시간 척도에서   우리는 결과를 훨씬 덜 안다
(of extinction of rare species), // but we do know /
희귀종 멸종의   그러나 우리는 정말로 안다
that evolution can increase the effect of a species / over time /
진화가 어떤 생물종의 영향력을 키울 수 있다는 것을   시간이 지나면서
through its interactions (on the survival of other species).
상호작용을 통해   다른 생물종의 생존에 미치는

5 In most cases, / we simply do not know enough /
대부분의 경우   우리는 절대로 충분히 알지 못한다
about the biology of a rare species / to predict the effects of its extinction.
희귀종의 생태에 대해   희귀종 멸종의 결과를 예측할 만큼

6 But once the species is lost, // we can never provide a perfect substitute.
그러나 일단 그 종이 사라지면   우리는 완벽한 대체물을 절대 제공할 수 없다

전문해석 **1** 인간에게 실용성이 없는 멸종 위기의 희귀종을 보호하는 것에 어떤 목적이 있을까? **2** 보통 소수 종은 다른 많은 종과의 복잡한 상호작용을 포함하는 기능이 있는데, 그 기능의 일부는 결국 생태적으로나 진화적으로 중요할 수 있다. **3** 도도새와 캐롤라이나앵무는 씨앗을 전달하는 중요한 매개여서 도도새와 앵무새의 멸종은 서식하는 숲의 구조에 영구적으로 영향을 주었으며, 희귀 곤충은 (만약) 멸종한다면 특정한 식물이 번식하고 생존하는 데 영향을 주는 아주 특수한 꽃가루 매개다. **4** 진화의 시간 척도에서 우리는 희귀종 멸종의 결과를 거의 알지 못하지만, 시간이 지나면서 진화로 인해 어떤 생물종이 다른 생물종의 생존에 작용하여 자신의 영향력을 키울 수 있다는 것을 정말로 알고 있다. **5** 대부분의 경우 우리는 희귀종 멸종의 결과를 예측할 만큼 희귀종의 생태를 절대로 충분히 알지 못한다. **6** 그러나 일단 그 종이 사라지면 우리는 완벽한 대체물을 절대 제공할 수 없다.

Stage 1 정답 찾아가기

Q 빈칸 문장에서 소수의 생물종이 다른 많은 생물종과 복잡한 상호작용을 한다고 언급하므로, 생물종 사이 상호작용의 특징을 추론해야 한다. 빈칸 문장 이후로 도도새와 캐롤라이나앵무의 멸종이 숲 구조에 크게 영향을 주었고, 희귀 곤충이 멸종하면 특정 식물이 번식하고 생존하는 데 문제가 생긴다는 예시가 언급된다. 이는 소수 종이 생태계에서 중요하게 기능함을 뜻한다. 이어서 시간에 따른 진화가 다른 생물종에 영향을 미칠 수 있다고 하며 생태계에서의 기능뿐만 아니라 진화상 역할도 강조한다. 따라서 빈칸에 알맞은 것은 ② 'may in turn be ecologically or evolutionarily important(결국 생태적으로나 진화적으로 중요할 수 있다)'이다.

① 대체물로 쉽게 수행될 수 있다 생물종이 멸종하면 대체물을 찾을 수 없다고 했으므로 글의 내용과 상반됨
③ 종의 존재로 생태계에 해를 끼칠 수 있다
소수 종이 생태계에 필요하다고 했으므로 글의 내용과 상반됨
④ 다른 생물종을 먹이로 소비하여 먹이 사슬을 유지하다 다른 종을 먹이로 하는 먹이 사슬은 언급되지 않음
⑤ 환경 조건에 적응하는 데 중요한 역할을 하다
환경에 적응한다는 내용은 언급되지 않음

Stage 2 한 문장씩 뜯어보기

1 ⓐ | 목적 ⓑ 지도 ⓒ 어려움

2 ⓐ | 예를 들어 ⓑ 그러므로 ⓒ 즉

3 ⓒ | 생물종의 멸종은 그것들의 서식지와 다른 종에 영향을 미친다. ⓐ 기원 ⓑ 신비

4 ⓐ | 한 가지 종의 진화는 시간이 지날수록 다른 종에 대한 영향력을 더 강력하게 만들 수 있다. ⓑ 알려지지 않은 ⓒ 예측 가능한
해설 but 이후에서 생물종의 진화가 다른 생물에 미치는 영향력을 키울 수 있다고 한 내용이 핵심이다.

5 ⓑ | 생물종 멸종의 돌이킬 수 없는 특징
ⓐ 역동적인 ⓒ 신비한
해설 종이 멸종된 후 대체물을 찾을 수 없다는 것은 멸종의 결과를 되돌릴 수 없음을 의미한다.

Stage 3 요약하기

멸종 위기의 희귀종을 (A) 보호하는 것은 희귀종의 멸종이 (B) 생태계를 해칠 수 있고 이 영향이 (C) 진화 때문에 시간이 지나면서 더 악화될 수 있기 때문에 중요하다.

---

1 ③

해석 농업에서 인류의 혁신은 식물의 자연 번식 주기를 통해서는 결코 실현할 수 없었을 사과, 튤립, 감자의 개량을 보여줬다. 이 경작 과정은 소비자들이 식료품 가게에서 찾고 알아볼 수 있는 채소나 과일 일부를 만들어 냈다. 그러나 만약 추수를 망치면 소수의 재배된 작물에만 의존하는 것은 인류를 기아나 농작물 감소에 ① 취약하게 만들 수도 있다. 예를 들어 아일랜드 감자 기근 동안 백만 명의 사람들이 3년에 걸쳐 사망한 것은 아일랜드 사람들이 영양학적으로 균형 있는 식사를 마련하기 위해 ② 주로 감자와 우유에 의존했기 때문이다. 재배 식물과 공생관계를 유지하려면 인류는 생물 다양성을 고려해야만 하고 식물의 단일 경작이 가져올 수 있는 잠재적 ③ 이점(→ 결점)에 대해서도 인식해야만 한다. 모든 종류의 씨앗을 심는 것이 당장은 유용하거나 이득이 된다고 보이지는 않아도 다음 세대를 위해 그 식물들이 오래 지속되도록 ④ 보장할 수 있다. 야생에 대한 자연의 능력과 통제에 대한 인간의 욕망 사이에서 ⑤ 균형은 유지되어야 한다.

어휘 unlock 드러내다; 열다(↔ lock 잠그다)   modification 개량; 수정, 변경 *cf.* modify 수정하다 cultivation 경작, 재배 *cf.* cultivate 경작하다, 재배하다   vulnerable 취약한   starvation 기아, 굶주림 famine 기근   primarily 주로   nutritionally 영양학적으로 *cf.* nutrition 영양   allow for ~을 고려하다 monoculture 단일 경작   longevity 오래 지속됨; 장수   be struck (~한 상태에) 처하다   capacity 능력; 용량   wildness 야생

해설 농작물의 개량으로 소수의 작물에만 의존하는 것은 수확량이 줄거나 기근이 발생했을 때 인류를 위험하게 만들 수 있으므로 다양한 작물을 재배하는 것이 미래를 위해 중요하다는 내용이다. 따라서 단일 경작의 이점이 아닌 결점을 파악해야 한다는 내용이 자연스러우므로, ③ benefits(이점)를 drawbacks(결점) 등으로 고치는 것이 알맞다.

2 ③

해석 로스앤젤레스에서 길을 건너는 것은 어려운 일이지만, 다행히 우리는 버튼만 누르면 차량의 통행을 멈출 수 있다. 과연 그럴까? (B) 그 버튼의 실제 목적은 우리가 신호등에 영향을 끼친다고 믿게 하는 것이고, 따라서 우리는 더 인내심을 가지고 신호가 바뀔 때까지 기다리는 것을 더 잘 견딜 수 있다. (C) 엘리베이터의 '문 열림', '문 닫힘' 버튼도 마찬가지인데, 많은 버튼이 전기 패널에 연결조차 되어 있지 않다. 이러한 속임수는 사무실에도 설계되어 있다. 어떤 사람들에게는 사무실이 항상 너무 더울 것이고 다른 이들에게는 너무 추울 것이다. (A) 영리한 기술자들은 가짜 온도 조절 다이얼을 설치함으로써 통제에 관한 환상을 만들어 낸다. 이는 에너지 요금과 불평을 줄여준다. 그러한 속임수들은 '플라세보 버튼'이라고 불리며 모든 종류의 상황에서 사용되고 있다.

어휘 tricky 어려운, 까다로운   illusion 환상   install 설치하다   bill 요금, 청구서   complaint 불평, 불만 placebo 플라세보, 위약 《정신적 효과를 얻기 위해 환자에게 주는 가짜 약》   context 상황; 맥락 endure 견디다, 참다   patience 인내심

해설 주어진 글에서 길을 건널 때 버튼을 누르는 것이 차량의 통행을 멈출 수 있는지 의문을 제기했고, 그 질문의 답, 즉 버튼의 목적에 대해 설명한 (B)가 이어지는 것이 알맞다. The same goes for ~로 시작하며 관련된 또 다른 예시로 엘리베이터 버튼을 언급한 (C)가 그 뒤에 오고, (C) 뒷부분의 사무실 온도 문제를 위해 가짜 온도 조절 장치를 설치한다는 내용의 (A)가 이어지며 플라세보 버튼에 대한 일반적 설명으로 마무리하는 것이 자연스럽다.

81 Social Connections

Stage 1　　**다의어 Check** 1 ⓐ　2 ⓑ　3 ⓑ
　　　　　　　INTRO Q ②　**Q** ⑤　**OUTRO Q** ③

Stage 2　　**1** feeling isolated can affect our ability to think clearly
　　　　　　　2 the need to deal with other people　**3** ⓐ　**4** ○　**5** ⓑ　**6** ⓒ

Stage 3　　(A) crucial　(B) negatively　(C) slow

---

¹The roots of our human **impulse** (for social connection) / run so deep //
　　　사람의 **욕구**의 근원은　　　　　사회적으로 연결되려는　　　　매우 깊다
that feeling isolated can affect our ability (to think clearly), /
　(그래서) 고립감은 우리의 능력에 영향을 미칠 수 있다　　　명확하게 생각하는
given the role of social connection (in shaping our intelligence).
　　사회적 연결의 역할을 고려해 볼 때　　　　　지능을 형성하는 데

²Most neuroscientists now agree // that it was the need
　대부분의 신경과학자는 현재 동의한다　　(~은) 바로 욕구였다는 것에
(to deal with other people) / that, / in large part, /
　　다른 사람을 대하려는　　(~한) 것은　　크게
made us who and what we are today.
　　지금의 우리 모습을 만든

³And one recent study suggests // that loneliness
　그리고 최근의 한 연구는 시사한다　　외로움은
actually has the power (to alter DNA transcription /
　실제로 힘이 있다는 것을　　　DNA 복제 과정을 바꿀
in the cells of your immune system).
　　　　면역계의 세포에서

⁴In these and myriad other ways, / feelings of social connection, /
　이런저런 무수한 다른 방법으로　　　　사회적으로 연결된다는 느낌은
as well as feelings of disconnection, / have an enormous influence /
　단절된다는 느낌뿐 아니라　　　　엄청난 영향을 준다
on our bodies as well as our behaviors.
　　행동뿐만 아니라 신체에도

⁵We all **decline** physically sooner or later, //
　우리는 모두 언젠가는 신체적으로 **쇠퇴한다**
but loneliness can increase the angle of the downward slope.
　　그러나 외로움은 하향 경사의 각도를 높일 수 있다

⁶Conversely, / healthy connection can help slow that process.
　반대로　　　건강한 연결은 그 과정을 늦추도록 도울 수 있다

⁷Once we move into the **realm** of "high in social well-being" — /
　일단 '사회적 행복이 높은' **영역**으로 들어가면
and this is possible for any of us — // we benefit from positive,
　그리고 이것은 누구에게나 가능하다　　긍정하고 회복하는 효과에서 이익을 얻는다
restorative effects [that can help keep us going longer and stronger].
　　더 오래도록 더 건강하게 유지하도록 도울 수 있는

전문해석 **¹**사람이 사회적으로 연결되고 싶은 욕구의 근원은 매우 깊어서, 사회적 연결이 지능을 형성한다는 점을 고려하면 고립감은 명확하게 생각하는 능력에 영향을 미칠 수 있다. **²**현재 대부분의 신경과학자는 지금의 우리 모습을 만든 것은 바로 다른 사람을 대하려는 욕구였다는 데에 동의한다. **³**그리고 최근의 한 연구는 외로움이 실제로 면역계의 세포에서 DNA 복제 과정을 바꿀 힘이 있다는 것을 시사한다. **⁴**이런저런 무수한 방법으로, 단절된다는 느낌뿐 아니라 사회적으로 연결된다는 느낌은 행동뿐만

다의어 Check 1 ⓐ 욕구　ⓑ 충격　2 ⓐ 거절하다
ⓑ 쇠퇴하다　3 ⓐ 왕국　ⓑ 범위, 영역
Q 사회적으로 연결되거나 단절되는 느낌이 건강에 영향을 미친다는 내용이다. 주어진 문장은 사람들과의 건강한 연결이 어떤 과정을 늦춘다는 내용이며, Conversely (반대로)로 시작하므로 앞에 대조되는 내용이 제시될 것이다. 글 중반부에 외로움이 실제로 DNA 복제 과정을 바꿀 수 있으며, 신체적으로 쇠퇴하는 과정을 가속할 수 있다는 내용이 언급되었다. 주어진 문장의 that process는 신체가 쇠퇴하는 과정을 가리키고, 건강한 연결이 이 과정을 늦춘다고 한 것은 ⑤의 다음 문장인 사회적 행복이 높으면 건강을 유지할 수 있다는 내용과도 자연스럽게 연결된다. 따라서 주어진 문장이 들어갈 곳은 ⑤이다.

1 상단 정답 참고
　해설 that절의 주어에 해당하는 '고립감'은 '고립된 감정을 느끼는 것'이고 명사 형태가 되어야 하므로 동명사 feeling으로 바꾸어 쓰는 것이 알맞으며, feeling 뒤에는 과거분사 형태인 isolated로 써야 한다. 또한 '명확하게' 생각한다는 부분은 준동사 to think를 수식하므로 clear를 부사 clearly로 써야 한다.

2 the need to deal with other people
　해설 <It is[was] A that ~> 강조구문은 '~하는 것은 바로 A이다[였다]'라는 의미로, A를 강조할 때 쓴다.

3 ⓐ | 사회적 연결에 대한 우리의 욕구는 우리의 지능뿐만 아니라 개인의 정체성도 형성한다.
　ⓑ 충동　ⓒ 외로움
　해설 문장 2에서 다른 사람을 대하려는 욕구가 지금의 우리 모습을 만들었다고 했고, 지금의 우리 모습은 정체성을 의미한다.

4 ○
　해설 동사 suggests의 목적어 that절이 당위성이 아니라 '사실'을 의미하므로 동사를 주어의 인칭, 수, 시제에 맞게 쓴다. that절의 주어는 loneliness이므로 단수 동사 has가 알맞게 쓰였다.

5 ⓑ | 신체적 쇠퇴가 더 빨리 발생하게 하다 ⓐ 노화 과정의 속도를 늦추다 ⓒ 우리의 신체 상태를 조사하다
　해설 (쇠퇴의) 하향 경사 각도가 높아진다는 것은 쇠퇴하는 속도가 빨라진다는 의미다.

아니라 신체에도 엄청난 영향을 준다. [5]우리 모두는 언젠가는 신체적으로 쇠퇴하지만 외로움은 하향 경사의 각도를 높일 수 있다. [6]반대로 건강한 연결은 그 과정을 늦추도록 도울 수 있다. [7]누구에게나 가능한 '사회적 행복이 높은' 영역에 일단 들어가면, 더 오래 건강을 유지하도록 도와주는 긍정과 회복 효과에서 이익을 얻는다.

정신과 신체 건강을 위해 사회적 연결이 (A) 중요한데, 외로움은 신체의 쇠퇴를 가속할 뿐만 아니라 면역 세포의 유전자 발현에도 (B) 부정적으로 영향을 주기 때문이다. 강한 사회적 유대감은 이러한 영향을 (C) 늦추고 전반적인 행복을 증진시킬 수 있다.

해설 (B) 동사 affects를 수식하므로 부사 negatively로 바꾸어 쓰는 것이 알맞다.

함께 풀면 좋은 기출문제

p. 158

1 ②

해석 사회적 연결은 우리의 생존과 행복에 매우 필수적이어서 우리는 관계를 형성하기 위해 다른 사람과 협력할 뿐만 아니라, 친구를 얻기 위해 다른 사람과 경쟁하기도 한다. 그리고 우리는 이 두 가지를 종종 동시에 한다. 소문을 예로 들어보자. 소문을 통해 우리는 친구들과 흥미로운 세부 사항을 공유하면서 이어진다. 그러나 동시에 우리는 소문의 대상 중에서 잠재적인 적을 (A) 만든다. 또는 사람들이 '자신들의' 파티에 누가 참석할 것인지를 알아보기 위해 경쟁하는 라이벌 관계의 휴일 파티를 생각해 보라. 우리는 심지어 소셜 미디어에서도 사람들이 가장 많은 친구와 팔로워를 얻기 위해 경쟁할 때 이러한 (B) 긴장감을 볼 수 있다. 동시에 경쟁적 배제는 또한 협력도 (C) 만들어낼 수 있다. 고등학교 친목 동아리와 컨트리클럽(테니스·수영 등 시설이 있는 교외 클럽)은 이러한 방식을 사용해 큰 효과를 낸다. 그들이 충성심과 지속되는 사회적 유대를 형성하는 것은 바로 선택적인 포함 '그리고 배제'를 통해서이다.

어휘 cooperate 협력하다 *cf.* cooperation 협력　compete 경쟁하다 *cf.* competitive 경쟁적인 gossip 소문; 수다　bond 이어지다; 접착하다; 유대감(을 형성하다)　potential 잠재적인; 가능성 있는; 가능성, 잠재력　attend 참석하다; 주의를 기울이다　tension 긴장(감)　exclusion 배제, 제외(↔inclusion 포함)　formula 방식, 방법; 공식　selective 선택적인　loyalty 충성심　lasting 지속적인

해설 사회적 연결이 인간의 삶에 얼마나 중요한지에 대해 이야기하면서, 그 과정에서 협력과 경쟁이 어떻게 발생하는지를 설명하고 있다. (A)가 포함된 문장 앞에서 우리는 소문을 통해 친구들과 이어진다고 했으나, 다음 문장은 But으로 시작하여 글의 내용이 상반되므로 적을 '만든다'는 내용이 자연스럽다. 따라서 (A)에는 creating이 와야 한다. 이어서 관계를 형성할 때 발생하는 경쟁이 계속 언급되는데, 이때 '긴장감'이 발생하므로 (B)에는 tension이 오는 것이 알맞다. 마지막으로 (C)가 포함된 문장 뒤는 모임에서 선택적 포함과 '배제'를 이용해서 사회적 유대를 형성한다고 했으므로, 경쟁적 배제는 협력을 '만들어낸다'는 흐름이 알맞다. 따라서 (C)에는 generate가 와야 한다.

2 ②

해석 사회적 상황에서 웃음의 중요한 역할의 한 예로, 데브뢰와 긴즈버그는 재미있는 동영상을 모르는 사람 혹은 친구들과 짝을 이루어 보았을 때 웃음의 빈도와 혼자 본 사람들의 웃음의 빈도를 조사했다. 사람들이 웃는 데 보낸 시간은 혼자 있을 때보다 짝을 이루어 있을 때 두 배 가까이 더 빈번했다. 웃음의 빈도는 모르는 사람들보다 친구들의 경우가 약간 더 적었을 뿐이다. 데브뢰와 긴즈버그에 따르면, 모르는 사람과 함께 웃는 것은 짝을 지은 각각의 사람을 편안하게 만드는 사회적 유대를 형성하는 역할을 했다. 이 설명은 모르는 사람과 함께 있는 조건에서 한 사람이 웃을 때 상대방도 웃을 가능성이 있었다는 사실에 의해 뒷받침된다. 흥미롭게도, 세 가지 사회적 조건(혼자인 경우, 모르는 사람과 짝을 이룬 경우, 친구와 짝을 이룬 경우)은 동영상의 재미나 행복 또는 불안감에 대한 평가에 있어서는 다르지 않았다. 이 발견은 웃음의 빈도는 우리가 다른 사람들과 함께 있을 때 어떤 것이 더 재미있다고 생각하기 때문이 아니라 오히려 우리가 다른 사람과 연결되기 위해 웃음을 이용하고 있기 때문이었다는 것을 의미한다.

어휘 context 상황, 맥락; 문맥　frequency 빈도 *cf.* frequent 빈번한　humorous 재미있는, 유머러스한 rating 평가　imply 의미하다, 암시하다　[선택지] taste 취향　be reluctant to-v v하기를 꺼리다 reveal 드러내다, 보여주다　innermost 가장 안쪽의

해설 빈칸 문장 내용과 instead로 보아, 다른 사람과 있을 때 웃음의 빈도의 원인이 재미가 아닌 다른 어떤 것 때문인지를 파악해야 한다. 웃음은 사회적 상황에서 중요한 역할을 한다는 내용의 글로, 동영상 실험에서 혼자 있을 때보다 낯선 사람이나 친구와 함께 있을 때 웃음의 빈도가 높아진다고 했다. 빈칸 문장 앞에서 웃음의 빈도가 동영상의 재미나 행복, 불안감의 정도와는 관련이 없다고 했으며 이는 타인과의 유대감을 형성하기 위해 웃는다는 것을 의미하므로, 빈칸에 알맞은 것은 ② 'are using laughter to connect with others(다른 사람과 연결되기 위해 웃음을 이용하고 있다)'이다.

① 코미디와 유머에 대한 취향이 비슷하다
③ 우리의 가장 안쪽에 있는 감정을 드러내는 것을 꺼리다
　①, ③ 글의 내용과 관련 없음
④ 상황보다는 내용에 집중하다　동영상의 내용보다 같이 보는 상황이 더 중요하므로 글의 내용과 상반됨
⑤ 혼자 있을 때보다 다른 사람들과 함께 있을 때 더 편안하다　다른 사람들과 함께 웃으면서 유대감을 형성한다고 하였으나 편안함을 느끼는 것과는 관련이 없음

82 How to Read

Stage 1　**다의어 Check 1** ⓐ
　　　　　INTRO Q 1 ② **2** (1) (C) (2) (A) (3) (B)　**Q** ③

Stage 2　**1** ⓑ　**2** ⓒ　**3** ⓑ　**4** ⓐ　**5** (a): listed　(b): amplifying　**6** ⓐ

Stage 3　(A) disregarded　(B) directions

---

[1]One reason [why titles and prefaces are ignored / by many readers] /
한 이유는　　　　　제목과 서문이 무시되는　　　　많은 독자에 의해

is // that they do not think it important / to classify the book
~이다　독자는 (~을) 중요하다고 생각하지 않는다는 것　　　책을 분류하는 것을

[they are reading].
자신이 읽고 있는

[2]They do not follow the first rule (of analytical reading).
독자는 첫 번째 규칙을 따르지 않는다　　　분석하는 독서의

(B) [3]If they tried to follow it, // they would be grateful to the author
독자가 규칙을 따르려고 한다면　　　　저자에게 감사할 것이다

/ for helping them.
도와준 데에

[4]Obviously, / the author thinks // it is important /
분명히　　저자는 생각한다　　(~이) 중요하다(고)

for the readers to know the kind of book [they are being given]).
독자가 책의 종류를 아는 것이　　　자신이 가지고 있는

[5]That is // why the author goes to the trouble of making it **plain** /
그것이　　　저자가 책의 종류를 **분명히** 하려고 애쓰는 이유다

in the preface, / and usually tries to make the title — /
서문에서　　　그리고 보통 제목을 지으려고 한다

or at least the subtitle — / descriptive.
또는 적어도 부제목을　　설명하는 (방식으로)

(C) [6]Thus, / Einstein and Infeld, / in their preface to *The Evolution of*
이를테면　아인슈타인과 인펠트는　　　<The Evolution of Physics>의 서문에서

Physics, / tell the readers // that they expect them to know /
독자에게 말한다　　　독자가 알기를 바란다고

"that a scientific book, / even though popular, / must not be read /
"과학책은　　　　대중적인 것일지라도　　　읽어서는 안 된다

in the same way as a novel."
소설과 같은 방식으로"

(A) [7]The authors also construct a detailed table of contents /
저자는 또한 상세한 목차를 구성한다

to advise the readers in advance / of the details of their explanation.
독자에게 미리 알려주려고　　　설명의 세부 사항을

[8]In any event, / the chapter headings (listed in the front) /
아무튼　　　장의 제목은　　　(책의) 앞에 나열된

serve the purpose of amplifying the significance (of the main title).
중요성을 증폭하는 목적에 도움이 된다　　　책 제목의

전문해석 [1]많은 독자가 제목과 서문을 무시하는 한 가지 이유는 자신이 읽고 있는 책을 분류하는 것이 중요하다고 생각하지 않기 때문이다. [2]독자는 분석하는 독서의 첫 번째 규칙을 따르지 않는다. (B) [3]만약 독자가 그 규칙을 따르려고 한다면 저자의 도움에 감사할 것이다. [4]분명히 저자는 독자가 자신이 가지고 있는 책의 종류를 아는 것이 중요하다고 생각한다. [5]그것이 바로 저자가 서문에서 책의

Stage 1　**정답 찾아가기**

Q 주어진 글은 독자가 책의 제목과 서문을 무시하며 책의 종류를 고려하지 않는다는 내용이다. 독자가 분석하는 독서의 첫 번째 규칙을 따르지 않는다(do not follow the first rule)는 표현을 (B)가 follow it으로 받으며 저자는 독자가 책의 종류를 아는 것이 중요하다고 생각한다고 이어서 언급하므로, 주어진 글 바로 뒤에 와야 한다. (B)의 나머지 내용은 저자가 서문과 제목을 통해 책에 대해 설명한다는 것으로 (C)에서 아인슈타인과 인펠트의 예시를 든다. 마지막으로 (A)에서 저자가 책의 종류나 제목과 더불어 목차에도 역시(also) 관여한다고 덧붙이므로 글의 순서로 알맞은 것은 ③ '(B) - (C) - (A)'이다. 이 글은 현상의 문제점을 언급하고 이를 해결하는 방향을 차례로 소개하는 형식이다.

Stage 2　**한 문장씩 뜯어보기**

1 ⓑ | 제목과 서문은 책을 분류하는 기능에 도움이 된다. ⓐ 어려움을 제기하다 ⓒ 이유를 나열하다

2 ⓒ | 독자가 가지고 있는 **책의 종류** ⓐ 독자가 이미 아는 것 ⓑ 분석하는 독서의 첫 번째 규칙

3 ⓑ | 정보를 주는 ⓐ 비유적인 ⓒ 이야기식의

4 ⓐ | 과학책은 더 많은 집중과 주의 깊은 생각이 필요하다. ⓑ 잘못 이끌다 ⓒ 안내하다

5 (a): listed　(b): amplifying
해설 (a) 수식 받는 명사 the chapter headings가 앞에 '나열된' 것이므로 수동의 의미인 과거분사 listed로 써야 한다.
(b) 전치사 of의 목적어로 쓰였고 뒤에 목적어가 있으므로 동명사 amplifying으로 써야 한다.

6 ⓐ | 목차와 장의 제목의 **역할** ⓑ 구조 ⓒ 결점

Stage 3　**요약하기**

제목과 서문은 종종 독자에게 (A) <u>무시되지만</u>, 저자의 상세한 노력을 통해 효과적인 독서를 위한 가치 있는 (B) <u>방향</u>을 제시해 준다. • coincidence 우연
해설 (A) 앞에 be동사(are)가 있고 주어인 Titles and prefaces가 '무시된다'라는 수동의 의미를 완성해야 하므로 과거분사인 disregarded 형태로 써야 한다.

종류를 분명히 하려고 애쓰며 보통은 제목, 또는 적어도 부제목을 설명하는 방식으로 지으려고 노력하는 이유다. (C) [6]이를테면 아인슈타인과 인펠트는 <The Evolution of Physics>의 서문에서 "과학책은 대중적인 것이더라도 소설과 같은 방식으로 읽어서는 안 된다"는 것을 독자가 알아주기를 바란다고 말한다. (A) [7]저자는 또한 독자에게 자신이 설명하는 세부 사항을 미리 알려주려고 상세한 목차를 구성한다. [8]아무튼 앞에 나열된 장의 제목은 책 제목의 중요성을 증폭하는 목적에 도움이 된다.

1 ③

해석 일부 문학 작품의 길이가 압도적이라는 데는 의심의 여지가 없다. 수업 시간에 작품을 몇 시간, 몇 주 동안 읽거나 번역하는 것은 너무나 지루한 경험일 수 있어서 많은 학생이 외국어 서적을 다시 펴는 것을 절대 하고 싶어 하지 않는다. (B) 발췌본은 한 가지 해결책을 제공한다. 장점은 분명하다. 즉, 다양한 작품에서 가져온 일련의 단락을 읽는 것은 교실에서 더 많은 다양성을 만들어 내서 교사는 단조로움을 피할 가능성이 더 크면서도 여전히 최소한이라도 어떤 작가의 특별한 묘미를 학습자에게 맛보게 한다. (C) 반면에 '짧은 토막글'만 접한 학생은 책의 전반적인 구성을 아는 만족감을 결코 느낄 수 없고, 이는 결국 우리 대부분이 모국어로 된 글을 읽을 때 찾고자 하는 만족감이다. (A) 게다가 짧은 발췌로는 충분히 설명될 수 없는 문학적인 특징이 몇 가지 있는데, 예를 들면 줄거리나 등장인물의 전개와 더불어 이것이 내포하는 독자의 점진적 몰입, 또는 대조적인 관점의 병치(나란히 놓음)를 통해 복잡한 주제를 전개하는 것이다.

어휘 overwhelming 압도적인　adequately 충분히　illustrate 설명하다; 삽화를 넣다　plot 줄거리 gradual 점진적인, 단계적인　involvement 몰입, 몰두; 포함; 관여　unfold (이야기, 사태 따위를) 전개하다; 펼치다　contrasting 대조적인, 대비되는　passage 단락; 통행　monotony 단조로움　flavo(u)r 묘미; 특징(= feature); 맛　chunk 토막, 덩어리　satisfaction 만족(감)　pattern 구성, 양식　seek 찾다, 구하다

해설 주어진 글은 수업에서 긴 문학 작품을 읽는 것은 지루한 경험이 될 수 있다는 문제점을 제기한다. (B)에서 그 해결책으로 발췌본(Extracts)을 제안하며 단조로움을 피할 수 있다는 장점을 설명한다. 이에 대한 반론이 역접의 연결어 On the other hand로 시작하는 (C)로 이어지며 짧은 발췌본을 읽을 때의 단점을 언급하고, Moreover로 시작하는 (A)에서 또 다른 단점으로 문학적 특징을 충분히 이해할 수 없다는 점을 덧붙인다. 따라서 글의 순서로 알맞은 것은 ③ '(B) - (C) - (A)'이다.

2 ⑤

해석 많은 사람이 대중적 사고에서 안전과 안심을 추구한다. 그들은 많은 사람이 무언가를 하고 있다면 그것은 틀림없이 옳을 것으로 생각한다. 그것은 좋은 생각임이 틀림없다. 만약 대부분의 사람들이 그것을 받아들인다면 그것은 아마도 공정, 평등, 동정, 그리고 세심함을 상징할 것이다, 그러한가? 꼭 그렇다고 할 수는 없다. 대중적 사고는 지구가 우주의 중심이라고 했지만, 코페르니쿠스는 별과 행성을 연구했고 지구와 태양계의 다른 행성들이 태양 주위를 돈다는 것을 수학적으로 증명했다. 대중적 사고는 수술이 깨끗한 도구를 필요로 하지 않는다고 말했지만 조지프 리스터는 병원에서의 높은 사망률을 연구했고 바로 생명을 구한 멸균법을 소개했다. 대중적 사고는 여성들이 투표권을 가져서는 안 된다고 했지만, 에멀라인 팽크허스트와 수전 B. 앤서니 같은 사람들은 그 권리를 위해 싸웠고 쟁취했다. 우리는 항상 수용과 지성 사이에 큰 차이가 있다는 것을 기억해야 한다. 사람들은 수가 많은 편이 더 안전하다고 말할지도 모르지만, 그것이 항상 사실인 것은 아니다.

어휘 figure 생각하다; 숫자; 인물　equality 평등　compassion 동정　sensitivity 세심함; 감성; 예민함 revolve 돌다, 회전하다; (~을 축으로) 자전하다　instrument 도구, 기구　death rate 사망률 [선택지] majority rule 다수결 원칙　found 기초[기반]를 두다; 세우다, 설립하다　in a ~ fashion ~한 방식으로

해설 We must ~ 표현을 포함한 빈칸 문장에 이 글의 주제가 들어가야 한다. 첫 문장(Many people ~)에서 사람들의 일반적 경향을 먼저 서술한 다음, 예를 통해 이러한 경향을 비판한다. 즉 다수의 사람이 받아들이고 수용한 것도 틀릴 수 있고 항상 옳은 것은 아니라는 내용이므로, 빈칸에 알맞은 것은 ⑤ 'there is a huge difference between acceptance and intelligence(수용과 지성 사이에 큰 차이가 있다)'이다.

① 다수결은 공정성에 기초해야 한다
다수의 의견이 항상 옳지는 않다고 주장하는 글이며, 다수결의 공정한 원칙도 글의 내용과 관련 없음
② 군중은 일반적으로 옳은 방향으로 가고 있다
대중의 생각이 항상 옳은 것은 아니라는 내용이므로 글의 내용과 반대됨
③ 지도자와 추종자의 역할은 언제든지 바뀔 수 있다
글의 내용과 관련 없음
④ 사람들은 주변 사람들과 다른 방식으로 행동한다
첫 문장에서 많은 사람이 대중적 사고를 옳다고 생각한다고 했으므로 글의 내용과 반대됨

Stage 1   다의어 Check 1 ⓐ
           INTRO Q ②   Q ⑤
Stage 2   1 문장 1 해석 참고   2 ⓐ   3 ⓒ   4 ⓑ   5 ⓐ
Stage 3   (A) confirms   (B) inherent

---

[1] In today's competitive market, / manufacturers may face increasing
오늘날의 경쟁하는 시장에서   제조업체는 점점 증가하는 압박을 겪을 수 있다
pressure / to maintain quality control, / making / the role of testing
품질 관리를 유지하려면   (그래서) ~하게 만든다   테스트의 역할을
(in ensuring product quality and production process control) / paramount.
제품의 품질과 생산 공정 관리를 확실하게 하는   가장 중요하게

[2] I believe // that testing is the one aspect of manufacturing
나는 생각한다   테스트가 제조업의 한 부분이라고
[that has the greatest potential for controversy].
논란의 여지가 가장 큰

[3] Consider / what is at stake: // testing allows verification, /
생각해 보자   무엇이 관건인지   테스트는 검증을 가능하게 한다
which ensures that your product meets specification requirements /
제품이 사양 요건을 충족한다는 것을 확인한다
and that your process is in control.
그리고 공정이 제어된다는 것(을)

[4] If testing is wrong or questionable, // **untold** amounts of money are
테스트가 잘못되거나 불확실하다면   **막대한** 금액의 돈이 위험에 처한다
at risk.

[5] An incorrect determination (during testing) / can result in / rework costs,
잘못된 결정이   테스트 중의   ~을 초래할 수 있다   재작업 비용,
rejected material, disrupted deliveries, customer dissatisfaction,
버려진 재료, 배송 차질, 고객 불만족(을)
/ and loss of business.
그리고 사업의 손실(을)

[6] Here is one idea [that must be a part (of your best practices quality
한 가지 생각이 있다   어느 부분이 반드시 되어야 하는   품질 철학의 모범 경영의
philosophy)]: // Quality cannot be tested / into the product.
품질은 테스트될 수 없다   제품 안에

[7] Many times I have heard, // "Perhaps the product failed /
나는 여러 번 들었다   "아마도 제품은 실패한 거야
because it wasn't tested properly.
제대로 테스트되지 않아서
[8] Maybe if we test it again / it will pass?"
혹시 다시 테스트하면   통과하겠지"

[9] Testing a product better / does not make it better.
제품을 더 잘 테스트하는 것이   제품을 더 좋게 만들지는 않는다

[10] These reasons drive our efforts (to ensure //
이러한 이유가 노력을 이끈다   확인하려는
testing protocols are correct, / equipment is calibrated, /
테스트 계획안이 정확하고   장비가 조정되고
technicians are fully trained, / and robust sampling plans are in place).
기술자가 충분히 교육된다(는 것을)   그리고 확고한 샘플 추출 계획을 가동 중이다(라는 것을)

Stage 1 정답 찾아가기

다의어 Check 1 ⓐ 셀 수 없는 ⓑ 비밀의

Q 빈칸 문장에서 말하는 제품 테스트를 더 잘하는 것의 의미를 추론해야 한다. 두 번째 문장에서 제품 테스트는 논란(controversy)의 여지가 있다고 했으므로 글에서 언급하는 테스트의 부정적 측면이나 한계를 확인해야 한다. 이어서 테스트가 제품을 검증(verification)한다는 것은 '이미 만들어진' 제품이 기획 단계부터 의도한 사양에 맞는지 확인하는 것을 의미한다. 글의 중후반부에서 품질은 테스트로 만들어질 수 없다고 했는데, 이는 품질이 더 많거나 더 제대로 된 테스트를 통해 갑자기 좋아질 수는 없다는 의미다. 즉 테스트는 품질을 검증하기 위한 과정이지 품질을 낫게 만드는 것은 아니라고 주장한다. 따라서 빈칸에 알맞은 것은 테스트가 품질을 부여할 수 없다는 의미의 ⑤ 'does not make it better(제품을 더 좋게 만들지는 않는다)'이다.

① 생산 비용을 줄이지 않는다 테스트와 생산 비용은 관련이 없음
② 생산 공정을 개선한다 테스트가 생산 공정을 검증한다고 언급했지만 빈칸 부분에 적절하지 않음
③ 모든 잠재적 결함을 제거한다 테스트는 제품 사양을 재확인하는 것이며 제품 결함을 직접 제거하는 것이 아니므로 빈칸 내용과 반대됨
④ 재작업의 필요성을 최소화한다 잘못된 테스트가 재작업을 발생시킨다고 언급했으나, 빈칸 부분은 테스트가 품질에 미치는 영향을 말하므로 적절하지 않음

Stage 2 한 문장씩 뜯어보기

1 문장 1 해석 참고
해설 making의 목적어 the role of testing의 목적격보어는 paramount이다. in ensuring ~ control은 목적어를 수식하는 전명구다.

2 ⓐ | 테스트의 중요하면서도 문제가 되는 측면의 논의
ⓑ 예측할 수 있는 ⓒ 기술적인
해설 테스트에 논란(controversy)의 여지가 크다고 했으므로 기능적인 측면뿐만 아니라 부정적인 측면이 이어질 것이다.

3 ⓒ | 테스트는 품질을 검증하지만, 오류는 막대한 재정적 손실의 위험이 있다. ⓐ 노력의 낭비 ⓑ 안전 문제
• major 막대한; 주요한

4 ⓑ | 테스트는 품질을 보장하지 않는다.
ⓐ ~에 의존하다 ⓒ 요구하다

전문해석 [1]오늘날의 경쟁하는 시장에서 제조업체는 품질 관리를 유지하려면 점점 증가하는 압박을 겪을 수 있어서 제품의 품질과 생산 공정 관리를 확실하게 하는 테스트의 역할을 가장 중요하게 만든다. [2]나는 테스트가 제조업에서 논란의 여지가 가장 큰 부분 중 하나라고 생각한다. [3]무엇이 관건인지 생각해 보면, 테스트는 제품이 사양 요건을 충족하고 공정이 제어되는지를 확인하여 검증하게 한다. [4]테스트가 잘못되거나 불확실하다면 막대한 금액의 돈을 잃을 위험에 처한다. [5]테스트 도중 잘못된 결정이 재작업 비용, 버려진 재료, 배송 차질, 고객 불만족, 사업 손실을 초래할 수 있다. [6]품질 철학 모범 경영에 반드시 포함해야 할 한 가지 생각은 품질은 제품 안에 테스트로 주입될 수 없다(제품의 품질은 테스트로 만들어질 수는 없다)는 것이다. [7]"아마도 제품을 제대로 테스트하지 않아서 실패한 거야. [8]혹시 다시 테스트하면 통과하겠지?"라는 말을 나는 여러 번 들었다. [9]제품을 더 잘 테스트한다고 제품을 더 좋게 만들지는 않는다. [10]이러한 이유로 인해 테스트 계획안이 정확하고, 장비가 조정되며, 기술자가 충분히 교육되고, 확고한 샘플 추출 계획이 가동 중이라는 것을 확인하려는 노력이 필요하다.

5 ⓐ I 품질은 전체 생산 과정의 <u>내장된</u> 부분이다.

ⓑ 공통의 ⓒ 부수적인

Stage 3 **요약하기**

테스트는 제품이 제조 지침을 지키는 것을 (A) <u>확인시켜 주는</u> 반면, 품질을 만들어 내지는 못한다. 그러므로 품질은 처음부터 제품과 공정에 (B) 내재해 있어야 한다.

• minor 사소한 inherent 내재하는 costly 많은 돈이 드는

해설 (A)절의 주어가 testing이므로 단수 동사 confirms로 바꾸어 써야 한다.

함께 풀면 좋은 기출문제 p. 160

1 ④

해석 위험은 종종 문제나 상황에 접근하는 방법에 대한 불확실성으로부터 발생한다. 그러한 위험을 피할 수 있는 한 가지 방식은 경험이 많고 그것을 하는 방법을 알고 있는 당사자와 계약하는 것이다. 예를 들어 크고 복잡한 시스템을 생산하기 위한 도구 및 장비의 자본 비용과 관련된 재정적 위험을 최소화하기 위해, 제조업자는 시스템의 주요 부품 생산을 그러한 부품들에 정통한 공급업자들에게 하청을 줄지도 모른다. 이는 제조업자에게 이러한 부품을 생산하기 위한 도구 및 장비와 관련된 재정적 위험을 덜어 준다. 그러나 한 종류의 위험을 이전하는 것은 종종 다른 종류(의 위험)를 이어받는 것을 의미한다. 예를 들어 부품에 대한 작업을 하청주는 것은 제조업자를 외부인들에게 의존하는 위치에 두는데, 이것은 품질 관리, 일정 관리, 완제품 시스템의 성능과 관련된 위험을 증가시킨다. 그러나 이러한 위험은 공급자들의 신중한 관리를 통해 보통 축소될 수 있다.

어휘 transfer 이전, 이동; 이동하다; 옮기다 inherit 물려[이어]받다, 유전되다; 상속받다 uncertainty 불확실성 contract 계약(하다) experienced 경험이 많은, 능숙한 associated with ~와 관련된 capital 자본; 수도; 대문자 tooling 도구(를 쓰는 일) component 부품 supplier 공급자 *cf.* supply 공급하다 relieve 덜어[없애] 주다; 완화하다 outsider 외부인; 제삼자 end-item 완제품 management 관리

해설 주어진 문장은 However(그러나)로 시작하므로 앞의 내용과 반대되는 내용이 이어질 것을 예측할 수 있고, 위험을 이전하면 다시 다른 위험을 이어받게 된다는 내용으로 보아 긍정적인 내용 이후 부정적인 내용이 등장함을 알 수 있다. 글의 도입부에서 위험을 피하는 방법으로 정통한 당사자와 계약하는 방법을 소개하고 ② 다음의 For example에서 부품 공급업자에게 하청을 주는 상황으로 예시를 들었다. 이어서 하청의 긍정적인 효과를 이야기했으나, ④ 다음 문장에서는 For example 이후 하청의 부정적인 예시를 이야기하고 있다. 따라서 주어진 문장이 들어갈 곳은 ④이다.

2 ⑤

해석 지난 20여 년 동안 뇌에 대한 연구는 지능을 이해하는 방식을 급격하게 변화시켜 왔다. 이제는 일반 지능의 개념을 둘러싼 상당한 논란이 있다. 지능의 일부는 실제로 유전될지도 모르지만 이제는 우리 삶의 경험이 지능에 엄청난 영향을 미치는 것으로 생각된다. 과학자들은 우리가 살아가면서 지능이 변화하고 수정된다고 말한다. 이러한 발견은 아직 그 어떤 중대한 방식으로도 학교 교육에 영향을 미치지 못하고 있다. 일부 교사들이 처음 만난 학급을 묘사해달라고 요청받고 즉시 아이들을 영리한 아이들, 중간 수준의 아이들, '희망이 없는 아이들', 이렇게 세 개의 집단으로 나누었다. 지능이 선천적이라는 오래된 생각이 아이들을 이렇게 분류하고 명명하는 것에 주된 영향을 미친 것이다. 그것은 많은 아이들이 자신이 똑똑하지 않고 교육에서 성공할 수 없다는 잘못된 생각을 가지고 성장하는 원인이 되어 왔다.

어휘 innate 선천적인 have an effect (up)on ~에 영향을 미치다(= impact on) categorize 분류하다 label (~라고) 부르다; 라벨을 붙이다; 분류하다; 라벨 radically 급격하게 *cf.* radical 급진적인, 과격한; 근본적인 considerable 상당한, 많은 notion 개념, 관념 profound 엄청난; 깊은, 심오한 modify 수정하다 progress 나아가다; 진행하다; 진행 significant 중대한 bright 영리한, 똑똑한; 밝은 middle-of-the-road 중간의, 중도의; 무난한(= moderate)

해설 주어진 문장은 지능이 선천적이라는 오래된 생각이 아이들을 분류하는 기준에 영향을 미쳤다는 내용이므로 아이들을 지능으로 분류한 내용 뒤에 이어질 것을 예측할 수 있다. 두 번째 문장에서 언급된 지능에 대한 논란(controversy)에 주목해야 하며, 이어지는 내용은 지능이 후천적임이 밝혀졌는데도 학교에서 반영되지 않는다고 언급하며 '논란'을 구체적으로 설명한다. ④ 다음에 그 예시가 등장하는데, 교사가 잘 모르는 아이들을 지능 순으로 즉시 분류한다고 했다. 해당 문장 다음에 주어진 문장(선천적 지능에 대한 생각으로 아이들을 분류했다)이 오는 것이 적절하므로 주어진 문장이 들어갈 곳은 ⑤이다.

Stage 1   다의어 Check 1 ⓐ 2 ⓑ
          INTRO Q ② Q ④ OUTRO Q ②
Stage 2   1 ⓒ 2 ⓐ 3 the link 4 ⓒ 5 ⓐ 6 ⓑ
Stage 3   (A) narrow (B) connections (C) observable

[1] The role of individual genes (in determining large-scale human
개별 유전자의 역할은   사람의 광범위한 특징을 결정하는 데 있어
characteristics — / those [we encounter on an observable level] —)
특징   관찰 가능한 수준에서 접하는
/ actually seems to be very small.
사실 매우 작아 보인다

[2] Leaving aside a few direct connections, / such as hair and eye color,
몇 가지 직접적인 연관성을 제쳐두고   머리카락과 눈 색깔 같은
/ the link (between any specific gene and observable characteristics) /
연관성은   어떤 특정 유전자와 관찰 가능한 특징 사이의
is **virtually** non-existent.
사실상 존재하지 않는다

[3] As evidence, / consider height.
증거로   키를 생각해 보자

[4] There is little doubt / that people's genes play a major role /
의심의 여지가 거의 없다   사람들의 유전자가 중요한 역할을 한다는 것
in determining their height: // tall parents tend to have tall children.
키를 결정하는 데 있어   부모가 키가 크면 자녀도 키가 큰 경향이 있다

[5] So it is no surprise // that, / to date, / height is the character
따라서 놀랍지 않다   (~은)   지금까지   키가 특징인 것은
[that has been found / to be most closely correlated with the presence
밝혀진   존재 또는 부재와 가장 밀접하게 상관관계가 있다고
or absence (of a single gene)] / (again excepting hair color and the like).
단일 유전자의   (다시 한번 머리카락 색깔 등을 제외하고)

[6] What is a surprise, / however, / is the extent
놀라운 것은   그러나   정도다
[to which this particular gene affects height].
이것(특정 유전자)은 키에 영향을 미치는

[7] It **accounts for** an astonishing two percent
이것(특정 유전자)은 믿기 힘든 2퍼센트를 **차지한다**
(of the variation in human height).
사람의 키 차이의

[8] And that's the "biggest" correlation (between a single gene and
그리고 그것은(2퍼센트)이 '가장 큰' 상관관계다   단일 유전자와 사람의 특징 사이의
a human characteristic).

전문해석 [1] 관찰 가능한 수준에서 접하는 사람의 광범위한 특징을 결정하는 데 있어 개별 유전자의 역할은
사실 매우 작아 보인다. [2] 머리카락과 눈 색깔 같은 몇 가지 직접적인 연관성을 제쳐두면 특정 유전자와
관찰 가능한 특징의 연관성은 사실상 존재하지 않는다. [3] 그 증거로 키를 생각해 보자. [4] 사람들의 유전자가
키를 결정하는 데 중요한 역할을 한다는 것은 의심의 여지가 거의 없는데, 부모가 키가 크면 자녀도
키가 큰 경향이 있기 때문이다. [5] 그러므로 (다시 한번 머리카락 색깔 등을 제외하고) 지금까지 키가
단일 유전자의 존재 또는 부재와 가장 밀접한 상관관계가 있다고 밝혀진 특징인 것은 놀라운 일이 아니다.
[6] 그러나 놀라운 것은 이 특정 유전자가 키에 영향을 미치는 정도다. [7] 이 특정 유전자는 사람의 키 차이

Stage 1 정답 찾아가기
Q 주어진 문장은 '역접'을 나타내는 연결어 however를
포함하며 특정 유전자가 키에 영향을 주는 정도가 믿기
힘들다는 내용이므로, 영향이 예상과 다르다는 흐름이
되어야 한다. 도입부에서 개별 유전자의 역할이 매우 작을
것이라는 주장이 먼저 등장한 후 키를 예시로 들어 단일
유전자의 유무와 키 사이의 연관성이 있음을 설명한다.
그런데 ④ 뒤의 두 문장은 키와 관련된 특정 유전자의 영향이
2퍼센트에 불과하다는 내용이다. 키가 유전자의 영향을
많이 받을 것이라고 일반적으로 예상하는 내용과 달라
지면서 흐름의 전환이 ④에서 일어나므로, ④에 주어진 문장
이 들어가야 알맞다.

Stage 2 한 문장씩 뜯어보기
1 ⓒ | 사람의 눈에 띄는 특징 ⓐ 개별 유전자의 기능
ⓑ 특징을 결정하는 요소 •notable 눈에 띄는
해설 대명사 those는 앞의 large-scale human
characteristics를 가리킨다.

2 ⓐ | 모호한 ⓑ 신체적인 ⓒ 눈에 보이는
해설 관찰 가능하다(observable)는 것은 특징이
'눈으로 보인다'는 의미이며 문맥상 이는 유전자가
'신체적으로' 발현된 것이다.

3 the link
해설 between ~ characteristics는 주어 the
link를 수식하는 전명구다. 문장이 시작되는 Leaving
aside ~ eye color는 분사구문이다.

4 ⓒ | 사람의 관찰 가능한 특징에 있어 단일 유전자가
작은 역할을 한다는 증거로서 ⓐ 주요한 ⓑ 자연스러운
해설 앞 문장(문장 2)에서 몇 가지 신체 특징을 제외하고
나머지는 단일 유전자와 연관성이 없다고 한 내용에
대한 증거를 제시하는 부분이다.

5 ⓐ | 특정 유전자가 키에 미치는 영향 ⓑ 유전자의 영향
에 대한 의문점 ⓒ 키와 머리 색깔 유전의 차이점

6 ⓑ
해설 특정 유전자가 키에 미치는 불과 2퍼센트마저도
가장 큰 수준이라고 했다. 따라서 우리가 예상하던
것만큼 유전자가 사람의 특징에 크게 영향을 주지는
않는다는 의미다.

에서 믿기 힘들지만 2퍼센트를 차지한다. **8**그리고 2퍼센트가 단일 유전자와 사람의 특징 사이의 '가장 큰' 상관관계다.

개별 유전자는 사람의 광범위한 특징에 (A) 제한된 영향을 미친다. 몇 가지 직접적인 (B) 연관성을 제외하고, 어느 단일 유전자와 (C) 관찰 가능한 특징 사이의 관련성은 일반적으로 미미하다.

• apart from ~을 제외하고 insignificant 미미한, 사소한

함께 풀면 좋은 기출문제   p. 161

1 ③

해석 쌍둥이는 유전자를 연구할 특별한 기회를 제공한다. 쌍둥이 중 어떤 쌍들은 일란성이다. 즉, 그들은 DNA 안에 정확히 동일한 유전자를 공유한다. (B) 다른 쌍들은 평균적으로 유전자의 절반만을 공유하는 이란성이다. 유전적 유사성에서의 차이점이 영향력 있는 자연 실험으로 밝혀지면서, 주어진 특성에 유전자가 얼마나 많이 영향을 미치는지 우리가 추정하도록 해준다. (C) 예를 들어 일란성 쌍둥이는 거의 항상 눈 색깔이 같지만, 이란성 쌍둥이는 종종 그렇지 않다. 이것은 유전자가 눈 색깔에 있어서 어떤 역할을 한다는 것을 암시하고, 실제로 유전학자들은 관련된 몇몇 특정 유전자를 찾아냈다. (A) 같은 방법으로, 과학자들은 일란성 쌍둥이의 유사성을 이란성 쌍둥이의 유사성과 비교함으로써 다른 특성에서 유전자가 하는 역할을 추정할 수 있다. 만약 어떤 차이가 있다면, 그 차이의 정도가 유전자가 얼마나 많이 관련되어 있는지에 대한 단서를 제공한다.

어휘 estimate 추정하다 similarity 유사성 identical twins 일란성 쌍둥이(↔fraternal twins 이란성 쌍둥이) *cf.* identical 동일한 magnitude 정도; (엄청난) 크기, 규모 clue 단서 turn out 밝혀지다, 나타나다 geneticist 유전학자 identify 찾다, 발견하다; 확인하다

해설 일란성과 이란성 쌍둥이를 통해 유전자의 역할을 연구하는 과정을 설명하는 글이다. 주어진 글은 일란성 쌍둥이가 동일한 유전자를 공유한다는 내용이고, 이와 대조되는 이란성 쌍둥이는 유전자 절반만을 공유한다는 내용의 (B)가 이어지는 것이 적절하다. 다음으로 (C)에서는 눈 색깔을 예시로 들며 (B)에서 말한 일란성 쌍둥이와 이란성 쌍둥이 유전의 차이를 구체적으로 설명한다. 마지막으로 (A)에서 이러한 대조 방식을 활용해 다른 특성에 대해서도 연구가 확장될 수 있다고 정리한다. 따라서 글의 순서로 자연스러운 것은 ③ '(B) - (C) - (A)'이다.

2 ⑤

해석 인간이 정해진 식사나 간식에서 음식의 형태로 과도한 에너지를 섭취하면, 추가 칼로리는 다음 식사나 간식 시간에 배고픔을 줄여 주는 경향이 있다. 그러나 초과 칼로리가 액체 형태로 섭취되면 이러한 작동 방식은 완전히 기능하지 않는 것처럼 보인다. 예를 들어 샌드위치를 먹어서 하루에 200칼로리를 추가로 섭취하기 시작하면, 다음 식사 시간이나 일과 중에 그와 똑같은 양만큼 칼로리 섭취를 줄이는 경향이 있다. 반면에 음료수를 마셔서 200칼로리를 추가로 섭취하면, 신체가 그와 똑같은 방식으로 작동하지 않을 것이며 아마 일일 칼로리 섭취를 전혀 줄이지 못하게 될 것이다. 결국 체중이 늘게 될 것이다.

어휘 take in 섭취하다 excess 과도한, 초과한, 여분의(= extra); 초과, 지나침 functional 기능적인 consume 섭취하다; 소비하다 intake 섭취(량) activate 작동시키다, 활성화하다 end up v-ing (결국) v하게 되다 in the long run 결국

해설 음식 형태로 섭취된 초과 칼로리는 다음 식사 시 그만큼 칼로리 섭취량을 줄이지만, 음료 형태로 칼로리를 많이 섭취하면 배고픔을 줄이는 신체의 방식이 기능하지 않아 결국 초과 칼로리를 섭취하게 된다는 내용이다. 두 번째 문장의 But 이후에서 seem to-v 표현이 글의 주장을 나타낸다. 따라서 글의 요지로 알맞은 것은 ⑤ '음료를 통해 초과 섭취된 칼로리는 체중을 늘릴 수 있다.'이다.

①~④ 글의 내용과 관련 없음

Another Person's Shoes

난이도 ★★☆　p. 112

Stage 1　다의어 Check 1 ⓐ
INTRO Q ②　Q ③　OUTRO Q ②

Stage 2　1 ⓐ　2 문장 5 해석 참고　3 ⓑ　4 ⓐ　5 ⓒ

Stage 3　(A) Stereotypes　(B) overcome　(C) perspectives

---

1 It's one thing / to know we should be empathetic, // but it's another
~하는 것은　공감해야 한다는 것을 아는 것　별개의 것이다
/ to actually be empathetic.
실제로 공감하는 것은

2 We're not talking about anything revolutionary here: // people have
지금 어떤 획기적인 것을 말하는 것이 아니다　사람들은
been telling you / all your life / to "do to others /
당신에게 말해왔다　일생 동안　"남에게 행동하라고
as you would have done to you."
당신에게 행해지기를 바라는 대로"

3 So why is it so hard / for us to stop
그러면 왜 그렇게 어려운가?　우리가 멈추는 것이
/ and put ourselves in another person's shoes?
그리고 다른 사람의 입장이 되어보는 것이

4 Maybe it's because // the stereotypes [we carry around in our heads]
아마도 ~ 때문이다　고정관념은　우리가 머릿속에 가지고 있는
/ are a sort of security blanket / when we get right down to it.
일종의 안전장치다　우리가 그것(공감의 어려움)을 바로 시작할 때

(**5** Thus, / we make judgments about others / based more on their actions
따라서　우리는 다른 사람에 대한 판단을 한다　행동에 더 근거하여
/ than on their associated stereotypes.)
다른 사람과 관련된 고정관념(에 근거하기)보다

6 It's a lot easier / to make broad **assumptions** // that people
(~이) 훨씬 더 쉽다　대략 **가정**하기가
who enjoy sports are energetic, / book lovers are introverted, /
스포츠를 즐기는 사람은 활동적이다　책을 좋아하는 사람은 내향적이다
and technology enthusiasts are socially awkward) /
그리고 기술에 열광하는 사람은 (남과) 어울리는 데 서툴다
than to consider each person as an individual — / an individual
각각의 사람을 개인으로 여기기보다　개인(으로)
[who would no more want to be regarded (or disregarded)
여겨지기를 (혹은 무시당하기를) 더욱 원하지 않을
/ as a two-dimensional stereotype / than we would].
평면적인 고정관념으로　우리가 그런 것보다

7 The truth is // that the bullying [we see everywhere]
진실은 ~이다　괴롭힘이　우리가 어디에서나 보는
/ would end tomorrow / if everyone always and honestly tried to see
내일이면 사라질 것이다　만약 모두가 언제나 정직하게 상황을 보려고 노력한다면
things / from another person's perspective.
다른 사람의 관점에서

전문해석 **1** 공감해야 한다는 것을 아는 것과 실제로 공감하는 것은 별개의 문제다. **2** 획기적인 무언가를 말하는 것은 아닌데, 왜냐하면 당신은 평생 "내가 받기를 바라는 대로 남에게 행동하라"고 들어왔기 때문이다. **3** 그렇다면 잠깐 멈추어 다른 사람의 입장이 되어보는 것이 왜 그렇게 어려운가? **4** 아마도

Stage 1　정답 찾아가기

Q 상대에게 공감하는 것이 중요하지만 어렵다는 내용의 글이다. 공감을 실천하고 다른 사람의 입장이 되어보는 것이 어려운 이유는 평면적인 고정관념으로 얕게 판단하기가 더 쉽고 편하기 때문이라고 했다. ③은 우리가 고정관념보다는 행동에 근거하여 사람을 판단한다는 내용이므로 글의 흐름과 관계가 없다.

Stage 2　한 문장씩 뜯어보기

1 ⓐ | 대접받고 싶은 대로 남을 대접하라.
ⓑ 상황이 편리할 때만 남을 도와라.
ⓒ 친구에게 잘해주되 모르는 사람은 신경 쓰지 마라.

2 문장 5 해석 참고
해설 과거분사구 based on(~에 근거하여)에 비교급 (more ~ than …)이 사용되어 their actions와 their associated stereotypes를 비교한다.

3 ⓑ
해설 <A no more ~ than B> 구문은 A와 B가 같다는 의미이므로, 개인(an individual)은 우리(we)가 그런(고정관념으로 여겨지기를 원하지 않는) 것처럼 동일하다는 것이다. we would 뒤에 생략된 내용은 not want to ~ stereotype으로 볼 수 있다.

4 ⓐ | 고정관념은 사람들을 독특한 개인으로 간주하기보다는 그들을 일반화하기 더 쉽게 만든다.
ⓑ 인식하다 ⓒ 개별화하다
해설 사람들을 저마다의 특성을 가진 개인으로 생각하지 않고 스포츠를 즐기면 활동적이고, 책을 좋아하면 내향적이라는 식으로 하나의 특성만 보고 그 사람의 보편적인 성격을 판단한다는 예시를 종합한다.

5 ⓒ | 괴롭힘은 모두가 다른 사람에게 **공감**하려고 노력한다면 끝날 수 있다. ⓐ 경쟁하다 ⓑ 참여하다
해설 다른 사람의 관점에서 생각하는 것은 그 사람에게 공감한다는 의미다.

Stage 3　요약하기

(A) 고정관념은 우리가 사람(의 특성)에 대해 즉시 결론 내리도록 돕지만, 괴롭힘을 끝내고 진정한 공감을 기르려면 고정관념을 (B) 극복하고 다른 사람의 (C) 관점에서 생각해야 한다. •foster 기르다; 양육하다

우리가 공감의 어려움을 바로 시작할 때 머릿속의 고정관념이 일종의 안전장치가 되기 때문일 것이다. (⁵따라서 우리는 다른 사람과 관련된 고정관념보다는 행동에 근거하여 그들을 판단한다.) ⁶스포츠를 즐기는 사람은 활동적이고, 책을 좋아하는 사람은 내향적이며, 기술에 열광하는 사람은 잘 어울리지 못한다는 식으로 대략 가정하면 각각의 사람을 개인으로 여기는 것보다 훨씬 더 쉽지만, 우리가 고정관념으로 여겨지고 싶지 않은 것처럼 개인도 평면적인 고정관념에 의해 여겨지거나 무시당하고 싶지는 않을 것이다. ⁷만약 모두가 언제나 정직하게 다른 사람의 관점에서 상황을 보려고 노력한다면 우리가 어디에서나 보는 괴롭힘이 내일이면 사라진다는 것이 진실이다.

1 ⑤

해석 '공감'이 무엇을 의미하는지 정확히 명시하지는 않지만, 공감은 고용주나 직원이 가장 바라는 기술 중 하나로 목록에 종종 오른다. 일부 기업은 인지적 공감에 중점을 두어 리더가 거래를 협상하고 결정을 내릴 때 직원과 고객의 관점을 이해할 필요가 있다고 강조한다. 다른 기업은 정서적 공감과 공감적 관심에 중점을 두어 진정한 관심과 동정심으로 직원과 고객을 대함으로써 그들의 신뢰를 얻는 리더의 능력을 강조한다. 일부 컨설턴트가 성공하려는 기업은 공감 능력을 길러야 한다고 주장할 때, 이는 기업이 시장조사를 잘 수행해야 한다는 의미다. 다시 말해, '공감하는' 기업은 고객의 필요와 요구를 이해하고 그것을 충족시키기 위해 노력한다. 일부 사람들이 공감을 담은 디자인을 말할 때, 그것은 기업이 제품을 디자인할 때 시각 장애인, 청각 장애인, 노인, 비영어권 화자, 색맹 등 다양한 사람들의 구체적인 요구 사항을 고려해야 함을 의미한다.

어휘 specify 명시하다   stress ~에 중점을 두다, 강조하다(= emphasize)   cognitive 인지의, 인식의 negotiate 협상하다   affective 정서적인 *cf.* affection 애정   concern 관심; 걱정; 관련시키다 translate 의미하다; 번역[해석]하다; 바꾸다   conduct 수행하다; 행동   fulfill 충족[만족]시키다 take ~ into account ~을 고려하다   population 사람들; 인구   [선택지] diverse 다양한   factor 요인

해설 기업의 공감은 직원과 고객의 관점을 이해하는 것, 시장조사를 잘 수행하여 고객의 필요를 이해하는 것, 다양한 사람들의 특정한 요구를 고려하는 것 등 여러 방식으로 해석되고 적용될 수 있음을 설명하고 있다. 따라서 글의 주제로 알맞은 것은 ⑤ 'different interpretations of empathy in business(사업에서 공감의 다양한 해석)' 이다.

① 좋은 시장조사의 다양한 이점
  공감하는 기업이 시장조사를 잘한다고 했지만 세부 사항에 해당함
② 업무 결정을 내릴 때 부정적인 요소들
  글의 내용과 관련 없음
③ 공감적 관심을 담은 제품을 디자인하는 것의 어려움
  공감을 담은 디자인이 언급되었으나 세부 사항에 해당함
④ 직원 간 인지적 공감을 구축하기 위한 노력
  인지적 공감이 언급되었으나 세부 사항에 해당함

2 ①

해석 당신은 행동을 설명하기 위한 원인을 찾을 때 사람들이 왜 외적 상황보다는 내적 기질을 우선시하는 것을 선호하는지 궁금할 것이다. 한 가지 답은 단순함이다. 어떤 사람의 행동에 대한 내적 원인을 생각해 내는 것은 쉽다. 예를 들어, 엄격한 선생님은 완고한 사람이며, 헌신적 부모는 단지 아이들을 사랑하는 것이다. 반대로, 상황적 설명은 복잡할 수 있다. 아마 그 선생님은 여러 세대의 학생들이 노력하지 않는 결과를 보아왔고, 학생들이 스스로 훈련하는 법을 발전시키기를 원하기 때문에 완고하게 보였을 것이다. 아마 자녀들의 성취를 자랑하는 부모들은 그들의 실패에 대해 걱정하고 수업료를 의식하고 있을 것이다. 이러한 상황적 요소들은 지식, 통찰력, 그리고 곰곰이 생각할 시간을 필요로 한다. 하지만, 기질을 원인으로 비약하는 것은 훨씬 쉽다.

어휘 internal 내적인, 내부의(↔ external 외적인, 외부의)   stubborn 완고한   devoted 헌신적인 prioritize 우선시하다   consequence 결과   self-discipline 자기 훈련, 수양 *cf.* discipline 훈련; 규율; 훈련하다   boast (of) (~을) 자랑하다, 뽐내다   achievement 성취 *cf.* achieve 성취하다 attribution (원인을) ~에 돌리기; 특성

해설 주어진 문장은 행동에 대한 내적 원인을 생각해 내는 것이 '쉽다(easy)'는 내용이다. 처음 두 문장은 행동의 원인을 찾을 때 외적 상황보다 내적 기질을 우선시하는 이유(why)가 '단순함(simplicity)'이라고 했다. 두 번째 문장의 One answer is ~(한 가지 답은 ~이다)는 it's because (of) ~의 변형으로 볼 수 있으며 앞 원인에 대한 결과가 이어진다. 즉 주어진 문장은 simplicity를 뒷받침하는 내용이며, ① 뒤에서 '대조적으로(In contrast)'로 시작하는 상황적(외적) 설명에 대한 내용과도 자연스럽게 이어진다. 따라서 주어진 문장이 들어갈 곳은 ①이다.

86 Works of Art

Stage 1   다의어 Check 1 ⓑ
          INTRO Q ①   Q ⑤
Stage 2   1 ⓒ   2 ⓑ   3 ⓐ   4 ⓑ   5 what   6 ⓐ
Stage 3   (A) accessible   (B) prior   (C) fault

---

¹Great works of art are great // only because they are accessible
위대한 예술 작품은 위대하다   오로지 작품이 이해하기 쉽고

and comprehensible / to everyone.
알기 쉽기 때문에   모든 사람들에게

²The story of Joseph, / translated into Chinese, / moves the Chinese.
요셉 이야기는   중국어로 번역되어   중국 사람을 감동시킨다

³The story of Buddha / moves us.
석가모니의 이야기는   우리를 감동시킨다

⁴The same is true of / buildings, paintings, statues, and music.
이는 ~도 마찬가지다   건물, 회화, 조각상, 음악에서도

⁵Therefore, / if art does not move us, // one must not say /
따라서   예술이 감동을 주지 않는다면   (~이라고) 말해서는 안 된다

that the cause is the spectator's or listener's lack of understanding, /
그 이유는 관객이나 청중의 이해 부족 때문이라고

but one can and must conclude / that it is either bad art / or not art at all.
오히려 결론지을 수 있고 지어야 한다   그것이 나쁜 예술이라고   또는 예술이 전혀 아니라고

⁶The difference (between art and mental activity, /
차이는   예술과 정신 활동 사이의

which requires preparation and a certain sequence of learning) /
그것(정신 활동)은 준비와 특정한 학습 순서를 요구한다

(so that one cannot teach trigonometry to someone
(그래서 누군가에게 삼각법을 가르칠 수는 없다

[who does not know geometry]), / is precisely // that art **affects** people /
기하학을 모르는)   바로 ~이다   예술이 사람들에게 **영향을 미친다**는 것

independently of their degree (of development and education).
정도와 관계없이   발달과 교육의

⁷In this sense, / the business of art consists precisely in /
이런 의미에서   예술의 목적은 정확히 ~에 있다

making understandable and accessible //
알 수 있고 이해하기 쉽게 만드는 것(에)

what might be incomprehensible and inaccessible /
이해할 수 없고 난해할지도 모르는 것을

in the form of intellectual development.
지적 발달의 형식으로는

⁸Usually, / when people receive a truly artistic impression, //
보통   사람이 정말로 예술적 감명을 받으면

it seems to them / that they knew it all along, /
그들에게는 ~인 것 같다   그들이 그것(감명)을 내내 알고 있었던 것

only they were unable to express it.
단지 그것을 표현할 수 없었을 뿐

전문해석 ¹위대한 예술 작품은 오로지 모든 사람이 이해하고 알기 쉽기 때문에 위대하다. ²요셉 이야기는 중국어로 번역되어 중국 사람을 감동시킨다. ³석가모니의 이야기는 우리에게 감동을 준다. ⁴이런 일은 건물, 회화, 조각, 음악에서도 마찬가지다. ⁵따라서 예술이 감동을 주지 않는다고 해서 그 이유를 관

Stage 1   정답 찾아가기

다의어 Check 1 ⓐ ~인 체하다 ⓑ 영향을 주다

Q 빈칸 문장은 '이것'만으로는 알기 어려운 개념도 예술로써 이해할 수 있게 해야 한다는 의미다. 따라서 빈칸에는 예술이 뛰어넘을 수 있는 조건이 들어가야 한다. 첫 문장에서 위대한 예술 작품은 모든 사람이 이해할 수 있다고 했고, 빈칸 앞 문장은 예술이 정신 활동과 대조적으로 교육의 정도와 관계없이 영향을 준다고 했다. 다시 말해 예술은 전문 지식에 의존하지 않고도 감동을 줄 수 있다. In this sense(이런 의미에서)로 시작하는 빈칸 문장은 동일한 흐름을 이어가야 하므로, 빈칸에 ⑤ 'intellectual development(지적 발달)'가 들어가서 지적 이해에는 필요하지만 예술을 접할 때는 불필요한 선행 조건을 동시에 나타내야 한다.

① 예술적 감명 예술에서 감명을 받으면 이해하고 받아들인 것이므로 빈칸에 들어갈 말과 상반됨

② 정서적 부재 누구나 예술을 이해하고 감명받으므로 관련 없음

③ 잘 쓴 번역 번역된 이야기는 감동을 주는 예술의 예시임

④ 관객의 준비 관객의 준비나 이해의 정도는 예술을 이해하는 데 애초에 관계없는 조건이라고 언급했으므로 빈칸에 적절하지 않음

Stage 2   한 문장씩 뜯어보기

1 ⓒ I 예술의 보편성 ⓐ 예술의 객관성 ⓑ 예술의 불확실성
• objectivity 객관성 universality 보편성

2 ⓑ I 감동을 주지 못하는 예술은 **본질적으로 결함이 있다.** ⓐ 인기가 없는 ⓒ 우리와는 무관한
• inherently 본질적으로 irrelevant 무관한

3 ⓐ I 정신 활동은 일반적으로 기존의 지식이나 기술을 기반으로 한다. ⓑ 보통의 ⓒ 낯선
• typically 일반적으로 build on ~을 기반으로 하다
해설 괄호 안에서 기하학 지식 선행을 예로 든 것처럼 정신 활동에는 준비가 필요하다고 했다.

4 ⓑ I 목적 ⓐ 조직 ⓒ 판매
해설 이해할 수 없는 것을 이해하기 쉽게 만드는 것은 예술의 '목적'이다.

5 what
해설 SVOC문형에서 what이 이끄는 관계대명사절이 목적어다. 짧은 목적격보어 understandable and accessible이 먼저 온 다음 긴 목적어가 이어진다.

6 ⓐ I 진정한 예술을 경험하는 것은 **익숙하지만 말로 하지 않던 것을 인식하는 것처럼** 느껴진다.
ⓑ 긍정적인 ⓒ 몽환적인

객이나 청중이 이해를 못하기 때문이라고 해서는 안 되며, 오히려 그것이 나쁜 예술이거나 예술이 전혀 아닌 것 둘 중 하나라고 결론지을 수 있고, 결론지어야 한다. [6](기하학을 모르는 사람에게 삼각법을 가르칠 수는 없듯) 정신 활동은 준비와 특정한 학습 순서가 있어야 하는데, 예술과 이러한 정신 활동의 차이는 바로 예술이 사람들의 발달과 교육 정도와 관계없이 사람들에게 영향을 미친다는 점이다. [7]이런 의미에서 정확히 예술의 목적은 지적 발달의 형식으로는 이해가 안 되는 난해한 것을 이해하기 쉽게 만드는 것에 있다. [8]보통 정말로 예술적 감명을 받으면, 그 감명을 내내 알고 있었지만 단지 표현하지 못하고 있었던 것처럼 생각하게 되는 것 같다.

위대한 예술은 모든 사람이 (A) 이해할 수 있으며, (B) 사전 지식 없이도 생각을 이해할 수 있게 만든다. 만약 예술이 우리를 감동시키지 못한다면, (C) 잘못은 우리의 이해가 아니라 예술에 있다. • subsequent 그다음의, 차후의

함께 풀면 좋은 기출문제

p. 163

1 ①

해석 학기 초에 미술 교수님은 한 수도승이 보는 이를 등진 채로 바닷가에 서서 푸른 바다와 거대한 하늘을 바라보고 있는 이미지를 비추었다. 교수님은 "무엇이 보이나요?"라고 학생들에게 물었다. 어두컴컴한 강당은 조용했다. 우리는 숨겨진 의미를 발견하기 위해 가능한 한 열심히 보고 또 보고, 생각하고 또 생각했지만, 아무것도 생각해 내지 못했다. 우리는 그것을 놓쳤음에 틀림없다. 극도로 흥분하여 교수님은 자신의 질문에 대답했다. "수도승(을 그린) 그림이에요! 우리에게 등을 지고 있죠! 해안 근처에 서 있어요! 푸른 바다와 거대한 하늘이 있어요!" 음… 왜 우리는 그것을 보지 못했을까? 우리에게 편견을 주지 않기 위해 교수님은 그 작품의 작가나 제목을 밝히지 않고 질문을 던졌다. 사실 그것은 카스파르 다비트 프리드리히의 〈바다의 수도승〉이었다. 세상을 더 잘 이해하려면 당신 생각에 당신이 봐야 할 것을 추측하기보다는 당신이 실제로 본 것을 의식적으로 인정하라.

어휘 project (빛, 영상 등을) 비추다[투영하다]　monk 수도승　auditorium 강당, 대강의실　unearth 발견하다, 찾다(= discover); (땅속에서) 파내다　come up with ~을 생각해 내다　bias 편견[선입견](을 갖게 하다)(= prejudice)　pose (질문을) 제기하다; 자세　be supposed to-v v하기로 되어 있다 [선택지] acknowledge (사실로) 인정하다　reflect on ~을 깊게 생각하다[되돌아보다]

해설 미술 수업 시간의 일화를 통해 글의 주제를 제시한다. 빈칸 문장으로 보아 세상을 이해하기 위해 봐야 할 것을 추측하는 대신 무엇을 해야 하는지를 추론해야 한다. 그림에서 무엇이 보이는지 묻는 교수님의 질문에 학생들은 숨겨진 의미를 생각해 내느라 아무런 말도 하지 못했다. 하지만 교수님이 듣고자 했던 대답은 그저 그림에서 보이는 것 그 자체였다. 즉 세상을 이해하려면 ① 'consciously acknowledge what you actually see(당신이 실제로 본 것을 의식적으로 인정하라)'라고 말하고 있다.

② 넓은 마음으로 다른 의견을 받아들이다
　다른 의견을 수용하라는 내용은 언급되지 않음
③ 이미 배운 것을 되새기다　배운 것을 다시 보라는 내용이 아님
④ 작은 일이라도 몸소 체험하다　실제로 보이는 것을 인식하라는 내용으로, 직접 체험과는 관련 없음
⑤ 여러 가지 관점에서 답을 분석하다
　다양한 관점이 아니라 보이는 그대로를 인식하라는 내용임

2 ①

해석 플라톤과 톨스토이 둘 다 특정 작품이 특정한 영향을 끼친다는 사실이 굳건히 확립될 수 있다고 생각한다. 플라톤은 비겁한 사람들의 표현이 우리를 비겁하게 만들기 때문에, 이런 영향을 막는 유일한 방법은 그러한 표현을 억누르는 것이라고 확신한다. 톨스토이는 진정으로 자부심을 표현하는 예술가가 우리에게 그 감정을 전달할 것이기 때문에, 우리가 전염병을 피할 수 없는 것처럼 (그러한 감정을 받아들이는 것을) 피할 수가 없다고 확신한다. 하지만 사실 예술의 영향은 그렇게 확실하지도, 직접적이지도 않다. 예술에 대한 사람들의 반응 강도와 그 반응이 취하는 형식으로는 둘 다 매우 다양하다. 어떤 사람은 폭력에 대한 공상을 실제 삶에서 실행에 옮기는 대신 영화를 보면서 그러한 공상을 충족시킬지도 모른다. 다른 사람은 폭력이 매력적으로 표현되어 있더라도 혐오감을 느낄지도 모른다. 하지만 다른 사람은 매력을 느끼지도 않고 혐오감을 느끼지도 않으면서 전혀 동요하지 않을지도 모른다.

↓

플라톤과 톨스토이는 예술 작품이 사람들의 감정에 (A) 피할 수 없는 영향을 끼친다고 주장하지만, (예술 작품에 대한) 사람들의 실제 반응의 정도와 형식은 크게 (B) 다르다.

어휘 firmly 굳게; 단호히; 확고히 cf. firm 단단한　cowardly 비겁한; 겁 많은 cf. coward 겁쟁이, 비겁자 suppress 억누르다, 참다; 억압[진압]하다　sincerely 진정[진심]으로　pass A on to B B에게 A를 전달하다[넘겨주다]　no more A than B B가 아닌 것처럼 A가 아니다　infectious 전염되는, 전염성의 cf. infection 감염; 전염병　indulge 충족시키다, 채우다; (욕망 등에) 빠지다　work out 실행하다; 성취하다　disgust 혐오감(을 느끼게 하다)　glamorous 매력적인　[선택지] unavoidable 피할 수 없는; 어쩔 수 없는　converge (다른 의견이) 하나로 통합[수렴]되다; 만나다　fluctuate (의견, 생각 등이) 수시로 변하다; 동요하다

해설 요약문을 보면 플라톤과 톨스토이가 주장하는 예술 작품의 영향과 실제 반응이 어떤지를 찾아야 한다. 글의 앞부분은 예술적 영향에 대한 플라톤과 톨스토이의 관점, 즉 예술가는 예술 작품을 통해 사람들에게 특정한 감정을 전달하고 우리는 그것을 피할 수 없다는 주장이 소개된다. 중반 In fact, however, ~ 이후는 상반된 주장을 소개하는데, 예술 작품에 반응하는 강도나 형식은 사람마다 다양하다는 내용이다. 따라서 (A)에는 unavoidable (피할 수 없는), (B)에는 differ(다르다)가 알맞다.

(A)	(B)
② 직접적인	- 통합되다　A는 맞으나 B는 틀림
③ 일시적인	- 변하다　A는 틀리고 B는 맞음
④ 예상치 못한	- 통합되다　A와 B 모두 틀림
⑤ 유리한	- 다르다　A는 틀리고 B는 맞음

87 Workplace Management

Stage 1   **다의어 Check** 1 ⓐ   2 ⓑ
          INTRO Q 1 ②   2 (1) (C) (2) (A) (3) (B)   **Q** ②
Stage 2   **1** where   **2** ⓒ   **3** ⓐ   **4** ⓑ   **5** ⓐ
Stage 3   (A) Depending[Dependence]   (B) benefit   (C) efficiency

[1] Although workers may not **realize** it, // they rely a lot /
근로자들은 **알아차리지** 못할 수도 있지만   그들은 많이 의존한다

on their physical environment / for important information and cues.
그들의 물리적 환경에   중요한 정보와 단서를 위해

(B) [2] This dependence (on the physical environment) / is related
이런 의존은   물리적 환경에 대한

to the concept of transactive memory, // where people supplement /
분산 기억이라는 개념과 관련이 있다   그 개념에서는 사람들이 보충한다

their own fallible memories and information-processing abilities /
자신의 틀리기 쉬운 기억과 정보 처리 능력을

with systems (found in their surroundings).
장치로   주변에서 발견되는

[3] People use other team members / as information storage, retrieval,
사람들은 다른 동료를 이용한다   정보 보관, 인출,

and processing devices.
그리고 처리 장치로

(A) [4] Similarly, / a Post-it note (on the side of a monitor), /
마찬가지로   포스트잇 메모는   모니터 옆에 붙어 있는

or a report (placed in a certain box) / can **stand for** an individual's
또는 보고서는   특정한 상자에 놓인   개인이 가지고 있는 기억 체계**를 나타낼** 수 있다

own memory system.

[5] Just as people become information-dependent on other people, //
사람들이 다른 사람들에게 정보를 의존하게 되는 것처럼

they can also become information-dependent / on aspects
그들은 또한 정보를 의존하게 될 수 있다

of the physical environment / in order to do their work.
물리적 환경의 측면에   자신의 업무를 하기 위해서

(C) [6] At the extreme, / this type of dependence can be a limitation /
극단적으로   이런 유형의 의존은 제약이 될 수 있다

for groups [that find it impossible / to work outside the unique boundaries
집단에게   (~이) 불가능하다고 생각하는   독특한 경계 밖에서 일하는 것이

(of their workspace)].
자신이 일하는 공간의

[7] Moving to a different office / or starting to work remotely /
다른 사무실로 이전하는 것은   또는 원격으로 일하기 시작하는 것은

can disrupt a team's familiar workflow and efficiency.
집단의 익숙한 작업 흐름과 효율성을 방해할 수 있다

[8] Accordingly, / recognizing and managing this reliance /
따라서   이런 의존을 인식하고 관리하는 것은

is crucial in various work settings.
여러 작업 환경에서 중요하다

Stage 1 정답 찾아가기

다의어 Check 1 ⓐ ~을 알아차리다 ⓑ (목표 등을) 실현하다 **2** ⓐ ~을 지지하다 ⓑ ~을 나타내다

Q 주어진 글은 근로자가 정보를 위해 물리적 환경에 의존한다는 내용이다. 이것을 (B)에서 This dependence로 받아 업무 환경 의존과 관련된 분산 기억 개념을 추가로 설명하고, 근로자가 의존하는 대상의 예로 다른 동료를 언급한다. 이어서 (A)에서도 Similarly(마찬가지로) 이후 근로자가 의존하는 또 다른 예시 두 가지(메모, 보고서)를 추가로 언급하고, (B)와 (A)의 예시들을 종합하여 두 종류의 대상(다른 사람과 물리적 환경)과 같은 물리적 환경에 의존한다고 정리한다. (C)는 앞에서 설명한 방식들을 포함한 정보의 의존을 this type of dependence로 받으면서 흐름을 전환하여, 의존 정도가 극단적일 때 생기는 부작용을 설명한다. 따라서 글의 순서로 가장 적절한 것은 ② '(B) - (A) - (C)'이다.

Stage 2 한 문장씩 뜯어보기

1 where
해설 뒤에 주어(people), 동사(supplement) 등을 갖춘 완전한 절이 오므로, 선행사 the concept ~ memory를 관계부사 where가 보충 설명하는 것이 적절하다. 관계부사 where는 선행사가 추상적인 공간일 경우에도 쓸 수 있다. (case(경우), situation(상황) 등)

2 ⓒ | 주변에서 발견되는 장치 ⓐ 중요한 정보와 단서 ⓑ 정보 처리 능력

3 ⓐ | 환경 내의 동료와 물리적 물체는 **기억 보조 장치의 역할**을 할 수 있다. ⓑ 경계를 표시하는 것 ⓒ 상호작용 장치 •marker 표시(가 되는 것)
해설 근로자는 다른 동료와 주변의 포스트잇 등을 활용하여 '틀리기 쉬운 기억과 정보 처리 능력(fallible memories and information-processing abilities)'을 보충한다고 했다.

4 ⓑ | 그러나 ⓐ 게다가 ⓒ 즉
해설 문장 5는 근로자가 사람뿐 아니라 물리적 환경에도 의존한다고 하는데 문장 6은 그 정도가 극단적일 때 일어날 수 있는 부작용을 이야기한다. 앞의 흐름과 반대되므로 역접의 연결어가 알맞다.

5 ⓐ | 극단적인 의존은 집단을 그들만의 독특한 작업 공간 범위로 **제한할** 수 있다. ⓑ (~에) 노출시키다 ⓒ (~와) 비교하다

전문해석 [1]근로자들은 알아차리지 못할 수도 있지만 그들은 중요한 정보와 단서를 위해 물리적 환경에 많이 의존한다. (B) [2]물리적 환경에 대한 이런 의존은 분산 기억이라는 개념과 관련이 있는데, 사람들이 주변에서 발견되는 장치를 이용하여 틀리기 쉬운 기억과 정보 처리 능력을 보충한다는 개념이다. [3]사람들은 정보의 보관, 인출, 그리고 처리 장치로 다른 동료를 이용한다. (A) [4]마찬가지로 모니터 옆에 붙어 있는 포스트잇 메모나 특정 상자에 놓인 보고서는 개인이 가지고 있는 기억 체계를 나타낼 수 있다. [5]사람들이 다른 사람들에게 정보를 의존하게 되는 것처럼 그들은 또한 업무를 하기 위해 물리적 환경의 측면에 정보를 의존하게 될 수 있다. (C) [6]극단적으로, 자신이 일하는 공간의 독특한 경계 밖에서 일하는 것이 불가능하다고 생각하는 집단에게는 이런 유형의 의존이 제약이 될 수 있다. [7]다른 사무실로 이전하거나 원격으로 일하기 시작하는 것은 집단의 익숙한 작업 흐름과 효율성을 방해할 수 있다. [8]따라서, 이런 의존을 인식하고 관리하는 것은 여러 작업 환경에서 중요하다.

해설 물리적인 기억 장치에만 의존하면 기존의 근무 환경을 벗어날 경우 일하기 어려워지므로 작업 공간의 범위가 제한될 것이다.

Stage 3　요약하기

물리적 환경에 대한 (A) 의존은 집단에 (B) 이익이 될 수도, 집단을 제한할 수도 있으므로 다양한 작업 환경에서 (C) 효율성을 보장하기 위해 이러한 의존을 관리하는 것이 필수적이다.

해설 (A) 문장의 주어 자리이므로 depend를 동명사 Depending 또는 명사 Dependence로 바꾸어 쓴다. (C) to부정사(to ensure)의 목적어 자리이므로 형용사 efficient를 명사 efficiency로 바꾸어 쓴다.

함께 풀면 좋은 기출문제

p. 164

1　①

해석 다양한 전문가로 이루어진 팀은 일 처리를 못하는 것으로 악명이 높다. 그러한 팀을 결성한 관리자의 잘 짜인 계획에도 불구하고, 구성원들 간의 차이가 서툰 의사소통, 갈등, 그리고 혼란을 자주 일으킨다. 서로에게 익숙하지 않은 구성원들은 언제 어떻게 의사소통을 해야 할지 전혀 파악하지 못한다. 어떤 집단은 이것을 전혀 잘 해내지 못하고, 그것을 해내는 집단에서조차 그 과정에 시간이 걸려서 팀 목표를 향한 진행 속도가 느려진다. 친숙함은 집단이 이러한 난관을 극복하도록 도와줄 수 있다. 일단 팀이 한 프로젝트에서 언제 어떻게 의사소통할지 알게 되면, 그러한 기술을 다음 프로젝트에서도 이어갈 수 있다. 연구에 의하면, 많은 팀의 구성원들은 누가 어떤 정보를 가지고 있는지 알지 못하기 때문에 각 구성원이 과업에 가져오는 지식을 활용하려고 고군분투한다. 이 지식을 발견하는 데 시간과 노력이 들 수 있다. 즉, 같은 구성원들끼리 함께 더 자주 일할수록, 조직은 업무를 더 잘 수행하게 된다.

어휘 made up of ~로 이루어진[구성된]　diverse 다양한; 다른　infamous 악명 높은　inability 할 수 없음, 무능(↔ ability 능력)　best-laid 잘 짜인, 철저히 계획된　assemble 소집하다, 모으다; 조립하다　confusion 혼란; 혼동　overcome 극복하다　obstacle 난관, 장애[방해]물　carry over (다른 상황까지 계속) 이어가다[가져가다]　struggle to-v v하려고 고군분투하다[애쓰다]　make use of ~을 활용[이용]하다 [선택지] familiarity 친숙함; 익숙함　motivation 동기(부여); 자극, 유도　expertise 전문성, 전문 지식[기술]

해설 빈칸 문장으로 보아, 이러한 난관(this obstacle)을 극복하게 하는 요소가 무엇인지 추론해야 한다. 여기서 난관은 빈칸 앞 내용으로, 팀이 다양한 구성원으로 이루어질 때 서로 다르고 익숙하지 않기 때문에 결국 의사소통에 어려움이 생기는 것이다. 빈칸 뒤에서는 각자의 정보나 지식을 공유하기 어려운 난관을 구체적으로 설명한 다음, 함께 더 자주 일하면(the more frequently ~ work together) 난관을 해결할 수 있다고 언급한다. 따라서 빈칸에 알맞은 것은 ① 'Familiarity(친숙함)'이다.

② 동기부여　글에서 언급되지 않음
③ 전문성　다양한 전문성을 가진 구성원으로 이루어진 팀이 일을 처리 하지 못한다고 했으므로 적절하지 않음
④ 지도력　글에서 언급되지 않음
⑤ 경쟁　원활한 의사소통을 권장하는 글이므로 글의 내용과 상반됨

2　①

해석 신기술은 새로운 벤처 기업, 즉 스타트업에서 비롯되는 경향이 있다. 정치 분야의 미국 헌법 제정자들부터 과학 분야의 영국 왕립 학회, 경영 분야의 페어차일드 반도체 '8명의 배신자'에 이르기까지, 사명감에 의해 함께 뭉친 소집단의 사람들이 세상을 더 나은 방향으로 변화시켜 왔다. 이에 대한 가장 쉬운 설명은 비관적인 것인데, 큰 규모의 조직에서는 새로운 것을 개발하기가 어렵고 혼자 힘으로 개발해 내기는 훨씬 더 어렵다는 것이다. 관료적인 계급 구조는 느리게 움직이고 굳어진 이해관계는 위험을 피해 간다. 가장 문제가 있는 조직에서는 일이 진행되고 있음을 알리는 것이 실제로 일을 진행하는 것보다 더 나은 승진 전략이 된다. 정반대로는 천재 한 명이 혼자 최고 수준의 예술이나 문학 작품을 만들어 낼지 모르지만, 절대 하나의 전체 산업을 창출해 낼 수는 없다. 스타트업은 일을 끝내려면 다른 사람들과 함께 일해야 하지만 실제로 할 수 있을 만큼만 충분히 작은 규모를 유지할 필요 또한 있다는 원칙에 따라 작동한다.

어휘 come from ~에서 비롯되다(= originate)　venture 벤처 기업[사업]; 모험(을 무릅쓰고 하다)　startup 스타트업 ((소규모 신생 기업))　semiconductor 반도체　traitorous 배신의, 반역의　bound 묶인; (의무 등으로) 얽매인　mission 사명, 임무　negative 비관적인; 부정적인　bureaucratic 관료적인　hierarchy 계급 구조; 계층　shy away from (불안하거나 무서워서) ~을 피하다　dysfunctional 문제가 있는; 제대로 기능을 하지 않는 *cf.* dysfunction 기능 장애; 역기능　signal 알리다; 신호(를 보내다)　career advancement 승진　classic 최고 수준의; 고전　principle 원칙, 원리　stuff 일의 내용; 물건 [선택지] outperform 능가하다, ~보다 뛰어나다　employ (기술, 방법 등을) 쓰다[이용하다](= use); 고용하다　enterprise 기업　consistent 일관된; 일치하는(↔ inconsistent 일관성 없는)

해설 빈칸 문장으로 보아, 스타트업이 기능하게 하는 두 가지 원칙 중 하나를 추론해야 한다. 글의 첫 두 문장은 소집단의 유용성을 설명하며, 이후 큰 규모의 집단은 새롭고 실질적인 일을 하는 데 제약이 있고, 반대로 개인은 전체 산업을 창출할 수 없다고 하며 양극단 모두 바람직하지 않음을 설명한다. 즉 빈칸 문장의 스타트업 또한 일을 함께할 다른 사람이 있으면서도, 일이 실제로 진행되도록 규모가 아주 커서는 안 된다는 의미가 되어야 한다. 따라서 빈칸에 알맞은 것은 ① 'stay small enough so that you actually can(실제로 할 수 있을 만큼만 충분히 작은 규모를 유지하다)'이다.

② 가능한 한 자주 스스로에게 도전 거리를 주다　글에서 언급되지 않음
③ 다른 나라의 경쟁 사업을 능가하다　글에서 언급되지 않음
④ 대기업의 효율적인 제도를 이용하다　큰 조직에서는 새로운 것을 개발하기 어렵다고 부정적으로 언급함
⑤ 일관된 정책으로 조직을 통제하다　글에서 언급되지 않음

Architectural Design

난이도 ★★★　p. 124

Stage 1　다의어 Check 1 ⓐ
　　　　　INTRO Q ②　Q ④　OUTRO Q ②
Stage 2　1 it(bad architecture) is a failure of design　2 ⓐ　3 ⓐ　4 ⓒ　5 ⓒ　6 ⓑ
Stage 3　(A) struggle　(B) prefer　(C) meet

---

1 The failure (of architects) (to create comfortable environments) /
실패는　건축가들의　편안한 환경을 만드는 데

mirrors our inability (to find happiness / in other areas of our lives).
우리의 무능과 닮았다　행복을 찾는 것에 대한　삶의 다른 영역에서

2 Bad architecture is / in the end / as much a failure of psychology /
나쁜 건축은 ~이다　결국　(~만큼이나) 심리적 실패

as of design.
설계(의 실패)만큼

3 It is just another **expression** (of the same tendencies [we have
그것은 또 다른 **표출**일 뿐이다　똑같은 경향의　우리가 삶의

in other areas of life] [that lead us / to befriend the wrong people, /
다른 영역에서 가지고 있는　우리가 ~하도록 하는　부적절한 사람들과 친구가 되도록

choose inappropriate jobs, / and book unsuccessful holidays]).
알맞지 않은 직업을 선택하도록　그리고 실패한 휴가를 예약하도록

4 These tendencies reflect the inability in our daily lives
이러한 경향은 일상에서 우리의 무능을 반영한다

(to understand // who we are and what will satisfy us).
이해하는 것에 대한　우리가 누구인지와 무엇이 우리를 만족시킬지를

5 So, in architecture, / just like in the above areas of life, /
그러므로 건축에서　앞서 언급한 삶의 영역에서와 같이

we look for easy solutions (to our problems), // which leads us /
우리는 쉬운 해답을 찾는다　문제에 대한　(그런데 이는) 우리가 ~하도록 한다

to tear down ancient streets / when we should introduce /
아주 오래된 거리를 철거하도록　우리가 도입해야 할 때

proper sanitation and street lights / instead.
적절한 위생 시설과 가로등을　대신

6 The places [we call beautiful] / are, / by contrast, /
장소는　우리가 아름답다고 말하는　~이다　이와 반대로

the work of those rare architects (with the humility
흔치 않은 건축가들의 작품　겸손함을 가진

(to interrogate themselves adequately / about their desires) /
스스로에게 충분히 질문할　자신의 욕망에 대해

and the tenacity (to translate their visions into logical plans)).
그리고 끈기(를 가진)　자신의 이상을 논리적 계획으로 바꿀

7 This combination enables them / to create environments
이 조합은 건축가들이 ~할 수 있도록 한다　환경을 만들어낼 수 있도록

[that satisfy needs [we never consciously knew // we even had]].
욕구를 충족시키는　의식적으로는 결코 알지 못했던　우리가 가지고 있었는지조차

Stage 1　정답 찾아가기

다의어 Check 1 ⓐ 표출 ⓑ 어구

Q 주어진 문장은 우리가 쉬운 해답만을 찾으려고 한다는 내용인데, So(그러므로)가 이끌고 있고 just like ~ of life(앞서 언급한 삶의 영역에서와 같이)라는 어구로 보아 주어진 문장 앞에는 건축 외의 영역에서도 그렇게 한다는 내용이 와야 한다. 도입부에서 심리 파악에 실패하여 바람직하지 않게 된 건축을 먼저 언급한 후, ④ 앞 문장까지 삶에서 실패하는 예시를 나열하며 이는 우리 자신을 진정으로 이해하지 못하기 때문이라고 했다. ④ 뒤에서는 by contrast(이와 반대로)가 글의 흐름을 반대로 바꾸며, 자신이 원하는 것을 알고 그것을 실현하는 건축가들의 작품이 아름답다고 말한다. 따라서 건축에서도 쉬운 해답을 찾는 우리 모습을 언급하는 동시에, 아름다운 장소를 만드는 건축가의 내용과 상반되는 주어진 문장은 ④에 들어가는 것이 가장 적절하다.

OUTRO Q ① 우리의 진정한 욕구를 이해하지 못하는 무능 ② 아름다움을 만들어내는 건축가의 자질

Stage 2　한 문장씩 뜯어보기

1 it(bad architecture) is a failure of design
해설 <as much ... as ~>는 '~만큼이나 …다'라는 의미로, 여기서는 나쁜 건축이 설계의 실패인 만큼이나 심리의 실패라는 뜻이다. 두 번째 as 이후는 '그것(나쁜 건축)은 설계의 실패다'라는 뜻이 되어야 하므로 생략된 어구를 포함한 완전한 절은 it(bad architecture) is a failure of design으로 쓸 수 있다.

2 ⓐ | 사람의 마음을 이해하는 것이 성공적인 건축의 핵심이다. ⓑ 우리의 생활 습관 ⓒ 사람들의 삶
해설 편안한 환경을 만들지 못하는 것은 삶에서 행복을 찾는 능력이 없어서라고 했고, 이를 심리의 실패로 표현했다.

3 ⓐ | 심리의 실패 ⓑ 건축가의 실패 ⓒ 설계의 실패
해설 심리를 잘 알지 못해 생기는 건축의 실패와 마찬가지로, 삶의 영역에서 행복을 찾지 못하는 똑같은 경향을 말한다.

4 ⓒ | 우리의 자기 인식 부족 ⓐ 자제력 ⓑ 이기심

5 ⓒ | 문제를 해결하지 못하는 우리의 무능은 건축의 잘못된 해답을 초래한다.
　　ⓐ 건축 설계의 해결책 ⓑ 우리의 고민에 대한 쉬운 설명
　　• misguide 잘못 이끌다

---

¹건축가들이 편안한 환경을 만들지 못하는 것은 삶의 다른 영역에서 행복을 찾지 못하는 우리의 무능함과 닮았다. ²나쁜 건축은 결국 설계의 실패만큼이나 심리에 대한 실패다. ³나쁜 건축은 삶의 다른 영역에서 우리가 가진 똑같은 경향, 즉 우리가 부적절한 사람들과 친구가 되고, 알맞지 않은 직업을 선택하고, 잘 풀리지 않는 휴가를 예약하도록 하는 경향의 또 다른 표출일 뿐이다. ⁴이러한 경향은 일상에서 우리가 누구인지와 무엇이 우리를 만족시킬지를 이해하지 못하는 우리의 무능을 반영한다. ⁵그러므로 앞서 언급한 삶의 영역에서와 같이 건축에서 우리는 문제에 대한 쉬운 해답을 찾는데, 이는 우리가 적절한 위생 시설과 가로등을 도입해야 할 때 대신 아주 오래된 거리를 철거하도록 한다. ⁶이와 반대로 우리가 아름답다고 말하는 장소는 자신의 욕망에 대해 스스로에게 충분히 질문할 겸손함을 가진, 그리고 자신의 이상을 논리적 계획으로 바꿀 끈기를 가진 흔치 않은 건축가들의 작품이다. ⁷이 조합은 우리가 의식적으로는 가지고 있었는지도 결코 알지 못했던 욕구를 충족시키는 환경을 건축가들이 만들어낼 수 있도록 한다.

6 ⓑ | 건축가가 만든 아름다운 장소 ⓐ 자신의 욕망에 대한 성찰 의지 ⓒ 자신의 이상을 실현할 결심
해설 문장 6에서 언급된 the humility ~ desires와 the tenacity ~ plans의 조합을 의미한다.

Stage 3 요약하기

좋은 공간을 만드는 데 있어 건축가가 느끼는 어려움은 만족스러운 선택을 하기 위한 우리의 (A) 노력을 반영하는데, 우리는 보통 더 깊은 통찰력보다 빠른 해결책을 (B) 선호하여 우리의 진정한 욕구를 (C) 충족하지 않는 결정을 초래하기 때문이다.

함께 풀면 좋은 기출문제

p. 165

1 ⑤

해석 건축 환경의 설계에 있어 사람들은 안전성과 기능성은 협상의 여지가 없다고(아주 중요하다고) 여긴다. 하지만 어떻게 그것이 '디자인'되어 있는지와 같은 새로운 설계의 미학은 너무 자주 (A) 무관하다고 여겨진다. 그 설계의 디자인이 어떻게 인간에게 '영향을 미치는지'에 대한 질문은 거의 하지 않는다. 사람들은 디자인이 '(미학적) 건축물'이라고 불리는, 허세를 부리는 어떤 것을 만들어 낸다고 생각하며, 워싱턴 내셔널 대성당이 지역사회 교회와는 다른 것과 마찬가지로 미학적 건축물은 '(일반) 건축물'과 분명하게 다르다고 생각한다. (미학적) 건축물과 (일반) 건축물, 더 일반적으로는 디자인과 실용성 사이의 이러한 (B) 구분은 더할 나위 없이 잘못됐다. 우리가 생활하는 모든 건축 환경의 디자인이 아주 크게 중요하므로, 안전성과 기능성만이 유일하고 긴박한 우선순위여서는 안 된다는 것을 우리는 점점 알아가고 있다. 모든 종류의 디자인 요소들은 환경에 대한 사람들의 경험뿐 아니라 그들 자신에 대한 경험에도 영향을 미친다. 그것들은 우리의 인지, 감정, 행동, 심지어 웰빙까지 (C) 형성한다. 그것들은 다름 아닌 우리의 정체성까지 만들어 내는 데 정말로 도움이 된다.

해설 첫 문장은 건축 설계에서 안정성과 기능성을 중시한다고 했지만, 역접 연결어 But 이후에 등장하는 디자인과 미학에 대한 내용은 대조되는 흐름임을 예측할 수 있다. (A) 다음 문장에서도 사람들이 건물 디자인의 영향에 관심이 없다고 했으므로 (A)에는 irrelevant(무관한)가 알맞다. 이어서 등장한 대성당과 지역 교회 예시의 대조와 함께, 미학적 건축물과 일반적 건축물이 서로 다르다는 생각은 잘못됐다는 문맥이 이어지므로 (B)에는 distinction (구분)이 알맞다. 마지막으로 후반부에서 디자인 요소는 사람들의 경험에 영향을 미치고 정체성을 만드는 데 도움이 된다고 했으므로 (C)에는 shape(형성하다)가 알맞다.

어휘 functionality 기능성 nonnegotiable 협상의 여지가 없는, 타협할 수 없는(↔ negotiable 절충 가능한) aesthetics 미학 relevant 관련 있는(↔ irrelevant 무관한) distinction 구분, 구별 되는 cf. distinct 구별되는; 독특한 utility 실용성, 유용성 profoundly 크게, 완전히; 깊이 cognition 인지 constitute 만들어 내다, 구성하다

2 ①

해석 건물은 무생물이지만 표현을 제대로 하지 못하는 사물은 아니다. 아무리 단순한 집이라도 항상 진술을 하는데, 말보다는 벽돌과 돌, 나무와 유리로 표현되지만 꽤 눈에 띄고 명확하다. 잡초와 버려진 자동차로 둘러싸인 녹슨 트레일러나 높은 벽을 가진 갓 지은 소형 저택을 볼 때, 우리는 즉시 메시지를 받는다. 비록 다른 말투지만, 이 두 경우 모두 그것은 "여기에 들어오지 마시오"이다. 물론 우리와 소통 하는 것은 집뿐만이 아니다. 교회, 박물관, 학교, 병원, 식당, 사무실 등 모든 종류의 건물이 우리에게 조용히 말한다. 때때로 그 표현은 의도적이다. 가게나 식당은 주로 저소득층 또는 고소득층 고객을 맞이 하기 위해서 설계될 수 있다. 우리가 건물의 메시지를 의식적으로 알아채지는 않을 수 있더라도, 건물은 무엇을 생각하고 어떻게 행동해야 하는지를 우리에게 알려준다.

해설 건물은 말하지 못하지만 눈에 보이는 요소와 환경을 통해 다양하게 메시지를 전달한다는 내용의 글이다. 녹슨 트레일러와 새 저택을 예로 들어 건물이 각자의 방식으로 우리에게 메시지를 전달하고 그 메시지는 의도적으로 설계될 수도 있다고 서술한다. 따라서 글의 제목으로 알맞은 것은 ① 'Buildings Do Talk in Their Own Ways! (건물은 자기만의 방식으로 말한다!)'이다.

② 건물의 설계는 자연에서 시작된다
　건물 설계의 기원이 자연이라는 내용은 언급되지 않음
③ 건물의 언어는 너무 모호해서 이해하기 어렵다
　건물이 명확하게 메시지를 전달한다고 했으므로 글의 내용과 상반됨
④ 안전과 아름다움 중 무엇이 더 중요한가?
　글의 내용과 관련 없음
⑤ 건축가는 어떻게 건물에 감정을 부여하는가?
　건축가의 의도가 아니라 건물이 전달하는 메시지에 대한 내용임

어휘 inanimate 무생물의 statement 진술, 표현; 말; 성명 loud 눈에 띄는; 시끄러운 rust 녹이 슬다 abandon 버리다 instantly 즉시 cf. instant 즉각적인 accent 말투; 억양, 악센트 deliberate 의도적인, 고의의; 신중한 register 알아채다; (감정을) 나타내다; 등록하다 [선택지] vague 모호한, 애매한 grasp 이해하다; 꽉 잡다 attach 부여하다; 붙이다

89 Creativity Enhancement

Stage 1　다의어 Check　1 ⓑ　2 ⓐ
　　　　　　INTRO Q ①　Q ④

Stage 2　1 문장 4 해석 참고　2 ⓑ　3 ◯　4 ⓒ　5 ⓒ

Stage 3　(A) interruptions　(B) refusing　(C) creative

---

¹Georgia O'Keeffe, / an American painter (known for her large-scale
조지아 오키프는　　　미국 화가인　　　커다란 꽃 그림으로 유명한

flower paintings), / once said // that it takes time / to see a flower.
말한 적이 있다　　시간이 걸린다고　　꽃을 보는 데

²It also takes time / to write a poem.
또한 시간이 걸린다　　시를 쓰는 데

³It takes time / to open up to our creativity.
시간이 걸린다　　우리의 창의력을 발휘하는 데

⁴And that time has to be free of / many distractions [we so often allow /
그리고 그 시간은 ~가 없어야 한다　　　많은 방해 요소가　　우리가 너무나 자주 허용하는

to **take over** our lives].
삶을 **지배하도록**

⁵When I started writing // I found /
내가 글쓰기를 시작했을 때　　나는 알게 됐다

that I couldn't write and have lunch / at the same time.
내가 글을 쓰면서 점심을 먹을 수 없다는 것을　　동시에

⁶By the time I get up and running, // if I stop for lunch,
내가 진행할 때쯤　　점심을 먹으려고 멈춘다면

/ the writing is all over for the day.
그날 글쓰기는 모두 끝이 난다

⁷After years (in the real estate business), /
몇 년을 보낸 후　　부동산 업계에서의

where doing lunch was the norm, // I had to change my **practices** /
점심을 먹는 것이 일반적인　　나는 내 **습관**을 바꿔야 했다

and start declining luncheons and many other invitations.
그리고 점심 식사나 다른 많은 초대를 거절하기 시작해야 (했다)

⁸I simplified my work life // so I could expand my creativity.
나는 직장 생활을 단순하게 만들었다　　창의력을 확장하기 위해서

⁹The creative process works / like a locomotive.
창의적인 과정은 작동한다　　기관차처럼

¹⁰It takes a tremendous amount of inner resources and energy
엄청난 양의 내적 정신력과 에너지가 든다

/ to start moving the wheels.
바퀴를 움직이기 시작하는 데

¹¹If you've got a creative project [that you'd like to begin], //
만약 창의적인 프로젝트가 있다면　　시작하고 싶은

learn to say no / to as many distractions as you possibly can, /
안 된다고 말하는 법을 배워라　　가능한 한 많은 방해 요소에

so you can begin to build up the steam
그러면 힘을 높이기 시작할 수 있다

[you need to move forward / with it].
앞으로 나아가는 데 필요한　　그것(창의적 프로젝트)에 관하여

Stage 1 정답 찾아가기

Q 빈칸 문장으로 보아 창의적인 프로젝트를 진행하기 위해 배워야 할 것이 무엇인지 추론해야 한다. 도입부에서 창의적 활동을 하려면 시간이 필요하며 그 시간 동안 방해 요소가 없어야 한다고 언급한다. 이어서 예로 든 개인적 경험은 창의적인 일(글쓰기)을 다른 활동(점심 식사)과 병행하기 어렵다는 주장을 내포한다. 다시 말해 창의적인 프로젝트를 시작하려면 '방해 요소를 없애야' 하므로, 빈칸에 알맞은 것은 ④ 'to say no to as many distractions as you possibly can(가능한 한 많은 방해 요소를 거절하는 것)'이다.

① 모든 생각과 가능성에 열려 있는 것
　창의성에 필요한 자질이지만 본문에는 언급되지 않음
② 개인적 활동보다 사회적 활동을 우선 처리하는 것
　예시에서 사람들과의 점심 식사나 초대보다 글쓰기를 우선시하라는 내용과 반대됨
③ 기술과 지식을 개선하는 데 시간을 할애하는 것
　창의적인 활동에 시간이 걸린다고 언급되었으나 기술과 지식을 갈고 닦는 것은 언급되지 않음
⑤ 자신이 성공한 모습을 마음속에 명확히 그리는 것
　본문에서 언급되지 않음

Stage 2 한 문장씩 뜯어보기

1 문장 4 해석 참고
해설 many distractions 뒤에 목적격 관계대명사 which[that]가 생략되었으며 관계대명사절 we so ~ our lives가 many distractions를 수식한다.

2 ⓑ | 창의성은 시간과 <u>집중</u>을 요구한다. ⓐ 기술 ⓒ 영감

3 ◯
해설 where는 선행사 the real estate business를 계속적 용법으로 보충 설명하는 관계부사. 관계부사 뒤에 주어(doing lunch)와 동사(was)를 갖춘 완전한 절이 이어진다.

4 ⓒ | 창의력을 확장하다 ⓐ 업무량을 늘리다 ⓑ 더 많은 모임에 참석하다
해설 점심 식사나 다른 초대를 거절한 것은 글쓰기, 즉 창의적인 활동에 집중하기 위해서다.

5 ⓒ | 창의적 활동에 필요한 기운을 모으는 것
ⓐ 일에서 집중을 방해하는 요소를 제거하는 것
ⓑ 이용할 수 있는 창의적 역량을 소진하는 것
• get rid of ~을 제거하다　exhaust 소진하다

불필요한 약속을 (B) 거절하는 것과 같이, 스스로를 많은
(A) 방해물에서 해방시키는 것은 자신의 (C) 창의적인
노력을 강화하는 데 필수적인 단계. • endeavor 노력

해설 (A) 앞에 셀 수 있는 명사를 수식하는 many가
있으므로 복수형 interruptions로 써야 한다.
(B) 전치사의 목적어 자리이므로 동명사 refusing으로
바꾸어 쓰는 것이 알맞다. non-essential engagements
는 동명사의 목적어다.

함께 풀면 좋은 기출문제

p. 166

1 ②

해석 창의성 연구의 첫 번째 물결의 궁극적 목표는 IQ가 전반적인 지능을 측정했던 것과 같은 방식으로
전반적인 창의성을 측정하기 위한 성격 검사였다. IQ 점수가 물리학, 수학 또는 문학에 국한되지 않는
것과 마찬가지로, 한 사람의 창의성 점수는 노력하는 어떠한 분야에서든 우리에게 그 사람의 창의적
잠재력을 알려줘야 한다. 그러나 1970년대에, 심리학자들은 일반적인 '창의성 지수' 같은 것은 없다는
것을 깨달았다. 창의적인 사람들은 일반적이고 보편적인 방식으로 창의적인 것은 아니고, 활동의 특정
범위, 즉 특정 영역에서 창의적이다. 우리는 창의적인 과학자가 재능 있는 화가이기도 할 것이라고 기대
하지 않는다. 창의적인 바이올린 연주자는 창의적인 지휘자가 아닐 수도 있고, 창의적인 지휘자는 새로운
곡을 작곡하는 데 매우 뛰어나지 않을 수도 있다. 심리학자들은 이제 창의성이 특정 영역에만 한정된다
는 것을 안다.

어휘 personality 성격 measure 측정하다; 조치 intelligence 지능 endeavor 노력, 시도 sphere
범위, 영역; 구《둥근 모양》 domain 영역, 분야; 영토 gifted 재능 있는 conductor 지휘자 compose
작곡하다; 구성하다

해설 주어진 문장은 '창의성 지수'가 존재하지 않는다는
내용이다. 글의 전반부에서 초기 창의성 연구는 창의성을
측정하는 성격 테스트를 만드는 것이었고, 창의성 점수가
모든 분야에서의 창의적 잠재력을 알려줄 것이라고 했다.
반면 ② 이후에서 창의성은 보편적인 것이 아니라 특정 분야
에서만 발휘될 수 있다고 하므로 글의 내용이 반전됨을
알 수 있다. 따라서 주어진 문장이 들어갈 곳은 ②이다.

2 ④

해석 창의성은 생산성에 영향을 미칠 수 있다. 창의성은 어떤 사람이 다른 사람은 보지 못하지만 매우
어려울 수도 있는 문제들을 인식하게 한다. 종 분화 문제에 대한 찰스 다윈의 접근은 이것의 좋은 예시
이다. 그는 매우 어렵고 복잡한 문제인 종 분화를 선택했고, 이것은 그가 오랫동안 자료를 수집하고
심사숙고하도록 만들었다. 이러한 문제의 선택은 빠른 대처나 간단한 실험을 허용하지 않았다. 이러한
경우, 어려운 문제에 노력이 집중되기 때문에 창의성은 (출판물의 수로 측정되듯) 실제로 생산성을
감소시킬 수 있다. 창의성이 방법과 기술에 더 집중된 다른 사람에게는 창의성이 문제를 해결하는 데
필요한 작업을 대폭 줄이는 해결책으로 이어질 수 있다. 우리는 작은 DNA 조각들을 짧은 시간에 증폭
하게 하는 중합 효소 연쇄 반응(PCR)의 개발에서 한 가지 예시를 볼 수 있다. 이러한 유형의 창의성은
단계의 수를 줄이거나 실패할 가능성이 더 낮은 단계로 대체하여 생산성을 높일 수도 있다.

어휘 drastically 대폭, 극적으로 productivity 생산성 tangled 복잡한; 뒤얽힌 deliberation 심사숙고;
신중함 publication 출판(물), 간행; 발표 amplify 증폭시키다 substitute 대체하다; 대체품

해설 주어진 문장은 창의성이 방법과 기술에 집중되어야
문제 해결 작업을 대폭 줄인다는 내용이다. 글의 초반부에서
찰스 다윈의 예를 들며, 창의성은 다른 사람들은 보지 못하는
문제를 인식하게 하므로 오히려 문제 해결에 시간이 걸리고
생산성을 감소시킬 수 있다고 했다. 반면 ④ 뒤에서는 중합
효소 연쇄 반응 개발을 예로 들며 창의성이 단계를 간소화
하여 생산성을 높인다고 했다. 따라서 창의성이 생산성을
높일 수 있다는 내용으로 문맥을 전환할 필요가 있으므로,
주어진 문장이 들어갈 곳은 ④이다.

Comprehending Societies

난이도 ★★★   p. 132

Stage 1   다의어 Check 1 ⓑ   2 ⓑ
           INTRO Q ①   Q ④
Stage 2   1 ⓐ   2 ⓒ   3 ⓐ   4 ⓒ   5 ⓑ   6 ⓑ   7 ⓐ
Stage 3   (A) connection   (B) interrupt

1 The relevance of history (to the social sciences) / varies considerably
역사의 관련성은   사회 과학에 대한   상당히 다르다

/ from case to case.
경우에 따라

2 Still, / this notion of variability is itself a historical idea /
그러나   이 가변성의 개념은 그 자체로 역사적인 생각이다

and must be debated and tested / on historical grounds.
따라서 논의되고 검증되어야 한다   역사적 근거에 따라

3 For example, / the absence of a Feudal Era is an essential condition
예를 들어   봉건 시대의 부재는 본질적인 조건이다

(for many **features** of American society), / including the complex and
미국 사회의 많은 **특징**의   복잡하고 다면적인 특징을 포함하여

multifaceted nature (of its elite), / and its extreme fluidity of **status**,
최상류층의   그리고 **계층**의 극단적인 유동성(을)

// which is often confused / with a complete lack
(그런데 계층의 유동성은) 자주 혼동된다   완전한 부재와

(of class structure or class consciousness).
계층 구조나 계층 의식의

4 The complexity of such cases has caused many social scientists /
이러한 사례의 복잡성은 많은 사회 과학자가 ~하도록 만들었다

to retreat from history / through various techniques.
역사로부터 도피하도록   다양한 기법을 통해

5 Unfortunately, / these attempts require them /
불행하게도   이러한 시도는 사회 과학자에게 요구한다

to make assumptions (about the nature of history and society)
가정하도록   역사의 본질과 사회의 본질에 대한

[that are neither productive nor accurate].
생산적이지도 않고 정확하지도 않은

6 Such a retreat from history / makes it impossible / to understand
역사로부터의 이런 도피는   (~을) 불가능하게 만든다

precisely the most contemporary features (of a society).
가장 현대적인 특징을 정확하게 이해하기를   사회의

7 Even in the case of contemporary American society, /
현대 미국 사회의 경우에도

the irrelevance of history can easily be pushed too far.
역사의 무관함이 쉽게 너무 과해질 수 있다

전문해석 **1** 사회 과학에서 역사의 관련성은 경우에 따라 상당히 다르다. **2** 그러나 이 가변성의 개념은 그 자체로 역사적인 생각이므로 역사적 근거에 따라 논의되고 검증되어야 한다. **3** 예를 들어 (미국의) 봉건 시대의 부재는 최상류층의 복잡하고 다면적인 특징과 계층의 극단적인 유동성을 포함하여 미국 사회의 많은 특징의 본질적인 조건인데, 계층의 극단적인 유동성은 계층 구조나 계층 의식이 전혀 없는 것과 자주 혼동된다. **4** 이러한 사례의 복잡성은 많은 사회 과학자가 다른 기법을 사용하여 역사에서 도피하도록 만들었다. **5** 불행하게도 (역사에서 도피하려는) 이러한 시도는 사회 과학자가 역사의 본질과 사회의 본질에 대해 생산적이지도 않고 정확하지도 않게 가정하도록 요구한다. **6** 이렇게 역사에서 도피하면

Stage 1   정답 찾아가기

INTRO Q ① 역사적 이해 ② 미국 역사의 특징 ③ 현대 사회

Q 첫 두 문장은 역사가 사회 과학에 중요한 정도가 달라도 역사의 이해가 여전히 중요하다고 언급한다. 이어지는 문장은 미국 사회를 예로 들어 봉건 제도가 없었기 때문에 계층 구조에 독특한 특징이 있다고 했고, 이는 사회 과학자가 역사를 알지 않고는 제대로 이해할 수 없다고 한다. 하지만 사회 과학자는 역사를 이해하려고 노력하는 대신 사회 과학에서 사용하는 여러 가지 기법만으로 표면적인 가정을 만들어 냈고, 그래서 사회의 특징을 정확하게 이해하지 못하게 되었다. 후반부에서 사회 과학 연구가 역사적 맥락을 무관하게 여기는 것을 경고하며 그 중요성을 다시 강조하므로, 글의 주제로 알맞은 것은 ④ 'importance of historical context in comprehending modern society(현대 사회를 이해하는 데 역사적 맥락의 중요성)'이다.

① 현대 미국에 사회 계층이 없는 이유 미국 사회는 계층이 전혀 없는 것으로 혼동될 수 있다는 부분을 활용한 오답임

② 역사 연구에 기술을 통합하는 것의 한계 글에서 언급되지 않음

③ 사회 과학에서 현대 문제에 집중하는 것의 이점 현대 사회를 이해하는 데 역사가 중요함에도 이를 도피하는 것을 비판하는 글임

④ 현대 사회를 분석하는 데 역사적 도피를 피하는 전략 역사에서 도피하지 않는 전략에 관한 내용은 아님

Stage 2   한 문장씩 뜯어보기

1 ⓐ|역사적 맥락의 영향은 구체적인 상황에 따라 <u>다르다</u>. ⓑ 약해지다 ⓒ 강해지다

2 ⓒ|미국 사회의 몇 가지 특징은 봉건제 과거가 없는 미국의 독특한 발전 **때문이다**. ⓐ ~을 담당하는 ⓑ ~보다 앞서는

해설 최상류층의 특징이 다면적이고 계층이 유동적인 미국 사회의 특징은 봉건 제도가 부재했기 때문이라는 내용이다.

4 ⓒ|사회의 다양한 맥락은 역사를 참고하기 어렵게 하고 많은 사회 과학자가 역사를 깊이 분석하는 데 관여하지 못하게 한다. 그들은 대신 연구를 수행하는 데 다른 기법을 이용한다. ⓐ 중요한 ⓑ 가능한

5 ⓑ|사회 과학자의 역사 무시 ⓐ 미국 역사를 이해하려는 노력 ⓒ 사회 과학자의 역사 분석

사회의 가장 현대적인 특징을 정확하게 이해하기가 불가능해진다. **7**현대 미국 사회의 경우에도 역사를 무관하게 여기는 것이 쉽게 과해질 수 있다.

• neglect 무시(하다), 경시(하다)

6 ⓑ | 그들(사회 과학자)의 가정은 그들이 역사를 깊이 분석하기를 피하기 때문에 일반적으로 <u>오해하게 한다.</u>
ⓐ 의도하지 않은 ⓒ 평가되는

7 ⓐ | <u>지나치게 커진</u> ⓑ 많이 고쳐진 ⓒ 더 오래 계속되는

Stage 3 요약하기
사회 과학에 대한 역사의 (A) 연결이 (경우에 따라) 다르지만, 역사를 완전히 무시하는 것은 사회의 포괄적인 이해를 (B) 방해할 수 있다.

함께 풀면 좋은 기출문제
p. 167

1 ③

해석 유럽 초기 민주주의의 역설은 분명히 유럽의 통치자들이 매우 오랫동안 눈에 띄게 약했기 때문에 번성하고 번영했다는 것이다. 로마의 멸망 후 천 년 넘게 유럽의 통치자들은 백성들이 생산하고 있었던 것을 평가하고 이를 바탕으로 상당한 세금을 부과할 능력이 부족했다. 유럽의 약함을 설명하는 가장 눈에 띄는 방법은 그들이 거둔 세입이 얼마나 적은지를 보여주는 것이다. (이러한 이유로, 유럽의 세금 징수자들은 막대한 액수의 세입을 거둘 수 있었고 그 결과 사회가 기능해야 하는 방식에 큰 영향을 미쳤다.) 유럽인들은 결국 강력한 세입 징수 시스템을 개발했지만 그렇게 하는 데는 엄청나게 오랜 시간이 걸렸다. 중세와 초기 근대의 일부 기간에, 중국 황제들과 이슬람 문명의 칼리프들은 (유럽의) 작은 도시 국가들을 제외하고 그 어떤 유럽 통치자들보다 훨씬 더 많은 경제적 생산물을 얻어낼 수 있었다.

어휘 irony 역설, 아이러니　democracy 민주주의　thrive 번성하다, 번영하다(= prosper) remarkably 눈에 띄게, 상당히 *cf.* remarkable 놀라운, 주목할 만한　millennium 천 년　assess 평가하다 substantial 상당한, 많은　striking 눈에 띄는, 두드러진　illustrate 설명하다　revenue (정부의) 세입, 수입 awfully 정말, 몹시　medieval 중세의　emperor 황제　extract 얻어내다; 추출하다

해설 첫 문장은 유럽 통치자들의 권위가 약해서 민주주의가 번영할 수 있었던 상황을 언급하고 있다. 이어지는 내용은 첫 문장을 뒷받침하는데, 과거 유럽의 통치자들은 백성들에게 세금을 부과할 능력이 없었으므로 적은 양의 세금을 거두었다는 내용이다. 그러나 막대한 액수의 세금을 거둬 사회에 영향을 미쳤다는 내용의 ③은 앞 내용과 상반되어 글의 흐름과 무관하다. ④에서는 시간이 흘러 유럽에 강력한 세입 징수 시스템이 도입되어 과거와 대조되는 상황을, ⑤에서는 동시대에 중국과 이슬람의 통치자가 유럽 통치자들보다 경제적으로 더 나았다는 상황을 제시한다.

2 ①

해석 '권력 거리'는 권력의 불평등한 분배가 한 문화의 구성원들에 의해 얼마나 널리 수용되는지를 나타내는 데 사용되는 용어이다. 그것은 권력이 더 적은 사회 구성원들이 자신들의 권력 불평등을 수용하고 그것을 일반적인 것으로 여기는 정도와 관계가 있다. 권력 거리의 수용이 높은 문화들(예를 들어 인도, 브라질, 그리스, 멕시코 그리고 필리핀)에서 사람들은 평등하게 여겨지지 않으며, 모든 사람이 사회 계층 내에서 명확하게 정해지거나 할당된 위치가 있다. 권력 거리의 수용이 낮은 문화들(예를 들어 핀란드, 노르웨이, 뉴질랜드 그리고 이스라엘)에서 사람들은 불평등이 최소여야 한다고 믿으며 계층 구분은 오직 편의상인 것으로만 여겨진다. 이러한 문화에서는 사회 계층 내에서의 더 많은 유동성이 있으며 개인이 각자의 노력과 성취를 토대로 사회 계층을 상승시키는 것이 상대적으로 쉽다.

↓

권력 거리의 수용이 높은 문화에서 구성원들이 불평등을 더 (A) 기꺼이 수용하는 것과는 다르게, 권력 거리의 수용이 낮은 문화는 사회 계층 내에서 더 많은 (B) 이동을 허용한다.

어휘 term 용어; 기간　relate to A A와 관계가 있다　inequality 불평등(↔ equality 평등)　norm 일반적인 것, 표준; 기준; 규범　acceptance 수용　allocate 할당하다　hierarchy 계층 *cf.* hierarchical 계층의, 계급의　convenience 편의, 편리　achievement 성취　[선택지] willing 기꺼이 ~하는 (↔ reluctant 꺼리는, 주저하는) *cf.* be willing to-v 기꺼이 v하다(↔ be reluctant to-v v를 주저하다) mobility 이동(성)　resistance 저항; 반대　flexibility 유연성 *cf.* flexible 유연한

해설 요약문을 보면 권력 거리의 수용이 높은 문화와 낮은 문화가 어떻게 대조되는지를 파악해야 한다. 권력 거리의 수용이 높은 문화에서는 사람들이 평등하지 않고 계층이 명확하지만 권력 거리의 수용이 낮은 문화에서는 불평등을 최소로 하는 것을 추구하고 계층 내 유동성이 있다고 했다. 즉, 권력 거리의 수용이 높은 문화에서는 불평등을 잘 받아들이고, 권력 거리의 수용이 낮은 문화에서는 계층 구조가 덜 엄격하기 때문에 개인의 노력에 따라 계층의 이동이 쉽다. 그러므로 (A)에는 willing(기꺼이 하는), (B)에는 mobility(이동)가 알맞다.

(A)	(B)
② 기꺼이 하는	도움　(A)는 맞고 (B)는 틀림
③ 꺼리는	저항　(A)는 틀리고 (B)는 글에서 언급되지 않음
④ 꺼리는	유연성　(A)는 틀리고 (B)는 맞음
⑤ 두려워하는	개방성　(A)는 틀리고 (B)는 맞음

MEMO

MEMO

MEMO

Be a Master of Reading

천일문 **독해**

쎄듀 초·중등 커리큘럼

초등

영역	예비초	초1	초2	초3	초4	초5	초6
구문		천일문 365 일력 |초1-3| 교육부 지정 초등 필수 영어 문장		(개정) 초등 천일문 SENTENCE 1 / 2 / 3 1001개 통문장 암기로 완성하는 초등 영어의 기초			
문법				(개정) 초등 천일문 GRAMMAR 1 / 2 / 3 문장으로 스스로 규칙을 발견하는 초등 필수 영문법			
문법			왓츠 Grammar		Start (초등 기초 영문법) / Plus (초등 영문법 마무리)		
독해		왓츠 리딩 30|40 / 50 / 60 / 70 / 80 / 90 / 100			쉽고 재미있게 완성되는 영어 독해력		
어휘				(개정) 초등 천일문 VOCA&STORY 한 권으로 끝내는 초등 필수 영단어 1000개			
어휘		패턴으로 말하는 초등 필수 영단어 1 / 2 문장 패턴으로 완성하는 초등 필수 영단어					
ELT	Oh! My PHONICS 1 / 2 / 3 / 4 유·초등학생을 위한 첫 영어 파닉스						
ELT		Oh! My SPEAKING 1 / 2 / 3 / 4 / 5 / 6 핵심 문장 패턴으로 더욱 쉬운 영어 말하기					
ELT		Oh! My GRAMMAR 1 / 2 / 3 쓰기로 완성하는 첫 초등 영문법					

중등

영역	예비중	중1	중2	중3
구문	천일문 STARTER 1 / 2			중등 필수 구문 & 문법 총정리
문법	천일문 중등 GRAMMAR LEVEL 1 / 2 / 3			예문 중심 문법 기본서
문법	GRAMMAR Q Starter 1, 2 / Intermediate 1, 2 / Advanced 1, 2			학기별 문법 기본서
문법	잘 풀리는 영문법 1 / 2 / 3			문제 중심 문법 적용서
문법	GRAMMAR PIC 1 / 2 / 3 / 4			이해가 쉬운 도식화된 문법서
문법			1센치 영문법	1권으로 핵심 문법 정리
문법+어법			(개정) 미리 수능 영어 문법·어법 1, 2 *첫단추 BASIC 개정 중학생을 위한 수능 문법·어법 입문	
문법+쓰기	EGU 영단어&품사 / 문장 형식 / 동사 써먹기 / 문법 써먹기 / 구문 써먹기			서술형 기초 세우기와 문법 다지기
쓰기	천일문 중등 WRITING LEVEL 1 / 2 / 3 *거침없이 Writing 개정			중등 교과서 내신 기출 서술형
쓰기	중학 영어 쓰작 1 / 2 / 3			중등 교과서 패턴 드릴 서술형
어휘	(개정) 천일문 VOCA 중등 스타트 / 필수 / 마스터			2800개 중등 3개년 필수 어휘
어휘	(개정) 어휘끝 중학 필수편	중학 필수어휘 1000개	(개정) 어휘끝 중학 마스터편 고난도 중학어휘 +고등기초 어휘 1000개	
독해	ReadingGraphy LEVEL 1 / 2 / 3 / 4 (신간) 5 / (신간) 6			중·고등 필수 구문까지 잡는 흥미로운 소재 독해
독해	Reading Relay Starter 1, 2 / Challenger 1, 2 / Master 1, 2			타교과 연계 배경 지식 독해
독해	READING Q Starter 1, 2 / Intermediate 1, 2 / Advanced 1, 2			예측/추론/요약 사고력 독해
독해전략			리딩 플랫폼 1 / 2 / 3	논픽션 지문 독해
독해유형			Reading 16 LEVEL 1 / 2 / 3	수능 유형 맛보기 + 내신 대비
독해유형			(개정) 미리 수능 영어 기초 독해 / 유형 독해 *첫단추 BASIC 개정 중학생을 위한 수능 독해 입문	
듣기	Listening Q 유형편 / 1 / 2 / 3			유형별 듣기 전략 및 실전 대비
듣기	쎄듀 빠르게 중학영어듣기 모의고사 1 / 2 / 3			교육청 듣기평가 대비